基础教育
国际比较研究丛书

Series of
International and
Comparative Studies on
Basic Education

顾明远 主编

国际大都市基础教育质量比较研究（上）

马健生 蔡 娟——著

Comparative Study on the Quality of Basic Education in International Metropolises

上海教育出版社
SHANGHAI EDUCATIONAL
PUBLISHING HOUSE

总 序

2020年注定是人类历史上不平凡的一年，新冠疫情的爆发改变了世界发展的基本格局。一些国家保守主义、单边主义抬头，逆全球化思维盛行；但更多国家和国际组织呼吁全球应加强合作，共同抗击疫情并抵制疫情给世界各国社会、经济、教育等不同领域带来的不良影响。受疫情的影响，不少国家因通信基础设施薄弱已出现了学习危机，加之疫情影响导致的经济危机势必影响很多国家的教育投入，进而加剧教育不平等的现象。此外，疫情期间不少国家不断爆出的种族歧视、隔阂言论和行为，给世界和平和发展带来了潜在的风险。为此，2020年联合国教科文组织“教育的未来”倡议国际委员会发布了《新冠肺炎疫情后世界的教育：公共行动的九个思路》(Education in A Post-COVID World：Nine Ideas for Public Action)，特别强调要加大教育投入，保障公共教育经费，同时呼吁“全球团结一心，化解不平等。新冠肺炎疫情解释了权力不均和全球发展不平等问题。各方应重新倡导国际合作，维护多边主义，以同理心和对人性的共同理解为核心，促进国际合作和全球团结”。[1]

事实上，全球教育发展面临的挑战远非如此。回

---

[1] International Commission on the Futures of Education, UNESCO. Education in A Post-COVID World: Nine Ideas for Public Action［R/OL］.［2020-06-24］https://unesdoc.unesco.org/ark: /48223/pf0000373717/PDF/373717eng.pdf.multi.

顾人类社会进入21世纪以来，经济的快速发展和科技的日益进步的确给教育的发展带来了很大的变化，“经济增长和创造财富降低了全球贫穷率，但世界各地的社会内部以及不同社会之间，脆弱性、不平等、排斥和暴力却有增无减。不可持续的经济生产和消费模式导致全球气候变暖、环境恶化和自然灾害频发……技术发展增进了人们之间的相互关联，为彼此交流、合作与团结开辟出了新的渠道，但我们也发现，文化和宗教不宽容、基于身份的政治鼓动和冲突日益增多”。[1]这些全球可持续发展的危机已然给世界各国的教育提出了巨大的挑战。为此，联合国教科文组织特别重申了人文主义的方法，强调：“再没有比教育更加强大的变革力量，教育促进人权和尊严，消除贫穷，强化可持续性，为所有人建设更美好的未来，教育以权利平等和社会正义、尊重文化多样性、国际团结和分担责任为基础，所有这些都是人性的基本共同点。”[2]

对此，中国政府一直高度赞同并积极行动，响应国际社会的号召。我们以习近平总书记提出的“人类命运共同体”和“文化交流互鉴”的思想为指导，坚持教育对外开放，积极地开展各项国际教育交流与合作活动。日前，《教育部等八部门关于加快和扩大新时代教育对外开放的意见》也明确指出，要“坚持教育对外开放不动摇，主动加强同世界各国的互鉴、互容、互通，形成更全方位、更宽领域、更多层次、更加主动的教育对外开放局面”。[3]为此，我们需要更加深入地研究各国教育改革的最新动向，把握世界教育发展的基本趋势。

北京师范大学国际与比较教育研究院作为教育部普通高等学校人文社会科学重点研究基地，始终围绕着世界和我国教育改革与发展的

[1] 联合国教育、科学及文化组织.反思教育：向“全球共同利益”的理念转变［M].巴黎：联合国教科文组织，2015：9.

[2] 同上：4.

[3] 教育部.教育部等八部门全面部署加快和扩大新时代教育对外开放［R/OL].（2020-06-18）［2020-06-24］. https://www.xuexi.cn/lgpage/detail/index.html?id=1292885021781206936&amp；item_id=1292885021781206936.

重大理论、政策和实践前沿问题开展深入研究。此次组织出版的“基础教育国际比较研究丛书”共10本，既有国别的研究，涉及英国、美国、法国、加拿大等不同的国家，也有专题的研究，如基础教育质量问题、英才教育等。这些研究均是我院教师和博士生近年来的研究成果，希望能帮助从事基础教育工作的教育决策者和实践者开拓视野，较为深入准确地把握世界教育发展的前沿问题，以更好地促进我国基础教育新一轮的深化改革。在出版过程中，我们得到了上海教育出版社的大力支持，特别是此套丛书的负责人袁彬同志和董洪同志的大力支持，具体负责每本书的编辑不仅工作高效，而且认真负责，在此一并感谢！

2020年6月24日

于北京求是书屋

Foreword

序　言

自1915年苏格兰城市规划师格迪斯（Patrick Geddes）在人类历史上首先提出“国际化大都市”这个概念以来，历经百年，国际化大都市不仅在发达国家，也在发展中国家以势不可挡之势迅猛发展。国际化大都市既是人类文明的结晶和国家的骄傲，也是国家的痛点；国际化大都市令人梦寐以求，令人神不守舍，心向往之；国际化大都市活力四射，躁动不安；国际化大都市是经济的发动机，科技革命的策源地，是文化的推进器，是时代的脉搏；国际化大都市像巨大的磁石，每日吸引数以百万计的人涌入追梦，同时它又那么残忍，毫不留情地赶走那些不适者；国际化大都市里精英荟萃，但也苍生悲天。国际化大都市繁花似锦，国际化大都市百病丛生……

国际化大都市的基础教育制度既是国际化大都市文明的反映，也不可避免地为其弊端所制约。国际化大都市基础教育制度规模宏大多元，教育资源分配不均衡，质量差异巨大，质量的鸿沟难以逾越。国际化大都市基础教育制度强化了社会分层，从而使其自身深陷国际化与民族化的激烈冲突之中。但是与此同时，如果我们能以正确的理念改革国际化大都市的教育，教育也可以成为弥合国际化大都市不同阶层撕裂的黏合剂，可以为社会下层人群提供社会上升的阶梯，可以成为社会冲突的“减压阀”，可以促进不同人群不同文化的融合；教育是拯救环境，使国际化大都市成为环境友好的宜居之地的基础，教育是传播和捍卫维系国际化大都市生存发展所必需的价值的利器，当然，教育还源源不断地为国际化大都市提供社会、经济、文化和科技发展所需要的人才。总之，教育是治愈国际化大都市原罪的良方，教育是国际化大都市未来的希望。

不管我们是爱还是恨国际化大都市，它都在那里，它是人类文明发展中不能绕过的一道坎。国际化大都市基础教育制度是国际化大都市的产物，二者共荣共衰。我们必须研究它，为促进国际化大都市的发展，为减轻国际化大都市的病痛做出我们的努力。特别是在全球化、信息化、市场化和城市化的今天，提高国际化大都市基础教育质量有着特别重要的意义。

马健生教授获得北京市社会科学基金重大项目课题资助，与他的团队共同完成了《国际大都市基础教育质量比较研究》。这项研究对11个国际化大都市的基础教育质量、基础教育质量的监测体系和保障机制，以及改善基础教育质量的举措进行了分析，在这些分析的基础上，研究发现了北京市与其他国际化大都市基础教育质量的差异与优势。

马健生教授的这部专著具有一个突出特点，即在国际比较中讲好中国故事。研究团队以科学的研究方法，以国际听得懂的话语认真总结了上海提高基础教育质量的策略。他们指出，上海提高基础教育质量的基本方针就是牢牢把握“公平、科学、优质”的发展主题。在兼顾公平方面，上海坚持建设“家门口的好学校”，让越来越多的义务教育阶段公办学校成为“家门口的好学校”。坚持“为了每一个学生的终身发展”而关注学生发展，是上海基础教育的核心理念，具体表现为学生评价方式的转变。上海的高中学生综合素质评价着力促进每一个学生的终身发展，希望通过综合素质测评反映学生全面发展情况和个性特长，并且关注学生的成长过程，发掘学生潜能，促进学生个性化发展与健康成长。高中学业水平考试坚持素质教育导向，实行全面考核、分类考查，促进学生实现全面发展，同时增加学生的选择性，促进学生发展学科兴趣和个性特长。这项研究为世界呈现出了上海基础教育高质量均衡发展的特色。上海基础教育已经成为国际知名品牌，上海教师的质量已经得到国际认可，上海的基础教育成为上海这座国际化大都市的一颗绚丽明珠。

马健生教授在专著中还全面总结了北京不断追求教育均衡优质发展的经验，为北京这一国际化大都市的学校改进提供了大量可供参考的资料，为评价、监控和改进学校教育质量提供了可供选择的政策。

尽管这部著作是马健生教授和他的团队为完成北京市社会科学基金重大项目课题而作，但我相信广大教育工作者和城市规划者都可从阅读这部著作中获益。因为马健生教授及其团队具有广阔的国际视野，在完成此项研究中进行了大量的文献研读，对国际化大都市基础教育的质量问题进行了广泛深入的讨论分析，提出了许多创新性的见解。当然，由于时间紧迫，在研究案例选择和专著最后部分回应研究问题方面还有可以提高的空间，希望读者不吝赐教，指出不足，帮助他们改进。

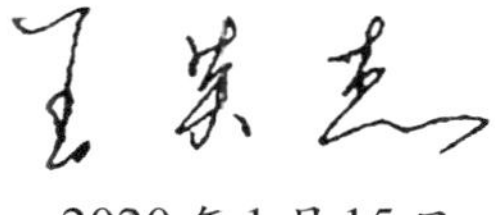

2020年1月15日

Contents

目　录

上　册

下 册

导　论

《国家中长期教育改革和发展规划纲要（2010—2020年）》提出，未来十年要“把提高质量作为教育改革发展的核心任务，把促进人的全面发展、适应现代社会需要作为衡量教育质量的根本标准”。正是因为从政府到民众都渴望高质量的基础教育，因此，提高基础教育质量是我国基础教育改革和发展的必然趋势。提高基础教育质量是一个系统性工程，需要全方位推进，不仅应构建既合乎我国教育国情又符合教育规律的基础教育评价标准体系，还应该构建相应的国家教育质量监控体系。

当今国际竞争的实质是以科学技术水平为代表的综合国力的竞争，一个国家的综合实力要靠科学技术水平来支撑，而科技的发展离不开人才。所以，当前国际竞争的实质归根到底是人才的竞争，而人才竞争的关键在基础教育。《国家中长期教育改革和发展规划纲要（2010—2020年）》明确指出“基础教育是提高民族素质的奠基工程。”基础教育负有培养学生的基础素质、夯实民族素质根基的任务。基础教育是全面发展的教育，是全体国民的义务教育，它直接关系到民族的素质和社会的文明程度。

我国基础教育的发展进入了一个崭新时代，很多城市在发展自身基础教育的过程中不断推动基础教育质量的提高，形成了独特的基础教育质量监控和保障体系。上海是中国城市教育发展的典型代表，上海在1993年便实现了九年义务教育。2014年3月，上海整体通过国家义务教育均衡发展督导评估，成为第一个整体实现县域义务教育均衡发展的省市。2013年12月，经济合作与发展组织（Organisation for Economic Co-operation and Development，简称OECD）与65个国家和地区同时发布了PISA2012的测评成绩，上海继2009年之后再次获得数学、阅读和科学三个领域的第一名，三个领域的平均成绩分别为

613分、570分和580分，上海基础教育发展的成就再次受到国内外媒体的关注。[1]虽然国际学生评估项目（Program for International Student Assessment，简称PISA）只是测试学生的数学、阅读和科学素养，并没有涵盖基础教育的所有学科，但它在某种程度上反映了上海基础教育的状况。2014年开始实施的中英数学教师交流项目，其主旨就是英国教师的“走出来”和“引进去”，以学习上海数学教育经验的实践。本课题的研究对于推动中国教育走出去，扩大上海乃至我国在全球教育格局中的影响，具有战略意义。

本研究重点探究和回答如下几方面问题：

主要的国际大都市的基础教育质量水平如何？分别在学生、教师和校长等方面有何具体表现？其学生和教师在国际测试和所在国家的大型测试中的表现如何？

国际大都市有哪些基础教育质量监测体系？其基础教育质量保障机制是如何运行的？近年来这些国际大都市采取了何种举措来改善基础教育质量？

北京市在提升基础教育质量的过程中形成了哪些经验？

本研究主要包括四方面内容。一是对11个国际大都市的基础教育质量进行详细深入的研究，在此基础上进一步讨论各大都市基础教育的质量水平，进而分析北京市与其他国际大都市基础教育质量的差异与优势。二是分析比较11个国际大都市基础教育质量的监测体系和质量保障机制。三是分析11个国际大都市改善基础教育质量的举措，比较各大都市提高教育质量的措施的异同点。通过对北京市提升基础教

---

[1] 闫温乐.自信与自省：谈上海PISA再夺冠——PISA项目负责人[J].外国中小学教育，2014，(01)：2-7.

育质量的概括和提炼，进一步深化对我国基础教育改革和发展的认识。

一、文献综述

基于对CNKI、CALIS、Google Scholar、Springer、ProQuest、Elsevier Science Direct、万方数据库、维普、北京师范大学博硕学位论文库、读秀学术搜索、超星发现系统等中外文数据库，以及Science Direct等网络引擎和一些专业网站的搜索，结合利用北京师范大学图书馆、国家图书馆等馆藏书目，以“基础教育质量”（basic education quality）、“学校教育质量”（school education quality）、“基础教育评估”（basic education assessment）等为检索词，以“题名”“主题”“关键词”“全文”为检索项，以“精确”为匹配类型，按照与主题的相关性、文献权威性、时效性和真实性的原则进行筛选，并通过CiteSpace的可视化文献分析，发现目前发表的关于基础教育质量的研究成果主要集中在基础教育质量内涵研究、基础教育质量保障研究、基础教育质量评估研究、基础教育质量监测研究和提升基础教育质量的策略研究等五个方面。

（一）关于基础教育质量内涵的研究

不同学者从不同的角度，对基础教育质量内涵作出不同的定义。

从教育产品优劣的角度，顾明远主编的《教育大辞典》指出：“教育质量是对教育水平高低和效果优劣的评价。影响它的因素主要是教育制度、教学计划、教学内容、教学方法、教学组织形式和教学过程的合理程度，教师的素养，学生的基础及师生参与教育活动的积极程度。”[1]基础教育质量就是教育质量的概念在基础教育领域的推演。

[1] 顾明远.教育大辞典［M］.上海：上海教育出版社，1990：24.

从确定标准和达到标准的过程角度，美国高质量教育委员会发布的报告《国家处在危险中：教育改革势在必行》对“高质量”下了一个定义：“高质量指的是一个学校或学院为全体学生规定了高标准和目标，然后想方设法协助学生达到这些目标和标准。高质量社会指的是一个已经采用了这些政策的社会。之后，这个社会将有能力通过教育和提升本国人民的能力对迅速变化的世界的挑战做出响应。”[1]

从满足需要的角度，基础教育质量具有适应学生需要这一内在含义。基础教育质量概念界定需要考虑基础教育如何适应学习者的需要。菲利普·库姆斯（Philip H. Coombs）指出：“比起习惯上定义的教育质量以及根据传统的课程标准判断学生学习成绩从而得出的教育质量，这里所说的‘质量’还包括教和学的相关性问题，还涉及教育体系本身及教育要素（学生、教师、设备、设施、资金）的重要变化，涉及目标、课程和教育技术以及社会经济、文化和政治环境等。”[2]因此，衡量基础教育质量不能只看传统意义上的学习成绩，而且要看教和学是否适应不同社会条件下学习者的需要。衡量基础教育质量的关键，是看基础教育对教育当事人（教师、学生和家长）来说的需要的满足程度。[3]

从内容、过程和结果的角度，杨明指出：“教育质量可见之于教育活动内容、活动过程和活动结果三个方面。从教育活动的内容角度看，学校管理工作、教育工作、教学工作三个方面都存在着工作质量

[1] 杨明.北仑机制区域基础教育质量评价研究［M］.杭州：杭州大学出版社，2013：9，63.
[2] ［美］菲利普·库姆斯.世界教育危机：八十年代的观点［M］.李宝恒，译.北京：人民教育出版社，1990：115.
[3] 杨明.北仑机制区域基础教育质量评价研究［M］.杭州：杭州大学出版社，2013：9，64.

的有无和高低问题。从活动过程的角度看，学生的升级率、巩固率、留级率和毕业率的高低直接或间接地反映了教育过程质量的高低。从活动结果的角度看，学生德智体美劳的综合素质、学生能力水平、学生适应能力、学生学习成绩、学生各方面的综合表现，从不同侧面反映了教育产出中最为重要的一个方面的质量。”[1]

除此之外，祝新宇在《基础教育质量保障：区域研究的视角》中对基础教育质量的客户、目的和内容进行了界定。他认为基础教育质量的客户包括直接客户和间接客户，直接客户主要是指各类接受基础教育的人，间接客户主要是指社会的接收方，如受教育者的家庭、社区等。[2] 提升基础教育质量的目的包括内生性目的和外生性目的，内生性目的主要是指开展基础教育活动的学校（如幼儿园、小学、初中、普通高中及特殊学校等）内驱的对学校向受教育者提供促其全面奠基与提高未来成长潜能的高品质教育活动的追求；外生性目的则是指学校受外部压力而驱动的向区域政府、区域社会公众等对具备良好素质的未来人才有强烈需求的机构或群体提供优质基础教育的努力。[3] 基础教育质量的内容（指标）主要包括两个方面：一是全面关注受教育者的个人的基本素质提升，如“学生的思想品德和公民素养、学生的身体和心理健康水平、学生的学业水平和学习素养、学生的艺术素养、学生的实践能力和创新意识”等；二是关注政府和社会各界为获得具备良好基本素质的未来人才而应向区域基础教育活动提供的相应条件，如“影响学生发展的教育环境与社会环境”等。[4]

---

[1] 杨明.教育发展的本质探索［J].教育评论，1996（1）：14.
[2][3] 祝新宇.基础教育质量保障：区域研究的视角［M].北京：教育科学出版社，2016：44.
[4] 祝新宇.基础教育质量保障：区域研究的视角［M].北京：教育科学出版社，2016：45.

（二）关于基础教育质量保障的研究

基础教育质量保障是一个复杂的系统工程，从宏观到微观、从外部到内部、从方式到内容等都要有相对系统的设计和要求。基础教育质量保障的价值主体（政府）、执行主体（质量保障机构）以及被评对象（学校、教师、学生）构成了一个个相对独立的小系统，这些小系统的良性运转机制会对整个质量保障大系统的稳定、和谐发挥重要作用。[1]

祝新宇在《构建多元融合的区域基础教育质量保障机制》[2]中提出，构建多元融合的区域基础教育质量保障机制首先要树立多元发展的区域基础教育质量观：纵向上应当体现社会、区域、个体三大本位的教育价值取向，横向上应当体现区域政府、学校、区域公众三类教育质量利益相关者的需求，而构建过程是一个多种因素纵横交错、有机融合的过程。祝新宇还阐述了区域基础教育质量保障的总体架构，主要包括三个层面：一是顶层，为政府主导型保障架构；二是中间层，为专业主导型保障架构；三是底层，为学校主导型保障架构，主要根据学校的办学发展需求，对教育教学活动质量进行有效管控，激发学校等教育机构内部的自主保障力量。其后，他进一步指出，应该实施多元并行的区域基础教育质量保障运行模式，包括政府主导型的“督控模式”、学校主导型的“内省模式”以及专业主导型的“专业模式”。除此之外，祝新宇在《区域基础教育质量保障机制的主体关系分析》中阐述，区域基础教育质量保障的主体应该包括政府、学校和社会三方，要找到三股力量的平衡点，从而真正、全面、有效地保障

---

[1] 郭朝红.上海基础教育质量保障的实践管窥［J］.上海教育科研，2015（1）：64-67.
[2] 祝新宇.构建多元融合的区域基础教育质量保障机制［J］.教育发展研究，2012（11）：47-50，55.

区域的基础教育质量。他从多元融合的视角出发，着重剖析了当前区域基础教育质量保障机制的主体类型、关系及结构，分析了当前区域基础教育质量保障机制的主体构式。[1]

郭朝红在《上海基础教育质量保障的实践管窥》[2]中详细阐述了上海市的基础教育质量保障的实践，包括上海市基础教育质量保障体系以及其开展的丰富多彩的基础教育质量保障活动。上海市开展的基础质量保障活动包括学校、学生以及政府三个层面的活动。上海市构建了以关注学生健康成长为核心价值追求的多维绿色指标体系“上海市中小学生学业质量绿色指标体系”，通过学生学业水平指数、教师教学方式指数、校长课程领导力指数、学生社会经济背景对学业成绩的影响指数、学生品德行为指数、身心健康指数、跨年度进步指数等十项指标，对学生的学业质量进行综合评价。

姜英敏在《从“学业水平测试”制度管窥韩国的基础教育质量保障体系》[3]中以韩国教育技术部定期在全国范围内实施的“学业水平测试”制度的现状及问题为主要线索，详细介绍了韩国的全国学业水平测试和小学三年级学历考试。这两种测试是韩国政府试图在教育中引入竞争机制，保障基础教育质量，将其视为保障基础教育质量的重要法宝。

苑大勇在《英国基础教育质量保障政策研究：以“国家挑战”项目为例》[4]中详细介绍了“国家挑战”项目，进而分析英国基础教育

[1] 祝新宇.区域基础教育质量保障机制的主体关系分析［J］.教育发展研究，2016（4）：53-56.
[2] 郭朝红.上海基础教育质量保障的实践管窥［J］.上海教育科研，2015（01）：54-67.
[3] 姜英敏.从“学业水平测试”制度管窥韩国的基础教育质量保障体系［J］.比较教育研究，2011（10）：82-85.
[4] 苑大勇.英国基础教育质量保障政策研究：以“国家挑战”项目为例［J］.比较教育研究，2010（5）：33-37.

质量保障的政策。

（三）关于基础教育质量评估的研究

张祥明在《福建省基础教育质量评价》中从福建基础教育发展的现状入手，站在全局的高度，在对基础教育各阶段各类型的教育机构的办学现状和质量现状进行描述的基础上，深入分析了其中存在的种种问题。研究发现，福建省的基础教育发展政策制定不够全面，基础教育各阶段学校的办学条件不均衡，城乡和区、市高中教育质量不均衡，中职办学定位模糊且缺少品牌特色，初中教育成为福建省基础教育发展的瓶颈，城乡小学办学规模与质量都不均衡，城乡和民办幼儿园教育质量差距较大。[1]他在该研究中对福建省的基础教育发展政策、基础教育办学条件、普通高中教育质量、中等职业教育质量、普通初中教育质量、小学教育质量、学前教育质量等各个阶段各类型的教育从办学现状、校长队伍质量、教师队伍质量、学校管理质量、学生培养质量等多个具体方面开展评价。

罗凯在其学位论文《基础教育质量评价数据处理软件的设计》[2]中设计了基础教育质量评价数据处理的软件，该软件允许用户自定义，适宜多层级、多类别的统计计算，可以实现数据可视化等功能。但基础教育的数据分为很多类，如按参与者划分，包含学生、家长、教师、管理者、决策者的数据；按对象划分，包含班级、科目、年级、学校、区等多种类型的数据；按发展的方向分，包含学业成绩、课堂训练、体制健康、心理状况、艺术修养、动手能力

---

［1］张祥明.福建省基础教育质量评价［M］.厦门：厦门大学出版社，2010：21.
［2］罗凯.基础教育质量评价数据处理软件的设计［D］.天津：天津大学，2015.

以及品德德育的数据。作者设计的软件只能处理学生学业成绩的数据。

杨睿智在其学位论文《基础教育质量评价指标的研制》[1]中对长春市的基础教育质量进行了测评。该研究调查了39所初中的17 980名初中二年级学生和73所小学的14 851名小学五年级学生。该研究以《教育部关于推进中小学教育质量综合评价改革的意见》中五大领域的15项指标为测评框架，测评学生品德发展水平、身心发展水平、实践能力水平、兴趣特长养成和学业负担状况五个领域的基本信息。学业发展水平以中小学语文、数学和外语为测试科目。

冯典在《区域·国家·学校：赞比亚基础教育质量评价的三重维度》[2]中，从区域、国家和学校三个层面介绍赞比亚的基础教育质量评价体系，其中赞比亚参与的国际性和区域性的教育质量评估项目包括南部和东部非洲国家教育质量监测联盟项目以及国际学生评估项目；赞比亚国家层面的评价主要包括大型选拔性考试和国家教育调查等两类；赞比亚学校层面的评价是为了形成基层教学评价能力，促进教育质量的提升，目前实施的学校层面的评价项目有小学阅读项目、四年级能力测试、校本评价和校本持续性评价等。

杨明在《北仑机制：区域基础教育质量评价研究》中主要对浙江省宁波市北仑区基础教育学校层面的教育质量评价和学科教学质量评价进行了相关探索。虽然该研究立足于北仑区这一区域来探讨基础教育质量，但在开展研究过程中，特别是对该区域的基础教育质量进行评价的过程中，并没有形成一整套的评价量表和工作，而是基于北仑

[1] 杨睿智.基础教育质量评价指标的研制［D］.长春：东北师范大学，2014.

[2] 冯典.区域·国家·学校：赞比亚基础教育质量评价的三重维度［J］.比较教育研究，2016（2）：34-40.

区的实践谈经验。

埃丝特（Esther Sui-Chu Ho）在其论文*Assessing the Quality and Equality of Hong Kong Basic Education Results from PISA 2000 to PISA 2006*中通过对2000—2006年PISA测试中中国香港学生的数学、科学和阅读成绩的分析和评价来研究香港的基础教育质量。[1] PISA除了评估15岁学生的知识及技能外，还要求学生报告学习情况，从而了解他们的学习动机及学习模式。[2] 除了PISA之外，TIMSS是由国际教育成就评价协会（International Association for the Evaluation of Educational Achievement, 简称IEA）发起的另一个国际大型测试。TIMSS每四年举行一次，主要针对目前学生接受的数学和科学的学校教育进行调查，对学生的数学和科学成绩进行评估。调查对象是四年级和八年级学生、教师和校长。[3] 除了通过大型国际测试来对国家或地区的基础教育质量进行评估之外，还有很多国家和地区开展了自身的基础教育质量评估。如加纳采用基础教育综合评估体系（Basic Education Comprehensive Assessment System, 简称BECAS）对小学阶段的教育质量进行评价。[4] 泰国专门设立了国家教育标准和质量评估办公室（Office for National Education Standard and Quality Assessment, 简称ONESQA）专门负责泰国基础教育质量评估的相关事宜。[5]

美国联邦教育部专门成立的评价管理委员会（The National

---

[1] Ho, E.SC. Frontiers of Education in China (2010) 5: 238-257. doi: 10.1007/s11516-010-0016-z.

[2] Program for International Student Assessment: About [EB/OL]. (2017-05-20) [2017-05-20]. http://www.oecd.org/pisa/aboutpisa/.

[3] About TIMSS 2015 [EB/OL]. (2017-05-20) [2017-05-20]. https: //timssandpirls.bc.edu/timss2015/.

[4] Basic Education Quality in Ghana Basic Education in Ghana: Progress and Problems final report [EB/OL]. (2009-07-20) [2017-05-20]. http://pdf.usaid.gov/pdf_docs/PNADQ657.pdf.

[5] Quality assessment of basic education institutions [EB/OL]. (2017-05-20) [2017-05-20]. http://eduit.pn.psu.ac.th/research/pdf/articles/2553/1-2553.pdf.

Assessment Governing Board，简称NAGB）推行了一个全国范围内的评价项目——美国国家教育进展评估（National Assessment of Educational Progress, 简称NAEP），主要对美国中小学生学业成绩进行评估。NAEP主要分为三个层次：第一是全国层次，第二是州层次，第三是个别城市学区层次。考试内容包括的学科众多，有阅读、数学、科学、写作、美国历史、公民、地理、经济和艺术等。[1]

日本政府委托国立教育政策研究所开展全国学力测试，对全国的小学六年级和中学三年级学生进行测试，分别考察其日本语和数学。除此之外，还有相应的纸质版调查问卷，调查对象包括学生和学校。[2]东京都教育委员会还专门设立了“为提高学生学力的调查”，主要对象是小学五年级的学生和中学二年级的学生。除此之外，该调查还有专门的纸质版问卷，包括学生和学校两种问卷。[3]

我国学者也对国外基础教育质量评价指标进行了研究。如黄雪娜在《英、德、法三国基础教育质量评估机制的比较研究》中选取了英国、德国和法国的基础教育质量评估机制进行了比较研究。杨涛等在《法国基础教育质量测评体系探析》中对法国基础教育测评体系进行了介绍。田腾飞在《芬兰基础教育的质量标准及其评估机制探析》中对芬兰的基础教育质量标准和评估机制进行了探析。

（四）关于基础教育质量监测的研究

索尔·穆丽巴（Saul Murimba）介绍了1995年开始进行教育质

[1] NAEP Overview [EB/OL]. (2017-5-20) [2017-5-20]. https: //nces.ed.gov/nationsreportcard/about/.

[2] 平成29年度全国学力・学習状況調査の調査問題・正答例・解説資料について [EB/OL].（2017-05-20）[2017-05-20]. http://www.nier.go.jp/17chousa/17chousa.htm.

[3] 平成28年度「児童・生徒の学力向上を図るための調査」の結果について [EB/OL].（2017-05-20）[2017-05-20]. http://www.kyoiku.metro.tokyo.jp/buka/shidou/chosa/pr161110b.html.

量监测活动的南非东非教育质量监控联盟（The Southern and Eastern African Consortium for Monitoring Education Quality, 简称SACMEQ）的组织结构、监测目标、监测方法及其理论基础和框架等。[1] 帕翠克·格里芬（Patrick Griffin）介绍了越南举行的数学质量监测项目，该项目对越南61个省7.2万名小学毕业班的学生进行数学成就测验。结果显示，越南学生普遍达到了国际数学课程要求。[2] 福布基·樱花（Fubuki Sakura）介绍了新西兰的教育质量保障和学校监测系统，包括监测系统的运行框架、职责和机构设置，并指出评估政策的制定和学校课程的设计都是为学生的学习和提高教育质量服务的。[3] 国外教育质量监测用得最多的是项目反应理论（item response theory, 简称IRT），比如TIMSS2003便采用了项目反应理论的质量缩放方法对项目评估中的学生成就进行描述，相关学者专门就监测数据进行缩放的基本条件、心理学模型和多重归因法进行了阐释，并且介绍了如何将这样方法运用到TIMSS的数据分析中。[4]

刘红委主编的《新时期基础教育质量监控模式研究与探索》从德育监控、学科监控、教学监控、教师监控、综合监控等几个方面阐述了基础教育质量监控的模式。其中，德育监控包括城市薄弱小学礼仪规范教育、城市薄弱小学爱国主义教育、城市薄弱小学学生思想品德素质、城市小学礼仪规范教育、城市小学传统美德教育、城市小学礼

---

［1］ Murimba, S.The Southern and Eastern Africa Consortium for Monitoring Educational Quality (SACMEQ): Mission, Approach and Projects［J］. Prospects, 2005, 35(1): 75–89.

［2］ Griffin, P. Mathematics Achievement of Vietnamese Grade 5 Pupils［J］. Asia Pacific Education Review 2007, 8(2): 233–249.

［3］ Sakura, F. School Monitoring and Quality Assurance in the New Zealand School System［J］. Educational Research for Policy and Practice, 2007, 6(3): 229–234.

［4］ Eugenio J. Gonzalez, Joseph Galia, Isaac Li. Scaling Methods and Procedures for the TIMSS 2003 Mathematics and Science Scales.［EB/OL］. (2017-05-20)［2017-05-20］. http:// isc.bc.edu/PDF/t03_download/T03_TR_Chap11.pdf: 2: 253–273.

仪常规教育、城市普通中学传统美德教育、县镇普通中学学生思想品德素质、县镇初级中学传统美德教育、农村中学传统美德教育等方面的质量监控模式。学科监控包括城市薄弱小学六年级数学、城市小学工具学科、城市薄弱小学中年级工具学科、城市小学学生科学文化素质、城市小学劳动教育、农村中心小学学生劳动技能素质等方面的质量监控模式。教学监控包括城市薄弱初中课堂教学质量监控模式、县镇中小学教学业务档案自我监控模式以及县镇普通中学课堂教学质量监控模式，等等。教师监控包括城市薄弱小学青年教师培训工作、城市小学教师工作、城市小学教师队伍建设、县镇普通中学青年教师培训工作等质量监控模式。综合监控包括城市小学教务管理、城市薄弱小学体育卫生管理、城市薄弱小学总务后勤管理、农村中心校辐射管理、城市中小学电化教育、城市青少年校外艺术教育等质量监控模式。

徐晓在学位论文《区县基础教育质量监控研究》[1]中指出，区县基础教育质量监控的主体是区县政府，监控的客体是区县政府和学生购买的基础教育服务。但是他并没有明确提出监控指标应该包括哪些方面，而只是说明监控指标比监控目标更具体，更具有可操作性。负责监控的机构包括教育督导室、教研室和质量监测中心。对教育主体的质量监控包括教育方向、领导班子、课堂教学改革、德育工作、教育教学质量、教师专业发展等方面。

丁丽丽在学位论文《我国基础教育质量监测政策的价值分析》[2]中分析了我国教育质量监测政策的主导价值取向，即追求质量和以学生为中心。

[1] 徐晓.区县基础教育质量监控研究［D］.长沙：湖南师范大学，2012.
[2] 丁丽丽.我国基础教育质量监测政策的价值分析［D］.哈尔滨：哈尔滨师范大学，2011.

张晓蕾在《英国基础教育质量标准〈国家课程〉及监控系统》[1]一文中详细介绍了英国基础教育质量标准《国家课程》和英国基础教育质量监控系统，指出《国家课程》是英国全国性的基础教育质量标准，涵盖5—16岁儿童四个关键阶段14门课程的标准及九个学业评价表现水平划分。除此之外，英国为了确保基础教育质量标准切实落实，推行配套的国家测评，成立相应管理机构，制订出台相关问责章程，是支持这一系统工程顺利运行的必要措施。

周文叶在《共同的核心　明确的高期望：美国CCSS对我国基础教育质量标准研制的启示》[2]一文中详细论述了美国共同核心州立标准计划（The Common Core State Standards Initiative），认为美国的CCSS有着专业的团队、有效的机制和严格的准则，确保了标准研制过程的有效性和标准的质量，因而对于我国研制基础教育质量标准有一定的启发。

辛涛在《基础教育质量监测的国际视野》[3]一文中介绍了基础教育质量监测的两种组织形式，分别是国家建立独立于教育行政部门的专职机构和由政府以项目的形式委托大学或研究机构进行检测；论述了基础教育质量监测的主要内容，有的国家测评的是核心学科，有的国家测评的是阅读和数学能力，各个国家测评的学科和形式也不尽相同。辛涛等人在另一篇文章《基础教育质量监测的国际比较》[4]中更加细致地论述了相关观点。

[1] 张晓蕾.英国基础教育质量标准《国家课程》及监控系统［J].全球教育展望，2012（5）：42-48.
[2] 周文叶.共同的核心明确的高期望——美国CCSS对我国基础教育质量标准研制的启示［J].教育发展研究，2012（24）：19-24.
[3] 辛涛，李峰.基础教育质量检测的国际视野［J].人民教育，2007（13）：4-5.
[4] 辛涛，李峰，李凌艳.基础教育质量监测的国际比较［J].北京师范大学学报（社会科学版），2007（6）：5-10.

李凌艳等人在《美国国家基础教育质量监测制度设计及启示》[1]一文中介绍了美国唯一的全国性、持续性的基础教育质量评估项目“国家教育进步评估”，该项目主要包含主评估、长期趋势评估及专项研究三种评估类型。主评估具体分为全国性评估、州评估、试验性学区评估，对应全国层面、州层面、学区层面的基础教育质量现状三个监测目标；长期评估是为了掌握全国基础教育质量的发展趋势而设计的评估项目；专项研究包括高中毕业成绩单研究、“国家进步评估”与TIMSS对接研究等。除此之外，李凌艳等人在《美国基础教育质量的学校影响因素监测研究》[2]中详细介绍了美国国家教育统计中心开展的“学校与教职人员调查”（Schools and Staffing Survey, 简称SASS）。SASS通过收集来自学区、学校、校长、教师和图书馆媒体中心等多来源的数据，提供有关美国中小学学校状况的信息，包括学区问卷、学校问卷、校长问卷、教师问卷和学校图书馆媒体中心问卷。学区问卷主要了解学生人数、择校、教师雇佣、招聘和解聘、毕业要求等；学校问卷主要了解学校的教学计划和管理、服务、人员编制信息；校长问卷主要收集校长先前的经历、培训、学校氛围和学校政策方面的信息；教师问卷主要收集教师准备和分配、工作经历、对工作环境和氛围的评价以及其他个人信息等。

李凌艳在《我国基础教育质量环境系统监测的若干思考》[3]一文

[1] 李凌艳，蔡静，郑巧.美国国家基础教育质量监测制度设计及启示［J］.比较教育研究，2016（5）：43-49.

[2] 李凌艳，张平平，李勉.美国基础教育质量的学校影响因素监测研究［J］.比较教育研究，2015（11）：101-106.

[3] 李凌艳，郭思文.我国基础教育质量环境系统监测的若干思考［J］.教育研究，2014（11）：119-125.

中提出，我国应该构建纵横交错的“学生”“教师”“学校”和“区域”四水平，以及“标准与评价”“条件与资源”“过程与实践”和“结果与状况”四层面的环境因素测评框架，以基本覆盖影响我国基础教育质量的整体环境系统，并且在构建检测体系的过程中，规范测评工具的研究流程和技术标准，严谨使用相关数据结果。

刘静在《基础教育质量监测：世界的趋势与中国的路径》[1]一文中认为，当前国际基础教育质量监测呈现如下特点：高度重视教育质量，监测目标导向国际竞争及国家发展战略支持；广泛使用增值性评价，监测内容转向学生能力的发掘；精心设计监测体系，监测方法及监测技术日渐科学化；突出监测的反拨作用，监测结果用于指导教育政策的调整。文中还提出了我国基础教育质量监测的发展路径：加强国际交流与合作，完善我国基础教育质量监测评估体系；明确监测组织职能，建立独立于教育行政体系的监测中介机构；深化评价制度改革，完善基础教育质量督导与评价制度；规范学生学业评价体系，适应基础教育科学决策的需要；制定教育质量国家标准，抢占国家未来发展战略先机。

（五）关于提升基础教育质量的研究

凯瑟琳·特拉奥雷（Catherine Traoré）在其论文 *The Continuum of Bilingual Education in Burkina Faso: An Educational Innovation Aimed at Improving the Quality of Basic Education for All*[2]中，将双语教育作为提升非洲布基纳法索（Burkina Faso）基础教育质量的重要方式，并

[1] 刘静.基础教育质量监测：世界的趋势与中国的路径［J].当代教育论坛，2014（5）：9-16.
[2] Traoré, C., Kaboré, C. & Rouamba, D. Prospects［J］(2008) 38: 215-225.doi: 10.1007/s11125-008-9075-9.

且详细介绍了布基纳法索的双语教育在国家、地方政府、学校等不同层面的不同责任。

沈雪霞在其学位论文《提高基础教育质量：世界银行的立场》[1]中，将世界银行作为研究基础教育的重要主体，通过对世界银行发布的大量关于基础教育的研究报告的分析，指出世界银行应该从设立标准，支持那些已知的能够促进成果的投入，采纳灵活的策略来获得和使用投入，对行动进行监管等四个方面来提高基础教育质量。

蔡群青等人在《基础教育质量提高的反思与展望》一文中指出，要提高基础教育质量，首先要有宏观价值的引领，如树立公平的教育质量观，追求人本的全面发展观，注重理性批判的评价精神。其次要有中观制度保障，如深化基础教育均衡发展，优化教育资源的公平配置；扩大办学自主权，推进管办评分离；完善基础教育质量监测评价体系，构建形成性/发展性的评价机制。再次，要有微观过程创新，如创新教研活动，实施递进式的课程改革。

柳海民等人在《合理发展：提升中国基础教育质量的新思路》[2]一文中提出，合理发展是目前提高中国基础教育质量的新思路，其内涵主要包括三个方面：拒斥蒙昧主义，遵循规律合理性原则；批判现实功利主义，遵循发展合理性原则；抵制浪漫主义，遵循实践合理性原则。除此之外，还提出要照顾社会发展与人的发展的双重需要。柳海民在《布局调整：全面提高农村基础教育质量的有效路径》[3]一文

[1] 沈雪霞.提高基础教育质量：世界银行的立场［D].上海：华东师范大学，2011.

[2] 柳海民，王澍.合理发展：提升中国基础教育质量的新思路［J].东北师大学报（哲学社会科学版），2014（6）：188-192.

[3] 柳海民，娜仁高娃，王澍.布局调整：全面提高农村基础教育质量的有效路径［J].东北师大学报（哲学社会科学版），2008（1）：5-12.

中认为，布局调整是提高农村基础教育质量，推进教育均衡发展，促进教育公平的重要举措。

张祥明在《福建省基础教育质量评价》一文中，在分析普通高中教育、中等职业教育、普通初中教育、小学教育以及学前教育的定位和性能的基础上，提出了比较切实可行的政策建议。

蔡连玉在《南非基础教育质量提升的路径》[1]一文中详细介绍了南非提升基础教育质量的措施框架，包括提升教–学质量，跟踪评估学生发展，改善儿童早期教育，构建“结果本位”规划问责系统等四个支柱。

刘学智等人在《美国政府提高基础教育质量的最新举措：PARCC评价体系的构建与启示》[2]一文中详细介绍了美国“为升学和就业做准备评价同盟”（PARCC），认为该评价体系源于美国提高基础教育质量，推动核心课程标准实施和改变学业评价现状的诉求。PARCC评价体系框架包括形成性评价和终结性评价相结合的二元结构、英语和数学等核心学科的评价模块，以及由资源共享中心、复杂文本诊断、选择性评价项目构成的形成性评价工具等。

王定华在《德国基础教育质量提高问题的考察与分析》[3]一文中分析了德国提高基础教育质量的措施，如：成立全国性的质量研究机构；加强教育体制综合改革；强化教师培训、教育督导和早期教育等；坚持因材施教，关注每一位学生的成长；重视外语教学，培养学生的国际意识。

---

[1] 蔡连玉，苏鑫.南非基础教育质量提升的路径［J］.比较教育研究，2014（12）：92–97.

[2] 刘学智，栾慧敏，乞佳.美国政府提高基础教育质量的最新举措：PARCC评价体系的构建与启示［J］.比较教育研究，2013（10）：80–84.

[3] 王定华.德国基础教育质量提高问题的考察与分析［J］.中国教育学刊，2008（1）：10–16.

（六）小结

纵观既往国内外相关的研究成果和研究主题，不难发现，尽管目前基础教育质量研究领域有很多研究成果，为进一步开展基础教育质量的相关研究奠定了基础，但总体来讲，还是缺乏系统的研究和总结提炼。目前国内基础教育质量在宏观、中观和微观层面的研究主要集中于：宏观层面，基于教育决策、教育改革的基础教育质量研究；中观层面，学校教育教学、教育管理、提高学校教学质量的基础教育研究；微观层面，深入课堂的教育教学的研究，探索教学质量的影响因素（教学行为、班主任）和教育质量对其他（辍学率、教育均衡等）教育指标的影响；贯穿宏观、中观、微观研究的基础教育质量监测与教育质量保障研究。质量检测是基础教育质量研究的基础性工具或方法，是教育决策的重要依据，质量保障则是所有研究的政策性建议和实现质量提升的主要路径。[1]国内关于基础教育质量的研究可以分为三个内容层次：一是围绕基础教育质量的本体研究，已形成“基础教育质量+教育质量标准”“基础教育质量+质量检测”“基础教育质量+教育质量评估”等研究主题；二是围绕学校教育、教育均衡等的基础教育质量研究，主要有“基础教育质量+学校教育”“基础教育质量+教育均衡”等；三是基础教育质量的比较研究和教育行政，主要有“基础教育质量+美国”“基础教育质量+发展规划”“基础教育质量+办学行为”。[2]

总体来讲，国内外关于基础教育质量研究主要有以下四个特点。

---

[1][2] 易兰，陈恩伦.中国基础教育质量研究：现状与启示——基于1949至2015年的文献计量分析[J].教育科学研究，2017（4）：5-10.

第一，外国研究多于比较研究。很多研究是对某个国家基础教育质量的某一个方面进行探讨，缺乏在同一框架维度上对几个国家、城市或地区的基础教育质量的比较研究。

第二，思辨研究多于实证研究。高屋建瓴的思辨研究对于基础教育质量研究有着相当重要的作用，而从实证的角度对某个国家、某个城市或者某一地区的基础教育质量研究也是必不可少的。立足于提高基础教育质量，深入开展针对本土基础教育质量的实证研究尤为重要。

第三，就教育论教育，缺乏其他领域的视角。质量的概念源于管理学，但是教育学界的研究者在进行基础教育质量研究的过程中往往就教育论教育，就质量论质量，没有很好地借鉴和融合管理学和经济学的质量理论。

第四，经验研究多于理论研究。多数研究是对国内外基础教育质量相关实践的介绍，没有进行理论的概括和实践的提炼，研究结果缺乏普适性和可操作性。

为弥补上述不足，本研究将以基础教育质量为研究对象，综合运用比较研究、二手数据分析、个案研究等多种研究方法，并建立一支由高校理论工作者和实践工作者组成的研究队伍，通过对大都市基础教育质量水平和质量保障体系进行深入研究，进而概括和总结北京市提升基础教育质量的经验，使得本课题的研究既基于国内外的经验，又面向未来。

二、研究内容

（一）研究对象

本研究选取11个国际大都市，研究其基础教育质量，包括基础教育质量水平和基础教育质量保障等。通过文献综述，本研究认为，基础教育质量包括学生的学业成绩（阅读、科学和数学）、教师教学质量、校长领导力水平、学生学习氛围（学校氛围）以及学生身心健康水平等方面。

本研究所指的国际大都市不仅有各个具体的城市，还包括州以及城市国家。具体而言，本研究选取了德国的柏林、芬兰的赫尔辛基、美国的马萨诸塞州、英国的伦敦、新加坡、墨西哥的墨西哥城、日本的东京、法国的巴黎、俄罗斯的莫斯科、中国的上海和北京作为研究对象。

（二）总体框架

本研究的总体框架分为五个部分：第一部分是导论，介绍本研究的背景、文献综述、研究内容和研究设计等；第二部分是国际大都市基础教育质量的水平分析，包括对基础教育质量内涵的理解和国际大都市的基础教育质量水平；第三部分是国际大都市基础教育质量监测体系的比较分析；第四部分是国际大都市基础教育质量保障的比较分析，包括基础教育质量保障的政策、组织机构和运行机制等内容；第五部分是国际大都市改善基础教育质量的举措的比较分析；第六部分立足于北京市基础教育发展现状，概括和提炼北京市提升基础教育质量的经验。

（三）主要研究目标

认识主要国际大都市基础质量水平的差异。

梳理基础教育质量保障的国际经验。

整理基础教育质量监测体系的国际经验。

提炼北京市提升基础教育质量的经验。

三、研究设计

（一）研究思路

“国际大都市基础教育质量比较研究”的研究思路如图 0–1 所示。

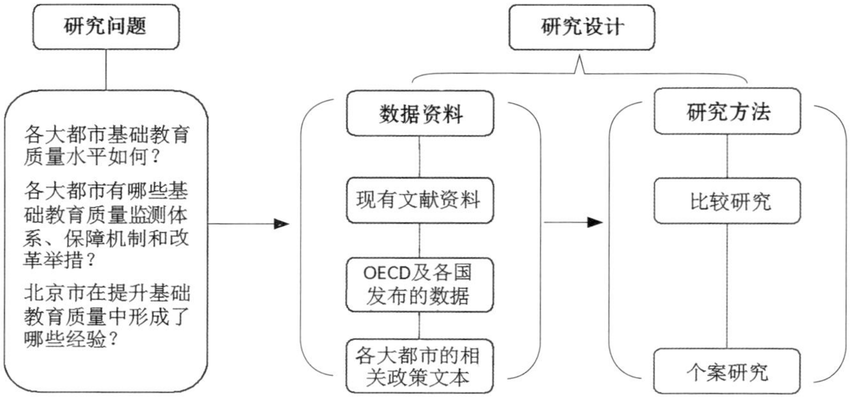

图 0–1　国际大都市基础教育质量比较研究的研究思路

（二）研究方法

1. 个案研究

个案研究是社会科学研究中的一种重要方法，不仅有利于反映丰富多彩的社会现实，而且可以为理论建构提供必要的素材。陈学飞教授认为，在高等教育领域积极开展关于教育管理和教育政策的案例研究是非常必要而紧迫的。本研究根据国际上的认知程度和资料的可获得性，选择德国柏林、芬兰赫尔辛基、美国马萨诸塞州、英国伦敦、新加坡、墨西哥首都墨西哥城、日本东京、法国巴黎、俄罗斯莫斯科、中国的上海及北京作为个案进行研究。

2. 比较研究

著名教育方法论学者梅（Tim May）认为，比较分析的视角包括：以洋为鉴（import-mirror）的视角，将本国的实践置于别国背景下进行研究；差异性的视角，分析各国社会不同方式发展的原因；理论发展的视角，关注比较分析对理论发展的积极影响；预测的视角，相信别国的经验有助于预测本国即将出现的问题[1]。本研究重点分析11个国际大都市基础教育的质量水平、基础教育质量监测体系、质量保障运行机制和改善基础教育质量的举措等方面的共性和差异。

[1] May T. Social Research: Issues, method and process [M]. 3rd ed. Buckingham: Open University Press, 2001: 200-219.

第一章

德国柏林的基础教育质量分析

在德国，直到20世纪90年代以前，一直缺乏对学校教育过程的系统审视。1997年第三次国际数学和科学研究（TIMSS）的结果公布后，这种情况发生了变化。德国学生在数学和科学领域的平庸成绩使德国教育系统陷入危机。2000年的PISA测试中，德国学生的测试结果再次令人失望，由此引发了该国教育系统更多的在教育质量保障方面的改变。自1949年以来，德国各州一直享有教育自主权，德国的基础教育包括小学教育和中等教育。德国所有学龄儿童都有义务接受小学教育，德国绝大部分州的小学只有一至四年级（柏林和勃兰登堡州除外，它们的小学是一至六年级）。中等教育包括中学第一阶段（相当于我国的初中）和中学第二阶段（相当于我国的高中）。由于学校类型不同，中学第一阶段可分为五/七至九/十年级，学生年龄为10/12岁到15/16岁；中学第二阶段是在中学第一阶段基础上的教育，学生年龄为15/16岁到18/19岁。[1] 德国的基础教育均为免费教育，学制为12年或13年。在柏林，教育质量不仅指学生学业成绩，还涉及教育体系本身以及教育要素（学生、教师、设备、设施、资金等）。

[1] Kultusminister Konferrenz [EB/OL]. (2018-09-20) [2018-09-20]. https: //www.kmk.org/dokumentation-statistik/informationen-zum-deutschen-bildungssystem/dossier-deutsch.html.

第一节

柏林的基础教育质量水平

德国柏林参加PISA测试和TIMSS测试的结果是以全国整体结果一起呈现的，本章节首先介绍德国在2018年PISA测试中的成绩，再选取德国国内的教育趋势研究测试结果，以此来探索柏林基础教育质量的水平。

一、德国在PISA测试中的表现

PISA测试每三年举行一次，目的是调查15岁学生在阅读、数学和科学学科获得的能力情况。2018年PISA测试的重点是阅读领域，主要考查学生的文本理解、使用、评估和反思能力。此外，这次测试中还首次测试了学生的网络信息搜索能力，并考查学生评估和反思信息的真实可靠性的能力。2018年的PISA测试是全球举行的第七次PISA测试，约有79个国家和地区的60万名15岁学生参加了测试，其中有37个国家属于OECD成员。德国总共大约有来自220所不同类型学校的5 500名15岁中学生参加了这次测试，同样参加调查的还有教师和家长。[1] 2018年的PISA测试结果显示，德国15岁学生拥有良好的阅读能力，能够理解、使用和评价文本，高于OECD国家学生阅读能力的平均水平。在数学和科学领域，德国也取得了不错的成绩。然

[1] http://www.pisa.tum.de/pisa-2018/.

而，德国学生的学业表现与学校类型之间差异巨大，在高级文理中学（Gymnasium）以外类型学校就读的学生，其所有能力领域的表现都有变差的趋势。

1. 阅读领域测试结果

德国学生的阅读成绩为498分，高于OECD国家的平均成绩（487分），德国学生的阅读成绩与法国、英国、美国和日本相近。OECD国家中阅读成绩排名靠前的是爱沙尼亚（523分）、加拿大（520分）、芬兰（520分）、爱尔兰（518分）以及韩国（514分）。与2000年第一次参加PISA测试的结果相比，德国学生阅读能力测试的平均分数提高了14分，与2009年的分数（497分）相近。

从学生水平分布情况来看，自2009年以来，阅读特别优秀的学生比例从7.6%提高到11.3%，高于OECD的平均水平。同时，阅读特别薄弱的学生比例从2009年的18.5%增加到了20.7%，[1]其中，非高级文理中学的学生在阅读特别薄弱类型中的比例自2009年以来增加到了29%。[2]

2. 数学领域测试结果

德国学生的数学成绩为500分，高于OECD国家的平均水平（489分）。OECD国家中排名靠前的有日本（527分）、韩国（526分）、爱沙尼亚（523分）、荷兰（519分）和波兰（516分）。与2012年相比，德国学生数学成绩降低了13分，有明显的下降趋势。

和2012年PISA相比，数学优秀的学生占比从17.5%下降到

[1] Kultusminister Konferenz. PISA 2018: Deutschland stabil über OECD-Durchschnitt-Unser Anspruch muss mehr sein: zukünftig weitere Anstrengungen nötig [EB/OL]. (2019-12-03) [2019-12-12]. https://www.kmk.org/aktuelles/artikelansicht/pisa-2018-deutschland-stabil-ueber-oecd-durchschnitt-unser-anspruch-muss-mehr-sein-zukuenftig-weit.html.

[2] Technische Universitaet Muenchen.PISA2018 [EB/OL]. [2019-12-12]. http://www.pisa.tum.de/pisa-2018/.

13.3%，数学薄弱的学生比例从17.7%增加到21.1%，其中非高级文理中学的学生数学薄弱的比例达到30%。

3. 科学领域测试结果

德国学生的科学成绩（503分）远高于OECD国家的平均水平（498分）。在这一领域，OECD国家中排名靠前的有爱沙尼亚（530分）、日本（529分）、芬兰（522分）、韩国（519分）和加拿大（518分）。

与2015年相比，德国科学成绩优秀的学生比例一直保持在10%，科学成绩薄弱的学生从17.7%增加到19.6%，约为全体学生的五分之一，在非高级文理中学的学生中，这一比例达到27%。

4. 成绩的差异性

（1）男女差异

在阅读领域，和其他所有PISA参与国家（地区）一样，德国女生的阅读成绩高于男生。德国男生的成绩有所进步，女生的成绩有所下降，性别差异减少了19分，总的性别差异低于OECD的平均水平。与2009年40分的差距相比，2018年德国男女生成绩差距为26分。在数学领域，男生的成绩与2012年相比下降了17分，女生的成绩也有轻微的降低，性别差异也有所减少。在科学领域，男生的成绩降低了12分，女生的成绩保持不变，同时也是第一次略领先男生。

（2）家庭社会经济背景对成绩的影响差异

家庭社会经济背景对德国学生的PISA成绩表现有很大的影响，这种影响的程度高于OECD国家的平均水平，也超过2009年测试的水平。这也就意味着，来自较低社会经济地位家庭背景的学生，阅读能力通常较差。

（3）移民背景差异

具有移民背景的学生比例从2009年的26%上升到36%。在德国出生的移民家庭的学生阅读分数为477分。父母一方为外来移民的学生阅读成绩为497分。第一代移民，即在外国出生后跟随父母来到德国的学生，阅读成绩为405分。[1]有移民背景的学生的阅读能力水平与2009年相比没有太大变化，依旧比非移民背景学生的阅读能力水平低（472分/524分），这个差距高于其他国家。[2]

5. 其他结果

在阅读策略领域对目标导向和有意义信息获取方面的考察中，德国学生的阅读乐趣有明显的降低：三分之一的德国学生认为阅读浪费时间，远高于OECD国家的平均水平；五分之一的学生承认，阅读是为了获取信息；只有四分之一的学生把阅读当作最喜欢的爱好。从阅读动机来看，德国和OECD国家学生的阅读动机都在降低。德国为非德语母语的学生提供的阅读促进课程的水平高于国际水平。除了常规的阅读课程以外，在高级文理中学里的阅读促进课程比非高级文理中学更多。相对而言，德国学校很少在语言教学中使用数字媒体，其中高级文理中学用得最少。[3]三分之二的德国学生对他们的生活感到满意，92%的学生认为“有时”或“经常”感到幸福。与其他国家相比，德国的学校氛围中，“合作”大于“竞争”。只有三分之一的学生认为与他人是竞争关系，三分之二的学生认为是合作关系。有三分之四的德国学生表示，他们的教师拥有明显的教学热情。[4]

[1][4] Kultusminister Konferenz. PISA 2018: Deutschland stabil über OECD-Durchschnitt-Unser Anspruch muss mehr sein: zukünftig weitere Anstrengungen nötig [EB/OL]. (2019.12.03) [2019-12-12]. https://www.kmk.org/aktuelles/artikelansicht/pisa-2018-deutschland-stabil-ueber-oecd-durchschnitt-unser-anspruch-muss-mehr-sein-zukuenftig-weit.html.

[2][3] Technische Universitaet Muenchen.PISA 2018 [EB/OL]. (2019-12-03) [2019.12.12]. http://www.pisa.tum.de/pisa-2018/.

二、柏林在“德国教育趋势研究”中的表现

2016年的“德国教育趋势研究”对德国小学教育领域四年级学生的学习结果进行了第二次评估，目的是评估学生的德语和数学达标程度。第一次进行这样的覆盖全国的各州小学生学业能力对比的评估是在2011年。2016年的这次测试不仅可以得出各州小学四年级学生的能力和达标程度，还能与2011年的评估结果进行对比，分析发展趋势。

在2016年的教育趋势研究中，德国16个州共计超过2.9万名四年级学生参加了测试，测试内容以文化教育部长联席会议制定的教育标准为基础，在教育质量发展研究所与专业教学人员的合作下完成。德语学科测试阅读、听力和拼写，数学学科测试数字和操作、空间和形状、模式和结构、大小和测量以及数据、频率和概率。为了阐释清楚学生所取得的考试成绩，德国教育质量发展研究所（Institut zur Qualitaetentwicklung im Bildungswesen，简称IQB）根据文化教育部长联席会议的教育标准制定了能力层次模型[1]。该模型可以描述学生达到的水平，还可以确定在相应学科领域和能力领域，学生掌握的能力在多大程度上符合教育标准的期望。[2]

在2016年的能力水平分布的结果摘要中，每种能力领域都包含三个问题：达到规范标准的学生比例是多少，未能达到最低标准的学生比例是多少，达到最佳标准的学生比例是多少。在德语能力领域，2016年德国约有66%的学生在德语阅读方面达到规范标准，超过68%的学生在德语听力上达到规范标准，约54%的学生在德语拼写上达到

[1] 能力层次模型分为：不合格、最低标准、规范标准、规范标准+、最佳标准。
[2] Institut zur Qualitaetsentwicklung im Blidungswesen [EB/OL]. (2018-10-01) [2018-10-01]. https: //www.iqb.hu-berlin.de/bt/BT2016/Bericht/BT2016_Bericht.pdf.

规范标准，在这三个方面未能达到最低标准的学生比例分别为13%、11%和22%。全德国在德语阅读和听力方面达到最佳标准的学生比例约为10%，拼写方面约为9%。在数学能力领域（总体水平），全德国达到或超过文化教育部长联席会议教育规范标准的学生比例约为62%，未能达到最低标准的学生比例为15%，另外约有13%的学生达到最佳标准。德国各个州的学生能力测试结果有很大差异：巴伐利亚州在确保学生达到规范标准和最低标准上一直做得最好，该州在审核的四个领域中，有三个领域保持了全德国最佳水平。2016年所有测试的领域中，柏林和不来梅达到能力规范标准的学生比例最低，未能达到最低标准的学生比例也最高。不来梅在所有测试领域中，学生达到最佳标准的比例都要低于全国总体水平，柏林只是在德语拼写领域及数学领域低于全国水平。[1]

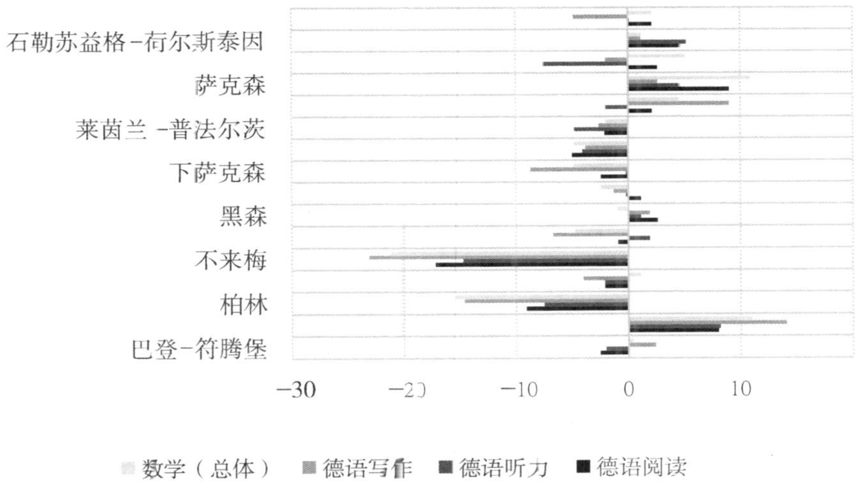

图1-1 德国各州2016年四年级学生达到规范标准的比例分布

[1] Institut zur Qualitaetsentwicklung im Bildungswesen.［EB/OL］. (2017-10-01).https: //www.iqb.hu-berlin.de/bt/BT2016/Bericht/BT2016_Bericht.pdf.

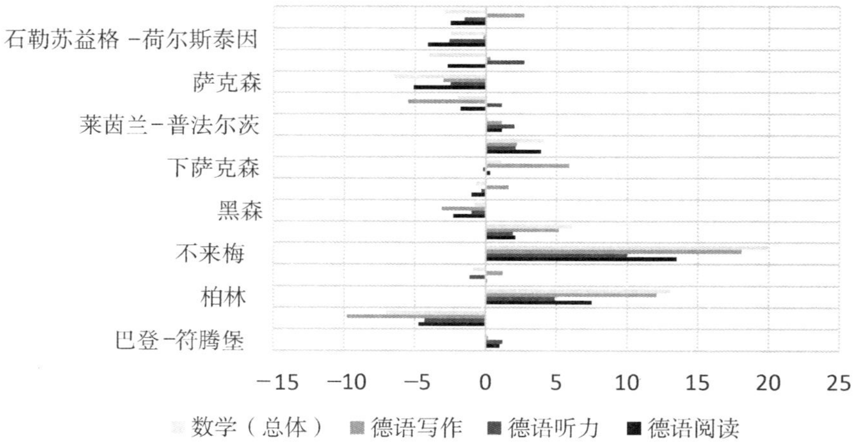

图 1-2　德国各州 2016 年四年级学生成绩未达到最低标准的比例分布

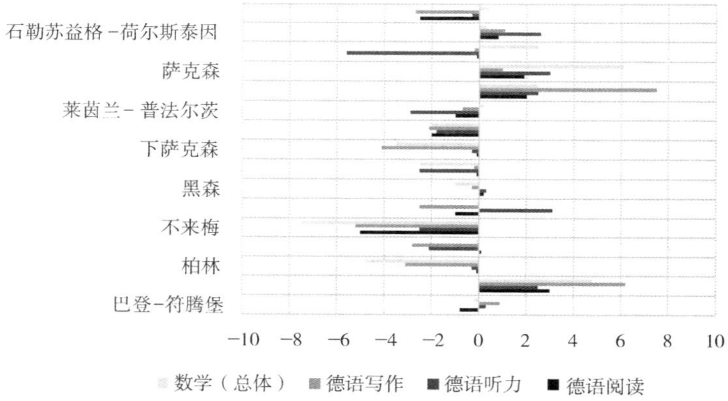

图 1-3　德国各州 2016 年四年级学生成绩达到最佳标准的比例分布

从2016年的教育趋势研究的结果可以看出，德国柏林小学四年级学生的成绩水平处于全国平均水平以下，在全德国16个州中排在倒数位置。

三、柏林基础教育面临的挑战

1. 学生的社会性差异大

许多研究都表明，学生能力的发展在很大程度上与其父母的社会地位有关。来自高水平社会经济地位家庭的孩子所能达到的能力值往往比来自低社会经济地位家庭的孩子更高。因为不同的社会、文化和经济水平意味着与之相联系的不同的与教育相关的资源和学习机会。这些最初的社会不平等地位会导致学生在未来教育生涯中能力发展的不均衡，这就是社会性差异。PISA研究中，德国学生受社会性差异影响而产生的成绩差异最为显著。德国教育质量发展研究所的教育趋势研究中也体现了社会性差异的影响。来自社会经济地位高的家庭的学生，在德语领域中的阅读能力水平以及听力和数学领域所达到的能力水平也相应更高。在德国各州中，柏林、不来梅和汉堡三座城市和其他一些大城市相比存在更大的社会性差异，这意味着学生群体所能获得的教育资源与机会的差异更大。[1]

2. 柏林学校的学制独特

柏林和勃兰登堡州的小学学制不同于德国其他14个州，柏林与勃兰登堡州的小学学制是6年，而其他州的小学学制是4年。也就是说，其他州的学生在四年级时小学毕业，而柏林的学生需要再过两年才能小学毕业，这样的学制对学习能力测试结果有重要影响。在入学年龄上，德国其他州的儿童是满7岁入学，而柏林儿童的入学年龄提早了6个月，儿童6岁半甚至6岁就可以入学。在2016年的教育测试

---

［1］ Petra Stanat, Stefan Schipolowski, Camilla Rjosk, Sebastian Weirich, Nicole Haag.Bildungstrend 2016. Kompetenzen in den Faechern Deutsch und Mathematik am Ende der 4.Jahrgangsstufe im zweiten Laendervergleich［M］. Muenster, New York: Waxmann, 2017.

研究中，德国其他州的学生平均年龄为10.5岁左右，而柏林参加测试的学生年龄是最小的，只有10岁2个月左右。此外，根据2011年的德国各州比较研究，在柏林，在语言、社会和情感发展或者学习方法上有特殊需求的四年级学生达到6%，而只有约1%的四年级学生进入特殊学校，在全纳教育思想的影响下，其余学生的家长选择了将孩子送到普通小学。[1] 这就造成柏林参加全国学业比较测试的学生水平参差不齐。[2]

3. 移民学生数量远高于全国平均水平

近些年，德国有移民背景学生的数量持续增长。如何使具有移民背景的学生成功融入德国成为一个重要问题。因此，德国教育政策的一个重要目标是，最大限度地降低由移民因素对学生能力造成的影响。2016年，德国境内具有移民背景的四年级学生比例约为34%，相较2011年增长9%。其中，移民背景学生比例最高的城市为柏林、不来梅和汉堡，均超过全体学生数量的40%。而在2016年德国教育质量发展研究所的教育趋势研究中，具有移民背景学生的测试结果与非移民背景学生的测试结果存在很大差距。以2016年的数学教育趋势测试为例，父母双方都具有移民背景的学生的数学成绩明显低于没有移民背景的学生。学生数学能力测试结果差距较大的城市为柏林、不来梅和汉堡，差距最小的地区为勃兰登堡和梅克伦堡州，其中梅克伦堡州是唯一的移民背景学生差异数据不明显的州。[3]

---

[1][2] Institut zur Qualitaetsentwicklung im Bilungswesen [EB/OL]. (2019-01-20) [2019-01-20]. https://www.iqb.hu-berlin.de/bt/LV2011/Bericht.

[3] Petra Stanat, Stefan Schipolowski, Camilla Rjosk, Sebastian Weirich, Nicole Haag.Bildungstrend 2016. Kompetenzen in den Faechern Deutsch und Mathematik am Ende der 4.Jahrgangsstufe im zweiten Laendervergleich [M]. Muenster, New York: Waxmann, 2017.

总之，尽管柏林是德国首都，也是国际化大都市，其基础教育质量却不尽如人意。因此，单纯地认为越是大型城市，教育质量水平就越高，这样的思路起码在柏林是行不通的。因为这样的大都市也面临着社会经济文化地位差异过大、学生异质化差异明显及其他一些这个城市特有的问题（如学制差异等）。那么，柏林在近几年来针对这样的挑战做出了哪些回应，构建了怎样的基础教育质量体系呢？

第二节

柏林基础教育质量监测体系

德国柏林基础教育质量监测体系由德国联邦与柏林市双方协作完成，包括教育质量标准与质量监测项目。标准方面除了德国联邦政府出台的《全国教育标准》与学科能力水平模型之外，柏林市也在2005年开始实施《柏林学校质量实施框架》，成为对学校实施监测工作的重要依据。在学校监测项目方面，柏林有自己的学校评估项目，对基础教育阶段的每所学校都会进行评估和评价，以监测学校质量的达标情况和学校质量的发展情况。此外，柏林基础教育质量监测采用了多种测试与工具，以测试每个年龄阶段学生的学习能力，从而为学生个人给出更好的指导与建议。

一、德国联邦政府出台教育标准和能力水平模型

1. 全国教育标准

1997年10月，文化教育部长联席会议决定在科学调查（康斯坦斯决议）框架内对德国学校体制进行国际比较，目的是探究德国学生在某些核心能力素养上的优势和不足。TIMSS、PISA等国际测试结果清楚地表明，德国之前的教育投入并不能在教育系统产生预期的结果，必须增加对预期收益的确定和审查。此外，在斯堪的纳维亚和一些英美国家的测试结果表明，通过定期的学业测试研究、集中的测试和紧密的学校评估网络，可以使学生学业成绩有更好的表现。而教育质量的发展与保障、内部与外部的评估，也都需要明确的标准，因此教育部长会议特别关注制定和引入全国教育标准（Bildungsstandards）。[1]

制定教育标准的目的是在德国建立透明的质量保障体系，以帮助优化学校教学过程，实现更高的教育收益。制定与学生能力相关的教育标准，以运用适当的任务或测试来进行检测。[2] 德国教育部长会议在2003年、2004年和2012年通过了全国教育标准，目前内容包括：四年级德语和数学；九年级德语、数学和第一外语（英语或法语）；十年级德语、数学、第一外语（英语或法语）、生物、化学和物理；普通高中德语、数学和外语（英语或法语）。各州共同商议的标准可

[1] Kultusminister Konferenz. Bildungsstandars der Kultusministerkonferenz [EB/OL]. (2018-10-15) [2018-10-15]. https: //www.kmk.org/themen/qualitaetssicherung-in-schulen/bildungsstandards.html.

[2] Institut zur qualitaetsentwicklung im Bildungswesen. Bildungsstandards fuer die Grundschule: Deutsch konkret [EB/OL]. (2018-10-17) [2018-10-17]. https: //edoc.hu-berlin.de/bitstream/handle/18452/3773/1.pdf?sequence=1&isAllowed=y.

以使德国所有学校的质量发展与毕业相关的教育标准保持一致。[1]

全国教育标准具有明确的审查作用，它为各州的教育测试提供了机会，目的在于检查学生对教育标准中规定能力的达标程度，当然，更多的是检查各州达到教育标准的程度。

2. 能力水平模型

为了清楚地说明学生在大型学业成绩测试中取得的成绩，学生学业成绩测试结果通常不仅以分数形式的能力相关量表呈现，还以能力水平模型方式呈现。模型是通过系统地分析学生完成某项任务的认知需求，来显示学生达到某种能力水平时掌握了哪些认知能力。通过这种方式，可以对学生掌握的能力作定性描述，还能显示已经达到特定要求和未达到特定要求学生的比例。能力水平模型的基础依然是教育部长会议颁布的全国教育标准，德语、数学、英语、法语和自然科学学科领域都有自己的能力水平模型。[2]由于分数形式不能满足这种基于教育标准的能力水平模型的开发，艾科哈德·克里姆（Eckhard Kliem）等人定义的能力水平模型讨论了不同层次的能力，划分出以下标准。

最低标准（Mindeststandards）：指所有学生在某个特定的教育阶段应该达到的能力最低值。最低标准低于文化教育部长联席会议所规定的能力水平，但描述了在小学阶段结束时的最低教育水平。处于这个水平的学生，可以在中学第一阶段得到相应的支持。

规范标准（Regelstandards）：指学生在某一特定教育阶段达到的

[1] Kultusminister Konferenz. Bildungsstandards der Kultusministerkonferenz [EB/OL]. (2018-10-15) [2018-10-15]. https: //www.kmk.org/themen/qualitaetssicherung-in-schulen/bildungsstandards.html.
[2] Institut zur qualitaetsentwicklung im Bildungswesen.Kompetenzstufenmodelle [EB/OL]. (2018-10-17) [2018-10-17]. https: //www.iqb.hu-berlin.de/bista/ksm.

平均能力，与文化教育部长联席会议规定的能力水平相一致。

规范标准+（Regelstandards plus）：为了给学校在教育系统中提供持续发展的教学目标，定义一个高于正常标准的标准具有重要意义。规范标准+的能力水平比规范标准要高。

最佳标准（Optimalstandards）：指在非常好或者非常优秀的个人学习条件下实现的成绩期望，它远远超出文化教育部长联席会议制定的教育标准。

如四年级学生在德语领域的阅读能力水平模型，以这种方式定义了五个等级：平均值为500分，标准差为100分（参考样本是2007年四年级学生成绩的标准化研究）。这表示在标准化研究中，四年级学生的平均分为500分，标准差为100分。[1]

（1）等级1：390分以下（不合格）——能够识别明确指定的个人信息。

（2）等级2：390—464分（最低标准）——能够将相邻的信息相互连接。

（3）等级3：465—539分（规范标准）——能够将零散的信息相互连接并初步领会全文。

（4）等级4：540—614分（规范标准+）——能够捕捉文章的关键问题以达到连贯性。

（5）等级5：615分以上（最佳标准）——能够对文章的关键问题展开独立的理解。

小学德语教育标准是为四年级学生准备的，图1-4显示了四年级

[1] Institut zur Qualitaetsentwicklung im Bildungswesen. Kompetenzstufenmodell zu den Bildungsstandards für das Fach Deutsch im Kompetenzbereich “Lesen-mit Texten und Medien umgehen” -Primabereich- [EB/OL]. (2018-10-18) [2018-10-18]. https: //www.iqb.hu-berlin.de/bista/ksm/KSM_GS_Deutsch_L_1.pdf.

学生在五个等级能力水平上的分布。[1]

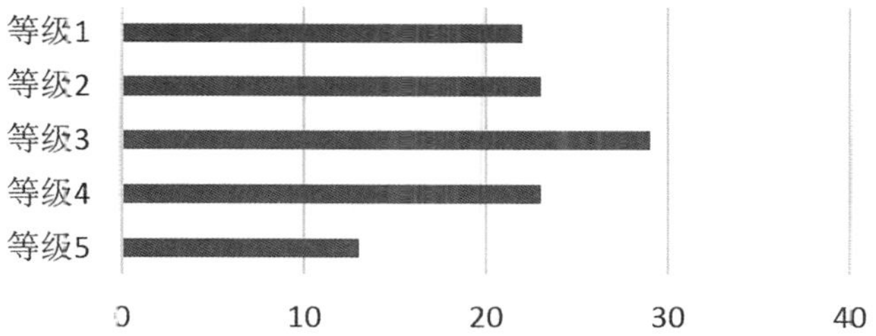

图1-4 四年级学生五个等级能力水平分布（%）

二、柏林的学校质量实施框架

柏林教育、青少年和科学部（Senatsverwaltung für Bildung, Jugend und Wissenschaft）主要负责柏林学校质量的监督。该机构于2005年实施了第一版《柏林学校质量实施框架》，为柏林学校质量的发展与保障奠定了基础。随着社会和教育的发展，为了实现更广泛的教育公平，学校面临更多的挑战。在2009年联合国颁布的《残疾人权利公约》以及全纳教育思想的影响下，2012年11月，完善后的《柏林学校质量实施框架》应运而生。《柏林学校质量框架》对"什么是好学校"给出了标准，同时也成为柏林学校教职人员、学校内部管理层、教育质量和评估者、学校领导、学校监察人员及教育督导机构工作的核心。《柏林学校质量实施框架》的主要内容包括对所有学校都有效的质量标准，在学校关键的质量领域，即教学与学习过程、学校文化、学校管理、教职人员专业化、质量发展、结果与影响六个领域发挥作用。[2]

［1］ Institut zur Qualitaetsentwicklung im Bildungswesen. Kompetenzstufenmodell zu den Bildungsstandards für das Fach Deutsch im Kompetenzbereich "Lesen-mit Texten und Medien umgehen" -Primabereich-［EB/OL］. (2018-10-18)［2018-10-18］. https: //www.iqb.hu-berlin.de/bista/ksm/KSM_GS_Deutsch_L_1.pdf.

［2］ Senatsverwaltung fuer Bildung, Jugend und Famille［EB/OL］. (2018-10-03)［2018-10-03］. https: //www.berlin.de/sen/bildung/unterstuetzung/schulinspektion/.

1. 教学与学习过程

教学与学习过程的质量直接影响学生学习的结果，因此教学质量的进一步发展成为每个教学人员的核心要求。教学与学习过程领域确定的质量内容包括学校内部课程、课程设置、学习氛围、系统支持、语言能力教育、成绩指导与评价、全天学习。

2. 学校文化

学校是学生学习和生活的场所，其包容性对于所有学生都具有重大意义。学生需要具有民主价值观与行为，以期未来可以为公平的社会作出贡献。此外，可持续发展的教育、文化和跨文化教育以及健康教育也应该在学校中有所体现。学校文化领域确定的质量内容包括包容性、学校是生活场所、学生和学生家长的参与度、家校合作、咨询。

3. 学校管理

学校应具有专业的领导力和管理质量。校长通过与同事和学校社区共同合作的方式发展出价值观、视野和理念，通过这种方式形成学校发展的基本原则。学校管理领域的质量内容包括领导责任、个人发展、质量管理和组织过程。

4. 教职人员专业化

一所学校的育人质量本质上是由教职人员自身对教育学的理解、自身的能力以及教职人员的共同合作来决定的。同时，教职人员的业务能力和健康问题具有重要意义。为了实现教学和学习生活的健康发展，教职人员职业能力的继续发展和具有建设性的合作必不可少。教职人员专业化领域的质量内容包括对教育学的理解、职业能力的继续发展、沟通与合作、迎接职业挑战。

5. 质量发展

学校作为学习的组织，需要知道自身的优势与发展方向。在学校自身计划里需要有与学校相关的目标和对结果的审查。有发展目标的学校计划是质量发展的开端。学校内部评估是为了检查学校自设目标的实现程度，其中，课程质量评估占据中心位置。柏林学校评估项目（Schulinspektion）的评估结果也有重要意义。质量发展领域的质量内容包括学校作为学习机构、学校计划、内部评估、外部评估。

6. 结果与影响

学校的质量是通过学生的成绩和影响力来表现的，成功的学生生涯和能力发展是核心。结果与影响领域的质量内容包括学生生涯、能力、学生满意度和对外影响力。[1]

由上可见，柏林对基础教育质量的理解不仅仅是学生在学业测试中的成绩，更重视学校整体质量的发展。因此，《柏林学校质量实施框架》的颁布为学校质量的发展与保障打下了坚固的基础。

三、柏林的学校评估项目

柏林对学校质量的评估包括外部评估和内部评估。外部评估主要由学校评估项目完成，内部评估由学校自己负责。柏林的学校评估项目通过专业的外部视角来考查和评估柏林学校的质量，这对学校的自我评估起到了很好的补充作用，也确保了学校发展的可比性。学校评估项目的任务在于：支持学校计划，促进和保障学校教育质量发展，促进和保障学校组织与学生生活。它借助《柏林学校质量实施框架》来评估柏林学校质量的达标情况。

---

[1] Senatsverwaltung fuer Bildung, jugend und wissenschaft［EB/OL］. (2018-10-04)［2018-10-04］. https://www.berlin.de/sen/bildung/unterricht/schulqualitaet/mdb-sen-bildung-schulqualitaet-handlungsrahmen_schulqualitaet.pdf.

1. 学校评估项目的目标

学校评估项目的目标主要有四个：为学校质量评估提供数据支持；为学校质量发展提供建议；增强学校质量发展过程的可持续性；为决策者提供比较性的数据和信息。[1]评估中，每一所学校都会被当作一个整体的系统，学校会收到有关自身的优势与发展需求的反馈信息。评估监测结果记录在监测报告中，其中包括学校的质量概况和学校课程资料。但学校评估项目人员不会对单独的教员进行评估，同时不会建立被评估学校质量的排名，通常每隔5—6年会对柏林所有公立学校进行一次评估。[2]

2. 评估的实施

第一，进行线上调查。在进行评估之前，会提前进行线上问卷调查。调查对象包括：学校中所有教员、特殊的教学专业人员（5名以上）、学生（四、六、八、十和十二年级）和学生监护人。[3]《柏林学校质量实施框架》中质量领域的内容是形成问卷的基础，问卷内容包括教学、学校文化、学校管理以及关于教师、教员和学校发展的问题。调查结果由学校质量研究所进行分析，评估结果会提供给学校和学校评估项目组。对问卷结果的分析可以为监测人员在确定评估范围和评估框架时提供重要的信息。

第二，调查前作实地访问。在评估前至少四周，评估小组会在学校召开初步的会议，介绍评估监察的程序和工具，协商具体监察日期，确定检查框架并回答学校提出的问题。参与初步讨论的人员包括

[1][2] Senatsverwaltung fuer Bildung, Jugend und Famille [EB/OL]. (2018-10-05) [2018-10-05]. https://www.berlin.de/sen/bildung/unterstuetzung/schulinspektion/.

[3] Senatsverwaltung fuer Bildung, Jugend und Famille [EB/OL]. (2018-10-09) [2018-10-09]. https://www.berlin.de/sen/bildung/unterstuetzung/schulinspektion/ablauf-670049.php.

学校管理层、协调员、学生和家长代表、学校评估员和教育专家。在初步讨论结束后，会从学校参与者的名单中选出小组采访人员，并会确保被选人员中有职务者（如学生或父母代表、学校议会成员）和无职务者在访谈中的人数相等。[1]

第三，进行数据和文件分析。为了准备评估，评估小组会收集整理评议会提供的学校数据，如学生集体的组成和人员的配备水平、全国各州比较测试和考试的结果以及最新的评估监测报告。此外，该小组还会通过学校目录中的数据以及学校在参与初步讨论过程中提供的文件内容（如学校项目、学校在过去五年内采取的针对性措施的反馈和结果），获得对学校的第一印象。[2]

第四，实施评估，包括观察与访谈。学校评估通常需要两天时间，大型学校需要更长时间。

（1）观察。对学校课程的观察是学校质量监测的重点。评估检查小组并不关注个别教师或小组，而是关注整个学校的教学质量，所以并不存在针对教师的个人反馈。对课堂的观察通常持续20分钟，为了尽可能多地了解学校的教学实践，全面了解教学质量，会有至少70%的教师在课堂上接受观察。在观察课堂教学时，学校监测人员会填写一份包含16个标准的观察表，每个标准都有若干指标，同时采用四等级的评估量表。评估标准来自《柏林学校质量实施框架》中的相关部分。[3]

（2）访谈。包括个人访谈和集体访谈，时间一般为1小时，具体如下：

---

［1］［2］［3］ Senatsverwaltung fuer Bildung, Jugend und Famille［EB/OL］. (2018-10-09)［2018-10-09］. https: //www.berlin.de/sen/bildung/unterstuetzung/schulinspektion/ablauf-670049.php.

集体访谈对象：学生（8人）、家长（12人）、教师（8—12人，包括具有特殊职务的人员）、教育人员（4—6人，通常在小学）、高层管理人员、中层管理人员。

个人访谈对象：校长、副校长、教育协调人员。[1]

评估人员分别在文理中学、社区学校和一体化中学对副校长和教育协调员进行小组访谈。访谈次数是在初步讨论中确定的，根据学校类型而异。同时，评估检查人员与学校非教育工作人员（如学校秘书、学校管理人员）的谈话会丰富整体访谈内容。

3. 形成学校评估报告

在柏林，2011年和2017年先后进行过两次大型的学校质量评估，相关结果以报告的形式在线发布。[2]

柏林学校评估项目的年度报告很好地概述了学校成果，并根据学校类型和地区划分，对相关学校的教学质量以及其他方面进行了评估。每一年评估报告的结构都包括“数字、数据、事实”三部分。因此，第一轮和第二轮的报告可以很好地进行比较。近年来柏林学校的发展也可以便于理解的方式呈现。[3]

四、柏林基础教育阶段其他教育质量检测工具

为了保障学校教育质量，柏林采用大量基于数据的诊断方式，使学生成绩更加具有可比性和可检验性。为此，柏林采用多种测试工具

---

［1］ Senatsverwaltung fuer Bildung, Jugend und Famille［EB/OL］. (2018-10-09)［2018-10-09］. https: //www.berlin.de/sen/bildung/unterstuetzung/schulinspektion/ablauf-670049.php.

［2］ Senatsverwaltung fuer Bildung, Jugend und Famille［EB/OL］. (2018-10-08)［2018-10-09］. https: //www.berlin.de/sen/bildung/unterstuetzung/schulinspektion/.

［3］ Senatsverwaltung fuer Bildung, Jugend und Famille［EB/OL］. (2018-10-08)［2018-10-08］. https: //www.berlin.de/sen/bildung/unterstuetzung/schulinspektion/.

来保证教育质量。

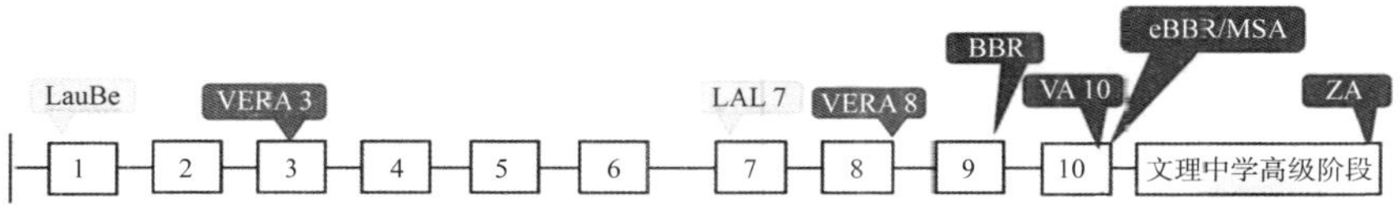

图1-5　柏林小学至中学基于数据的教育质量保证标准化测试

参考资料：Institut fuer Schuqualitaet der Laender Berlin und Brandenburg［EB/OL］. (2018-10-12)［2018-10-12］. https: //www.isqbb.de/wordpress/wpcontent/uploads/2017/03/ISQ_Bericht_Schulqualitaet_2016.pdf.
LauBe: 入学学习能力水平测试（Lernstandsanalyse/Lernausgangslagen）;
VERA: 全国范围比较测试（Bundesweite Vergleichsarbeiten）;
ZA：统一考试（Zentrale Pruefungen）;
BBR：职业学校入学许可证书（Berufsbildungsreife）;
eBBR/MSA：扩展职业学校入学资格（erweiterte Berufsbildungsreife）/中等教育中级毕业证书（Mittlere Schulabschluss）.

1. 柏林学生入学学习水平测试

柏林学生入学学习水平测试（Lernausgangslage Berlin）是2006/2007年引入的一项调查工具，用于确定柏林刚入学新生的语言和数学能力。经过完善后，在2015/2016学年成为标准化和有效的工具，用于教师确定新生入学前几周的初始学习能力水平。[1]

2. 柏林学生七年级学习能力测试

自2006/2007学年开始，为了确定学生在从小学向初中过渡时的学习能力水平，柏林学校提供了德语、数学以及第一外语（英语或法语）的测试工具“七年级学习能力测试”（Lernausgangslage in Jahrgangstufe 7），测试内容根据六年级教学计划框架里的标准水平来确定。初步测试的结果为教师提供了重要的指导与提示，比如七

[1] Institut fuer Schuqualitaet der Laender Berlin und Brandenburg［EB/OL］. (2018-10-12)［2018-10-12］. https: //www.isq-bb.de/wordpress/wp-content/uploads/2017/03/ISQ_Bericht_Schulqualitaet_2016.pdf.

年级教师应该从什么内容开始教，如何发挥学生的优势和弥补学生的弱势。[1]

3. 比较测试

自2007/2008学年开始，柏林与勃兰登堡州的学生参加了学业成就比较测试（Vergleichsarbeiten，简称VERA）VERA3（三年级）和VREA 8（八年级）的项目。三年级的测试内容为德语和数学，每一年测试内容领域的能力都有变化。但德语领域每年都会测试阅读能力。初中（八年级）的测试内容为德语、数学和第一外语（英语或法语）。[2] VERA在学校质量保障中具有重要意义。教育监测的目的是加强教育系统对学生能力的培养，对处于某个阶段的学生“在某个领域应该传授怎样的知识”这种倾向，应该由“在某个领域应该传授怎样的能力”来取代。希望在课程教育中不再传授惰性的知识，取而代之的是互相联系的知识，学生可以将这种互相联系的知识运用于解决各种问题。[3]

4. 初中毕业考试

自2012/2013学年以来，柏林九年级的学生可以通过初中毕业考试（Zentrale Prüfungen am Ende der Sekundarstufe I）进入一体化中学（ISS）和职业培训学校。这项考试的基本组成部分是数学和德语，文理中学的学生不参加这一考试。柏林十年级的学生在初中结束时，都必须参加初中毕业考试。通过考试后，可获得的毕业证种类有：中等教育中级毕业证书（这是进入文理中学高级

---

[1][2] Institut fuer Schuqualitaet der Laender Berlin und Brandenburg [EB/OL]. (2018-10-12) [2018-10-12]. https: //www.isq-bb.de/wordpress/wp-content/uploads/2017/03/ISQ_Bericht_Schulqualitaet_2016.pdf.

[3] Institut zur Qualitaetsentwicklung im Bildungswesen [EB/OL]. (2018-11-09) [2018-10-09]. https: //www.iqb.hu-berlin.de/vera.

阶段的前提条件）和扩展职业学校入学资格；职业学校入学许可证书。自2013/2014学年开始，柏林对德语、数学和英语科目开设了统一考试，以便学生获得中学毕业证书和高级职业培训入学许可证书。[1]

5. 高中毕业考试

柏林的高中毕业考试（Zentrale Prüfungen am Ende der Sekundarstufe II）内容涵盖德语、数学、生物、地理和所有外语科目。自2014/2015年以来，化学、物理和历史也成为高中毕业考试的核心科目。自2016/2017年开始，各州都可以使用由教育质量发展研究所开发的毕业考试题库。[2]

总之，在基础教育质量监测方面，柏林主要采用教育标准、质量评估项目与学业测试三者结合的方式。明确的教育标准与质量框架使学校评估项目与学业测试有据可循。同时，通过教育质量评估项目以及对学生进行学业测试的方式，可用数据的形式获取学校整体质量的发展以及学生的能力水平方面的信息。入学前测试使教师能够掌握每个学生的初始学习能力，以便在后面的教学中能够对症下药。三年级与八年级全国性的比较测试研究可以使柏林了解本州学生在全国所处的水平。多种测试相结合的形式使柏林能够对纵向（柏林学校自身的发展、柏林学生能力的发展）和横向（柏林与德国其他州的对比）的数据结果有较明确的把握。

[1][2] Institut fuer Schuqualitaet der Laender Berlin und Brandenburg [EB/OL]. (2018-10-12) [2018-10-12]. https: //www.isq-bb.de/wordpress/wp-content/uploads/2017/03/ISQ_Bericht_Schulqualitaet_2016.pdf.

第三节

柏林基础教育质量保障运行机制

德国各州虽然一直实行教育分权，即各州拥有自己的教育管辖权，但为了促进德国整体教育质量的提高，联邦与地方也会进行合作。柏林基础教育质量保障的运行机制包括三部分：一是德国教育质量发展研究所；二是柏林负责教育质量发展的研究机构，即柏林与勃兰登堡州教育质量研究所和柏林学校监督机构；三是柏林中小学校自身内部评估项目。联邦政府、州与学校三方共同协作，保障柏林基础教育质量的发展。

一、联邦：德国教育质量发展研究所

德国教育质量发展研究所（IQB）是德国促进教育质量发展与质量保障的一个科学研究机构。该机构的出发点和立足点是德国各州文化教育部长联席会议确立的全国教育标准，这个标准规定了学生在进入某个阶段时应该掌握的能力。IQB的首要任务是开展教育监测和评估，即定期检查学校达到教育标准的程度；其次是监督教育标准的实施，即促进各州在教育系统中实施教育标准和以此教育标准为核心导向的学校质量实施框架；其三是开展教育研究，IQB是德国最重要的活跃于实证教育研究领域的机构之一。IQB的研究重点在于：评估各州的教育标准达标程度，使教育政策和教育监管部门了解全国16个州基础教育系统的优势和弱势，对各州教育发展的趋势进行评估，审查各州在过去五年中针对教育质量采取的措施、成就和出现的新需求。[1]

对于小学领域和中等教育第一阶段领域的教育标准达标程度，IQB采取州学生学业成绩比较测试的方式进行评估，评估目的是探究德国各州学校学生在各个阶段的结业考试成绩相对全国教育标准规定的能力要求的实现程度。自2009年以来，教育部长会议的教育标准为各州学生学业成绩的比较提供了标准。IQB制定了符合国际比较研究技术和方法标准的主要测试程序，以便根据各州样本来检查教育标准的达标情况。[2]从2005年开始，IQB组织优秀的课程专家、学科专家、教育专家一起设计问卷，尝试制定主要学科的基本标准。每科出1 000题，抽出1.8万名学生接受测试。2007年，各州根据IQB的标准，结合本州实际情况制定本州的标准。2008年，德国全部16个州初步确定数学、德语各600道题目，再经过逐步完善，到2011年建立了正式的质量标准。外语、物理、化学、生物等学科参照这一进程开展测试。[3]

总之，德国联邦层面最重要、最权威的教育质量保障机构是德国教育质量发展研究所，它对德国各州的教育进行监测与评估，监督全国教育标准的实施情况，进行教育研究工作。

二、地方：柏林与勃兰登堡州教育质量研究所、柏林学校监督机构

1. 柏林与勃兰登堡州教育质量研究所

除了负责全国教育质量研究的中央机构以外，柏林市还设有专

[1][2] Institut zur Qualitaetsentwicklung im Bildungswesen [EB/OL]. (2018-11-01) [2018-11-01]. https: //www.iqb.hu-berlin.de/institut.

[3] 王定华. 德国基础教育质量提高问题的考察与分析 [J]. 中国教育学刊, 2008 (1): 10-16.

门负责教育质量研究的地方机构，即柏林与勃兰登堡州教育质量研究所（Institut für Schuqualität der Länder Berlin und Brandenburg，简称ISQ）。ISQ的目标是在科学合理的基础上保障和提高教育质量，为教师、学校行政人员、学校管理人员和教育政策提供工具与数据支持。ISQ在柏林的教育系统中实施了大量的改革措施。[1]根据柏林高等教育法案第85条，ISQ是柏林自由大学的附属机构，具有独立性。同时，在评估项目和服务成果方面，ISQ表现出很高的科学水平。ISQ的工作质量由不同的成员和流程来控制：（1）柏林自由大学理事会成员；（2）科学顾问委员会（定期讨论ISQ工作）；（3）对在会议或期刊上发表的论文进行匿名同行评审；（4）在柏林自由大学设置教育评估和质量保障的教授职位。[2]ISQ主要负责的监测工作有：三年级和八年级学业成绩比较测试（VREA）、九/十年级中央考试和学校外部评估项目。

多年来，除了国际学习成就比较测试以外，德国各州也进行跨州或本州的成绩测试。比如，调查不同年级学生的学习情况并进行学业成绩比较、不同年龄阶段学生的语言水平测试、针对各州学业成绩的比较调查。其中，三年级和八年级的测试（VERA 3和VERA 8）在全国统一的学业成绩比较测试工作中占有特殊地位。[3]柏林的VERA 3与VEAR 8测试由柏林与勃兰登堡州教育质量研究机构实施。德国教育质量发展研究所与各州研究机构之间有明确的分工，各州负责实施VERA，根据州的法规，自行负责组织准备、实施、评估和进行结果反

[1][2] Institut fuer Schuqualitaet der Laender Berlin und Brandenburg. ISQ-Bericht zur Schulqualitaet 2016［EB/OL］. (2018-11-03)［2018-11-03］. https: //www.isq-bb.de/wordpress/wp-content/uploads/2017/03/ISQ_Bericht_Schulqualitaet_2016.pdf.

[3] Institut zur Qualitaetsentwicklung im Bildungswesen［EB/OL］. (2018-11-09)［2018-11-09］. https: //www.iqb.hu-berlin.de/vera.

馈。测试范围和测试项目可以根据各州的需求与特点有所调整。在德国教育质量发展研究所的支持下，测试内容由各州专业教学人员开发，由大学专业教学人员进行评估，并首先对数百名学生进行测试，以检查其适用性和难易程度。总的来说，德国教育质量发展研究所负责制定任务，进行试题前测，确定任务难度，制作试题卷，开发随附的教学材料。各州负责打印分发试卷，执行测试，审阅与提交数据，统计评估，反馈设计，并在结果反馈后，通过相应措施支持学校发展。[1]

比较测试（VERA）是各州在基础教育阶段的三年级和八年级学业成绩比较工作的简称。比较测试是以笔试的形式，测试学生在特定年龄阶段所达到的能力。VEAR在三年级的测试领域必须包括德语和数学，德语阅读是必须测试的，其他可选择测试的德语能力领域有听力、拼写和言语和语言使用，今后的VERA 3测试中还会加入写作。在数学领域，会从五个能力领域（数字、运算、数据、频率和概率）中选取两个作为测试内容。这两个领域是各州与德国教育质量发展研究所一起事先决定的。八年级的VERA测试内容为至少一门必修课，如果是德语，则必须测试德语阅读，其他可备选领域包括听力、拼写、语言和语言使用或者写作。在数学领域测试五种能力。在第一外语（英语或法语）领域，阅读和听力是必须测试的。[2]

国际学习成就比较测试（如PISA、TIMSS）、德国教育质量发展研究所的教育趋势研究和比较测试（VERA）这三者之间存在重要的区别。首先是所追求的目标（测试结果为谁服务），其次是评估的层次（评估对象是谁）。

[1][2] Institut zur Qualitaetsentwicklung im Bildungswesen [EB/OL]. (2018-11-09) [2018-11-09]. https: //www.iqb.hu-berlin.de/vera.

表 1-1　几项测试的差异

	国际学习成就比较测试	教育趋势研究	比 较 测 试
设计	抽查	抽查	全面调查（年级所有学生）
频率	每3—5年	小学5年，中学3年	每年
主要目的	系统监控	系统监控	课堂/学校发展
评估层次	国家	德国各州	学校/学习团体（如班级）
实施	外部测试员	外部测试员	通常是教学人员
评价	集中	集中	分散（如州研究机构）
结果反馈	3年后	1年后	数据提交后及时反馈；几周后提供多种比较数据差异性反馈

在进一步发展学习成就比较测试方面，文化教育部长联席会议于2012年3月确认，学业成就比较测试的核心功能是促进教学与学校的发展，并辅之以促进实施教育标准中规定的专业教学法理念。会议明确强调，学业成绩比较测试并不适用于划分等级，也不适用于预测中学学业的成功。此外，学业成就比较测试不会以排名的形式公开各个学校的测评结果，即使学校督查查看结果，也必须遵循明确的规则。

2. 柏林的学校监督机构

《德意志联邦共和国基本法》第七条规定，整个学校系统都应该处于国家监督之下。这保证了宗教、意识形态和学校系统政党中立性的社会平衡。学校监督由学校监察局实施，它保证学校工作的开展和质量，调控所有与教学和学校有关的事宜。[1]

---

[1] Senatsverwaltung fuer Bildung, Jugend und Familie.Schulaufsicht［EB/OL］. (2018-11-13)［2018-11-13］. https: //www.berlin.de/ba-charlottenburg-wilmersdorf/verwaltung/aemter/schul-und-sportamt/schulamt/artikel.202179.php.

负责监督柏林学校系统的是教育、青少年和家庭评议会部门（Senatsverwaltung für Bildung, Jugend und Familie），它是柏林学校监督的最高机构，同时也是服务机构。学校监督机构对柏林学校系统中所有具有决定性意义的事项具有决定权，例如学校组织和教学的基本原则以及学校发展计划。此外，它还对公立学校进行专业监督。与传统上对学校监督的理解相反，新的《柏林教育法》规定：学校监督机构主要以咨询和支持的方式开展工作，在进行专业监督时必须尊重学校的独立性和自我负责的权利。负责各学校的学校督察员应为学校发展计划与学校内部评估提供支持与建议。[1]

总之，柏林和勃兰登堡州的教育质量研究所与柏林学校监督机构在柏林地区教育质量保障与发展上承担了重要责任。如果说德国联邦政府的教育机构是从整体角度来考量德国教育的发展，那么柏林本州的教育研究与监督机构是立足于柏林现状，根据柏林的具体条件来推动教育质量的进步。

三、学校：柏林学校内部评估和教师与学生的评估

上文已经提及，柏林学校的评估包括外部评估和内部评估，外部评估由校外专门的机构进行，内部评估由学校自行负责，两种互补的评估方式共同促进柏林学校质量的提高。

1. 学校内部评估

学校内部评估由每所学校自行负责，通过内部评估，每所学校都会对学校计划中制定的发展目标的实现程度进行检查。内部评估由

[1] Senatsverwaltung fuer Bildung, Jugend und Familie.Schulaufsicht [EB/OL]. (2018-11-13) [2018-11-13]. https: //www.berlin.de/ba-charlottenburg-wilmersdorf/verwaltung/aemter/schul-und-sportamt/schulamt/artikel.202179.php.

每所学校定期开展，主要针对学校计划中确定发展的优先事项。它有助于系统地调查每所学校质量发展背景下的关键问题，评估结果可以为学校进一步发展确定行动方针。学校内部评估是《学校法》和柏林《学校质量指南》（Handlungsrahmen Schulqualität）规定的提高学校质量的手段。《学校质量指南》对学校质量发展起到了重要的导向作用。[1]

（1）制定学校计划

学校计划是由学校制定的发展计划。学校内部和外部评估机构（学校评估项目与学校监督机构）一起就学校发展目标进行协商，确定学校发展计划，并不断更新。学校计划中描述学校当下的情况，并确定未来几年学校的发展目标和课程开发目标，制定具体措施。柏林和勃兰登堡的学校通过学校内部评估来监察目标的实现情况，例如使用自我评估门户网站或者对VRAR 3和VREA 8的学校特征反馈进行分析。此外，柏林学校内部评估的数据基础是初中毕业考试结果，或者通过高级文理中学的数据来扩展，由此产生的结果用来作为学校进一步开发课程的数据库，学校发展计划也将相应更新。[2]

"追求自己的发展目标"，这是学校在独立性与自我负责框架内进行质量发展的基础。每所学校在自己的学校计划里面制定发展目标："学校计划是每所学校质量发展的核心理念。学校计划定义了学校特定的原则，并描述了发展目标，包括相应的规划步骤。"学校计划包括对以下四个质量领域的分析：教学发展、组织发展、个体发展和教育与学校生活。系统的学校发展以学校计划的发展项目为基础，然

[1] Senatsverwaltung fuer Bildung, Jugend und Familie.Schulqualitaet［EB/OL］. (2018-11-16)［2018-11-16］. https: //www.berlin.de/sen/bildung/unterricht/schulqualitaet/.

[2] Institut fuer Schuqualitaet der Laender Berlin und Brandenburg. ISQ-Bericht zur Schulqualitaet2016［EB/OL］. (2018-11-25)［2018-11-25］. https: //www.isq-bb.de/wordpress/wp-content/uploads/2017/03/ISQ_Bericht_Schulqualitaet_2016.pdf.

后是学校计划的实施、评估和更新。[1]

一般来说，学校内部评估意味着一个发展周期的结束，评估结果提供了有关学校如何成功实现目标的信息，并作为更新学校计划和开发下一次发展周期的基础资料。在整个过程中，学校监督机构会为学校发展提供咨询和支持。学校发展计划的制定是一个循环的过程：① 选择新的质量发展计划；② 修订学校计划；③ 执行学校项目中确定的措施；④ 对达标的内部评估；⑤ 评价评估结果；⑥ 撰写评估报告；⑦ 与教育督查机构进行目标协商；⑧ 重新选择新的质量发展计划。[2]

（2）学校内部评估内容与过程

学校内部评估的内容主要包括课堂与教学、校园气氛与文化、教师专业性、学校管理和学校外部关系。学校内部评估的过程包括几个步骤：① 确定评估内容与问题；② 成立评估小组；③ 确定评估质量标准；④ 确定评估指标；⑤ 找到评估工具；⑥ 收集数据，分析反馈数据和评估结果；⑦ 形成评估报告；⑧ 得出结论。[3] 教学质量发展也是学校计划和内部评估的核心组成部分，例如需要教学人员定期评估同事的课程（包括自我评估），并将评估结果运用于促进教学发展。[4] 学校内部评估采取全体教员都能接受的方式进行。所有的相关利益者都必须了解评估的指标和程序。学校内部评估的结果也会公

---

[1] Senatsverwaltung fuer Bildung, Jugend und Familie.Schulaufsicht [EB/OL]. (2018-11-13) [2018-11-13]. https: //www.berlin.de/sen/bildung/unterricht/schulqualitaet/.

[2] Senatsverwaltung fuer Bildung, Jugend und Familie.Handlungsrahmen Schuqualitaet in Berlin [EB/OL]. (2018-11-15) [2018-11-15]. https: //www.berlin.de/sen/bildung/unterricht/schulqualitaet/mdb-sen-bildung-schulqualitaet-handlungsrahmen_schulqualitaet.pdf.

[3] Bildungsserver berlin Brandenburg. Schulinterne Evaluation [EB/OL]. (2018-11-16) [2018-11-16]. https: //bildungsserver.berlin-brandenburg.de/schule/schulentwicklung/qualitaetssicherung/schulinterne-evaluation/.

[4] Bildungsserver berlin Brandenburg. Schulinterne Evaluation [EB/OL]. (2018-11-16) [2018-11-16]. https: //www.berlin.de/sen/bildung/unterricht/schulqualitaet/mdb-sen-bildung-schulqualitaet-handbuch_interne_evaluation.pdf.

开，以促进学校发展和提高教育质量。

内部评估有助于系统地和批判性地评估学校发展计划的有效性，其意义在于清楚地表明学校发展目标。在评价评估结果时，学校将目标与措施联系起来，据此决定行动是继续实施、进行修改还是终止。[1]

2. 教师与学生：自我评价门户网站

柏林与勃兰登堡州学校质量研究所建设了自我评估门户网站（Das Selbstevaluationsportal），它是评估课程质量的重要工具，主要以网络问卷的形式对三年级及以上的学生进行调查。调查的目的在于激发和鼓励教师和学生对课堂和教学进行反思，以促进教学与课程发展。自2011/2012学年开始，柏林的所有教师都有义务在2个学年内在门户网站上对课程进行至少一次的自我评估。柏林与勃兰登堡州教育质量研究所为自我评估门户网站制作了手册，对整个评价系统进行了详细的解释说明。[2]

问卷内容一般包括教学质量问题和某些特定主题，对于不同年级，问卷语言设计会有所不同。[3]

表1-2　自我评估内容

小　　学	初　　中
针对一般教学问题（82个问题）	针对一般教学问题（82个问题）
特定主题，包括德语、数学、现代外语、自然科学、历史、政治和音乐专题	特定主题，包括德语、数学、现代外语、自然科学、历史、政治教育/社会研究、拉丁语、希腊语、地理、伦理、音乐、艺术和体育专题

[1] Bildungsserver berlin Brandenburg. Schulinterne Evaluation [EB/OL]. (2018-11-16) [2018-11-16]. https: //www.berlin.de/sen/bildung/unterricht/schulqualitaet/mdb-sen-bildung-schulqualitaet-handbuch_interne_evaluation.pdf.

[2] Senatsverwaltung fuer bildung, jugend und Familie. Schulqualitaet [EB/OL]. (2018-11-19) [2018-11-19]. https: //www.berlin.de/sen/bildung/unterricht/schulqualitaet/.

[3] Senatsverwaltung fuer bildung, Wissenschaft und Forschung. Bildung fuer Berlin. Das Selbstevaluationsportal [EB/OL]. (2018-11-20) [2018-11-20]. https: //www.berlin.de/sen/bildung/unterricht/schulqualitaet/mdb-sen-bildung-schulqualitaet-selbstevaluation.pdf.

表 1-3　初中阶段学生问卷示例[1]

清晰性 以下情况出现的频率是	从不	偶尔	经常	总是	不清楚
1. 老师上课清楚明了					
2. 老师的表达清晰，可以理解					
3. 老师十分强调重要内容					

自我评价门户网站的好处在于，可以在平等沟通的意义上促进教师和学生之间关于教学的对话。网站的互动可以鼓励教师和学生共同思考良好教学与课堂的指标，同时可以了解在日常学习生活中缺失的内容。很多教师可能需要很大的勇气来面对评估结果，但经验表明，许多教师都对结果感到惊喜。

第四节

柏林基础教育质量改善举措

为了使柏林基础教育更好地发展，促进不同类型学校中学生

[1] Senatsverwaltung fuer bildung, Wissenschaft und Forschung. Bildung fuer Berlin. Das Selbstevaluationsportal [EB/OL]. (2018-11-20) [2018-11-20]. https: //www.berlin.de/sen/bildung/unterricht/schulqualitaet/mdb-sen-bildung-schulqualitaet-selbstevaluation.pdf.

的流动性，提高学校自治能力，德国自20世纪90年代以来采取了“新治理模式”，柏林在多项指标中达到了较高水平。此外，柏林在2010/2011年进行了影响深远的教育体制结构综合改革。

一、教育体系管理模式改革

直到20世纪六七十年代，德国教育一直主要是由政府直接干预，进行资源分配以及立法活动。自20世纪90年代以来，德国越来越意识到教育改革不能“自上而下”进行线性改革。大规模的国际学生学业成就测试结果成为改革的推动力，如第三次国际数学与科学研究（Trends in International Mathematics and Science Study，简称TIMSS）和2000年的国际学生评估项目（PISA）。在TIMSS和PISA测试中，德国学生的测试结果引发了德国教育管理权由“输入导向”向“输出导向”转变，即权力由联邦一级向州一级层面扩展。在这种情况下，出现了教育质量指标，用以表明学生的能力、情感导向、世界观和个人品质，这对终身学习和学生今后顺利就业具有重要意义。教育体系的输出导向型改革运动通常被称为“新治理模式”。新模式的两个核心思想是：（1）为实现教育成果问责制创造条件；（2）与扩展学校空间与学校能力相关，增强学校自治权。[1]

1. 文化教育部长联席会议教育监测总战略

输出导向型的控制系统需要定期反馈预期目标的实现程度。为了创建数据库并建立教育质量发展工具，文化教育部长联席会

[1] Institut fuer Schuqualitaet der Laender Berlin und Brandenburg. ISQ-Bericht zur Schulqualitaet 2016［EB/OL］. (2018-11-25)［2018-11-25］. https: //www.isq-bb.de/wordpress/wp-content/uploads/2017/03/ISQ_Bericht_Schulqualitaet_2016.pdf.

议通过了一系列决议，对所有联邦州的教育体系产生了深远影响。文化教育部长联席会议于2003年、2004年和2012年通过了小学、中学九年级和十年级以及高级文理中学的教育标准，即这些年级学生的德语、第一外语（英语或法语）、数学和自然学科应该达到的能力水平。[1]

表1-4　不同学科有不同的教育标准[2]

	四年级毕业	初中毕业	高　中	高级文理中学
德语	☑	☑	☑	☑
数学	☑	☑	☑	☑
英语		☑	☑	☑
法语		☑	☑	☑
生物			☑	
化学			☑	
物理			☑	

根据2006年波隆决议，文化教育部长联席会议通过了教育监测总体战略，涵盖四个领域：(1)参与国际比较研究（如国际小学阅读调查、TIMSS和PISA）；(2)德国教育质量发展研究所州学业成绩比较测试评估教育标准的达标程度；(3)全国范围内三年级和八年级学生基于教育标准的学业成就比较测试（VERA）；(4)国家教育报告。[3] 2015年文化教育部长联席会议修订了教育监测总体战略，参加国际

[1][2] Institut fuer Schuqualitaet der Laender Berlin und Brandenburg. ISQ-Bericht zur Schulqualitaet 2016［EB/OL］. (2018-11-25)［2018-11-25］. https: //www.isq-bb.de/wordpress/wp-content/uploads/2017/03/ISQ_Bericht_Schulqualitaet_2016.pdf.

[3] Institut fuer Schuqualitaet der Laender Berlin und Brandenburg. ISQ-Bericht zur Schulqualitaet 2016［EB/OL］. (2018-11-27)［2018-11-27］. https: //www.isq-bb.de/wordpress/wp-content/uploads/2017/03/ISQ_Bericht_Schulqualitaet_2016.pdf.

比较研究和国家教育报告两个领域保持不变，用于监测教育标准的德国教育质量发展研究所州比较测试中补充了普通高中的教育标准。总体战略的指导原则是，明确教育研究结果的用途，并大幅度扩展知识范围。[1]

2. 加强学校自治问责制度

问责制与加强学校自治密切相关。在输出型导向的教育控制系统中，学校被要求在课程发展和质量保证方面很大程度上地自我负责，这就需要学校能自我检视工作。例如，根据国家教育标准或者州一级的学校质量指导框架进行反馈。为了加强自主权，德国的学校越来越多地在关键问题上获得决定权。下文主要介绍学校在哪些领域实施自治，以及在这种模式下教育行动委员会如何评估柏林和勃兰登堡地区学校的自治水平。[2]

（1）财务：学校独立管理学校内部事务（如病假、教师培训）和外部事务（如采购、维修）的总体预算。此外，学校有权筹集资金（捐赠、服务赞助）。柏林学校的财务自治程度被评为“高”，勃兰登堡学校被评为“中等”。

（2）人力资源：学校在行政人员的任职上有自主权，学校管理部门有权选择教师，可以自行雇佣替代人员（如在有教师怀孕的情况下）或额外的工作人员（如为特定的学生群体服务）。柏林与勃兰登堡学校的人力资源自治程度被评为“高”。

（3）组织与管理：《学校法》在学校内外部事务方面规定得比较少，但所有的学校内部事务都由学校自己负责。柏林和勃兰登堡学校在组织与管理领域的自治程度被评为“中等”。

（4）教育任务：学校通过课程建设和实施保障学校项目的质量。

[1][2] Institut fuer Schuqualitaet der Laender Berlin und Brandenburg. ISQ-Bericht zur Schulqualitaet 2016 [EB/OL]. (2018-11-27) [2018-11-27]. https: //www.isq-bb.de/wordpress/wp-content/uploads/2017/03/ISQ_Bericht_Schulqualitaet_2016.pdf.

学校监察局通常没有专业监察的任务，而只执行法律监督任务。柏林与勃兰登堡在教育任务领域的自治程度被评为“高”。

（5）学校质量：学校的任务是通过内外两方面的质量保障系统定期保障与促进学校教师质量。柏林的学校质量领域自治程度被评为“高”，勃兰登堡被评为“中等”。

2004年出台的《学校法》强调学校的管理模式向自我负责的方向转变，校长在这个过程中承担主要责任。校长的领导行为在学校发展层面具有重要意义。领导力、质量管理、个人和组织发展、效率组织结构等均对领导能力的专业性提出了要求。[1]

二、教育体制结构综合改革

随着2010—2011学年柏林实施学校结构改革，柏林引入了多项创新。最主要的是柏林将普通中学、实科中学和综合中学合并为一体化中学，一体化中学成为除文理中学以外唯一的学校类型。一体化中学有自己的高中阶段，或者与其他学校的高中阶段合作，特别是与职业中学高中阶段合作，因此一体化中学的学生可以获得所有类型的毕业证书。除此之外，一体化中学还提供全面的全日制学校课程和更多的职业定向机会。改革中还调整了从小学到中学的过渡程序，以实现学生群体中更大的社会融合。总体而言，改革的目的是让学生获得更好的学业成绩，同时降低教育成就对社会文化背景的依赖。改革后的新型一体化中学具有以下特征。[2]

1. 能力分组

就读于一体化中学的每个学生具有不同的优势、能力与倾向性，学

[1] Senatsverwaltung fuer Bildung, jugend und Wissenschaft.Vom Wiegen Lernen-die erste Runde Schulinspektion in Berlin von Maerz 2006 bis Juni 2011. Axel Friede.

[2] Senatsverwaltung fuer bildung, jugend und Familie. Blidungspolitik［EB/OL］. (2018-11-22)［2018-11-22］. https: //www.berlin.de/sen/bildung/politik/bildungspolitik/.

生需要获得不同能力水平的最佳支持。学校可以根据需求自行决定如何组织课堂教学。例如，将不同能力水平的学生安排在同一课堂展开教学，或者根据学习小组的能力分配难度不一的学习任务。

2. 班级容量

每个班级的学生人数为25名或26名是达到学生最佳学习效果的前提条件。针对母语为非德语的学生，通过额外的补习课程或者使用学习辅助手段，可以使班级容量更小。

3. 学习计划

在一体化中学里，七、八年级每周31课时，九、十年级每周32课时，比文理中学少2个课时。然而，在中学结业考试之前，一体化中学的学生课时量大于文理中学学生，因为他们会多花一个学年的时间完成中学结业考试（Abitur）。

4. 全日制学校

所有的一体化中学都是全日制学校，即直到下午4点，所有的学生都要进行必修课的学习。在必修课结束后，学校会为学生提供体育、戏剧、艺术、音乐等课程。

5. 一所学校，所有类型毕业证书——从职业培训到高中毕业

一体化中学的学生可以在通过考试后获得职业培训许可证书（BBR）、高等职业培训许可证书（EBBR）和中学毕业证书（MSA）。中学毕业证书，学生在九年级或十年级时获得。此外，一体化中学还在学生十年级之后提供像文理中学一样可以过渡到中学高年级的机会。如果一体化中学没有自己的高中，它就会与另一所学校建立合作关系，如果学生想要换到那所学校，必须在十年级结束时通过中学结业考试。一体化中学的高级阶段通常为3年，但学生也可以特别优异的成绩在2年内毕业。

表 1–5　德国的一体化中学与文理中学对比 [1]

	一体化中学	文理中学
开始时间	从七年级开始（某些学校从五年级开始）	从七年级开始（某些学校从五年级开始）
预读年	没有	有
年级	七至十年级（可自愿复读）	八至十年级
毕业时年龄	13岁（可12岁）	12岁
可获得的毕业证书	高级中学毕业证书、初中毕业证书、职业培训证书、高级职业培训证书	高级中学毕业证书、初中毕业证书、职业培训证书、高级职业培训证书
教育目标	能够接受职业培训，能够在13（12）岁后继续学习	能够在12岁以后继续学习
班级人数	最多26名	最多32名
每周课时	七、八年级：31课时	九、十年级：32课时
	七、八年级：33课时	九、十年级：34课时
是否全日制	是	某一些是
是否提供午餐	是	是
合作机构	小学、职业中学（OSZ）或其他有高中阶段的一体化中学	小学
外语	1. 持续的外语教育 2. 外语是选修	1. 持续的外语教育 2. 外语是必修
双元制学习	是（学校在课程中确定计划）	有可能
企业实习	是	是
成绩分组	是	不是
个人支持	是	是

柏林研究小组科学地评估和检查了柏林学校改革，主要检查和比较了两种学生群体的学习成果和教育过程。其中，第一种类型的学

[1] Senatsverwaltung fuer bildung, jugend und Familie. Integrierte Sekundarschule [EB/OL]. (2018-11-23) [2018-11-23]. https: //www.berlin.de/sen/bildung/schule/bildungswege/integrierte-sekundarschule/.

生在学校改革之前经历了过去的中学教育过程，第二种类型的学生是在改革之后进入中学学习的。此项工作由于尔根·保美特（Juergen Baumert，马克斯普朗克教育研究所）、凯·玛兹（Kai Maaz，德国国际教育研究所）和奥拉夫·克勒尔（Olaf Koeller，莱布尼茨自然科学与数学教育研究所）三位教授主持。2013年提交的第一份研究报告涉及改革的接受度和从小学到中学的新程序。结果显示，学生家长、教师和学校管理人员对改革表示十分接受以及高度满意。[1]

三、结合柏林特点进行语言教育

学生教育的成功在很大程度上取决于他们的语言能力。柏林在日托托儿所和中小学学校的质量方案中，都将语言教育作为教育重点。[2]

1. 语言教育目标

2004年10月，文化教育部长联席会议提出，教授德语的一般目标是：为学生提供基本的语言教育，使他们能够在当前和未来的生活中有效使用语言。

2. 重要专业建议与实施措施[3]

（1）开发共同的语言课程

专业建议	在不同的学科中应该开发一个总体的语言课程，以促进学生语言教育。
实施措施	在修订每个学科的框架课程时应该考虑到语言教育。框架课程的修订工作正在进行中。

[1] Bildungsforschung und Bildungsinformation.BERLIN-Studie: Zentrale Ergebnisse der wissenschaftlichen Begleitstudie zur Berliner Schulstrukturreform-Zusammenfassung für die Presse［EB/OL］. (2018-11-24)［2018-11-23］. www.dipf.de/de/forschung/projekte/berlin-studie.

[2] Senatsverwaltung fuer Bildung, Jugend und Familie. Schulqualitaet［EB/OL］. (2018-11-30)［2018-11-30］. https: //www.berlin.de/sen/bildung/unterricht/schulqualitaet/.

[3] Senatsverwaltung für Bildung, Jugend und Wissenschaft. Zentrale Empfehlungen und Maßnahmen zur Umsetzung［EB/OL］. (2018-11-27)［2018-11-27］. https: //www.berlin.de/sen/bildung/unterricht/schulqualitaet/mdb-sen-bildung-schulqualitaet-empfehlungen_massnahmen_umsetzung.pdf.

（2）提高阅读基础能力

专业建议	应该更加强调阅读对语言教育的作用；培养阅读素养的措施应该纳入教学，包括：促进掌握阅读策略，特定主题阅读，激发和维持阅读动机。
实施措施	• 根据促进阅读能力的专业建议加强继续教育的内容。 • 学校经过系统培训可以认证为“阅读学校”。为提高识字率，开发各州材料，并以手册的形式提供给学校。 • 在“阅读专业人员-促进阅读同伴项目”中，学生在阅读专家研讨会上接受培训，成为“阅读专业人员”，激励阅读行为，并在阅读过程中为别人提供支持。 • 所有小学都收到了“在阅读世界中成长，在灵活的学业开始阶段促进阅读”的手册。目前正在进一步进行阅读推广和宣传。

（3）诊断和推广

专业建议	• 每个年级都应该制定语言最低标准，以确定个体的支持需求。未能达到这些最低标准的学生应该获得个人支持。此外，还应该开发促进个体阅读的材料。 • 促进阅读的内容应该是跨学科的，并让学生在课外时间内完成。
实施措施	目前，在语言教育中没有针对每个年级的最低标准。为了提高教师的能力，应该集中提供关于学习水平评估和支持的高级培训。

（4）修订促进学习成果的工具

专业建议	在小学和中等教育第一阶段开始时，按照标准化的程序对语言能力进行测试，以便学生获得必要的支持和指导。
实施措施	在小学阶段和中等教育第一阶段开始时，研究人员对柏林评估学生语言能力的工具进行了修订。

（5）第一次阅读与写作课程

专业建议	应该使用分析-合成方法对字母表结构进行介绍。不鼓励宣传“通过写作进行阅读”的方法。一年级儿童可在音节表的帮助下进行学习，不需要接受阅读课程和字母拼写的练习。
实施措施	自2005年以来，柏林尚未制定教科书和学习材料的许可程序。

（6）教师教育资格

专业建议	在教育和培训方面，应该教授的知识： • 语言学和心理语言学； • 用于书面语言习得； • 促进的方式； • 关于减少教师指导的方法。 将开发新形式的跨学科的培训。
实施措施	• 语言教育已经成为教师教育所有领域中不可分割的一部分。 • 语言教育协调员系统将进一步扩张，到2014年，每年有100名教师获得相关资格，以便能推进各自学校的语言教育。

（7）语言教育评估

专业建议	系统地评估对语言教育资源的使用，根据结果对资源使用进行优化。
实施措施	在2011—2012学年，在各个学校开展一项语言教育的调查。学校利用此机会，获得关于学校语言教育的外部评估，并收到全面的反馈。

（8）建立语言能力教育中心

专业建议	应该建立语言能力教育中心，以便各种教育政策和科学研究活动集中、协调和系统地实施，并促进以实践为导向的研究。
实施措施	为实施联邦政府和联邦州“语言和写作教育”（BISS）倡议，将会建立一个协调办公室，但还不能确定是否会将其发展为一个语言能力教育中心。

柏林政府为改善语言教育的一系列措施提供资金，语言教育被所有学校视为重要任务，并且需要系统地融入课程和教学。贯彻实施语言教育的理念适用于所有学校，不仅限于母语不是德语的学生比例较高的学校。

第五节

德国柏林基础教育质量发展的特点

根据2018年德国《教育观察年报》最新的评估结果，柏林在2018年各州教育总体比较中列全德第13名（全国共16个州）。与2013年相比，柏林是近五年来全德国排名第三的州。在2013年和2018年《教育观察年报》关于教育质量动态排名这一项中，柏林位列第8名。在德国教育质量发展研究所组织的2011年与2016年四年级学生阅读能力比较测试中，柏林学生的成绩是全德国五年内进步值排名第二的州。在四年级学生的数学能力比较测试中，柏林在五年内的进步值排名第五。在2009年与2015年德国教育质量发展研究所组织的九年级学生的阅读能力比较测试中，柏林学生测试成绩进步值排名第九。[1]作为历史与现代交融的国际大都市，德国首都柏林在承袭深厚的历史文化的同时，面临新时代的许多挑战。提高基础教育质量的改革道路坎坷不平，柏林有着自己独特的步伐。总体来说，柏林的基础教育质量发展有以下四个特点。

一、重视建立教育质量标准，教育研究与评估工作有规可循

TIMSS和PISA等国际测试结果显示，德国早前的教育投入并不能在

[1] INSM-Bildungsmonitor［EB/OL］. (2019-01-30)［2019-01-30］. https: //www.insm-bildungsmonitor.de/2018_dyn_i_gesamtranking.html.

教育系统中产生预期的结果。此外，德国发现定期的学业测试研究和学校评估网络可以使学生有更好的学业表现。而教育质量的发展与保障、内部评估与外部评估都需要明确的标准。因此，文化教育部长联席会议特别关注制定和引入全国教育标准，于2003年、2004年和2012年先后通过了全国教育标准，目前内容包括：四年级德语和数学，九年级德语、数学和第一外语（英语或法语），十年级德语、数学、第一外语（英语或法语）、生物、化学和物理，普通高中德语、数学和外语（英语或法语）。制定教育标准的目的是在德国建立透明的质量保障体系，帮助优化学校教学过程，取得更好的教育成效，使自身成为德国教育质量保障体系重要的一部分。教育标准的制定使全德国各州不同类型学校的教育质量具有可比性，也使各教育研究部门的研究工作更加有效。

二、重视提升学校整体质量

柏林在促进基础教育质量提升的过程中，把教育质量作为整个学校发展的重要一环，也是其中一个子系统。学校的整体发展会带动教育质量的提高，教育质量的提高同时又会加速学校整体发展。柏林于2005年首次颁布《柏林学校质量实施框架》，这是柏林中小学校质量发展与保障的基础。《柏林学校质量实施框架》包括六部分内容，即教学与学习过程、学校文化、学校管理、教职人员专业化、质量发展、结果与影响，为建设柏林“好学校”提供了标准，同时也成为柏林学校教职人员、学校内部管理层、教育质量和评估者、学校领导、学校监察人员及教育督导机构工作的核心。

三、重视教育比较测试与学业测试，重视数据的收集与应用

“PISA震惊”之后的德国越来越重视跨国、跨州和州内的比较

测试，如PISA、TIMSS、PIRLS（Progress in International Reading Literacy Study，国际阅读素养进展研究）等大型国际比较测试，以及德国国内的学业成就比较测试（VERA）和教育趋势研究测试。比较测试结果可以提供对教育结果的诊断信息，为教学过程中的质量发展提供保障，同时通过专家会议可以进行进一步的交流发展。此外，在文化教育部长联席会议教育监测的总体战略下，各州决定定期对教育标准的达标情况进行检查。德国教育质量发展研究所负责教育趋势测试研究。第一轮的调查研究包括：2009年调查初中德语、英语、法语，2011年调查初中德语、数学，2012年调查初中数学、生物、化学和物理。第二轮研究始于2015年实施的调查（初中德语、英语、法语）。第二轮研究与第一轮对比，可以描述各州教育标准达标的发展趋势。通过学生学业成就的各项测试，可以对德国各州的基础教育阶段教育成果进行横向对比，总结经验，为后续发展提供数据资料。此外，在柏林本州，通过小学一年级新生入学能力测试和七年级初中入学能力测试，可以比较准确地测试每一位学生入学时的学习能力与水平，并通过具体的测试数据结果，有效地为教师的后续教学工作提供思路与帮助。

四、强调教育研究与监督机构的作用

德国是联邦制国家，教育权属各州。柏林要实施多种多样国际、国内的测试，进行学校质量评估，分析评估结果等一系列工作，需要和研究机构与监督机构合作，其中的代表就是ISQ。它运用社会科学的方法收集数据，并使用现代统计方法对数据进行分析，其研究成果在科学会议与专业期刊上发表，同时会提供给柏林与勃兰登堡州的学校管理人员、教师、家长以及教育管理部门。ISQ的工作包括五个方面：（1）诊断测试和比较测试工作；（2）支持学校自我评估、外部评估和线上调查；（3）进行教育监测和撰写教育报告；（4）协助国际、国家和区域进行学生学业成就的测试；（5）审核学校对文化教育部长联席会议制定的国家教育标准的达标程度。ISQ通过提供数据资料和测试工具，为学校教学人员、学校管理人员和监察人员提供帮助，促进学校教育与课程的发展。教育研究机构与监督机构对德国柏林基础教育质量的保障与发展具有重要意义。

第二章

芬兰赫尔辛基的基础教育质量分析

芬兰的基础教育一般指年龄段为7—16岁，学段为一至九年级的学校教育阶段，在综合学校完成。在法律层面，基础教育遵循1998年的《基础教育法案》(Basic Education Act)。《基础教育法案》和国家核心课程中界定的目标，为负责地方课程实施和教育评价的教育提供者（市政当局）提供了指导。在国家层面，国家教育委员会[1]负责基础教育阶段学生学习结果的国家评价，评价的目的是分析国家核心课程目标的实现程度。国家评价采用抽样评价的方式，并按照教育与文化部的评价计划来实施，评价范围覆盖学科和艺术、工艺和跨学科主题。评价结果由教育提供者用以提高自身教育质量，不用于对学校进行排名。学校层面主要实施自我评价。伴随1991年学校督导制度的废除，学校绩效评价在国家体系中不复存在。学校将实施自我评价作为自身职责的一部分。此外，学校也可以参与由芬兰教育评价委员会实施的外部评价。芬兰教育体系非常重视对教师的信任及其专业能力。在教师层面，目前芬兰尚无统一的教师评价体系，地方政府与教师工会签订的合同中设定了教师评价的指导性原则。学校校长是学校的教育领导者。大部分学校都有一套年度绩效评估体系，校长和教师合作进行评价以决定如何提升教学，以及确定在职培训的领域。学生层面的评价职责由教师承担。教师拥有教育自主权，对学生的持续性进步进行评估。此外，学生也被鼓励学会设计和评价自身的学习。芬兰唯一一项全国性学生评价是普通高中教育结束时的大学入学考试。[2]

赫尔辛基市是芬兰的首都，其基础教育质量评估的目的是引导和鼓励学生的学习，发展学生的自我评估能力。赫尔辛基市学生学习的评估

---

[1] 2014年5月，国家教育委员会（National Board of Education）、芬兰教育评价委员会（Finnish Education Evaluation Council）和芬兰高等教育评价委员会（Finnish Higher Education Evaluation Council）合并为芬兰教育评价中心（Finnish Education Evaluation Center）。此后，芬兰教育评价中心成为实施芬兰国家教育评价活动的主体。

[2] OECD. Education policy outlook Finland [EB/OL]. (2018-11-01) [2018-11-01] www.oecd.org/edu/policyoutlook.htm.

标准是基于课程所界定的良好学习成果的目标；评估方式并非传统的纸笔测验，而是通过描述学生达到学习目标的程度的方式；评估内容包括学生的学习、课业习惯和行为等。具体而言，赫尔辛基市的学生学习评估包括学年期间的评估和学年末的评估：(1)学年期间的评估是指学生在学年期间将接受日常的评估，这种评估作为教学和课业的一部分。评估的反馈是定性的和描述性的，目的是支持每一个学生的目标。学生将看到并理解评估的实践依据、不同的评价方法以及评价如何影响他们学习和进步。(2)学年末的评估是指学生在学年结束时会收到一份年度报告。年度报告的形式有口头报告和数字报告两种，主要评估学生在不同学科目标上的成就。一年级和二年级的年度报告仅使用口头评估的形式，主要评价学生的进步、一般的学习和技能；三至七年级的年度报告可以是口头的、数字的或者二者结合；八至九年级的年度报告通常是数字的；学生将在九年级获得综合学校毕业证书，并申请进一步的教育。[1]

第一节

赫尔辛基的基础教育质量水平

芬兰的基础教育评价实践可以划分为国家层面、地方层面（省、

[1] Learning for life [EB/OL]. (2018-11-01) [2018-11-01]. https: //www.hel.fi/helsinki/en/childhood-and-education/ comprehensive/ what-how/oppilaan/.

自治市）和教育提供者（学校）层面等多层级的评估。在国家层面，芬兰没有国家层面的学业成绩测试（除了全国性的大学入学考试）、学校排名系统和督导制度。国家层面的基础教育评价由全国专业评价机构以项目制的形式实施，如2014年之前由国家教育委员会负责全国基础教育的评价，2014年5月之后，芬兰教育评价中心接替国家教育委员会的评价工作。国家层面的基础教育评价方式包括学习结果测评、评价指标体系的构建和专题评价项目（情境评价或主题评价），评价目的是考察教育法令、教育政策和国家核心课程设定的教育目标的实现程度，进而为国家教育政策的制定或修订提供证据，为芬兰基础教育的国际比较提供信息。地方层面和教育提供者层面的基础教育评价注重形成性的自我评价，常用的评价方式包括不同类型的调查和学习结果的测评。此外，各省和自治市也被要求参与国家的外部质量评价。

一、赫尔辛基基础教育质量的本地评价

作为南芬兰省的一个城市，赫尔辛基参与了芬兰教育评价中心组织实施的外部质量评价，教育评价中心的评估报告未将赫尔辛基的评价结果单独呈现。因此这里选取位于赫尔辛基市中心专攻视觉艺术的高级综合学校（七至十年级）——梅湾（Meilahti）高级综合学校作为案例，来分析其基础教育质量评价概况。

梅湾高级综合学校有383个学生和48位教师。该校的学生来自许多不同的小学。大部分学生来自俄国和索马里，此外，该校几乎没有学生和教师流动。梅湾高级综合学校开设了几门选修课程：视觉艺术（始于1988年）、音乐（始于1999年）、数学与科学（始于1999年）、运动（始于1999年）以及瑞典语课程（始于2000年）。

50%的课程以瑞典语授课，外国学生在预备班级学习（预备班级始于1998年，目前预备班级仅8个学生，其他学生在主流班级，拥有一些语言支持）。此外，该校还有一个为智力障碍儿童开设的班级（始于2000年），两个十年级的班级（始于1999年）。

梅湾高级综合学校的学校评价强调持续性评价，即学生的自我评价，聚焦学生个体的发展过程。学生发展过程的评估视角不仅包括学业水平，更加强调学生的学习行为和学习态度。这所学校参与了1995年的评价审查。梅湾高级综合学校的质量评价包括学生的自我评价、教师评价和学校层面的评价。

1. 学生的自我评价

学生学习习惯的评价始于1995年，现行的自我评价体系形成于1999年。国家课程要求学校也要强调学生个体的发展过程。自我评价的方法由梅湾高级综合学校的一位教师设计，经过教师会议讨论之后开始实施。自我评价体系与课程过程中的持续评估联系并不紧密。

学生在每门课程结束时接受评价，每年接受四次评价。评价内容包括学生的知识、学习习惯、学习热情以及缺勤和迟到率。教师之间会对其给学生打的分数进行讨论。学校对于每个分数的含义会给出一个官方和正式的描述，这些描述在教师会议上会进行讨论。因此，分数的含义在教师之间会达成一个共同的理解。

在课程实施过程中，学生和教师会填写一个有关学习习惯的问卷。针对七年级学生的问卷内容包括学生的学习习惯、在学校和班级中的健康状况；针对八年级学生的问卷内容包括学生的学习习惯和行为；针对九年级学生的问卷内容包括学习习惯和学习态度。图2-1是针对七年级学生的问卷示例。

七年级第一阶段结束后，学生习惯的自我评价

在这个秋季学期中，我最重要的目标是：

____

我实现目标的程度：良好______　很好______　差劲______

这些问题影响了______________________________

我：

- 在课程实施过程中表现积极
- 完成家庭作业
- 记得随身携带书籍和我需要的东西
- 养成良好习惯
- 按时上课
- 定期参加课程

G=良好　M=适中　T=需要尝试和实践

教师评语：______________________________

分数：______________________________

其他事项：______________________________

教师签名

家长评语：______________________________

家长签名

图2-1　七年级学生问卷示例

在初始阶段，评价是基于文本的，但对教师而言，工作负荷过大。目前主要通过字母系统进行打分：G（良好），M（适中），T（需要尝试和实践）。这些学生自我评价是由学生填写的。评价结果在家长之间进行交流讨论。学生的自我评价是家庭教师、学生和家长之间对学生发展进行讨论的基础。

家庭教师在管理学生自我评价表格以及与家长交流评价结果等事务中必须做更多工作。教师认为学生的自我评价表格能为学生提供很多重要信息，并且能帮助学生明晰如何促进自身发展。此外，学生自评表格是给性格内向的学生提供反馈机会的一种方式。通常对于外向性格的学生，外界能从他们的行为中得到反馈，但其他性格的学生就不一样了。在实施学生自我评价的初始阶段，学生往往并未认真对待自评表格的填写，但目前每位学生都已习惯于表格的填写。不清楚的是自评表格的信息如何影响教师的教学实践。

不同的教师对学生自评表格往往采取不同的态度。部分教师将学生自评表格作为与学生讨论其进步的基础，大部分学生对自身的分数情况感兴趣。然而，外语语言教师并不认为学生的自评系统十分有效，物理教师也认为学生自评表格中的问题并不能较好地反映物理教育的本质内涵。学生对于评价系统的观点和态度也不尽相同。部分学生认为自评表格是有效的，但自评量表需要更加详细；另一部分学生认为评价系统效果并不显著。但教师的反馈是有效的。

学生家长认为自评表格能提供很多信息，尤其当学生较少向家长反馈学校情况时。自评表格能帮助家长及时追踪学生在学校的学习情况，不仅包括学生的学业成绩，也包括学生如何学习的情况。学生家长认为女孩对自身的评价更具批判性。

2. 教师评价

梅湾高级综合学校十分强调对教师教学方式的评价。校长会与每位教师讨论其教学，并且进行一年一次的观课。通过校长和教师之间的讨论交流以及观课的结果，校长能发现需要解决的问题，如如何处理表现不好的学生等。在讨论和观课过程中出现的问题会在教师会议上进行讨论。

3. 学校层面的评价

赫尔辛基的学校评价实践是基于2000—2003年普通教育评价策略实施开展的。与评价相关的重点调查包括学会学习研究、学习结果评价、学校医疗保健调查和适用性调查。赫尔辛基的学校参与了自治市、国家和国际评价研究。每所学校自身的课程决定了对其教育评价和学生评价的原则和实践。相关发展计划和评价工作，以及这些计划的成效，在每所学校的行动计划和年度报告中会呈现。

赫尔辛基教育委员会的评价工具之一是学校审核（School Audits）。在学校审核中，来自另一所学校的校长和部分教师会评价这所学校。梅湾高级综合学校的校长认为这种评价方式是良好的，并且具有教育意义，因为在自身和学校接受评价的同时，梅湾高级综合学校的校长也对其他学校的教师和校长进行评价。梅湾高级综合学校于2002年10月接受审核。此外，其校长每四年接受赫尔辛基教育委员会普通教育部门主管的评价。学校审核的一部分聚焦于对校长的审核与评价，赫尔辛基教育委员会分配导师（其他校长）来支持被评价的校长。[1]

二、赫尔辛基基础教育质量的国际评价

芬兰自2000年开始参加由经济合作与发展组织发起组织的国际学生评估项目（PISA），该项目旨在对基础教育进行跨国家（地区）、跨文化评价，主要是对15岁在校生的科学、数学、阅读素养等核心素养进行测评，并对影响学生素养的关键因素进行问卷测查，以科学地反映学生参与未来社会生活的能力，为教育教学改进提供有效证据[2]。芬兰迄今已参加了2000年、2003年、2006年、2009年、2012年、2015年和2018年共七次测验。作为芬兰首都，赫尔辛基市在每

---

[1] OECD.Finland: Emphasising development instead of competition and comparison.In Center for Educational Research and Innovation (Eds) Formative Assessment: Improving Learning in Secondary Classroom［M］. OECD, 2005: 149?C162.

[2] PISA测试，我们需要关注什么？［EB/OL］.［2019-12-16］http://www.moe.gov.cn/jyb_xwfb/moe_2082/zl_2019n/2019_zl94/201912/t20191204_410708.html.

次PISA测试中都是一个重要的参与主体。这里以经济合作与发展组织2019年12月发布的PISA2018最新测试结果为基础，探析赫尔辛基基础教育质量的国际评价水平。

1. 总体评价结果

在PISA2018测试中，OECD成员国在阅读、数学和科学素养中的平均得分分别为520分、507分和522分，芬兰学生的得分比OECD成员国的平均分高。在阅读素养方面，中国参加测试的内地四省市（北京、上海、江苏和浙江）的得分比芬兰高，加拿大、爱沙尼亚、中国香港、爱尔兰、韩国和中国澳门等国家和地区的得分与芬兰相当。在数学素养方面，11个国家（地区）的得分比芬兰高，比利时、加拿大、丹麦、斯洛文尼亚、瑞典和英国的得分与芬兰相当。在科学素养方面，中国参加测试的内地四省市、爱沙尼亚、日本、中国澳门和新加坡的得分比芬兰高，加拿大、中国香港、韩国和中国台北的得分与芬兰相当。

芬兰在阅读、数学和科学素养上的平均得分在持续下降。在所有三种素养中，下降的趋势自2006年开始一直在持续。尽管芬兰PISA2018的测试结果仅在科学素养上比PISA2015显著下降，但芬兰PISA测试的下降趋势在三种素养上均未表现出逆转的迹象。在数学素养方面，芬兰在所有水平学生的得分分布上都呈现同样迅速的下降趋势；在阅读和科学素养方面，这种下降趋势在成绩最差的学生中尤为明显。

芬兰在阅读素养上的性别差异（52分）是所有参加PISA2018 的国家（地区）中最大的。这种性别差异与2009年的测试结果（55分）大致相当。在此期间，芬兰的男生和女生的表现都有所下降。

在芬兰，与学生社会经济地位相关的表现差距（79分）比OECD成员国中高学业成就学生与低学业成就学生的平均差距（89分）小，但是这种差距自PISA2009（61分）开始变大，而OECD成员国的平均差距依然保持不变。

约67%的芬兰学生拥有成长型心态。他们对“你的智力是你无法进行太多改变的东西”这一观点表示不同意或强烈不同意（OECD国家中拥有成长型心态学生的平均占比为63%）。男孩比女孩拥有成长型心态的可能性更小；弱势群体学生比优势学生拥有成长型心态的可能性更小，二者占比分别为60%和76%。后者的差距（16个百分点）比OECD国家的平均差距（12个百分点）更大。[1]

2. 三项核心素养的评价结果

在阅读、数学和科学三项素养上，芬兰学生的得分比OECD成员国的平均得分更高。相较于OECD的平均水平，芬兰大部分学生在至少一门学科上的熟练程度达到最高水平（5级或6级）；同时，更大比例的学生在至少一门学科上达到了最低熟练程度（2级或更高）。

（1）阅读素养评价结果

在芬兰，86%的学生在阅读方面达到了至少二级水平，远远高于OECD成员国的平均水平（77%）。至少，这些学生可以识别中等长度的文本的主要思想，根据明确但有时复杂的标准找到信息，并在明确的指导下反思文本的目的和形式。中国内地四省市、加拿大、爱沙尼亚、芬兰、中国香港、爱尔兰、中国澳门、波兰和新加坡等国家和地区超过85%的学生达到或超过这个水平。大约14%的芬兰学生在阅读方面表现优异，这意味着他们在PISA阅读测验中达到5级或6级（OECD平均为9%）。在这些层级上，学生基于与内容和信息来源相关的隐含线索，能够理解冗长的文本，处理抽象或反直觉的概念，并建立事实与观点之间的区别。

[1] OECD. Finland-Country Note-PISA 2018 Results［R］. 2019: 1.

（2）数学素养评价结果

芬兰约85%的学生数学水平达到2级或更高（OECD平均为76%）。至少，这些学生可以在没有直接提示的情况下理解和认识如何用数学表示（简单的）情况（例如，比较两条可选路线的总距离，或将价格转换成不同的货币）。在15岁的学生中，数学水平达到最低水平（2级或更高）的比例差异很大——从中国内地四省市的98%到2017年参加PISA测试的赞比亚的2%。在OECD成员国中，平均有76%的学生至少达到2级数学水平。

在芬兰，约有11%的学生数学成绩达到或高于5级（OECD平均为11%）。有6个亚洲国家和地区取得这个成绩的学生人数最多：中国内地四省市（44%），新加坡（37%），中国香港（29%），中国澳门（28%），中国台北（23%）和韩国（21%）。这些学生可以用数学方法模拟复杂的情况，并可以选择、比较和评估适当的解决问题的策略。

（3）科学素养评价结果

87%的芬兰学生在科学素养方面达到2级或更高的水平（OECD平均为78%）。这些学生能够识别对熟悉的科学现象的正确解释，并能够在简单的情况下利用这些知识，根据所提供的数据来确定结论是否有效。超过90%的中国内地四省市（近98%）、中国澳门（94%）、爱沙尼亚（略高于91%）和新加坡（91%）的学生达到这一标准。

在芬兰，12%的学生在科学方面表现优异（OECD平均为7%），这意味着他们在5级或6级时就已经很精通了。这些学生能够创造性地和自主地将自身的科学知识应用到各种各样的情况中，包括不熟悉的情况。[1]

[1] OECD. Finland-Country Note-PISA 2018 Results［R］. 2019: 2–3.

3. 评价结果趋势分析

芬兰学生的阅读、数学和科学平均成绩持续下降。在所有这三个方面，下降始于2006年。尽管芬兰PISA2018的测试结果仅在科学方面明显低于PISA2015，但所有方面的下降趋势均未显示出任何逆转的迹象。在数学素养方面，芬兰所有水平学生的得分分布都呈现出同样迅速的下降趋势；相反，在阅读和科学素养方面，这种下降趋势在成绩最差的学生中尤为明显。在2012年至2018年，数学成绩最好的学生比例下降4个百分点；而在2006年至2018年，科学成绩最好的学生比例下降9个百分点。与此同时，2009年至2018年，阅读成绩差的学生比例增加5个百分点；2012年至2018年，数学成绩差的学生比例增加3个百分点；2006年至2018年，科学领域的低绩效者所占比例增加了9个百分点。[1]

4. 基础教育质量公平分析

（1）与社会经济地位有关的公平

在芬兰PISA2018测试中，社会经济条件较好的学生的阅读成绩比条件较差的学生高出79分。这比OECD两组之间的平均差异（89分）更小。在PISA2009测试中，与社会经济地位相关的绩效差距，芬兰为61分（OECD平均为87分）。

在PISA2018测试中，芬兰26%的优等生和6%的差等生在阅读方面表现优异。在OECD国家中，平均17%社会经济条件好的学生和3%社会经济条件差的学生在阅读方面表现最好。

在所有参加PISA测试的国家和地区，社会经济地位也是数学和科学成绩的重要因素，它解释了芬兰PISA2018测试数学成绩差异的

[1] OECD. Finland-Country Note-PISA 2018 Results [R]. 2019: 3-4.

12%（OECD成员国的平均差异为14%），以及科学成绩差异的10%（OECD成员国的平均差异为13%）。

在芬兰，约有13%的弱势学生的阅读成绩名列前四分之一，这表明弱势并不是命运。在OECD成员国中，平均有11%的贫困学生的阅读成绩在其国家名列前茅。

在芬兰，低水平和高水平的学生集中在某些学校的比例低于OECD的平均水平。

芬兰的校长指出，与OECD的平均水平相比，芬兰学校工作人员的水平和物质短缺的程度差不多；但在师资短缺方面，优势学校与弱势学校并无显著差异。在芬兰，4%的学生就读于条件较差的学校，9%的学生就读于条件较好的学校。这些学校的校长均指出，学校在一定程度上受到师资短缺的困扰。

根据学校校长的说法，芬兰94%优势学校的教师和91%劣势学校的教师是"完全合格"的。优势学校和弱势学校拥有硕士以上学位的教师比例相近。许多学生，尤其是弱势学生，在学业上的成就比预期的要低。在芬兰，大约七分之三的优等生和八分之一的优等生不希望完成高等教育。

（2）与性别有关的公平

在参加PISA2018的所有国家和地区中，女孩在阅读方面的表现明显优于男孩——比OECD成员国平均高出30分。在芬兰，阅读方面的性别差异（52分）高于OECD平均水平。这一差距与2009年的情况类似（55分），尽管男孩的表现在这段时间有所下降。

在大多数OECD成员国，男孩在数学方面的表现比女孩好。而在芬兰，女孩的数学表现比男孩好。在参与PISA2018测验的OECD成员国中，女生在科学方面的平均表现略优于男生（比男生高出2分）。

而在芬兰，女生在科学方面的表现比男生高出24分。

在数学或科学成绩优异的学生中，八分之一的芬兰男孩希望在30岁时成为工程师或科学专业人士，而只有十分之一的女孩有同样的希望。约八分之三的高水平女孩希望从事与健康相关的职业，而只有七分之一的高水平男孩有同样的期望。在芬兰，只有4%的男孩希望从事与信息技术相关的职业，几乎没有女孩未来想进入信息技术行业。

（3）与移民背景相关的公平

2018年，大约6%的芬兰学生有移民背景，高于2009年的3%。在这些移民学生中，大约九分之四的人在社会经济方面处于不利地位。

在芬兰，移民学生和非移民学生在阅读成绩上的平均差异为92分。在考虑学生和学校的社会经济状况后，这一差距缩小到74分。

在芬兰，8%的移民学生的阅读成绩排在前四分之一。在OECD成员国中，17%的移民学生达到了这一水平。[1]

5. 学校生活评价分析

（1）芬兰学校氛围分析

在芬兰，18%的学生每月都会受到数次欺凌，而OECD成员国平均为23%。然而，91%的芬兰学生（OECD成员国中平均88%的学生）同意或强烈同意帮助那些无法自卫的同学是一件好事。

大约27%的芬兰学生（OECD平均为26%）报告说，在每一门或大多数语言课程中，他们的老师都要等很长时间才能让学生安静下来。在芬兰，考虑到学生的社会经济地位，那些报告说在每节课或大部分课上，老师都要等很长时间才能让学生安静下来的学生，在阅读方面的得分比那些报告说这种情况从未发生或只在某些课上发生的学生低15分。

---

［1］ OECD. Finland-Country Note-PISA 2018 Results［R］. 2019: 4-6

在OECD成员国中，平均有21%的学生旷课一天，48%的学生在PISA测验前两周迟到。在芬兰，13%的学生逃课一天，45%的学生在这段时间上学迟到。在大多数国家和地区，经常受欺负的学生逃课的可能性更大，而重视学校的学生享有更好的纪律氛围，在阅读评估中得分更高，从父母那里得到更多情感支持的学生逃课的可能性更小。

大约69%的芬兰学生（OECD平均为74%）同意或强烈同意他们的老师在教学中表现出热情。在大多数国家和地区，包括芬兰，当学生认为他们的老师更热情时，尤其是当学生说他们的老师对这门学科感兴趣时，学生在阅读方面得分更高。

在芬兰，70%的学生与他们的同学互相合作（OECD平均为62%），59%的学生与他们的同学互相竞争（OECD平均为50%）。

大约14%的芬兰学生（OECD平均为16%）同意或强烈同意在学校感到孤独。

（2）芬兰学生的生活和学习满意度分析

在芬兰，78%的学生（OECD平均为67%）表示对自己的生活感到满意。

91%的芬兰学生有时或总是感到快乐，大约4%的学生总是感到悲伤。在大多数国家和地区中，当学生对学校有更强的归属感时，他们更有可能抱有积极的情绪。当学生受到更多欺负时，他们更容易抱有消极情绪。

在芬兰，84%的学生同意或强烈同意他们通常能找到摆脱困境的方法（OECD平均为84%），50%的学生同意或强烈同意当他们失败时，他们担心别人对他们的看法（OECD平均为56%）。在几乎所有的教育体系中，包括芬兰，女孩比男孩更害怕失败，而且这种性别差异在表现最好的学生中要大得多。

OECD成员国的大多数学生都持有一种成长型思维模式（他们不同意或强烈不同意“你的智力是你身上无法改变的东西”这一说法）。在芬兰，67%的学生拥有成长型思维模式。[1]

6. PISA2018的主要特点

（1）评价内容的特点

PISA2018评估阅读能力以及数学、科学和全球能力，以阅读为重点。PISA2018还包含对青年人金融素养的评估，这是各国家和地区的可选项。芬兰没有参加全球能力评估，但参加了金融素养评估。阅读、数学和科学素养的评估结果于2019年12月3日公布，全球能力和金融素养的结果将于2020年公布。

（2）参与评估的学生群体特点

2018年，约60万名学生完成了评估，他们代表79个参与测试的国家和地区约3 200万名15岁学生。在芬兰，来自214所学校的5 649名学生完成了评估，他们代表芬兰56 172名15岁的学生（占15岁人口的96%）。

（3）评价本身的特点

大多数国家采用计算机测试，评估总共持续两小时。在阅读方面，多阶段的自适应方法被应用于基于计算机的测试，学生根据他们在前一个模块中的表现被分配一组测试项目。

测试项目包括多项选择题和要求学生自己构思答案的问题。根据一段描述现实生活的文字，这些条目被分组。超过15个小时的测试项目包括阅读、数学、科学和全球能力，不同的学生选择不同的测试项目组合。

学生们还回答了一份背景调查问卷，时间约为35分钟。问卷调查的内容包括学生本身、他们的态度、性格和信仰、他们的家庭、学

[1] OECD. Finland-Country Note-PISA 2018 Results [R]. 2019: 6–7.

校和学习经历。校长也要完成一份问卷，内容包括学校管理和组织，以及学习环境。

一些参与测试的国家（地区）还发放了额外的调查表，以便收集更多的资料，包括：在19个国家（地区），向教师提供一份关于他们自己和他们的教学实践的问卷；在17个国家（地区），向父母提供一份问卷，要求他们填写关于对孩子的学校和学习的看法以及参与度的信息。

相关国家（地区）也可以选择向学生分发其他三份可选问卷：52个国家（地区）分发了一份关于学生对计算机熟悉程度的问卷；32个国家（地区）分发了一份关于学生对继续教育的期望的调查表；9个国家（地区）分发了一份关于学生幸福度的调查表。[1]

第二节

赫尔辛基基础教育质量监测体系

一、赫尔辛基基础教育质量标准

芬兰国家教育部[2]开发的基础教育质量标准框架为赫尔辛基市教育决策者在评价其政策对学校教育质量产生的短期影响和长期影响方

[1] OECD. Finland-Country Note-PISA 2018 Results［R］. 2019: 9.
[2] 2010年5月1日，芬兰教育部更名为教育与文化部。

面提供了有力的工具（如图2–2所示）。

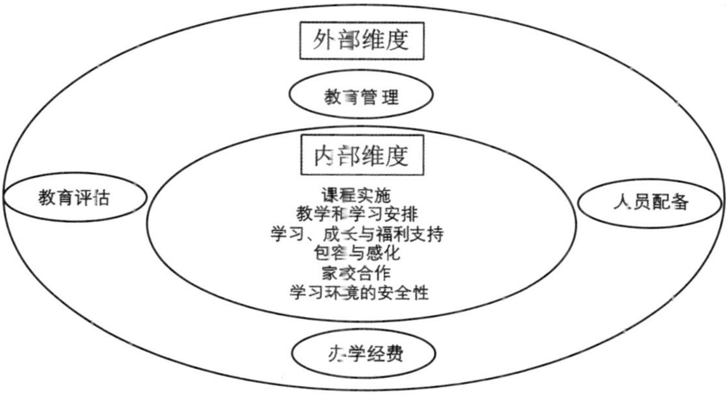

图2–2　芬兰基础教育质量标准框架

资料来源：Ministry of Education.Quality criteria for basic education. Helsinki: Ministry of Education Press, 2009，27.

基础教育质量标准包括外围的四个维度和与学生相关的六个维度。外围的四个维度包括教育管理、人员配备、办学经费、教育评估；与学生相关的六个维度包括：课程实施，教学和学习安排，学习、成长和福利支持，包容与感化，家校合作以及学习环境的安全性。各维度的实施主体和具体内容见表2–1和表2–2。

表2–1　外围指标体系构成情况

指标维度	实施主体	指　标　内　容
教育管理	自治市和学校	为实现其使命与价值制定策略；协助上级教育部门与学校管理的程序和措施；有明确的教育与培训目标；为教学活动和学校发展制定计划；管理人员和教职员工执行监测制度的情况；校长和管理人员有明确的工作职责与时间安排；为教师教学、家校合作所创造的适宜条件；鼓励自力更生和自我持续发展的措施；教学领导。

（续表）

指标维度	实施主体	指　标　内　容
人员配备	自治市和学校	教学人员的结构、数量和专业符合学校的发展；人才规划；用人方式；根据社会事务和健康部的建议，教学人员需协助学校卫生和社会服务工作；组织新进人员上岗培训，积极为教师持续发展创造机会；建立员工发展规划和追踪系统（如绩效评估）；持续监测和发展员工的福利。
办学经费	自治市和学校	为保证学校教学正常运行提供基本资金；为使教育目标达成而合理分配教师培训资源；围绕教育教学中心任务合理规划财务；监控整个办学经费系统的可持续发展。
教育评估	自治市和学校	开发评价系统和有计划地开展教育评估；评估活动应符合评价系统的要求；评估所获取的信息用于提高教学质量，以及确保教学的正常运行和利于财务规划；对评估评价系统进行元评估，共同商讨评价原则。

资料来源：Ministry of Education. Quality criteria for basic education. Helsinki: Ministry of Education Press，2009，28–35.

表 2–2　与学生有关的指标体系构成情况

指标维度	实施主体	指　标　内　容
课程实施	自治市	制定教学大纲和开发相应的课程资源；明确课程的主要参与者和合作伙伴；课程内容应考虑特殊儿童的教育需求；确保语言课程及其有关教育资源的获取；对课程实施评估。
	学校	教师需参与课程的编制、评估和开发，并通过各种手段支持课程决策；在课程的编制、实施、评价和开发上加强区域之间的合作；家长和其他合作伙伴应参与课程的实施、评价与开发；学生应参与课程的评价与开发；为学生提供课程与教学信息；课程应基于学校的自我发展和持续发展。

（续表）

指标维度	实施主体	指 标 内 容
教学与学习安排	自治市	教学既要实现教学大纲要求的既定目标，又要考虑不同学生的实际需求；对学校教学活动中额外资源的分配应基于学校特殊需要、不同语言及文化背景的学生人数而定；决定学校是否应作特别的安全工作。
	学校	教学方法的选择和有关信息的收集应与教育目标一致；根据学生的个性和潜在知识选择教学和评估方法；学校的设施、设备和教材的水平应根据学生的需要进行有区别的配置；教学所需材料的采购、利用、保护和维护应坚持可持续发展原则；根据课程要求，对学校的教学活动和学生学习进行评价；学校教育实践不断向前发展。
学习、成长和福利支持	自治市	针对特殊学生的教学，应有一个系统的、多专业的支持网络；教育部门和学校应共同规划教学和进行数据共享；为学校学生辅导和学生福利配备足够的人力资源；促进教学与社会服务，医疗保健以及福利管理工作的信息交流；联合克服儿童早期教育及其相关问题；安全工作主要由本地负责，在适当情况下加强跨区合作。
	学校	教师应准备足够的知识和技能等为有特殊需要的学生服务；开展灵活多样的教学活动以支持和满足学生的需要；让家长充分了解学生；学校采用多专业合作，实行早期干预，并评估其效力；对促进学生的成长和职业生涯的规划实施监控。
包容与感化	自治市	出台儿童青少年包容与感化决策的措施；定期对包容与感化政策进行评估和开发。
	学校	学校文化对学生及其监护人是开放和互动的；学生活动是目标导向的、系统的和有效的；为学生辅导提供足够的资源；学校教学及其有关的活动应将学生纳入其中；支持参与式和互动式教学法。
家校合作	自治市	地方课程应明确家长与学校在家校合作中的目标、政策和内容；为学生家长发展在地方建立包容性的环境。

（续表）

指标维度	实施主体	指　标　内　容
家校合作	学校	家长和学生一起评估家校合作的设计和开发；促进家庭和学校、学校和班级、班级和学生三个层面的合作；为学生的学习和成长在家校之间建立一个双方支持并良性互动的环境；家校合作应考虑学校教职人员的工作量，并提供足够的资源和支持；发挥信息技术在家校合作中的作用。
学习环境的安全性	自治市	学校工作环境应是健康和安全的；安全检查应定期进行，并对存在的不足进行及时纠正；校舍、家具和设备应恰当，并提供灵活的使用空间；学校设施应适用于所有学生和教职员工；学校的设施应有年度维修计划；所有设施应达到有关技术标准的规定；教育与培训活动应促进当地的福祉和确保安全性；建立统一和明确的危机应对机制；学校的安全信息应定期进行更新；学校的安全计划和学校之间的合作应定期更新，并评估其表现。
	学校	兴建学校设施时应考虑学生和教职员工如何能够较快适应；为教师和学生建立一个相互影响的场所；对教职员工和学生的安全予以考虑；师生员工应共同维护校园设施；校舍建设应遵循可持续发展的原则；学校应通过职业安全与健康风险评估和风险识别；风险测评应定期更新，并采取必要的措施及时纠正错误；定期公开安全和福利信息；按照有关学校编制规定人数招生，并定期评估学生及其监护人；安全和福祉的问题应尽早解决。

资料来源：Ministry of Education. Quality criteria for basic education［M］. Helsinki: Ministry of Education Press，2009，36–51.

二、芬兰教育评价中心的学习成果评估

芬兰教育评价中心（Finnish Education Evaluation Center，简称FINEEC）[1]是负责全国教育评价的独立机构，其评价范畴覆盖从学前教

［1］ 2014年5月之前，芬兰国家教育委员会负责全国基础教育评价工作。此后，芬兰教育评价中心代替国家教育委员会，成为实施全国基础教育评价活动的主体。

育到高等教育的整个教育体系。针对基础教育阶段的质量评价，芬兰教育评价中心主要实施学生学习成果评估以及主题和系统评估，其中学生学习成果评估为赫尔辛基基础教育质量监测提供了重要的信息。

全国学习成果评估由芬兰国家教育委员会于1998年启动，与之相关的活动由芬兰教育评价中心负责实施。目前芬兰教育评价中心实施的全国学习成果评估项目包括：第一阶段对基础教育学习成果的纵向评估；基础教育最后阶段的母语学习成果评估和文学学习成果评估；2018年秋季针对基础教育七年级实施的英语教学大纲学习成果评估；2014—2015年度的学习成果评估。

芬兰教育评价中心实施的学习成果评估是基于抽样的评估，这样可以推断其是否适用于基础教育阶段整个年龄组。年龄组中约5%的学生将参与评估，提供瑞典语教育的学校样本更大，目的是提高可比性。学习成果评估基于学前和基础教育核心课程中设定的目标。评估测试首先在样本外的学校进行，在教师反馈和分析之后，选择最可靠和能够区分的测试进行实际评估。与学习成果评估相结合，将从校长、教师和学生等群体处收集关于工作方法和教学安排、教育资源、学生评估和学生学习态度等信息。对学习态度的评估使用既定指标来研究学生对自己作为学科或教学大纲学习者的观点，一门学科或教学大纲的吸引力，以及学习某一学科或教学大纲的有效性。评估的主要结果会被编写成一份报告。此外，还将根据教育和文化部、芬兰国家教育委员会、教师教育部门、教育提供者、学校、教师和其他机构的需要编写一份摘要。以下阐述芬兰教育评价中心实施的几个学习成果评估项目。

1. 第一阶段基础教育学习成果的纵向评估

芬兰教育评价中心实施基础教育学习成果纵向评估的目的是获取

关于母语和文学（芬兰语、瑞典语和芬兰语作为第二语言）以及数学等学科的学习成果信息和学生能力曲线变化的信息。学生的横向能力将根据新颁布的芬兰国家核心课程进行评估。第一阶段的评估在2016年11月到2020年9月实施。

第一次评估的目标群体是2018年秋季初等教育的一年级学生。第一阶段于前两学年从同一学生群体处收集两次数据，以获得有关学习成果和学生能力曲线变化的信息。评估将在一年级开始时和第一个过渡点（即三年级开始）时实施。第一阶段之后，可以对同一批学生进行后续评估，并在之后的过渡点（六年级后）和小学教育结束时（九年级），评估其学习成果和能力曲线。一年级评估后的中期报告和三年级评估后的最终报告会公开发布。

2. 基础教育最后阶段的母语学习成果评估和文学学习成果评估

芬兰教育评估中心评估了九年级学生的母语和文学（芬兰语/瑞典语和文学的教学大纲）学习成果。评估目标是国家基础教育核心课程（2014年）中规定的芬兰语/瑞典语和教学大纲的主要目标。这些目标包括互动技巧、阅读和写作技巧（文本的解释、制作和评估）以及语言、文学和文化内容。国家核心课程强调语言意识和多元读写，评估也针对这些技能。评估聚焦于：九年级学生在与母语和文学重要目标相关的知识和技能方面的掌握程度；是否存在与学校、学生性别或学生评价结果相关的地区差异，以及产生这些潜在差异的原因是什么。

母语和文学学习成果的评估是第一次完全运用数字化手段来实施的，这使该评估可以涵盖更多样化的内容，获得新的评估数据类型。

3. 2018年秋季基础教育七年级英语教学大纲学习成果评估

芬兰教育评价中心于2018年9月对基础教育七年级学生在英语教

学大纲A中的学习成果进行了评估。参与评估的学校既包括以芬兰语授课的学校，也包括以瑞典语授课的学校。在基础教育阶段一至六年级，英语是学生最常学习的外语。在基础教育实践中，七至九年级的所有学生都学习英语。

该评估的目的是获取当学生处于从低级综合学校向高级综合学校过渡这一转折点时，关于基础教育国家核心课程中设定的目标在国家层面实现程度的可靠信息。这是一项纵向研究，主要是在九年级的最后阶段重新评估同一学生群体。评估中的关键问题是学生对2014年基础教育国家核心课程中描述的内容领域的语言熟练程度（互动技能、文本解释技能、文本制作技能）。评估还调查学生如何提高其语言学习技能和语言意识，如是否为个人学习设定目标以及如何适应不同的学习环境。学习成果与学生的背景因素、学习环境特征之间的联系将产生关于实现教育中平等与公平的信息。

评估使用笔记本电脑或台式电脑，以电子评估的方式实施。根据国家核心课程，语言的教学和学习也应促进学生的多元文化发展。信息和通信技术为实施语言评估提供了新的途径。

4. 2014—2015年学习成果评估

芬兰教育评价中心实施的2014—2015年学习成果评估包括：（1）基础教育阶段九年级萨米语、罗姆语和芬兰手语的学习成果评估；（2）基础教育阶段九年级的数学学习成果评估；（3）基础教育最后阶段芬兰语作为第二语言的学习成果评估。

三、研究本位的教师培养方案

芬兰在PISA测试中取得的优异成绩很大程度上归因于其拥有高质量的教师队伍。但与许多国家的教师教育制度不同，芬兰尚未建立把控教师队伍入口关的教师资格认证制度。在此背景下，芬兰教师职前培养系统被归结为其拥有高质量教师队伍的源头。作为芬兰11所培养中小学教师的大学之一，赫尔辛基大学是赫尔辛基市最重要的教师培养机构。这里以赫尔辛基大学的班级教师培养方案和学科教师培养方案为例，分析其研究本位的特征。

赫尔辛基大学的班级教师培养方案明确规定，学生需要修满300学分，并且获得硕士学位。班级教师培养方案的学习课程主要包括四个部分：交流与定向研究课程（见表2–3）、主修研究课程（见表2–4）、涉及多学科研究课程（见表2–5）和选修研究课程。

表2–3 交流与定向研究课程（须修满25学分）

	本科阶段	研究生阶段
课程设置基础	3学分	2学分
语言与交流技巧	14学分	
信息与传播技术研究	3学分	
传媒教育导论		3学分

资料来源：Curriculum for class teacher education 2008–300 ECTS credits［EB/OL］. http:// www.helsinki.fi/sokla/english/Curriculum for class teacher education 2008.pdf.

表2–4 主修研究课程（须修满140学分）

	本科阶段	研究生阶段
教育文化基础	15学分	
教育心理学基础	15学分	
教学论基础	10学分	10学分
教育研究基础	20学分	55学分
教学实践		20学分

资料来源：Curriculum for class teacher education 2008–300 ECTS credits［EB/OL］.http://www.helsinki.fi/sokla/english/Curriculum for class teacher education 2008.pdf.

表2-5　涉及多学科研究课程

	本 科 阶 段	研究生阶段
母语与文学教育	8学分	
数学教育	7学分	
艺术与技能教育	13学分	
人文学科教学论	9学分	
环境与科学学科教学论	12学分	
选修课程	34学分	

资料来源：Curriculum for class teacher education 2008-300 ECTS credits [EB/OL]. http:// www.helsinki.fi/sokla/english/Curriculum for class teacher education 2008.pdf.

赫尔辛基大学的学科教师培养一般需要5—6年的学习时间，通过学习所教学科课程和教育类课程（须修满60学分），学生能够熟练地计划、实施、评估和发展教学，在学习教育学课程的过程中，将学科、教育与学习者、学科教学法和学校实践有效结合，形成自己的实践理论。一般来说，学生除了对主修科目进行深入学习外，还可选修1—2门辅修科目。此外，教师教育学院还与提供不同学科课程的其他学院共同合作组织教育学研究课程，其目标是培养教学专业人员。通常学生在赫尔辛基大学学习的第二年决定是否从事教师职业。选择教师职业的学生将从第三年开始学习教育学课程，其中包括在大学教师培训学校及其附属学校进行教学实践，一般1—1.5学年才能完成该课程的学习。

表2-6　学科教师教育类课程

本 科 阶 段	
发展和学习心理学	4学分
特殊教育	4学分
学科教学导论	10学分

（续表）

本　科　阶　段	
教师培训学校初级实习	7学分
研究与方法（研究生层次课程）	6学分
研　究　生　阶　段	
教育社会学、教育史、教育哲学基础	5学分
教学评估与发展	7学分
应用实践	5学分
教学论文	4学分
教师培训学校高级实习	8学分

资料来源：Structure of pedagogical studies for teachers-60 ECTS credits [EB/OL].http://www.helsinki.fi/sokla/english/Structure of pedagogical studies for teachers 2008.pdf.

第三节

赫尔辛基基础教育质量保障运行机制

自20世纪90年代芬兰废除教育督导制之后，教育管理的主导权开始从中央下放至地方，形成了“中央集权—地方实施”的教育管理体制。在此背景下，地方层面基础教育质量保障的基础包含两个方面：教育机构（学校）的自我评价和国家专业组织的外部评价。这里从国家和赫尔辛基市两个层面来分析赫尔辛基基础教育质量保障的运行机制。

一、芬兰教育评价中心

芬兰教育评价中心是负责国家教育评价的独立的专业组织，也是芬兰国家教育部的一个独立中心。2014年5月，芬兰教育评价中心开始投入运作。芬兰教育评价中心接手了国家教育委员会、芬兰教育评价委员会和芬兰高等教育评价委员会三大国家教育评价组织负责的评价活动，成为负责芬兰自学前教育至高等教育的全国性教育评价组织。目前芬兰教育评价中心约有50名人员，总部设在赫尔辛基市，其他一些办事处设在于韦斯屈莱。芬兰教育评价中心不仅负责芬兰国内的教育评价，同时也积极参与国际评价活动和国际合作。芬兰教育评价中心的评价活动得到评价委员会和高等教育评价委员会的支持。

芬兰教育评价中心的主要职责包括：实施和开发教育评价，包括教育机构和高等教育机构的运作；负责实施基础教育和高中教育的学业成绩评估；支持教育机构和高等教育的评价和质量保障。除了上述免费的教育评价活动，芬兰教育评价中心也在国内和国际上提供付费的评价服务，包括：外部审查（external audits）；欧盟工程师认证项目审查；基础教育机构和学校学业成绩评估；评价和质量保障培训。

芬兰教育评价中心实施的教育评价的目标是在保证教育质量的同时，发展教育和支持学习。此外，芬兰教育评价中心的评价结果为地方、区域和国家层面的教育决策和发展，以及教育的国际比较提供了重要的信息。换言之，芬兰教育评价中心会将其评价结果或评估报告提供给参与评价的教育机构和学校[1]。

芬兰教育评价中心实施的评价活动包括系统评价（system

[1] Learning for life [EB/OL]. (2018-11-1) [2018-11-1]. https://karvi.fi/app/uploads/2017/09/Yleisesite-Karvi-englanti-netti.pdf.

evaluation)、专题评价(thematic evaluation)、学业成绩测评(learning outcome evaluations)和特定领域的评价(field-specific evaluation)。此外,芬兰教育评价中心在制定评价目标方面也发挥了关键作用。具体而言,芬兰教育评价中心会向教育与文化部提交教育评价国家计划。教育与文化部已经批准芬兰教育评价中心拟定的2016—2019年评价计划。芬兰教育评价中心实施基于样本的国家教育评价活动,选取尽量能代表芬兰不同地区、不同语言和社会背景以及不同性别的学校样本和学生群体样本。以监控全国基础教育学习结果的评价项目为例(见表2-7),赫尔辛基在芬兰教育评价中心以及之前的国家教育委员会实施的基础教育评估项目中均作为有代表性的样本参与其中。

表2-7　芬兰基础教育学习结果评估(2012—2015)

	2012年	2013年	2014年	2015年
数学学业成绩纵向监控	收集	报告		
数学课堂			收集	报告
母语和文学课堂		收集	报告	
外语语言课堂	收集	报告		
健康教育课堂	收集	报告		
家庭经济课堂		收集	报告	
芬兰语作为第二国语课堂			收集	报告
Sami,罗马语,手语(5项测试)作为母语			收集	报告
社会科:历史和社会研究课堂	报告			
自然科学课堂	报告			
跨课程课题课堂	报告			

资料来源:Ministry of Education and Culture.Education evaluation plan for 2012-2015. Helsinki: Ministry of Education Press.2013: 2.

二、赫尔辛基市教育委员会

赫尔辛基市教育委员会是拥有赫尔辛基市最高教育决策权的政府部门，下设芬兰语部门和瑞典语部门（如图2–3所示）。委员会由当选的市政官员组成，共有11名成员，每四年进行一次成员选举。城市教育委员会于2017年6月1日开始运作。[1]

市教育委员会的职权包括以下方面：决定服务抵用券（service vouchers）使用管理的原则，以及确定服务抵用券的价值；在家庭服务

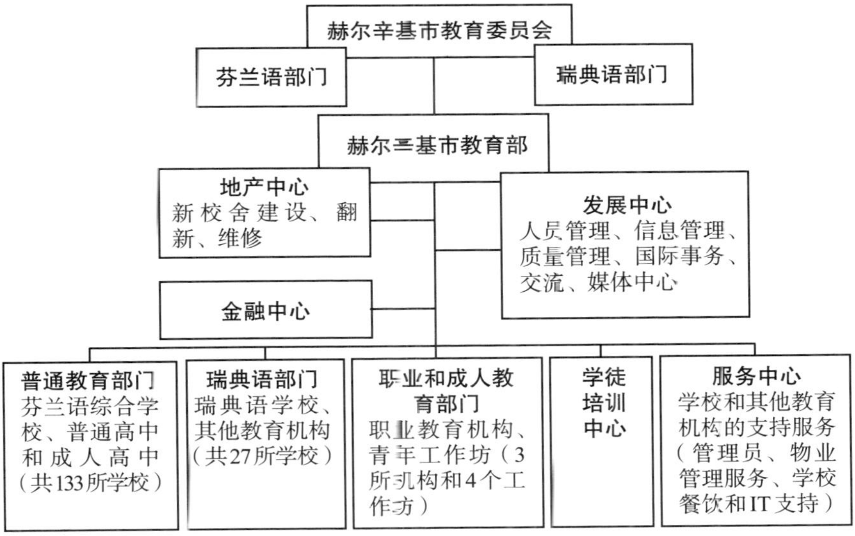

图2–3　赫尔辛基市教育部门组织结构图

资料来源：Learning for life.https: //www.hel.fi/kasvatuksen-ja-koulutuksen-toimiala/en/ decision/education-committee/ [EB/OL].

[1] 2017年，赫尔辛基改革了其政府管理系统，启用市长及管理领域模式。在此之前，赫尔辛基市采用的是首席执行官模型（chief executive model）；在此之后，赫尔辛基市开始实施新型市长模型（new mayoral model）。参见：https: //www.hel.fi/hel2/tietokeskus/julkaisut/pdf/18_12_21_tasku18_kiina_net.pdf.

的补贴之外，支持私人服务和市政服务；为有两个保育员的私人日托服务和小组日托服务提供支持；建立或取消一所芬兰语的日托服务中心、学校或教育机构，建立或取消一所瑞典语的日托服务中心、学校或教育机构；审批另一权力机构对于教育的话语权；建立一个职业技能委员会和一个职业教育研究权力委员会。此外，市教育委员会要确保赫尔辛基市教育部的活动在预算范围之内，并且遵守市议会设定的目标。

市教育委员会下设的两个部门——芬兰语部门和瑞典语部门的职责包括：制定接收学生的依据；规定学校和其他教育机构的工作时间和假期；任命综合学校的教学人员和学生委员会及其职责。此外，部门还审批课程和语言教学项目，并向城市教育委员会提交关于赫尔辛基城市教育部门预算的提议。

三、赫尔辛基市教育部

赫尔辛基市教育部为全市7万多名学龄儿童和学生提供教育服务。它还是芬兰基础教育服务最大的生产者。

赫尔辛基市共有136所综合学校，其中113所是芬兰语学校，23所是瑞典语学校。赫尔辛基市综合学校约有5万名学生，其中芬兰语综合学校的学生约3.7万名，瑞典语综合学校的学生约3 400名。赫尔辛基市的综合学校和普通高中教育由市教育部下设的普通教育部门和瑞典语部门负责。

综合学校和其他教育机构有其自身的学校委员会。综合学校的学校委员会成员主要包括学生的监护人，中等学校和职业教育机构的学校委员会也可能包括其他主体的代表。委员会中也会有教师、其他学校职员和学生等代表。学校委员会的职权范围包括：制定学校规则，对提交至市教育委员会相关部门的课程进行审批，审批学校预算等。

市教育委员会下设的芬兰语部门和瑞典语部门每四年任命一届学校委员会。

赫尔辛基市教育部门的职员共约6 500人，其中近4 200人是教师。由此可见，教师群体占据主导地位。教育部门的用人策略强调良好技能和专业知识的重要性。赫尔辛基市教育部使用新技术改进了人员培训的条款，并在人员培训中强调国际化。此外，市教育部也致力于提升学校管理，为校长和副校长提供管理培训。

赫尔辛基市的服务中心为学校和其他教育机构提供诸如管理服务和IT支持等服务项目。服务中心致力于目标导向的质量管理工作，也有其自身已经认证的质量管理体系。

赫尔辛基市教育部与市社会福利署联合负责学前教学的服务。在芬兰，所有6岁儿童在进入综合学校进行学习之前都要接受一年的学前教学。这个阶段的教育教学旨在帮助儿童能自然地进入基础教育的学习。赫尔辛基市的日托中心和综合学校都提供学前教学的服务，私立日托中心也提供这一服务。赫尔辛基市每年约有5 000名儿童接受每天4小时的学前教学服务。

赫尔辛基市教育部为未就业或失业青年人建设了4个青年工作坊。在赫尔辛基市，每年约有1 000名青年人无法进入中等教育阶段，赫尔辛基市教育部赞助成立了4个青年工作坊，为待业青年提供学习职业技能的实践项目。赫尔辛基城市每年约有250位青年在工作坊参加6个月的职业培训。青年工作坊和职业教育由职业和成人教育部门以及学徒培训中心负责。

四、其他部门中心

赫尔辛基市教育部门组织架构中的其他部门中心包括地产中心、

金融中心和发展中心。地产中心主要在新校舍建设和旧校舍翻新、维修方面辅助市教育部的工作。如前文所述，国家基础教育质量标准将安全的学习环境作为评价基础教育质量的一个重要维度，其中校舍建设和学校设施是衡量安全学习环境的重要因素。赫尔辛基市的学校和其他教育机构的教育活动在330所校舍中开展，其中66所是可移动的单元。一方面，赫尔辛基市教育委员会将学校和其他教育机构的校舍改造项目摆在重要的位置；另一方面，赫尔辛基市承诺的一项可持续发展项目对教育部门提出，在校舍建设和维修等方面应坚持可持续发展的原则。因此，地产中心在赫尔辛基基础教育安全的学习环境建构方面发挥重要的辅助作用。金融中心主要在经费方面辅助市教育部的工作。发展中心主要在人员管理、信息管理、质量管理、国际事务等方面辅助市教育部的工作。具体而言，赫尔辛基市教育部门通过大量的IT项目支持教学和行政工作中信息技术的运用，其目的主要在于通过为每位学生提供信息社会和工作生活的变革所需要的信息和交流技能，来支持教学和教育。赫尔辛基市的所有学校都配备了高质量的交流链接、本地网络、工作站和辅助设备。每所学校会定期草拟信息技术教学计划。共有7 000个工作站与赫尔辛基市教育部信息网络建立了联系。赫尔辛基市教育部媒体中心通过开发在线教学系统和帮助教师提高IT技能来支持新技术在教学中的运用。此外，为与赫尔辛基市国际合作事务的指导方针保持一致，赫尔辛基市教育部门参与了大量国际项目。在普通教育领域，国际化运营是课程的一部分。国际化项目是在“欧盟苏格拉底项目”（European Union’s Socrates Programme）中实施的。除了与欧盟的合作，国际化项目遵循赫尔辛基市设定的强调与北欧国家和波罗的海地区合作的原则。

第四节

赫尔辛基基础教育质量改善举措

一、制定法律、法规和质量标准，提供制度保障

芬兰教育体系实施分权制，地方当局拥有较大的权力和责任。国会决定教育立法，政府以及教育与文化部实施教育政策。地方当局，即市政当局或联合市，负责组织基础教育，做出资金分配决策，设计并实施地方课程，招募和培训人员。

教育与文化部正在拟定的第三方评价——教育评价计划，旨在监控基础教育阶段的学习成果。根据2014年的政府项目，教育评价职责（原由评价委员会和国家教育委员会负责）由一个新的教育评价中心接管，以增强教育评价及其质量。

教育与文化部设计了“基础教育质量标准（2010）”，为学校评估提供评估工具，并且确保质量改善。此外，一份关于国家资格框架的提议于2012年5月提交给国会，并在2013年接受国会的审查。这项提议旨在提升资格体系的有效性和透明度，并与欧洲资格框架建立更密切的联系。

如上所述，教育与文化部拟定的教育评价计划以及基础教育质量标准，为赫尔辛基市的基础教育质量改善提供了制度层面的保障和指导。

二、公共资金来源提供经济支持

芬兰的教育机构投资与OECD的平均水平持平，各级教育机构的

经费支出达到GDP的6.5%，略高于OECD的平均水平（6.3%）。从2005年至2010年，芬兰增加了0.5%的投入。几乎所有的教育机构经费都来自公共资源，比例高达97.6%。在各级教育中，私人资助占比很小。

赫尔辛基市的基础教育实施免费教育，其经费来源主要是公共资金。相关教育部门制定在人口比例和社会经济地位之间达到平衡的方案，并基于此方案接受公共资金。基于已获得的资金，赫尔辛基市在不同公共领域，包括公共教育领域，决定如何对资金进行民主分配。为保证每位学生都拥有接受教育的机会，赫尔辛基市建立了学生财政资助体系，以帮助大部分学生。学生财政资助主要包括助学金和住宿补贴。

三、专业的教师队伍提供人力支持

在芬兰，教师职业是一项极具吸引力的工作选择。因此，芬兰的教师教育机构可以筛选出最适合教职工作的人员。例如，能进入班级教师教育的人员仅占所有申请人的10%；进入学科教师教育的人员占所有申请人的10%—50%；进入职业教师教育的人员占所有申请人的30%。

在赫尔辛基市，基础教育阶段的教师在职前培养阶段都必须获得硕士学位。其中基础教育阶段前六年的教师通常是拥有多方面知识和经验的通才（generalist）和班级教师（class teachers）；基础教育阶段后三年和高中阶段的教师通常是学科专家（subject specialists）和学科教师（subject teachers）。班级教师拥有教育硕士学位，学科教师须完成相关学科的学习并获得教育研究的硕士学位。此外，基础教育阶段辅导员（guidance counsellor）的资格要求是获得硕士学位并完成相关研究。特殊需要教师（special needs teachers）要为在主流教育或特殊需要教育领域有学习困难的学习者提供帮助，同时为教师提供支持和咨询。特殊需要教师必须获得特殊教育硕士学位，或者包含特殊需要教师研究的教学资格。除了上述教师群体以外，赫尔辛基市基础教育阶段学校管理的职责由各校校长承担。校长通常要求具有高等学术学位和教学资格，此外还要具有一定的工作经验以及教育管理的资格证书。在职培训是赫尔辛基市促进教师专业发展的重要手段。从教师角度而言，教师将在职培训视为一种特权，并积极参与其中；在自治市而言，赫尔辛基市设立相关的资金资助教师在职培训项目，尤其在对于实施教育政策和改革十分重要的领域。教育提供者（如学校）也能申请资金来提高其教学人员的专业能力。

第五节

芬兰赫尔辛基基础教育质量发展的特点

一、发展导向

“发展”是芬兰教育体系的一个核心概念，具体包括学校发展和个体发展（教师和学生发展）。衡量发展的维度不仅有学业成绩，也包括学习过程。强调发展，而不是竞争与比较，是芬兰教育体系引人注目的特征之一。在一定程度上，聚焦于发展不仅影响学生评价实践，也影响教师教与学的组织方式。芬兰国家层面的基础教育学校督察在20世纪90年代初就已废除，目前芬兰基础教育体系的理念是通过信息、支持和资金来进行指导，以促进基础教育的质量发展。

前述赫尔辛基市梅湾高级综合学校基础教育质量评价实践所体现的一个重要特征是重视学生的发展。梅湾学校实施的自我评价系统旨在给学生提供为自身发展负责的手段。因此，相较于教师的教学实践，学生自我评价为学生及家长提供了更多信息。此外，梅湾学校创造的一些条件有助于实现促进学生发展的目的：家庭教师对学生、学校和家长之间的互动交流起着十分重要的作用，因为家庭教师跟随一个学生长达3年，对学生有着深入了解；学生要接受发展自我的挑战，尤其在音乐和艺术课程中；学校对拥有多种能力的学生开放，同时也欢迎学习困难的儿童；学校关心本校儿童；实施小班教学，学生能得到更多关注；学校关注教师之间良好团队精神的培养。

二、注重自我评价

发展导向是芬兰教育体系的重要特征。而自我评价被认为是促进发展的重要工具之一，这里的自我评价不仅包括评价学生个体的进步，也包括评价教师和学校的发展与进步。新的课程指导方针界定了学生自我评价和学校自我评价的标准。教师和校长需要参加在职培训来获得实施新的学生评价和自我评价的能力。

学生评价系统的一个重要目的是促进学生的个体发展，自我评价是达成这一目的重要且有效的评价工具，因此自我评价被视为芬兰学校的一种重要的形成性评价。基础教育的任务之一是发展学生的自我评价能力，而发展学生自我评价能力的目的在于支持学生知识和学习技能的发展，并且帮助学生学会意识到自身的进步和学习过程。但目前关于自我评价实践在多大程度上与教和学的形成性策略进行了整合尚不明晰。从学校的角度而言，评价不是定期开展的，因为学校层面的评价是基于样本的评价。教育提供者会收到评价结果并将其用于促进自身的发展。

赫尔辛基基础教育质量的发展实践强调学校和教育提供者的自我评价，以及学生学业成绩的国家评价。学生学业成绩国家评价的主要目标在于从国家层面跟踪核心课程以及资格要求中设定的目标在多大程度上得以实现。学生学业成绩的国家评价会定期开展，因此每年会有一项母语和文学或数学的测试，其他学科会根据教育与文化部的评价计划进行评价。评价范围不仅包括学业科目，也包括艺术和手工以及其他跨学科主题的科目。赫尔辛基市层面的学生评价类型包括课程中的持续性评价和课程结束后的最终评价。在每一学年，每位学生都会收到至少一份评价报告。

第三章

美国马萨诸塞州的基础教育质量分析

马萨诸塞州是美国历史和文化底蕴最深厚的州之一，在美国早期殖民地开发时期就以重视教育而闻名。[1] 1647年，马萨诸塞州殖民地行政机构通过了美国殖民地时期的第一部教育法，“公立教育之父”贺拉斯·曼（Horace Mann）是马萨诸塞州教育局第一任局长。他主张公立学校教育必须为社会需要服务，并应该是普及的、免费的和非宗教性的。马萨诸塞州有近400个学区、近2 000所公立中小学。州政府设有由州长任命的教育委员会，以及在其领导下的马萨诸塞州中小学教育局（Massachusetts Department of Elementary and Secondary Education），主要负责协调和管理本州PreK-12年级的公立学校教育系统。马萨诸塞州中小学教育局的主要职权范围包括负责公立中小学教师资格证书的审核、教学大纲的制定、联邦和州教育法律的监督以及学生评估体系的制定和实施。

20世纪80年代末90年代初，以苏联解体和东欧剧变为标志的世界范围内的冷战结束，马萨诸塞州以国防军事研究和开发为导向的经济开始萎缩，加上全美经济的低迷，马萨诸塞州的经济进入萧条期。由于公共教育经费的缺乏，一些贫困地区教育质量下降，以致很多民众对州政府不能提供优质的公共教育抱怨连连。1993年，州政府在广泛征求意见的基础上，开始了马萨诸塞州历史上最大的一次教育改革，涉及教学大纲、学校行政管理、教师质量、学生评估以及学校财政事务等各个方面。马萨诸塞州教育委员会制定的本州公立学校体系的宗旨是：为所有学生提供他们所必需的价值观和知识技能，从而使他们能够在人生和职业生涯中发挥最大的潜能，并为多元化和日益变化的民主社会的公民事业和经济生活作出积极的贡献。[2]

---

[1][2] 杨轶，沈安平.美国马萨诸塞州综合评估体系探讨［J］.外国中小学教育，2012（1）：51-55，12.

第一节

马萨诸塞州的基础教育质量水平

部分美国学生参加了PISA测试和TIMSS测试，与此同时，马萨诸塞州作为一个整体参加了这两个大型国际学业测试。此外，马萨诸塞州的学生还参加了美国的国家教育进展评估（NAEP）。由此，本章从直观量化的学生测试成绩来探究马萨诸塞州基础教育质量水平。

一、马萨诸塞州学生在PISA测试中的表现

2012年，马萨诸塞州的学生开始参加PISA测试。在当年的PISA测试中，马萨诸塞州学生的阅读素养水平全球排名第四，科学素养水平全球排名第六，数学素养水平全球排名第九。[1] 2015年，马萨诸塞州大约有1 700名公立学校学生代表该州6.1万名15岁的七年级及以上学生参加了PISA测试。

马萨诸塞州公立学校的15岁学生在2015年PISA测试中的科学成绩是529分，远远超过OECD的平均成绩（493分）。在所有参加PISA2015的国家和地区中，只有新加坡学生的科学素养得分（556分）

[1] Massachusetts Department of Elementary of Secondary Education.Massachusetts Comprehensive Assessment System Program for International Student Assessment (PISA)［EB/OL］. (2017-05-26)［2018-11-06］. http://www.doe.mass.edu/mcas/natl-intl/pisa/.

表3-1　马萨诸塞州15岁学生在PISA测试中的表现（单位：分）

	数学		科学		阅读	
	成绩	排名	成绩	排名	成绩	排名
2012年	514	9	527	6	527	4
2015年	500	12	529	11	527	8

资料来源：根据马萨诸塞州中小学教育委员会报告整理而成。

表3-2　马萨诸塞州与全美、OECD成员国学生在PISA测试中的表现（单位：分）

	数学			科学			阅读		
	马萨诸塞州	全美	OECD成员国	马萨诸塞州	全美	OECD成员国	马萨诸塞州	全美	OECD成员国
2012年	514	491	494	527	497	501	527	498	496
2015年	500	490	470	529	496	493	527	497	493

资料来源：根据马萨诸塞州中小学教育委员会报告整理而成。

显著高于马萨诸塞州学生，马萨诸塞州的学生与中国内地四省市（北京、上海、江苏、广州）、加拿大、芬兰、中国香港、日本、韩国、中国澳门等国家和地区学生的学业表现并无显著性差异。在马萨诸塞州，仅有12%的学生没有达到水平2，被定义为低表现者[1]，有14%的学生是高表现者，而整个美国有20%的学生是低表现者，整个美国学生中的高表现者只有9%。[2]另外，马萨诸塞州的男生与女生的科学

[1] 低表现者是指达到熟练程度中的水平2，也就是说学生在简单的实验中能够基于基本的科学知识来解释现象、分析数据和证明问题。参见 Programme for International Student Assessment (PISA) Results from PISA 2015-Massachusetts［EB/OL］. (2016)［2018-10-30］. http://www.oecd.org/pisa/pisa-2015-United-States-MA.pdf.

[2] 高表现者是指达到熟练程度中的水平5或者水平6，也就是说学生能够将他们具备的科学知识和技能创造性和自主性地运用到各种各样的情境中，甚至是一些陌生的环境。参见：Programme for International Student Assessment (PISA) Results from PISA 2015-Massachusetts［EB/OL］. (2016)［2018-10-30］. http://www.oecd.org/pisa/pisa-2015-United-States-MA.pdf.

素养得分也没有显著性差异。[1]当然，同其他经济体一样，马萨诸塞州低社会经济地位的学生相较于高社会经济地位的学生而言，更难在公立学校中取得成功。马萨诸塞州的移民学生在科学素养方面没有非移民学生表现好，但是如果考虑社会经济地位的因素，马萨诸塞州同很多OECD成员国一样，移民学生与非移民学生之间的科学素养得分并没有显著性差异。

马萨诸塞州学生在PISA2015中的阅读素养得分是527分，超过OECD成员国和美国的平均分。在所有参加PISA2015测试的国家和地区中，马萨诸塞州是表现十分优秀的地区，同加拿大、芬兰、爱沙尼亚、中国香港、爱尔兰、日本、韩国和新加坡等国家和地区的学生不相上下。马萨诸塞州学生中只有11%没有达到水平2，远远低于OECD的平均水平（20%）和美国的水平（19%），被定义为低表现者[2]；马萨诸塞州学生中有14%达到水平5或者水平6，高于OECD（平均为8%）和全美（10%），被定义为高表现者[3]。另外，在马萨诸塞州，女生的阅读素养得分比男生高18分，而相较于2012年32分的性别差距，2015年马萨诸塞州的性别差距逐渐缩小。[4]

马萨诸塞州学生在PISA2015的数学成绩是500分，高于OECD成员国的平均得分，远远超过美国学生的平均得分。马萨诸塞州的学生表现

[1] OECD.Programme for International Student Assessment (PISA) Results from PISA 2015-Massachusetts [EB/OL]. (2016) [2018-10-30]. http://www.oecd.org/pisa/pisa-2015-United-States-MA.pdf.
[2] 低表现者即学生不能表现出阅读技能，不能够有效地和创造性地进行日常活动。参见：Programme for International Student Assessment (PISA) Results from PISA 2015-Massachusetts [EB/OL]. (2016) [2018-10-30]. http://www.oecd.org/pisa/pisa-2015-United-States-MA.pdf.
[3] 高表现者即学生能够在不熟悉的文本中找到任务需要的信息，能够理解细节。参见：Programme for International Student Assessment (PISA) Results from PISA 2015-Massachusetts [EB/OL]. (2016) [2018-10-30]. http://www.oecd.org/pisa/pisa-2015-United-States-MA.pdf.
[4] OECD.Programme for International Student Assessment (PISA) Results from PISA 2015-Massachusetts [EB/OL]. (2016) [2018-10-30]. http://www.oecd.org/pisa/pisa-2015-United-States-MA.pdf.

同奥地利、捷克、丹麦、芬兰、意大利、比利时等国不相上下。马萨诸塞州有17%的学生没有达到水平2，而OECD有23%的学生、全美有29%的学生没有达到熟练水平。马萨诸塞州有十分之一的学生达到了水平5或者水平6，是高表现者，而新加坡有接近三分之一的学生都是高表现者。虽然马萨诸塞州男生的数学成绩要比女生高9分，但是并没有显著性差异。[1]

在PISA2018中，马萨诸塞州并没有单独参加测试，或者说在PISA2018测试的报告中并没有将马萨诸塞州作为单独的样本呈现。美国15岁学生在PISA2018中的数学素养成绩为478分，科学素养成绩为502分，阅读素养成绩是505分，排名分别为第17、18、13名。[2]

二、马萨诸塞州学生在NAEP中的表现

1990年，美国教育部领导下的国家教育进展评估（NAEP）对公立学校八年级学生的数学进行了州立层面的评估；1992年，NAEP对公立学校四年级、八年级学生的数学和四年级学生的阅读进行了州层面的评估。1993年和1994年，美国众议院和参议院分别投票赞成把数学、阅读的评价拓展到四年级、八年级和十二年级。1996年，NAEP正式开始在公立学校实施。[3] NAEP分为全国评估（NAEP-National）、州评估（NAEP-State）和试验性城市评估（NAEP trail Urban District Assessment）。其中，全国评估包括主要评估和长期趋势

[1] OECD.Programme for International Student Assessment (PISA) Results from PISA 2015–Massachusetts［EB/OL］. (2016)［2018–10–30］. http://www.oecd.org/pisa/pisa–2015–United-States-MA.pdf.

[2] PISA 2018 Worldwide Ranking-average score of mathematics, science and reading［EB/OL］. (2019)［2019–12–29］. http://factsmaps.com/pisa–2018–worldwide-ranking-average-score-of-mathematics-science-reading/.

[3] 周红. 美国国家教育进展评估（NAEP）体系的产生与发展［J］. 外国教育研究，2005（2）：78–81.

评估，前者的主要测试对象是四、八和十二年级的学生，后者的测试对象是9岁、13岁和17岁的学生。州评估和全国评估的主要评估对象相同，而试验性城市地区评估主要考查一些教育质量较差的城市学区学校的办学绩效。[1] NAEP的考试科目包括阅读、数学、科学、写作、美国历史、公民、地理、经济、艺术和外语，主要考查学生掌握的知识和能力。

表3-3　马萨诸塞州四年级和八年级学生的数学成绩和阅读成绩（单位：分）

	八年级数学		八年级阅读		四年级数学		四年级阅读	
	全美	马萨诸塞州	全美	马萨诸塞州	全美	马萨诸塞州	全美	马萨诸塞州
2017年	283	297	267	278	240	249	222	236
2015年	282	297	265	274	240	251	223	235
2013年	285	301	268	277	242	253	222	232
2011年	284	299	265	275	241	253	221	237
2009年	283	299	264	274	240	252	221	234
2007年	281	298	263	273	240	252	221	236
2005年	279	292	262	274	238	247	219	231

资料来源：根据NAEP官方网站统计整理而成。参见：NAEP DATA Explorer［EB/OL］. https://www.nationsreportcard.gov/ndecore/landing.

2017年，全美一共有50个州的四年级和八年级的学生参与了NAEP中的数学和阅读测试。马萨诸塞州一共有来自194所学校的四年级学生和168所学校的八年级学生参与了州评估测试，分别有6 500

[1] 孙珂.教育问责背景下的美国国家教育进展评估［J］.教育探索，2011（7）：147-149.

名学生参与了阅读测试，6 600名学生参与了数学测试。[1]基于对所有参与测试的学生的数学成绩和阅读成绩的分析发现，马萨诸塞州四年级学生的阅读平均成绩是236分，高于全美平均221分，位列第一；八年级学生平均成绩是278分，高于全美平均265分，位列第一。马萨诸塞州阅读成绩达到熟练水平的四年级学生的比例比其余48个州高，并且和剩下的一个州没有显著性差异。阅读成绩达到熟练水平的八年级学生的比例比其余47个州都高，并且和其余2个州没有显著性差异。也就是说，马萨诸塞州四年级和八年级学生的阅读平均成绩不仅处于全美前列，而且达到熟练水平的学生所占比例也排在前列。[2]在马萨诸塞州，非裔、亚裔、西班牙裔和白人等四年级学生群体的得分比其他州同类学生的得分高。亚裔和白人的八年级学生的得分比其他州的同类学生高。另外，四年级和八年级的残疾学生以及获得免费午餐的学生也比其他州同类学生得分高。

表3-4　不同种族四年级学生的阅读成绩

		平均得分	低于最低水平的比例	达到或超过最低水平的比例	达到或超过熟练水平的比例	达到优秀水平的比例
白人学生	全美	231	22%	78%	46%	12%
	马萨诸塞州	243	13%	87%	60%	21%
非裔学生	全美	205	50%	50%	19%	3%
	马萨诸塞州	219	36%	64%	29%	6%
西班牙裔	全美	208	46%	54%	22%	4%
	马萨诸塞州	217	38%	62%	29%	5%

[1][2] NAEP MASSACHUSETTS NATIONAL ASSESSMENT OF EDUCATIONAL PROGRESS. 2017 NAEP Reading and Mathematics Summary of State Results [EB/OL]. (2018-05) [2018-11-05]. http://www.doe.mass.edu/mcas/natl-intl/naep/results/2017readingmath.pdf.

（续表）

		平均得分	低于最低水平的比例	达到或超过最低水平的比例	达到或超过熟练水平的比例	达到优秀水平的比例
亚裔	全美	238	18%	82%	56%	21%
	马萨诸塞州	247	14%	86%	64%	25%

资料来源：NAEP MASSACHUSETTS NATIONAL ASSESSMENT OF EDUCATIONAL PROGRESS. 2017 NAEP Reading and Mathematics Summary of State Results. [EB/OL]. (2018-05) [2018-11-05]. http://www.doe.mass.edu/mcas/natl-intl/naep/results/2017readingmath.pdf.

2017年NAEP州评估中，马萨诸塞州四年级学生的数学平均成绩是249分，超过全美平均成绩（239分），位列全美第一；八年级学生的数学平均成绩是297分，超过全美平均成绩（282分），位列全美第一。并且，数学成绩达到熟练水平的四年级学生的比例是53%，数学成绩达到熟练水平的八年级学生的比例是50%，超过绝大部分州。由此可见，不仅马萨诸塞州学生的数学成绩名列全美前茅，而且达到熟练水平的学生比例也处于全美前列。[1] 在马萨诸塞州，四年级白人和西班牙裔学生的得分比其他州同类学生高。八年级的非裔、亚裔、西班牙裔和白人学生的得分比其他州同类学生的得分高。四年级和八年级的残疾学生以及获得免费午餐的学生比其他州同类学生的得分高。

三、马萨诸塞州学生在TIMSS中的表现

马萨诸塞州有2 075名八年级学生参加了2011年的国际数学与科学研究（TIMSS）测试。TIMSS是一项关于数学和科学的国际测试，

[1] NAEP MASSACHUSETTS NATIONAL ASSESSMENT OF EDUCATIONAL PROGRESS. 2017 NAEP Reading and Mathematics Summary of State Results [EB/OL]. (2018-05) [2018-11-05]. http://www.doe.mass.edu/mcas/natl-intl/naep/results/2017readingmath.pdf.

每四年测试一次，分别测量四年级和八年级学生的数学和科学成绩。马萨诸塞州的八年级学生参加了1999年和2007年的TIMSS。[1]

马萨诸塞州八年级学生的数学平均分是561分，在参与TIMSS的国家和地区中排名第五，低于四个亚洲国家和地区——韩国（613分）、新加坡（611分）、中国台北（609分）、中国香港（609分），远远高于全美平均成绩（509分）以及国际平均成绩（500分）。19%的马萨诸塞州八年级学生达到优秀水平，而新加坡有48%的学生达到优秀。[2]在认知领域，马萨诸塞州的学生具有显著性优势，具备良好的数学知识；但是在应用领域，他们很难解决问题；马萨诸塞州的学生在推理领域也表现不错，结果显示他们能够进行有逻辑的、系统的思考和分析，并证明他们的答案。除此之外，马萨诸塞州的学生在数字、数据和概率论等内容上表现比较好，在几何上的表现相对较差，在代数上的表现处于平均水平。

表3-5　美国马萨诸塞州八年级学生在TIMSS中的表现（单位：分）

	马萨诸塞州		美　国		新加坡	
	科学	数学	科学	数学	科学	数学
1999年	533	513	568	502	568	604
2003年	/	/	578	504	578	605
2007年	556	547	567	508	567	593
2011年	567	561	590	509	590	611

资料来源[3]：Massachusetts Department of Elementary of Secondary Education. Trends in International Mathematics and Science Study (TIMSS), 2011: Summary of Massachusetts Results［EB/OL］. (2013-11)［2018-11-05］. http://www.doe.mass.edu/mcas/natl-intl/timss/2011timssSummary.pdf.

［1］［2］ Massachusetts Department of Elementary of Secondary Education. Trends in International Mathematics and Science Study (TIMSS), 2011: Summary of Massachusetts Results［EB/OL］. (2013-11)［2018-11-05］. http://www.doe.mass.edu/mcas/natl-intl/timss/2011timssSummary.pdf.

［3］ 马萨诸塞州没有参加2003年的TIMSS。

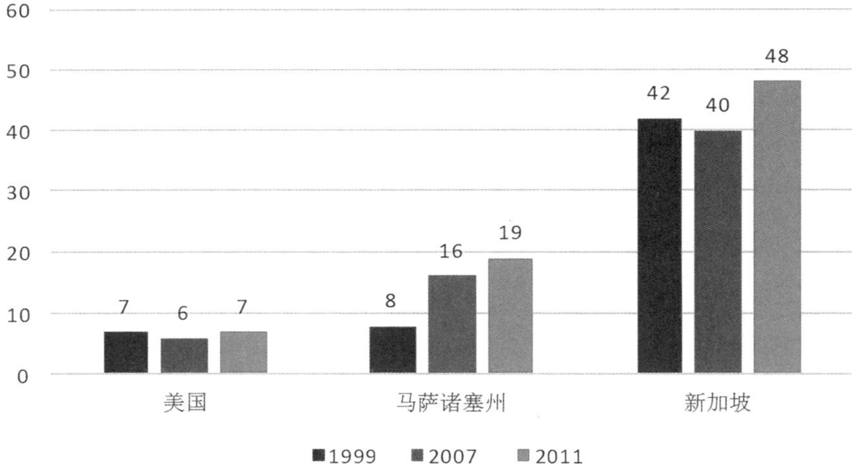

图3-1　马萨诸塞州八年级学生数学成绩达到优秀水平的百分比（%）

资料来源：Massachusetts Department of Elementary of Secondary Education. Trends in International Mathematics and Science Study (TIMSS), 2011: Summary of Massachusetts Results [EB/OL]. (2013-11) [2018-11-05]. http://www.doe.mass.edu/mcas/natl-intl/timss/2011timssSummary.pdf.

马萨诸塞州八年级学生的科学平均分是567分，在所有参与TIMSS的国家和地区中排名第二，仅次于新加坡（590分），远高于全美平均成绩（525分）和国际平均水平（500分）。24%的马萨诸塞州八年级学生达到优秀水平，而新加坡有40%的学生达到优秀。[1] 在2011年的TIMSS中，马萨诸塞州的八年级学生在认识方面具有显著性优势，意味着他们的科学基础知识比较扎实。但是，马萨诸塞州的学生在应用科学知识方面相对较弱，不能很好地进行比较和解释信息以形成自己的知识。马萨诸塞州的学生在推理方面的水平与其他州相当，即能够分析、评估证据，解释现象，并得到可靠的结论。除此之

[1] Massachusetts Department of Elementary of Secondary Education. Trends in International Mathematics andScience Study (TIMSS), 2011: Summary of Massachusetts Results [EB/OL]. (2013-11) [2018-11-05]. http://www.doe.mass.edu/mcas/natl-intl/timss/2011timssSummary.pdf.

外，马萨诸塞州的学生在生物和地球科学上表现较好，在物理上的表现相对较差，化学处于平均水平。

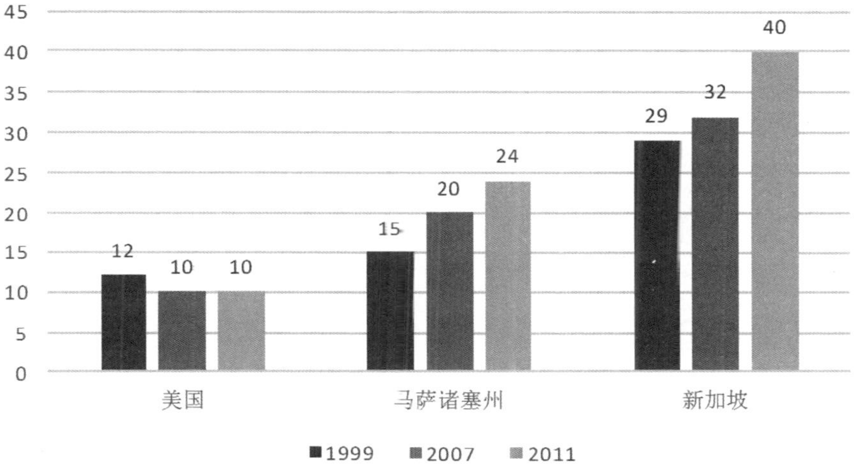

图3-2 马萨诸塞州八年级学生科学成绩达到优秀水平的百分比（%）

资料来源：Massachusetts Department of Elementary of Secondary Education. Trends in International Mathematics and Science Study (TIMSS), 2011: Summary of Massachusetts Results [EB/OL]. (2013-11) [2018-11-05]. http://www.doe.mass.edu/mcas/natl-intl/timss/2011timssSummary.pdf.

TIMSS除了对学生的数学和科学进行测量，还收集相关的背景信息。首先，2011年的TIMSS发现，约5%的学生生活在较差的居住环境中，且居住环境对学生的成绩有着非常大的影响。报告显示，平均而言，居住在较差环境中的学生比居住在资源充足的环境中的学生，其数学和科学成绩低100分。其次，由处于较差工作环境（缺少足够的教材和材料、破烂的教学楼、拥挤的教室）的教师教授的学生，其成绩比拥有较好工作环境的教师教授的学生差，在数学上低87分，在科学上低61分。再三，4%—7%的学生在非常不安全和混乱的学校环境中学习，其数学成绩比处于安全的学校环境中的学生低83分，科学成绩低85分。其四，有6%的学生报告他们差不多每周受到一次校园欺凌，这些学生相比从来没有受到欺凌的学生，数学成绩低30分，科学成绩低26分。

第二节

马萨诸塞州基础教育质量监测体系

由于美国的政治体制是联邦制，因此各州政府拥有教育领域的行政领导和决策权。当然，马萨诸塞州在建立自身基础教育质量监测体系的过程中，一定程度上受到联邦政府的政策以及法院判例的影响，与此同时也参考了其他州的一些做法。自20世纪80年代末以来，美国便开始了标准化改革，历届联邦政府都十分关注学业标准，不断推动全国学业标准的形成。在这个过程中，马萨诸塞州也形成其基础教育质量监测体系。

一、基础教育学业标准的发展

1993年6月18日《马萨诸塞州教育改革法》(the Massachusetts Education Reform Act，以下简称《1993改革法》）正式生效，也历史性地开启了马萨诸塞州设立学习标准的新时代，要求前所未有地改善学生的学业成效、教师的专业化、学校的管理以及资助的公平性。[1] 与

[1] Massachusetts Department of Elementary of Secondary Education. History of Content and Learning Standards in Massachusetts ［EB/OL］. (2015-09-25)［2018-10-29］. http://www.doe.mass.edu/candi/History.pdf.

此同时，马萨诸塞州也是全美第一个开始制定学习标准的州。《1993改革法》第69章明确指出，马萨诸塞州中小学教育委员会应该为全州所有的公立中小学制定一套标准，指导专门的研究机构来开展研究，制定数学、科学和技术、历史和社会科学、英语、外语和艺术等核心科目的学术标准，并且这一标准应该覆盖K-12年级，涵盖知识、技能和能力等多个方面。[1]该法希望通过制定标准来细化学生的学业目标，由此形成对学生的高期望，以培养学生的各方面能力，以便更好地进入未来的劳动力市场或者进一步完成高等教育，并且在与其他州乃至其他国家学生的竞争中具备优势。[2]

后来，马萨诸塞州相继出台了各个学科的课程标准，作为相应学科领域各年级学生的学业标准。1996年，该州制定了数学、科学和技术工程、艺术、综合健康和世界语课程的框架；1997年制定了英语语言艺术和历史、社会科学课程的框架；1999年制定了外国语课程框架；2003年制定了英语语言能力熟练和结果标准；2006年制定了职业技术课程框架；2008年制定了幼儿园课程框架。[3]随着时代的发展以及基于从实施课程标准以来吸取的经验，马萨诸塞州在1996年制定数学标准后，2000年和2004年先后进行了更新；英语语言艺术标准在1997年制定后，先后于2001年和2004年进行了更新。[4]

2008年，全美州长协会（the National Governors Association）、全美各州学校教育长官理事会（the Council of Chief State School Officers，简称CCSSO）和成就公司联合发表了《成功的基准：确

[1][2][3][4] Massachusetts Department of Elementary of Secondary Education. History of Content and Learning Standards in Massachusetts［EB/OL］. (2015-09-25)［2018-10-29］http://www.doe.mass.edu/candi/History.pdf.

保美国的学生获得世界一流的教育》(Benchmarking for Success: Ensuring U.S. Students Receive a World-Class Education),首次公开倡议各州采用K-12年级的数学和语言艺术共同核心州立标准,以确保学生能够掌握必要的知识和技能以应对日益激烈的全球竞争。[1]同年,在收集研究机构和全州教育者关于课程标准的意见之后,马萨诸塞州中小学教育委员会发现,当前的课程并不能为学生顺利地过渡到大学阶段的学习做好准备,因此特地召集了一个由该州教师、行政管理人员、高校教师以及中小学教育委员会职员组成的团队,正式开始起草英语语言艺术和数学的学业框架。[2]2009年,全美州长协会和全美各州教育长官理事会正式开始了撰写共同核心州立标准的进程,马萨诸塞州的相关人员也参与其中,重要时间和事件见表3-6。

表3-6 马萨诸塞州参与制定共同核心州立标准的重要事件

时 间	事 件
2009年春	马萨诸塞州同其他45个州的人员一同加入全美州长协会和全美各州教育长官理事会,支持制定K-12年级国际化的、更加严格的英语语言艺术和数学共同州立核心标准,以满足大学和劳动力市场的需求。
2010年1月	马萨诸塞州中小学教育委员会讨论了共同州立核心标准,并概述了核心标准的综述。
2010年3月	马萨诸塞州中小学教育委员会继续讨论标准的草案并主持了K-12年级的教育者和大学教师的公开讨论,分享他们关于标准草案的看法。

[1] the National Governors Association, the Council of Chief State School Officers, and Achieve, Inc. Benchmarking for Success: Ensuring U.S. Students Receive a World-Class Education [R/OL]. (2008) [2018-10-28]. http://www.achieve.org/files/BenchmarkingforSuccess.pdf.

[2] Massachusetts Department of Elementary of Secondary Education. History of Content and Learning Standards in Massachusetts [EB/OL]. (2015-09-25) [2018-10-29]. http://www.doe.mass.edu/candi/History.pdf.

（续表）

时　间	事　　件
2010年3月	全美州长协会和全美各州教育长官理事会发布了K-12年级英语语言艺术和数学的共同州立标准的草案。马萨诸塞州在共同核心州立标准的制定过程中发挥了非常重要的作用。6位教育委员会的雇员被邀请作为制定共同核心州立标准的团队，14位马萨诸塞州的学者和教育工作者致力于完善马萨诸塞州给草案的反馈意见。
2010年5月	马萨诸塞州中小学教育委员会公布了专家圆桌会议和公众评论的进程安排。
2010年6月	马萨诸塞州中小学教育委员会听取了专家和外界人士关于核心标准的意见，并开展了一项关于核心标准的公共评论调查。共有1 329名教师、校长、学监、高校教师、咨询顾问和专业组织人员浏览了该网站，其中178名相关人士完成了调查，绝大多数人认为马萨诸塞州的课程标准和共同州立核心标准在内容、清晰度、相关性等方面都做得很好。

资料来源：Massachusetts Department of Elementary of Secondary Education. History of Content and Learning Standards in Massachusetts [EB/OL]. (2015-09-25)[2018-10-29]. http://www.doe.mass.edu/candi/History.pdf.

2010年6月，全美州长协会和全美各州教育长官理事会正式发布了共同核心州立标准。该标准主要包括两个主要学科，分别是英语语言艺术和数学。其中英语语言艺术标准具体从阅读、写作、口语和听力、语言使用、媒体和技术等五个方面设定了K-12年级的目标。[1]在数学学科上，K-8年级依据年级设置了具体目标，到了高中，则按照数学的不同内容设定目标，包括数量、代数、方程、模型、几何、概率论等。[2]

2010年7月，马萨诸塞州中小学教育委员会根据最后的投票结果，决定采用共同核心州立标准。2010年秋天，马萨诸塞州中小

[1] Common Core State Standards for English Language Arts & Literacy in History/Social Studies, Science, and Technical Subjects [EB/OL]. (2010-06-02) [2018-10-29]. http://www.corestandards.org/wp-content/uploads/ELA_Standards1.pdf.

[2] Massachusetts Department of Elementary of Secondary Education. Mathematics Standards [EB/OL]. [2018-10-29]. http://www.corestandards.org/Math/.

学委员会的成员同早期课程标准框架圆桌会议的专家以及早期儿童教育者、财经素养专家展开合作，在共同核心州立标准的基础上增加了部分内容并且向公众征询意见。[1] 2010年12月，马萨诸塞州中小学教育委员会正式颁布马萨诸塞州英语语言艺术和数学的课程框架。[2] 教育委员会基于核心标准对教师进行了专业培训，各学区也逐渐更新了其英语语言文学课程和数学课程。马萨诸塞州中小学教育委员会先后颁布了科学、历史、艺术等课程框架。[3]

2017年6月，马萨诸塞州中小学教育委员会采用了2017年的英语语言艺术和数学课程框架。2018年6月，马萨诸塞州中小学教育委员会投票决定采用2018年马萨诸塞州历史和社会科学课程框架。[4]目前，马萨诸塞州中小学教育委员会在7个学科领域制定了学业标准，分别是艺术、综合健康、英语语言艺术、外语、历史和社会科、数学、科学/技术和工程。

二、基础教育教师质量认证体系

马萨诸塞州中小学教育局坚信，所有马萨诸塞州的学生，特别是那些有着强烈需求的学生，都能够拥有高效的教师和行政管理者。[5]

1. 教师资格认证

马萨诸塞州的教师资格证书分为四种：[6]

---

［1］［2］［3］Massachusetts Department of Elementary of Secondary Education. History of Content and Learning Standards in Massachusetts［EB/OL］. (2015-09-25)［2018-10-29］. http://www.doe.mass.edu/candi/History.pdf.

［4］ Massachusetts Department of Elementary of Secondary Education. Reviewing the Massachusetts Academic Learning Standards［EB/OL］. (2018-06-29)［2018-10-29］. http://www.doe.mass.edu/candi/StandardsReview/.

［5］ Massachusetts Department of Elementary of Secondary Education. Educator Preparation［EB/OL］. (2018-08-08)［2018-11-06］. http://www.doe.mass.edu/edprep/.

［6］ Massachusetts Department of Elementary of Secondary Education. Education Laws and Regulations［EB/OL］. (2018-07-16)［2018-11-07］. http://www.doe.mass.edu/lawsregs/603cmr7.html?section=all.

（1）临时资格证书（Provisional License）

获得该证书的条件：获得本科学位，通过沟通和信息素养测试（Communication and Literacy Skills Test），通过相关学科内容的测试[1]，幼儿园、小学、特殊教育等领域的教师需要参加关于如何在普通的课堂中开展全纳教育的研讨会，完成阅读基础测试，并证明具有崇高的品质。

（2）初始资格证书（Initial License）

获得该证书的条件：获得本科学位，通过沟通和信息素养测试，通过相关学科内容的测试。

（3）专业资格证书（Professional License）

获得该证书的条件：初始资格证书和专业资格证书在同一领域；在指导教师的引导下完成一年的培训项目并且至少获得50个小时的指导；在拥有初始教师资格证书的情况下任职3年；从事聋哑等特殊教育的教师还需要通过手语测试。此外，还要完成下列三种项目中任意一项：① 参与专业资格证书的指导项目；② 参与熟练教师培训项目；③ 获得经过认证的社区学院或大学的硕士及以上学位，并在此过程中至少完成12个相关学科领域的学分或教育学的学分。

（4）短期资格证书（Temporary License）

获得该证书的条件：获得大学本科学位；获得其他州和特区的有效的教师资格证书；至少从事教育工作三年；通过申请教师资格证书

---

[1] 沟通和信息素养测试以及相关学科内容测试都是由马萨诸塞州教育资格测试项目（MASSACHUSETTS TESTS FOR EDUCATOR LICENSURE）组织的，主要是为了保证所有马萨诸塞州的教育工作者可以很好地与学生、家长以及其他教育者进行沟通，并且他们熟练地掌握资格证书的相关领域的知识。MTEL是唯一的机构可以组织教师资格测试的机构。当然那些在其他州参加上述测试的教师候选人可以要求MTEL对他们所取得的分数进行核实，以确定是否通过上述测试。参见：MASSACHUSETTS TESTS FOR EDUCATOR LICENSURE. Licensure Requirements［EB/OL］.［2018-11-7］. http://www.mtel.nesinc.com/PageView.aspx?f=GEN_WhatTestsDoINeedToTake.html.

表3-7 教师资格证书的种类

大类	学段	种类
普通教师资格证书	PreK-2	幼儿园教师
	PreK-6	ESL（English as Second Language）教师；外语教师
	PreK-8	物理教师；中度残疾学生教师；视觉艺术教师
	一至六年级	小学教师；基础科学教师；历史教师；数学教师
	五至八年级	基础科学教师；数学教师；人文中学教师；中学数学和科学教师
	五至十二年级	商务教师；媒体和计算机科学教师；英语教师；ESL教师；外语教师；历史教师；物理教师；中度残疾学生教师；视觉艺术教师
	八至十二年级	生物教师；化学教师；地球与空间科学教师；数学教师；物理教师
	All	舞蹈教师；健康教师；图书馆教师、重度残疾学生教师；聋哑教育教师；戏剧教师
特殊教师资格证书	All	教学技术专家；阅读教师；演讲、语言和听力混乱指导教师
行政人员资格证书	PreK-8	校长
	五至十二年级	校长
	All	校监；专业教育行政人员；专业商务人员
专业支持人员	PreK-8	学校咨询专家
	五至十二年级	学校咨询专家
	All	学校医务室护士；学校心理咨询专家；学校社工

资料来源：Massachusetts Department of Elementary of Secondary Education. Education Laws and Regulations［EB/OL］. (2018-07-16)［2018-11-07］. http://www.doe.mass.edu/lawsregs/603cmr7.html?section=all.

的所有考试；证明具有高尚的品格。

马萨诸塞州中小学教育局与州内的75所教育机构展开合作，以使新培养的教师能够在站上讲台的第一天便达到马萨诸塞州的教育目标，能够对学生带去积极的影响。马萨诸塞州中小学教育局要求教师候选人必须在合作机构（包括社区学院、大学、实践导向的证书项目）完成相应的教师培养项目。[1]没有获得证书的候选人可以参加初始证书表现评价项目（Performance Review Program for Initial Licensure），一旦证明教师达到马萨诸塞州的教师专业标准，并能够将马萨诸塞州课程框架融入其教学实践中，便可获得资格证书。[2]而完成了马萨诸塞州以外的教师培养项目的教师需要满足如下一个条件：（1）完成的教师培养项目所在州同马萨诸塞州签署了州际合作协议；（2）完成的社区学院或者大学的教师培养项目得到全美教师教育认证委员会（National Council for Accreditation of Teacher Education）的认证；（3）获得与马萨诸塞州签署了州际合作协议的州的与初始教师资格证书同样水平的证书。[3]

除此之外，K-12年级的教师候选人和行政人员需要完成300小时的教育实习。其中，幼儿园教师需要在PreK-K机构进行100个小时的教育实习，在一至二年级进行200个小时的教育实习，并且其中的一个机构必须有残疾学生。其他专业人员需要完成150小时的教育实习，校长和学监需要完成500小时的教育实习。[4]

2. 教师专业标准

2010年马萨诸塞州中小学教育委员会和中小学教育局联合启动教师质量提升综合改革计划，其中包括修订教师专业标准，更新教师培

[1][3] Massachusetts Department of Elementary of Secondary Education. Educator Preparation Programs Directory [EB/OL]. (2016-12-23) [2018-11-06]. http://www.doe.mass.edu/educators/directory.html.

[2] Massachusetts Department of Elementary of Secondary Education. Educator Preparation Performance Review Program for Initial Licensure [EB/OL]. (2017-10-10) [2018-11-06]. http://www.doe.mass.edu/edprep/prpil.html.

[4] Massachusetts Department of Elementary of Secondary Education. Education Laws and Regulations [EB/OL]. (2018-07-16) [2018-11-07]. http://www.doe.mass.edu/lawsregs/603cmr7.html?section=all.

养计划认证，完善教师候选人表现评估与资格认证制度等系列措施。2013年开始，中小学教育局组织了一个由中小学教师、校长、大学导师和教师教育研究者等20位教育专家组成的教师专业标准研制小组，专门负责重新修订本州的教师专业标准及实施指南。在整个过程中，专家小组坚持社会性、系统性、开放性、科学性的原则，将研制过程分为制定标准修订基本规则、首次征求修订意见、草拟标准实施指南、再次征求修订意见、发布新教师专业标准及实施指南等工作环节，并于2015年1月正式出台了实施指南。[1]

表3-8 马萨诸塞州教师专业标准的内容框架和实施指南

标准及总体目标	具体指标	实施指南		
		入门	实践	展示
课程、设计与评估：通过提供高质量的一贯制教学、设计和开展真实有意义的学生评估，分析学生表现和成长的数据，运用数据来改善教学，提供结构性的反馈，持续不断地优化学习目标。	课程与设计方面：很好地掌握学科知识，熟悉学生的发展和学习情况，有效地设计教学计划和可观测的结果。			√
	评估方面：运用各种各样正式的和非正式的评估方式来衡量学生的学习、进步和掌握程度，丰富学生的学习经历，提高未来的教学质量。			√
	分析方面：对数据进行分析，得到可靠的结论，并且恰当地分享分析的结果。		√	
	SEI[2]（a）：运用教学设计、材料和学生参与等诸多方式来支持不同文化语言背景、不同学习水平的学生的学习。			√
	SEI（c）：展示社会与学术语言领域的不同的知识，以及这种不同在不同学习水平的学习者中开展有效英语教学的重要性。			√

[1] 黄建辉.基于专业标准导向的教师质量保障体系构建——美国马萨诸塞州教师专业标准解析［J].当代教育科学，2017（8）：70-74，80.

[2] 庇护沉浸式英语教学（Sheltered English Immersion）的简称。

（续表）

标准及总体目标	具体指标	实施指南		
		入门	实践	展示
课堂教学：通过高期望的教学实践、安全有效的课堂环境以及展示文化理解力，提高学生的学习成效。	教学方面：开展内容上体现教师高期望的教学实践，让所有学生都能够参与到课堂之中，以满足具有各种学习风格、需求、兴趣以及阅读水平的学生的要求。			√
	学习环境方面：创造和保持尊重多元文化的、安全的、合作的学习环境，鼓励学生进行学术上的探究，不断挑战自己，证明自己的能力。			√
	文化理解力方面：积极地营造和保持一种充分尊重学生的不同背景、身份、优势和挑战的文化氛围。			√
	期望方面：设计和实施具有明确的高期望的课程，并且让每一个学生都能够学到知识。			√
	社会和情感学习方面：采用各种各样的策略来帮助学生发展社会情感能力，如自我意识、自我管理、社会意识、关系技能、决策能力，等等。		√	
	课堂管理方面：采用多种课堂管理策略，建立和保持有效的路径和程序以促进学生的积极行为。			√
	SEI（b）：采用有效的策略和技术让英语学习者能够进行学习。			√
	SEI（d）：营造和保持一种安全的和合作的学习氛围，重视学生的多样性，刺激学生取得更高的学习成效。			√
家庭和社区参与：通过与家长、看护者、社区成员和其他组织开展良好的合作，促进学生的学习和成长。	参与方面：欢迎和鼓励每个家长成为教室和学区的积极参与者。		√	
	合作关系方面：与家长和社区开展合作，实行有效的策略来支持学生在家庭和学校的学习和发展。		√	
	沟通方面：就学生的学习和表现与家长构建常规的、双向的、充分理解的沟通。		√	
	SEI（e）：和家长展开合作，充分认识到母语和文化在支持学生在家庭和学校更好地学习英语方面的重要性。		√	

（续表）

标准及总体目标	具　体　指　标	实　施　指　南		
		入门	实践	展示
专业文化：了解和熟悉教学伦理、文化能力，提升专业技能和合作能力。	反思方面：能够对自己的教学实践进行反思，开展非正式的集体会议或组织工作小组，以收集信息、分析数据、检查议题，建立有效的目标，以改善课堂的教与学。			√
	专业成长方面：积极地追求专业发展和学习机会来促进自身教学能力的提高，不断提升专业水平，丰富承担教学和领导角色的经历。	√		
	合作方面：在更多的主题上与同事开展合作。		√	
	决策方面：积极参与全校范围内的决策，在学校改进计划中承担重要角色。	√		
	分担责任方面：在改善学生学业成就中分担学校的责任。	√		
	专业责任方面：遵守专业伦理，达到专业责任的要求。			√

资料来源：Massachusetts Department of Elementary of Secondary Education. Guidelines for the Professional Standards for Teachers［EB/OL］. (2015-01)［2018-11-05］.http://www.doe.mass.edu/edprep/advisories/TeachersGuidelines.pdf.

3. 教师评估框架

2011年马萨诸塞州中小学教育委员会开始实施马萨诸塞州教育工作者评估框架（the Massachusetts Educator Evaluation Framework），旨在为中小学教师提供支持，以促进他们持续地进步和专业学习。2017年，教育委员会对此框架进行了修订，取消了基于各学区政策的学生影响评分，在教学实践结果中增加了学生学习的指标。这一框架针对马萨诸塞州所有教师和行政人员，以支持他们的专业成长和发展，促进他们在教学设计和日常行政管理中以学生为中心，追求卓越，设定较高的职业目标，缩短改进的日程。[1]

［1］Massachusetts Department of Elementary of Secondary Education. The Massachusetts Educator Evaluation Framework［EB/OL］. (2018-03-07)［2018-11-08］. http://www.doe.mass.edu/edeval/.

（1）评估步骤：五步循环法[1]

五步循环法是马萨诸塞州教育工作者评估框架的具体步骤（如图3-3所示）。

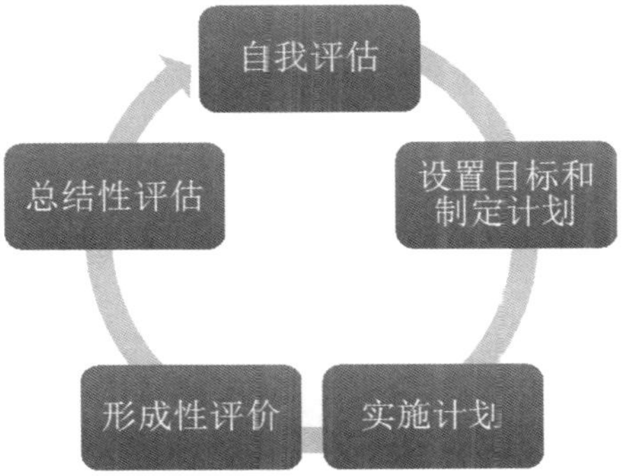

图3-3　马萨诸塞州教育工作者评估步骤

资料来源：Massachusetts Department of Elementary of Secondary Education. The Massachusetts Educator Evaluation Framework［EB/OL］. (2018-03-07)［2018-11-08］. http://www.doe.mass.edu/edeval/.

自我评估：教育者通过分析学生的数据，对自己的表现进行反思，提出一个学生学习的最低目标以及自身专业教学实践的目标，或者是提出一个团队需要达成的目标。自我评估需要参考上一轮总结性评估的结果。

设置目标和制定计划：教育工作者需要和评估专家分享他们的自我评估和个人目标，评估专家帮助他们进一步优化目标。除此之外，评估专家还要和教育工作者一起制定“教育者计划”，以明确具体哪些证据、活动和支持能够促进教学效果和学生学习效果的改善，达到上

［1］ Massachusetts Department of Elementary of Secondary Education. The Massachusetts Educator Evaluation Framework［EB/OL］. (2018-03-07)［2018-11-08］. http://www.doe.mass.edu/edeval/.

一步设定的目标。

实施计划：教育工作者和评估专家共同开展这一步骤。教育工作者需要持续不断地完成教育者计划中制定的目标，进一步搜集与四个标准[1]相关的教学证据。评估专家为教育工作者提供教学改进的反馈，以保证持续性地提供计划好的支持，搜集多种多样的反映教育工作者教学表现的证据，包括未告知的课堂观察和学生/员工的反馈。

形成性评价：评估专家根据教育工作者的目标达成情况以及参考的标准进行评估。之所以称这一步骤为形成性评价，是因为通过评价可以促进教育工作者的自我反思，促进教育工作者与评估专家之间的对话，以及进一步讨论如何改善教学实践、教学目标以及教学活动。

总结性评估：评估专家分析搜集到的证据，包括教育工作者的教学实践的结果、学生学习结果的分析以及学生和雇员的反馈等，参考标准对教育工作者的表现进行评估，对教育工作者的表现进行评分。

（2）总结性绩效评分[2]

总结性绩效评分是基于有效证据的搜集和分析基础之上作出的评估，特别是在有效教学和行政的四个标准方面作出评价（分为“不满意”“需要改进”“熟练”“可以作为典范”）。针对目标达成度的评估，分为“没有进步”“一些进步”“显著性进步”“目标达成”和“超额完成任务”五个层次。总的来说，如果一名教师想要获得“熟练”或

[1] 有效教学的标准：课程、计划和评估；教授所有的学生；家长和社区的参与；专业文化。有效行政管理的标准：教学领导力；管理与运营；家长和社区的参与；专业文化。
[2] Massachusetts Educator Evaluation Rating Educator Performance: The Summative Performance Rating [EB/OL]. (2015-01) [2018-11-08]. http://www.doe.mass.edu/edeval/resources/implementation/RatingEdPerformance.docx.

者“典范”的评价，就需要在标准1（课程、计划和评估）和标准2（教授所有学生）上达到“熟练”或者“典范”的水平。如果一名行政人员想要获得“熟练”或者“典范”的评价，就需要在标准1（教学领导力）上达到“熟练”或者“典范”的水平。凡是想申请专业教师资格的教师，都需要在四个标准上都达到“熟练”或者“典范”的水平。

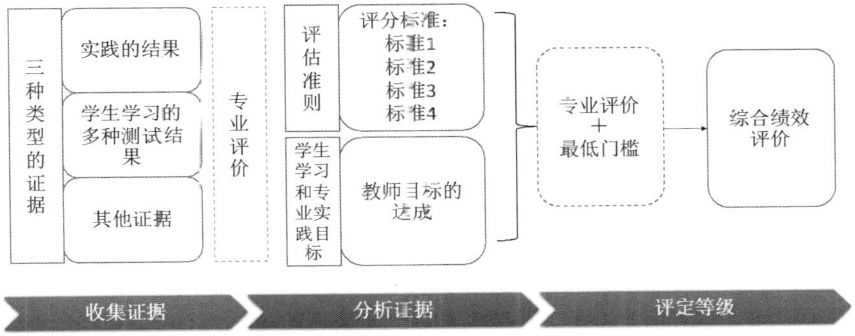

图3-4　总结性绩效评分的步骤

资料来源：Massachusetts Educator Evaluation Rating Educator Performance: The Summative Performance Rating [EB/OL]. (2015-01) [2018-11-08].http://www.doe.mass.edu/edeval/resources/implementation/RatingEdPerformance.docx.

（3）教育者计划

表3-9　教育者计划

计划的类型	适用对象	制定者	期　　限
自我引导成长计划（Self-Directed Growth Plan）	达到“熟练”或“典范”水平	教育者	1—2年
指导成长计划（Directed Growth Plan）	达到“需要改进”水平	教育者和评估专家	最多1年
改进计划（Improvement Plan）	达到“不满意”水平	教育者	1个月到1年

（续表）

计划的类型	适用对象	制 定 者	期　　限
发展计划（Developing Educator Plan）	教师缺乏实践教学技能；行政人员	教育者和评估专家	1年

资料来源：Massachusetts Department of Elementary of Secondary Education. Educator Plans [EB/OL]. (2017-12)[2018-11-08]. http://www.doe.mass.edu/edeval/resources/QRG-EducatorPlans.docx.

自我引导成长计划：在上一轮评估中达到“熟练”或“典范”水平的教育者可以自己制定教育者计划。他们对自己的教学或管理实践有着非常深入的理解和认知。由此，需要给予他们足够的机会来实现长期目标，当然也要确保他们能够实现自身的专业成长和发展。

指导成长计划：这一计划主要是针对在评估中达到“需要改进”水平的教育者。评估专家决定计划的长短，与教育者一起决定需要改进的方面。如果在接下来的计划执行后，被评估者达到了“熟练”水平，便可以自己制定计划；如果还是处于“不满意”的水平，便需要开展改进计划。

改进计划：这一计划主要针对的是在评估中达不到“满意”水平的教育者。教育者可以自行制定计划并决定计划的长短，但是需要关注需要改进的方面。

发展计划：这一计划主要针对的是没有教学实践技能的新手教师和初入职的行政管理人员。

三、基础教育学业评估体系

1998年马萨诸塞州开始实施独具特色的学生学业评估，即马萨诸塞州综合评估系统（Massachusetts Comprehensive Assessment System，简称MCAS）。第一年，四、八和十年级学生参加了统考。其设立的目的不仅是呈现全州学生学业成就的全景，还在于提升马萨诸塞州的公共教育水平，以及确保所有学生接受基于课程框架的富有挑战性的课程。这一综合评估系统的目的是：为公立学校的课程和教学提供指导；评估学生、学校和学区的表现；确定学生是否达到获得高中毕业证书的水平。[1]

目前MCAS的考试科目包括：三至八年级和十年级的英语阅读理解、数学；四、七、十年级的英语作文；五、八年级和高中的科学和工程技术。MCAS针对的是马萨诸塞州公立学校系统的每一个学生。对于不同类型的学生，MCAS采取不同的测试形式。一般而言，普通学生采用标准化MCAS测试（Routine/Standard MCAS Testing）。残疾学生或者是英语学习者则采用调整后的MCAS测试（Test Accommodations），即在不改变测试内容的前提下，改变测试形式或者测试条件，旨在为残疾学生提供相应的帮助和支持，抵消残疾带来的影响，消除参与评估的障碍，为其在州评估中有效地展示知识和技能提供必要的条件；为此类学生提供测试后的报告，并提供不影响评分解释有效性和可靠性的结果。比如，给盲人学生印刷盲文的试题，给弱视的学生印刷大字体的试题，给手臂受伤或有残疾而无法写字的学生提供辅助机器，以便他们可以直接进行口述答题。在每年秋季，马萨诸塞州中小学教育局会为十一、十二年级和离校高中生提供英语、数学、科学和工程技术科目的补考机会，补考次数不限，以便这些学生可以通过补考获得高中毕业证书。教育局还会为需要参加补考的学生提供各种免费的补习辅导。[2] 除此

[1] Massachusetts Department of Elementary and Secondary Education. Spring 2018 MCAS Tests: Summary of State Results [EB/OL]. (2018-09) [2018-11-10]. http://www.doe.mass.edu/mcas/2018/results/summary.docx.
[2] 杨轶，沈安平. 美国马萨诸塞州综合评估体系探讨［J］. 外国中小学教育，2012（1）：51-55，12.

之外，对于具有较高程度的情绪、行为不稳定性或神经障碍以及其他复杂严重残疾的学生，或者是即使进行了测试调整也无法参与标准化MCAS测试的学生，则采用MCAS替代评估（MCAS Alternate Assessment, MCAS-Alt）：由教师和学生搜集的档案袋材料组成，包括学生的作业、相关教学数据、视频或者其他有关学生表现的支撑性信息和材料。三至八年级的档案袋由单人阅卷，但每天会抽出一定数量的档案袋由双人评阅，以确保阅卷标准的统一性；高中各科目的档案袋都是双人阅卷。[1]

表3-10　2018年马萨诸塞州学生参与的测试类型

内容领域	三年级	四年级	五年级	六年级	七年级	八年级	九年级	十年级
英语语言艺术	NG	NG	NG	NG	NG	NG		L
数学	NG	NG	NG	NG	NG	NG		L
科学/工程			L			L	L	L

注：NG指MCAS-NG；L指MCAS-L。

资料来源：Massachusetts Department of Elementary and Secondary Education. Spring 2018 MCAS Tests: Summary of State Results［EB/OL］. (2018-09)［2018-11-10］.http://www.doe.mass.edu/mcas/2018/results/summary.docx.

2018年，马萨诸塞州继续对MCAS进行改革，实施“下一代测试”（Next Generation Tests）。这一测试采用全新的设计方式和测试题目，主要采取电脑测验。从表3-10可以看出，三至八年级的英语语言艺术和数学都采用了“下一代测试”，而五、八、九年级的科学与工程以及十年级的所有科目仍然采用之前的测试（Legacy Assessments）。共有499 377名学生（包括普通学生、残疾学生和英

［1］杨轶，沈安平.美国马萨诸塞州综合评估体系探讨［J］.外国中小学教育，2012（1）：51-55，12.

语学习者）参加了2018年春季的MCAS测试，参加的比例为98%到100%。那些不能参加MCAS测试的学生则需参加MCAS-Alt测试。参加英语语言艺术的此类学生有7 409人，参加数学测试的学生有7 507人，参加科学/工程测试的学生有3 022人。[1]

表3-11　MCAS的成就水平

类　　型	成就水平	分　　数	定　　义
MCAS-NG	超出预期	530—560分	学生的表现超过预期，能够非常好地掌握学科知识。
	达到预期	500—529分	学生的表现达到预期，在学业上基本掌握学科知识，还有进一步发展的空间。
	部分达到预期	470—499分	学生的表现部分达到预期，学校需要和学生的家长进行沟通，并且考虑是否要为学生提供额外的学业支持来帮助他们。
	未达到预期	440—469分	学生的表现完全没有达到预期，学校应该和家长进行沟通，讨论具体为学生提供何种额外的指导和帮助。
MCAS-L	优秀	260—280分	能够全面和深入地理解精深的学科内容，能够用恰当的方案解决复杂问题。
	熟练	240—258分	能扎实地理解具有挑战性的学科内容，能解决各种各样问题。
	需要改进	220—238分	部分理解学科内容，能解决一些简单问题。
	警告/失败	200—218分	几乎不理解学科内容，也不能解决简单问题。

资料来源：Massachusetts Department of Elementary and Secondary Education. Spring 2018 MCAS Tests: Summary of State Results［EB/OL］. (2018-09)［2018-11-10］.http://www.doe.mass.edu/mcas/2018/results/summary.docx.

［1］ Massachusetts Department of Elementary and Secondary Education. Spring 2018 MCAS Tests: Summary of State Results［EB/OL］. (2018-09)［2018-11-10］. http://www.doe.mass.edu/mcas/2018/results/summary.docx.

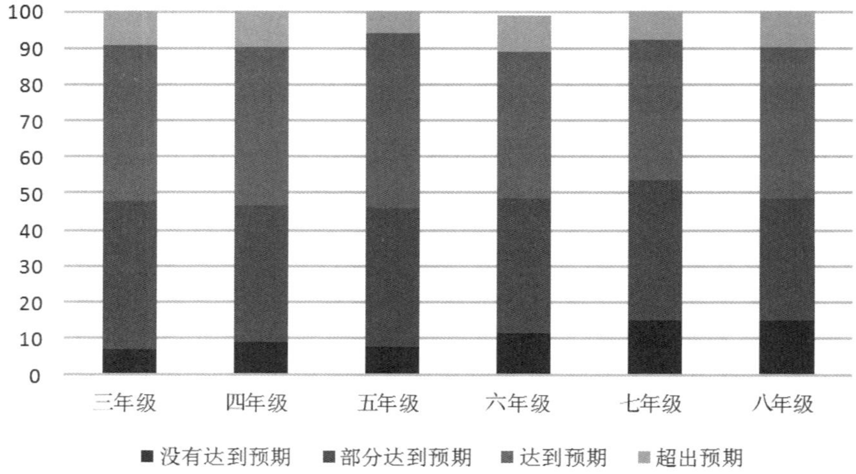

图3-5　2018年马萨诸塞州三至八年级学生在英语语言艺术上的成就水平（%）

资料来源：Massachusetts Department of Elementary and Secondary Education. Spring 2018 MCAS Tests: Summary of State Results［EB/OL］. (2018-09)［2018-11-10］. http://www.doe.mass.edu/mcas/2018/results/summary.docx.

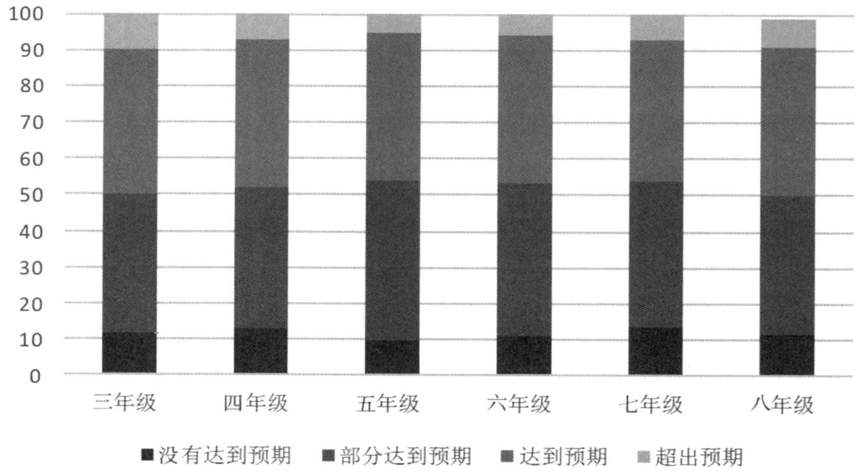

图3-6　2018年马萨诸塞州三至八年级学生在数学上的成就水平（%）

资料来源：Massachusetts Department of Elementary and Secondary Education. Spring 2018 MCAS Tests: Summary of State Results［EB/OL］. (2018-09)［2018-11-10］. http://www.doe.mass.edu/mcas/2018/results/summary.docx.

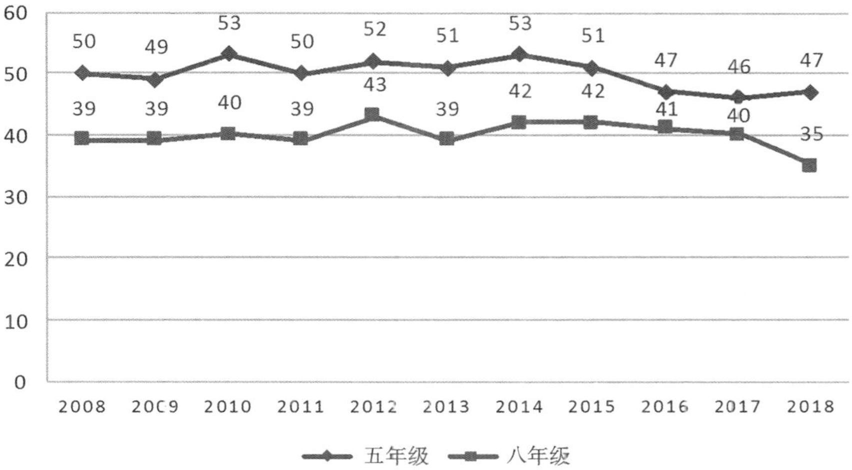

图3-7　2008—2018年马萨诸塞州五年级和八年级学生在科学/工程上的成就水平（%）

资料来源：Massachusetts Department of Elementary and Secondary Education. Spring 2018 MCAS Tests: Summary of State Results［EB/OL］. (2018-09)［2018-11-10］. http://www.doe.mass.edu/mcas/2018/results/summary.docx.

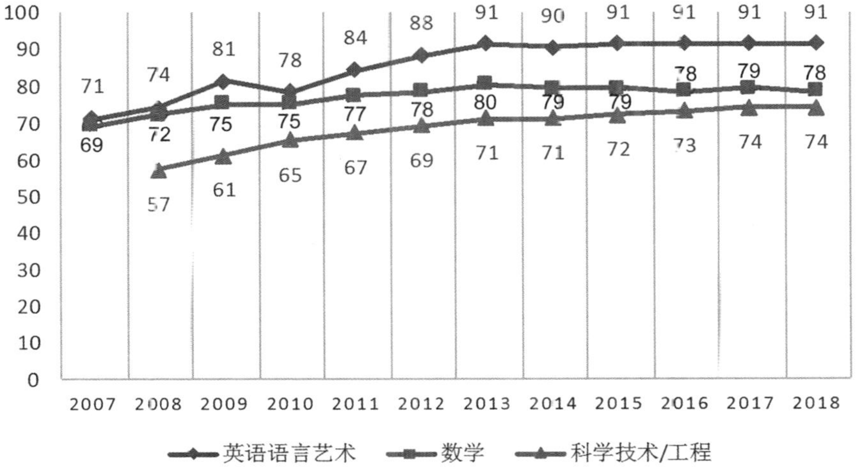

图3-8　马萨诸塞州十年级学生2007—2018年在各科上的成就水平（%）

资料来源：Massachusetts Department of Elementary and Secondary Education. Spring 2018 MCAS Tests: Summary of State Results［EB/OL］. (2018-09)［2018-11-10］. http://www.doe.mass.edu/mcas/2018/results/summary.docx.

如图3-8所示，马萨诸塞州十年级学生的英语语言艺术、数学、科技与艺术水平在2007年至2013年持续提高；2013年至2018年，各科成绩的提高趋于平缓。

四、基础教育问责机制

自2015年《每个孩子都成功法》（Every Student Succeeds Act）颁布以来，马萨诸塞州中小学教育局开始在此框架之下制定新的学区和学校问责机制。经马萨诸塞州中小学教育委员会同意，教育局从2018年的秋季开始采用新的问责机制对全州所有公立中小学进行考查。[1] 2012年之前，对马萨诸塞州的学校和学区的评估不仅要通过马萨诸塞州问责五层次的问责框架，还要看是否达到联邦政府的《不让一个孩子掉队法》（No Child Left Behind Act）的要求。2012—2017年，马萨诸塞州不用接受联邦教育部的问责限制，可以自主构建更加灵活的问责机制，以维持全州的高标准和高期望。从2015年《每个孩子都成功法》实施以来，马萨诸塞州中小学教育局也开始采用下一代MCAS测试，重新设计了问责机制，即下一代学区和学校问责机制（Next-generation District and School Accountability System）。[2] 这一新的问责机制试图为所有家长、社区成员、关心学区和学校发展的公众提供更加清晰和可行的相关信息，帮助中小学教育局更好地判断学校和学区具体需要哪些方面的资源和支持。

1. 下一代问责机制的指标

新的问责机制主要强调如下方面：包含额外的问责指标，如学生

[1] [2] Massachusetts Department of Elementary of Secondary Education.Summary of the Next-Generation District and School Accountability System [EB/OL]. [2018-11-15]. http://www.doe.mass.edu/accountability/accountability-summary.docx.

学业测试成绩以外的表现；关注提升每一个学区和学校表现不好的学生的学业成绩，将整个学校作为一个完整的个体来看待；用新的框架表来替代原来的问责框架。

表 3–12　下一代问责机制的评估指标

阶　段	指　标	观　测　点	当前比例3：1	
			有英语学习者	没有英语学习者
非高中	学业成就	英语语言艺术平均分	60%	67.5%
		数学平均成绩		
		科学成绩（综合绩效指数 Composite Performance Index, CPI）		
	学生进步	英语语言艺术平均分增长百分比（Student Growth Percentile, SGP）	20%	22.5%
		数学平均分增长百分比		
	英语熟练水平	学生学习英语的进展	10%	/
	额外指标	学生旷课的比例（超过上学天数的10%或更多）	10%	10%
高中	学业成就	英语语言艺术平均分	40%	47.5%
		数学平均成绩		
		科学成绩		
	学生进步	英语语言艺术平均分增长百分比	20%	22.5%
		数学平均分增长百分比		
	高中完成水平	高中完成率	20%	20%
		延长参与率		
		年度辍学率		

（续表）

阶 段	指 标	观 测 点	当前比例3 ： 1	
			有英语学习者	没有英语学习者
高中	英语熟练水平	学生学习英语的进展	10%	/
	额外指标	学生旷课的比例	10%	10%
		十一和十二年级学生完成AP课程的比例		

资料来源：Summary of the Next-Generation District and School Accountability System［EB/OL］.［2018-11-15］. http://www.doe.mass.edu/accountability/accountability-summary.docx.

从表3-12中可知，英语熟练水平是2018年新增加的测试指标，基于学生的语言起点、年级和在马萨诸塞州的时间来为学生设定6年的非线性的英语成就掌握路径，学校和学区的表现则是根据每年达到特定目标的学生比例来进行评估。

2. 下一代问责机制的报告方式

下一代问责机制的报告方式主要包括规范性组成（normative component）和参考标准组成（criterion-referenced component）两种。规范性组成，或者称责任百分比，是用来衡量一所学校中所有学生的表现，涵盖所有的测量指标，以百分比的形式对非高中、初中（含K-12学校）以及高中三种类型的学校进行评估。2018年的报告将基于2018年的数据，之后会根据之前多年的数据进行衡量。

参考标准组成用来评估一个学区或者一所学校完成改进目标的情况。教育局将会根据一所学校或一个学区所有学生的表现以及低学业成就学生的表现来评估该学校和学区的进展。每一所学校将会在每一个观测指标上设置总体学生和低成就表现学生的目标。

表3-13 参考标准组成的目标设定

观测指标	非高中		高中以及初中、K-12学校	
	所有学生	低成就表现学生	所有学生	低成就表现学生
英语语言艺术平均分	√	√	√	√
数学平均成绩	√	√	√	√
科学成绩	√		√	√
英语语言艺术平均分增长百分比	√	√	√	√
数学平均分增长百分比	√	√	√	√
高中完成率	/	/	√	/
延长参与率	/	/	√	/
年度辍学率	/	/	√	/
学生学习英语的进展	√	/	√	/
学生旷课的比例	√	√	√	√
AP课程的比例	/	/	√	/

资料来源：Summary of the Next-Generation District and School Accountability System [EB/OL]. [2018-11-15]. http://www.doe.mass.edu/accountability/accountability-summary.docx

教育局会根据每一项目标和实际的完成情况对每一所学校及学区进行评价，主要分为五个层级：下降（declined）、没有改变（no Change）、有所提高（improved）、达到目标（met target）、超过目标（exceeded target）。2018年关于参考标准组成部分的报告会根据2017年和2018年的数据进行评估，之后的报告会包含之前多年的数据。

从2018年开始，学校的评估报告分为两类：需要协助或干预的学校，不需要协助或干预的学校。其中，需要协助或干预的学校又分为需要广泛的综合性支持的学校[1]和焦点的目标性支持的学校。

[1] 当学校排在全州所有学校的后10%、有1—2个低表现群体、毕业率低于66.7%以及低于95%的参与率将会被认定为需要广泛的综合性协助和干预。

第三节

马萨诸塞州基础教育质量保障运行机制

马萨诸塞州基础教育质量保障机制主要涉及五个机构或群体：马萨诸塞州法院、马萨诸塞州中小学教育局、教育专员、马萨诸塞州中小学教育委员会、学校委员会。

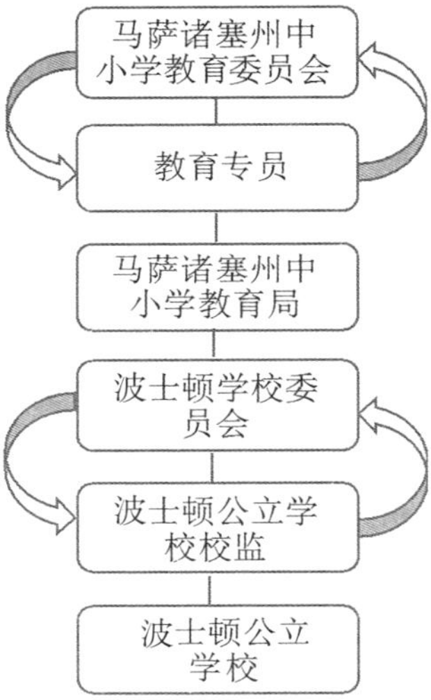

图 3-9　马萨诸塞州公立学校系统（以波士顿学区为例）

资料来源：What does DESE do? (Or How Are Massachusetts Schools Organized?)［EB/OL］. (2014-12-1)［2018-11-14］. http://learninglab.legacy.wbur.org/topics/what-does-dese-do-or-how-are-massachusetts-schools-organized/.

一、马萨诸塞州法院

在马萨诸塞州质量保障体系中，州法院最主要的职责是制定马萨诸塞州与教育相关的法律，以规定马萨诸塞州中小学教育局、教育专员、中小学教育委员会等各个机构的职责。

马萨诸塞州的教育法规定，每一所公立学校要为所有学生提供好的学习环境，以使所有学生不会觉得自己的安全和自尊受到威胁，并且可以全身心地投入到学习之中；为每个学生提供具有丰富资源的高品质公立学校教育；帮助每个学生获得更加优异的表现；建立有效的监督机制和教师问责机制。[1]

二、马萨诸塞州中小学教育局和教育专员

马萨诸塞州中小学教育局（Department of Elementary and Secondary Education）的主要职责包括审核教师资格证，分配州政府和联邦政府的教育经费，帮助各学区实施学习标准，监督全州范围内的标准化测试，管理学校和学区，召集学区和个人分享他们的教育最佳实践。除此之外，中小学教育局还会收集各方面的教育数据，帮助州政府和各学区进行决策。[2]也就是说，马萨诸塞州中小学教育局为全州404个学区提供领导、管理、监督、支持、问责等，服务近100万名公立学校的学生和2万名成年学习者。[3]

教育专员（commissioner）由马萨诸塞州中小学教育委员会任命的，是马萨诸塞州公立学校系统的最高管理者，领导马萨诸塞州中小学教育局的相关活动。杰弗里·莱利（Jeffrey C. Riley）是2018年4月上任的教育专员。在他的领导下，马萨诸塞州中小学教

[1] The 190th General Court of the Commonwealth of Massachusetts. Section 1: Intent of title [EB/OL]. [2018-11-14]. https://malegislature.gov/Laws/GeneralLaws/PartI/TitleXII/Chapter69/Section1.

[2][3] Massachusetts Department of Elementary and Secondary Education. About the Department [EB/OL]. [2018-11-14]. http://www.doe.mass.edu/About.html.

育局的相关办公室和团队的工作重点包括行政和财政、学区支持、教育选择、教学指导、法律、规划和研究以及学生评估等七个方面。[1] 马萨诸塞州法律规定了教育专员的职责，教育专员在马萨诸塞州质量保障中具有重要作用：（1）教育专员需要分析公立中小学以及职业技术教育的当前形势、未来目标、需求以及目标，并且向中小学教育委员会提出相应的建议来实现高度合作协调的高成就的公立学校系统；（2）教育专员需要与中小学教育委员会进行协商，为教育秘书长准备公立中小学和职业技术教育的五年计划，这一计划包括中小学入学预测、目前设施的使用、研究的进展、项目的表现、社区服务项目等；（3）教育专员要协助学区建立基于学校的管理系统，这一管理系统需要汇集专家、家长以及学生的智慧；（4）教育专员需要为学区和特许学校提供指南和持续的培训以确保学生评估的质量；（5）教育专员要评估学区和特许学校实施的特殊教育项目；（6）教育专员需要收集和分析各学区教育项目的数据和资料；（7）教育专员需要评估和监督包括特许学校在内的公立学校改进项目的有效性，等等。[2]

三、马萨诸塞州中小学教育委员会

马萨诸塞州中小学教育委员会（Massachusetts Board of Elementary and Secondary Education, 简称BESE）是马萨诸塞州政府的一个部分，是中小学教育局的管理实体。该委员会主席由马萨诸塞州州长指派，

［1］ Massachusetts Department of Elementary and Secondary Education. About the Department［EB/OL］.［2018-11-14］. http://www.doe.mass.edu/About.html.

［2］ The 190th General Court of the Commonwealth of Massachusetts. Section 1A: Department of elementary and secondary education; commissioner; duties［EB/OL］.［2018-11-14］. https: //malegislature.gov/Laws/GeneralLaws/PartI/TitleXII/Chapter69/Section1A.

教育专员是该委员会的一员。[1]委员会力图不断强化马萨诸塞州公共教育体系，以帮助每个学生为中学后教育做好准备，在与其他国家和地区的学生的竞争中处于优势地位，能够理解作为美国公民的权利和责任。[2]州中小学教育委员会的主要职责是通过学习标准，审核特许学校的申请，决定何时干预州内的低表现校区，聘任中小学教育委员会的委员长。通常情况下，该委员会在每个月的第四个周二召开会议，如果有特殊情况，则在常规会议前召开特殊会议。马萨诸塞州法律规定了马萨诸塞州中小学教育委员会的职责，中小学教育委员会在马萨诸塞州质量保障中具有重要作用：（1）中小学教育委员会要建立公立学前、小学、中学以及职业技术学校教师、校长和行政人员的资格标准；（2）中小学教育委员会要建立学校和学区审计、评估和报告的程序和标准；（3）中小学教育委员会要为学校和学区提供技术支持、课程、教材、咨询服务等，同时也鼓励各学校和学区开展天才学生的教育项目；（4）中小学教育委员会要公开每一所中小学以及每一个学区的基本教育数据，包括学生的学业表现、学校的支出、特别项目、提供的课程、合格教师的情况以及与家长、教师和学生进行教育决策相关的其他信息；（5）中小学教育委员会要建立学生和学区高成就的标准；（6）中小学教育委员会要为全州的公立中小学设定最大的师生比；（7）中小学教育委员会在实现自身职责的同时，要加强对学前教育机构、中小学以及职业技术学校的问责，

[1] What does DESE do? (Or How Are Massachusetts Schools Organized?)［EB/OL］. (2014-12-1)［2018-11-14］. http://learninglab.legacy.wbur.org/topics/what-does-dese-do-or-how-are-massachusetts-schools-organized/.

[2] Massachusetts Department of Elementary and Secondary Education. Education Board［EB/OL］. (2018-11-06)［2018-11-06］. http://www.doe.mass.edu/bese/.

并提高其有效性。[1]

四、学校委员会

学校委员会（School Committee）是每个学区公立学校的管理实体，负责定义各自学区的愿景、使命和目标；制定和监督年度预算；选聘、管理和评估学区的学监；制定和评估学区的教育政策和实践以促进学生学业成就的提高。学监主要负责监督学区教育政策在各学校的实施、课程标准的落实以及学校的管理等。

第四节

马萨诸塞州基础教育质量改善举措

一、实施数学和科学合作伙伴项目

1. 实施数学和科学合作伙伴项目的背景

早在1986年，美国便首次提出“科学、数学、工程和技术教育集成”的纲领性建议，到20世纪90年代后期，美国科学基金会开始使用“SMET”这一专业术语，其含义是“科学、数学、工程、技

[1] The 190th General Court of the Commonwealth of Massachusetts. Section 1B: Board of elementary and secondary education; duties［EB/OL］. (2018-11-14)［2018-11-14］https: //malegislature.gov/Laws/GeneralLaws/PartI/TitleXII/Chapter69/Section1B.

术”，但并没整合联系各学科领域。[1] 2001年后，STEM逐渐取代SMET，成为四门学科的统称。[2] 之后，在小布什的任期内，这一概念不断地在美国的改革政策、项目和法律中出现。马萨诸塞州中小学教育局专门设立了STEM办公室为全州中小学的STEM教育提供支持，其主要职责包括：首先，精确设置高质量的数学、科学和技术工程、媒介素养和计算机等学科的学习标准；其次，开发和传播丰富的教学资源；再次，创造良好的社区环境以便在社区内分享最好的实践；最后，积极地与利益相关者就STEM领域的最新进展开展沟通和交流。[3]

《不让一个孩子掉队法》第二条第二款对数学和科学的合作伙伴关系进行了明确声明，以图通过鼓励州内的教育机构以及高等教育机构、地方教育机构、小学以及中学都参与到这一合作伙伴关系之中，改善学生在数学及科学等领域的学习成果。具体而言，该法令主要规定了如下行动措施：（1）通过鼓励高等教育机构建立高质量的教师教育培养项目，录取、培养和指导数学和科学教师，以提高和改善中小学数学和科学教学的地位和质量；（2）将数学和科学教师的教育作为一个长期发展的专业领域，不断促进教师知识和技能的更新和发展；（3）将中小学的数学和科学教师，高等教育机构的科学家、数学家以及工程师联合起来，共同促进中小学教师们STEM学科知识的优化和教学水平的提高，并通过为中小学提供实验室设备、制作空间、计算机设备、实验室以及其他的一些资源来改善中小学STEM教学的条件；

[1] Sander, M. STEM, STEM education, STEM mania [J]. The technology teacher, 2008, 68 (4) : 20–26.
[2] 余胜泉，胡翔. STEM教育理念与跨学科整合模式 [J]. 开放教育研究，2015，21（4）: 13–22.
[3] Science, Technology/Engineering, and Mathematics (STEM) [EB/OL]. (2018-07-02) [2018-11-27]. http://www.doe.mass.edu/stem/.

（4）在符合州和地方学科内容课程标准的基础上开发和制定更加严格的数学和科学课程内容，特别是要符合中学后教育的需求；（5）促进和扩大数学和科学教师的培训，进一步将技术融入课程和教学中。[1]该法令还对合格的合作伙伴关系进行了规定：首先，必须包括州的教育机构，高等教育机构的工程、数学或科学的部门以及地方的具有较高需求的教育部门；其次，可包括高等教育机构的工程、数学、科学或者教师培训项目，以及其他地方教育机构如公立特许学校、公立中小学、私立中小学或者是这些学校的集合；再次，还可包括有效证明可以提升数学教师和科学教师的教育质量的非营利组织机构。[3]除此之外，该法令还要为改善数学和科学教学的活动提供经费；为合格的企业伙伴提供三年的竞争性奖励；合作伙伴必须是涉及工程、数学以及科学等领域的高等教育机构；如果州获得联邦政府的经费，则可以在全州选择合作伙伴。[3]

马萨诸塞州中小学教育局从2004年开始实施数学和科学合作伙伴项目（Massachusetts Mathematics and Science Partnership Program,简称MMSP），旨在为全州的中小学数学、科学、技术和工程领域的教师提供高质量的专业发展。这一项目得到《不让一个孩子掉队法》第二条第二款的资助。马萨诸塞州中小学教育局试图通过这一联邦政府的资助项目来增加全州STEM领域高质量教师的数量，特别是改善高需求学区STEM教师的质量。[4]

---

[1][2][3] U.S. Department of Education. The No Child Left Behind Act of 2001 and Benefits to Private School Students and Teachers. Part B-Mathematics and Science Partnerships [EB/OL]. (2018-11-27) [2018-11-27]. https://www2.ed.gov/policy/elsec/leg/esea02/pg26.html.

[4] Massachusetts Mathematics and Science Partnership Title IIB Annual State-level Evaluation Report Reporting Period: February 2, 2004 through August 31, 2006 [R/OL]. (2017-02) [2018-11-27]. http://www.doe.mass.edu/stem/msp/year3.pdf.

2. 数学和科学合作伙伴项目的发展

表3-14　2004—2014年数学和科学合作伙伴项目的经费情况

时间	日　期	轮次	合　作　伙　伴	学科	经费（美元）
第1年	2004年2月2日—2004年8月31日	第一轮	EduTron	数学	838 352
			Harvard Graduate School of Ed.	数学	577 324
			Lesley University	数学	854 564
			MCLA – Science	科学	171 439
			Salem State College	数学	585 643
			Springfield Public Schools	科学	574 781
			Wareham Public Schools	数学	442 402
			Worcester Polytechnic Institute	数学	637 411
第2年	2004年9月1日—2005年8月31日	第二轮	MCLA-Math	数学	163 368
第3年	2005年9月1日—2006年8月31日		Umass Amherst	数学	443 996
第4年	2006年9月1日—2007年8月31日	第三轮	EduTron Lowell	数学／科学	670 000
			EduTron Fitchburg	数学	332 000
			Lesley University	数学	1058 894
			North Shore	科学	591 074
			UMass Amherst	数学／科学	492 769
第5年	2007年9月1日—2008年8月31日		Salem State College	数学	271 037
			SEACape	科学	480 104
			Worcester Polytechnic Inst	科学	265 172
			Worcester Public Schools	数学	231 210
第6年	2008年9月1日—2009年8月31日	第四轮	Boston Public School	数学	782 708
			Brockton Public School	数学	687 166
			Gateway Regional	科学	559 358
			Lesley-Springfield	数学	861 829

（续表）

时间	日　期	轮次	合　作　伙　伴	学科	经费（美元）
第7年	2009年9月1日—2010年8月31日	第四轮	Greater North Shore	科学	839 087
			Randloh Public Schools	科学	511 321
			Springfield College	科学	466 790
			Boston University	数学	731 160
第8年	2010年9月1日—2011年8月31日	第五轮	EduTron-Worcester-Lowell	数学	605 000
			Everett-Umass Boston	科学	447 750
第9年	2011年9月1日—2012年8月31日	第六轮	EduTron-Revere-Everett-Saugus	数学	651 482
			Lesly-Brockton	数学	760 927
第10年	2012年9月1日—2013年8月31日	第六轮	Lesly-Springfield	数学	708 868
			MCLA	数学/科学	90 050
			Northeastern	科学	599 565
第11年	2013年9月1日—2014年8月31日	第七轮	Fitchburg-NCIS	数学/科学	71 404
			Framingham	科学	55 839
			Global Learning Public Charter	科学	75 207
			Lesley-Springfield-Easthampton	数学	73 818
			West Springfield Public Schools	科学	49 553
			Worcester Public Schools	数学	51 753

资料来源：Massachusetts Mathematics and Science Partnership Title IIB Annual State-level Evaluation Report (Year 11) Reporting Period: September 1, 2013 through August 31, 2014Cumulative Reporting Period: February 2, 2004 through August 31, 2014［R/OL］. (2015-01)［2018-11-27］. http://www.doe.mass.edu/stem/msp/year11.pdf.

从表3-14中可以发现，自2004年2月到2014年8月，联邦政府和马萨诸塞州中小学教育局在这一项目中的经费投入总共是1 936.2万多美元。[1]截至2014年9月，前七轮项目包含39个合作伙伴关系，其中22个提供了数学教师的专业发展项目，14个提供了科学教师的专业发展项目，3个提供了数学和科学教师的专业发展项目。

3. 数学和科学合作伙伴项目的主要目标

得到数学和科学合作伙伴项目资助的所有教师专业发展项目都必须和马萨诸塞州的教师专业发展目标一致。这些标准鼓励教师在专业发展的过程中形成系统的、有目的的以及结构性的学习经验，以便进一步改善教师的教学实践和学生的学习结果。第七轮合作项目中，所有合作伙伴提供的每门课程至少包含45个小时的直接教学和24个小时的补充活动，并鼓励合作伙伴根据自身的资源、专家以及现有设备来调整培训模式，但要求至少一半的参与者来自高需求的学区。[2]在项目开展的前三年，这一项目的主要目标为如下五个方面。

目标1：为四至八年级的数学教师、四至十二年级的科学及技术工程的教师开发有效的和可持续发展的学习课程。

从2004年到2006年，一共开发了85门数学和科学合作伙伴项目的课程，其中有76门数学课程，8门科学课程。一共有909个独立的参与者参与了数学和科学合作伙伴项目的课程，其中97%来自公立学校，2%来自非公立学校，少于1%的参与者未说明自己来自何种学校类型。大概有60%的参与者来自具有高需求学区的公立学校。超过354名参与者参加了2门以上的数学和科学合作伙伴项目课程，其中

[1] Massachusetts Mathematics and Science Partnership Title IIB Annual State-level Evaluation Report (Year 11) Reporting Period: September 1, 2013 through August 31, 2014Cumulative Reporting Period: February 2, 2004 through August 31, 2014［R/OL］. (2015-01)［2018-11-27］. http://www.doe.mass.edu/stem/msp/year11.pdf.

[2] Massachusetts Mathematics and Science Partnership Title IIB Annual State-level Evaluation Report (Year 11) Reporting Period: September 1, 2013 through August 31, 2014Cumulative Reporting Period: February 2, 2004 through August 31, 2014［R/OL］. (2015-01)［2018-11-27］. http://www.doe.mass.edu/stem/msp/year11.pdf.

60%来自高需求学区的公立学校。[1]

目标2：增加在合作学区学校任职的获得教师资格证书的人数，或者增加完成高目标统一州立评估计划（High Objective Uniform State Standard of Evaluation, 简称HOUSSE）的教师人数。《不让一个孩子掉队法》中明确指出，公立学校的教师必须达到联邦法律对高水平教师的要求。这一目标重点关注教师的资格证书、专业发展以及专业素养等。

在初中和高中数学和科学教师的资格证书方面，从2004年到2006年，参与MMSP项目的普通教育领域的数学教师中有67%获得教师资格证书；参与MMSP项目的特殊教育领域的数学教师有18%获得教师资格证书；参与MMSP项目的普通教育领域的科学或技术教师中有35%获得教师资格证书；参与MMSP项目的特殊教育领域的科学或技术教师有3%获得教师资格证书。

在培养高素质教师方面，从2004年到2006年，在所有未达到高素质水平的教师中，有111位经过课程培训达到高素质的水平，其中16位通过马萨诸塞州教师资格证书测试（MTEL），5位获得所教课程的更高学位，3位获得了教学证书，3位获得本科同等学力证书，14位达到至少2项标准。

在HOUSSE方面，从2004年到2006年，在883个公立学校的教师中，有38%的人参与了这一计划。

目标3：在教师教育项目中，融合文理学院的课程和教育学院的课程，以培养更多高质量的合格的数学、科学、技术和工程领域的

[1] Massachusetts Mathematics and Science Partnership Title IIB Annual State-level Evaluation Report Reporting Period: February 2, 2004 through August 31, 2006 [EB/OL]. (2007-03) [2018-11-27]. http://www.doe.mass.edu/stem/msp/year3.pdf.

教师。

目标4：提高合作学区参加基于内容的专业发展活动的教师数量，并且提高他们在专业学科领域的知识水平，以使让他们能够有效地开展符合州教学标准的教学。

在第三年合作伙伴提供的85门课程中，课程前测试和课程后测试结果显示，这些课程对参与者的学科知识内容有着积极的影响。在其中一个合作伙伴提供的3门课程中，实验组和对照组采用不同的教学方式，结果显示，试验组的成绩显著地高于对照组的成绩，虽然其中一门课程的对照组得分显著高于试验组。78%的参与者反映，参加MMSP的课程丰富了他们的知识。

目标5：提高学生在马萨诸塞州综合评估系统中数学、科学、技术和工程的分数。[1]

在项目开展11年之后，这一项目的目标做了相应的调整，主要包括如下方面。[2]

目标1：在教师教育项目中，集合文理学院和教育学院的课程，以便开发和应用更加有效和可持续的课程，培养更多STEM学科领域的教师。

目标2：识别出可信的对学生成长具有帮助的有效措施，开发和采用学区决定的测量方式，以衡量学生的成长是否符合马萨诸塞州学科课程框架。

---

[1] Massachusetts Mathematics and Science Partnership Title IIB Annual State-level Evaluation Report Reporting Period February 2, 2004 through August 31, 2006［EB/OL］. (2007-03)［2018-11-27］. http://www.doe.mass.edu/stem/msp/year3.pdf.

[2] Massachusetts Mathematics and Science Partnership Title IIB Annual State-level Evaluation Report (Year 11) Reporting Period: September 1, 2013 through August 31, 2014Cumulative Reporting Period: February 2, 2004 through August 31, 2014［R/OL］. (2015-01)［2018-11-27］. http://www.doe.mass.edu/stem/msp/year11.pdf.

目标3：增加合作学区的STEM教师数量，丰富他们的相关学科知识，提高他们的教学实践水平和学生学习成绩。

目标4：开发一个将学区和学校STEM改进活动融合到教师的专业发展中的系统。

4. 数学和科学合作伙伴项目的评估

马萨诸塞州州立大学唐纳休研究所（UMass Donahue Institute）负责州层次的MMSP项目的评估，代表马萨诸塞州中小学教育局收集项目的结果。之前，项目协议要求每个合作伙伴开展自身的评估，而唐纳休研究所仅在评估工具的设计和应用方面提供有限的技术支持。从第七轮开始，马萨诸塞州中小学教育局扩大了唐纳休研究所在MMSP项目评估中的角色，唐纳休研究所进行州层面和地方层面的项目评估。

（1）评估目标

开展州层面和地方层面的评估主要是为了达到如下目标：第一，帮助各个合作伙伴完成每年需要提交给联邦政府的报告，帮助中小学教育局完成整个州的报告；第二，为中小学教育局和合作伙伴提供及时的形成性评价反馈，支持项目的实施和完善；第三，基于项目的目标对整个州的项目完成情况以及各个合作伙伴的表现进行评价，追踪MMSP项目参与教师所教中学生的学业成就。

（2）评估工具

唐纳休研究所主要采取如下评估工具和手段来开展州层面和地方层面的项目评估：第一，参与者的反馈和项目记录；第二，短期的前后测和跟踪测试；第三，通过马萨诸塞州教师资格证书测试的

图3-10　MMSP教师专业发展活动的基本模型

比例，完成高目标统一州立评估计划的比例以及获得教师资格证书的比例；第四，自我报告测试和课堂观察；第五，项目专门测试和MCAS的成绩。

除此之外，州层面和地方层面的项目评估还会进一步关注一些核心的数据信息，比如课程完成后的报告、合作伙伴的访谈、项目参与者年度调查报告、学区决定性测试等。[1]

课程完成后的报告：在MMSP项目开展的这些年中，唐纳休研究所和马萨诸塞州中小学教育局为所有的合作伙伴建立了持续性的课程完成后的总结报告包，具体包括课程注册率和完成率、所有参与注册者的邮箱、每个参与者的知识评估的前测和后测结果、课程参与者的背景信息测试结果等。第12年的唐纳休研究所开始改变收集项目参与考背景信息的方式，更多地依赖马萨诸塞州中小学教育委员会目前现存的数据库，并在后测调查中更多地关注收集参与者对课程体验的反馈。

合作伙伴的访谈：在对接受项目经费的核心合作伙伴进行访谈时收集资料，主要是为了对目标2和目标3进行评估。除此之外，评估团队也会对其他合作伙伴进行访谈。

项目参与者年度调查报告：参与者除了要在课程结束后参加调查外，还需要参加唐纳休研究所开发和实施的年度调查。这个调查会更加广泛地收集合作伙伴的专业发展项目，包括项目的追踪等。除此之外，参与者还可以更好地反馈他们参与的课程对自己的课堂教学实践

[1] Massachusetts Mathematics and Science Partnership Title IIB Annual State-level Evaluation Report (Year 11) Reporting Period: September 1, 2013 through August 31, 2014Cumulative Reporting Period: February 2, 2004 through August 31, 2014［R/OL］. (2015-01)［2018-11-27］. http://www.doe.mass.edu/stem/msp/year11.pdf.

产生的影响。

学区决定性测试：唐纳休研究所会同每个合作伙伴开展合作，充分理解学区决定性测试在评估学生的成长以及形成合作伙伴中学层面的分析数据中所起的作用，以提供评估目标4的证据。

（3）评估结果

从表3-15中可以看出，在所有MMSP项目参与者中，89%的参与者是来自普通教育机构的教师，其中49%的教师教授数学，32%的教师教授科学，26%的教师教授小学阶段的全科课程。

表3-15　2004—2014年MMSP项目参与者的情况

分　类		人　数	百分比（%）
参与者的类型	普通教师	2 541	69
	特殊教师	551	15
	浸入式英语教师	117	3
	其他教师	49	1
	数学教练	92	3
	部门领导或课程协调者	57	2
	校长、副校长	38	1
	其他	202	6
教学领域	数学	1 726	49
	一般科学	575	16
	生物	268	7
	地球科学	135	4
	化学	173	5
	物理	170	5
	科技与工程	70	2
	小学（全科）	970	26

（续表）

分　　类		人　　数	百分比（%）
教学领域	小学数学	198	5
	其他	56	2
	目前没有教学任务	214	6

资料来源：Massachusetts Mathematics and Science Partnership Title IIB Annual State-level Evaluation Report (Year 11) Reporting Period: September 1, 2013 through August 31, 2014Cumulative Reporting Period: February 2, 2004 through August 31, 2014 [R/OL]. (2015-01) [2018-11-27]. http://www.doe.mass.edu/stem/msp/year11.pdf.

从表3-16可以看出，在每个资助年度，至少89%的MMSP参与者来自公立学校，总的来说有96%的参与者来自公立学校，3%来自非公立学校。正如前文所述，马萨诸塞州中小学教育局要求项目参与者至少有50%来自高需求学区，后来甚至要求至少75%的参与者来自高需求学区。虽然有些学区的需求水平在发生变化，但是为了便于项目评估和报告，只要一个学区在接受资助的第一年被认定为高需求学区，此后就都被认定为高需求学区。另外，如果一个学区在接受资助的第一年没有被认定为高需求学区，而后来其需求水平发生变化，成为高需求学区，即被认定为高需求学区。总的来说，69%的MMSP项目参与者来自高需求学区，超过56%的公立学校的参与者来自高需求学区。

MMSP一共有425门课程，其中288门是数学课程，135门是科学或者技术、工程课程，2门课程同时提供数学和科学的内容。一共有3 678位单独的参与者参与了MMSP课程，1 378名参与者参加了多门课程，MMSP累计提供了7 305人次的课程学习机会。相关调查结果显示，并不是所有的MMSP参与者都具有其授课领域的教师资格证书，也就是说他们真的需要这些课程。在普通学校的MMSP参与

表3-16　2004—2014年教师所在学校的类型

学校类型		第1年		第2年		第3年		第4年		第5年		第6年	
		数量（所）	百分比（%）	数量（所）	百分比（%）	数量（所）	百分比（%）	数量（所）	百分比（%）	数量（所）	百分比（%）	数量（所）	百分比（%）
是否公立	公立学校（包括特许学校）	332	97	448	98	455	98	533	96	462	97	3176	96
	非公立学校	8	2	7	2	6	1	12	2	7	2	113	3
	未知	1	<1	1	<1	3	1	8	<1	8	2	19	1
所在学区类型	高需求学区	202	61	276	62	254	56	397	74	335	73	544	69
	非高需求学区	129	39	161	36	196	43	126	24	122	26	240	31
	未知	1	<1	11	2	5	1	10	2	5	1	4	<1

学校类型		第7年		第8年		第9年		第10年		第11年		合计	
		数量（所）	百分比（%）	数量（所）	百分比（%）	数量（所）	百分比（%）	数量（所）	百分比（%）	数量（所）	百分比（%）	数量（所）	百分比（%）
是否公立	公立学校（包括特许学校）	614	98	600	95	278	89	327	93	3 538	96	10 763	96

（续表）

学校类型		第7年		第8年		第9年		第10年		第11年		合计	
		数量（所）	百分比（%）	数量（所）	百分比（%）	数量（所）	百分比（%）	数量（所）	百分比（%）	数量（所）	百分比（%）	数量（所）	百分比（%）
是否公立	非公立学校	16	3	29	5	17	5	20	6	122	3	357	3
	未知	0	0	0	0	19	6	6	<2	13	<1	78	1
所在学区类型	高需求学区	412	67	437	70	212	76	243	74	2 479	70	5 791	69
	非高需求学区	202	33	191	30	66	24	82	25	1 038	29	2 553	30
	未知	0	0	1	<1	0	0	2	1	14	<1	53	1

资料来源：Massachusetts Mathematics and Science Partnership Title IIB Annual State-level Evaluation Report (Year 11) Reporting Period: September 1, 2013 through August 31, 2014Cumulative Reporting Period: February 2, 2004 through August 31, 2014［R/OL］. (2015-01)［2018-11-27］. http://www.doe.mass.edu/stem/msp/year11.pdf.

者中，仅有47%获得数学资格证书，在特殊学校的MMSP参与者中，仅有10%获得数学教师资格证书；在普通学校的MMSP项目参与者中，仅有26%获得数学学位，在特殊学校的MMSP项目参与者中，仅有2%获得数学学位，在普通学校的科学、技术和工程领域的教师中，仅有27%获得所在学科的学位。课程的前后测结果显示，在417门课程中，有87%的课程对参与者的学科知识内容的提升有显著的影响。

二、开发下一代综合评估系统

1. 马萨诸塞州开展下一代综合评估系统的背景

（1）马萨诸塞州的学生评估权受到挑战

1998年，马萨诸塞州中小学教育局开始开发马萨诸塞州综合评估系统（MCAS）。在经历了十多年的发展之后，这一综合评估系统受到时代带来的挑战，特别是在2010年左右马萨诸塞州加入各州共同核心标准之后。基于各州共同核心标准，新的“大学和职业生涯准备程度测试合作伙伴”（Partnership for Assessment of Readiness for College and Career，简称PARCC）项目付诸实施，它主要包括三至八年级以及高中学生的英语语言艺术和数学的测试。2014—2015学年全美有12个州和特区[1]的学生参与测试，马萨诸塞州的学生也参与其中。[2]2015—2016学年，一共有来自8个州和特区[3]的

[1] 参与的州和特区包括阿肯色州、科罗拉多州、哥伦比亚特区、伊利诺伊州、马里兰州、马萨诸塞州、密西西比州、新泽西州、新墨西哥州、俄亥俄州、罗德岛州。参见：Fall 2014 ANDSpring 2015 Score Report Interpretation Guide［EB/OL］.［2018-11-17］. https: //www.state.nj.us/education/archive/assessment/parcc/resources/parents/Fall14Spring15SRIG.pdf.

[2] Fall 2014 AND Spring 2015 Score Report Interpretation Guide［EB/OL］.［2018-11-17］. https: //www.state.nj.us/education/archive/assessment/parcc/resources/parents/Fall14Spring15SRIG.pdf.

[3] 参与的州和特区包括科罗拉多州、伊利诺伊州、马里兰州、马萨诸塞州、新泽西州、新墨西哥州和罗德岛州。参见：2015-2016 Tables of Cross-State and State-Specific PARCC Results［EB/OL］.［2018-11-17］. https: //www.politico.com/states/f/?id=00000158-73e6-dc8a-a15c-fffe6d460000.

320万名学生参与测试。[1]测试的结果分别从学生、学校、学区的层面进行报告，由此可以从每个学生的角度为学生提供相应的改进意见。

马萨诸塞州的学生分别参与了2014年秋季、2015年春季PARCC的测试，部分学生参与了2016年的PARCC测试。为了延缓马萨诸塞州从MCAS转换到PARCC的进程，2015年马萨诸塞州中小学教育局给予各个学区自主选择是参与传统的MCAS测试还是新的PARCC测试的权利。2015—2016学年，马萨诸塞州只有70%的学区参与了PARCC的测试，因此不能代表整个马萨诸塞州的情况，没有被PARCC纳入最后的报告中。[2]

（2）配合新的学业标准和课程框架更新

马萨诸塞州教育专员米切尔·切斯特（Mitchell Chester）在接受访谈时说："原来的学生综合评估体系从1998年开始到2015年，已经走过18年。正如所有事物在经历了一段时间的发展之后，都需要不断地更新换代，如果没有PARCC，MCAS也会遇到别的挑战，也会进行相应的调整和改进。"[3]

一个好的测试系统是直接与好的"教"和"学"联系在一起的。马萨诸塞州制定了每个年级、每个学科的高学习标准。据此，教育者们也设计了相应的课堂，选取了相应的教材和教学资源，为学生提供优质的教育。为了评估学生的学习效果，需要让学生参与本地的测试和州的测试。通过对这些测试结果的分析，学区和教师可以

---

[1][2] 2015-2016 Tables of Cross-State and State-Specific PARCC Results［EB/OL］. (2018-11-17)［2018-11-17］. https: //www.politico.com/states/f/?id=00000158-73e6-dc8a-a15c-fffe6d460000.

[3] SARAH BUTRYMOWICZ. Massachusetts once had the best state test in the country. Will it again?［EB/OL］. (2016-06-07)［2018-11-17］. https: //hechingerreport.org/massachusetts-best-state-test-country-will/.

判断学生的学习成效以及哪些学生需要哪些方面的支持和帮助，以便在后期开展教学的过程中通过进一步优化教学设计，选取不同的教学资源，更有针对性地为不同类型的学生提供相应的帮助和支持。[1] 传统的MCAS测试在过去的20年和马萨诸塞州的高学习标准秉持一致，且在马萨诸塞州的基础教育质量保障体系中扮演了非常重要的角色。但是，MCAS测试并不能评估学生为高中之后的大学和职业生涯做好准备的程度。事实上，在社区学院和大学的学生中；有接近三分之一的学生要参加补习课程，而在两年制社区学院的学生中，更是有70%的人要参加补习课程。这些补习不仅消耗学生的时间、精力和金钱，还不能算作学分，由此很多学生无法在既定时间里顺利完成学业。[2]

随着时代的发展，马萨诸塞州的教育者对数学的学习进步、课本的复杂性、阅读与写作之间的交互作用以及高等教育和雇主的期望有了更好的理解。由此，在更新学习标准和课程内容标准的基础上，马萨诸塞州升级了传统的MCAS，推出下一代综合评估系统。

2. 马萨诸塞州制定下一代综合评估系统的过程

马萨诸塞州中小学教育委员会认为，加入PARCC会失去对整个马萨诸塞州考试的控制。[3] 因此，马萨诸塞州中小学教育委员会在2015年投票通过了下一代综合评估系统（Next-generation Massachusetts Comprehensive Assessment System，简称Next-generation MCAS），以确保学生可以达到高等教育或者就业市场

[1][2] Background on Next-Gen MCAS. The Need to Build a New MCAS［EB/OL］. (2018-11-07)［2018-11-17］. http://www.doe.mass.edu/mcas/nextgen/.

[3] SARAH BUTRYMOWICZ. Massachusetts once had the best state test in the country. Will it again?［EB/OL］. (2016-06-07)［2018-11-17］. https: //hechingerreport.org/massachusetts-best-state-test-country-will/.

的学习标准。下一代综合评估系统充分利用了传统的MCAS的和PARCC的优势和长处，特别是PARCC和MCAS的题库，采用最新的基于电脑测试的技术，并融入了最新的视频技术。另外，下一代综合评估系统会制定统一的、延续的标准。马萨诸塞州中小学教育局会采用同一个平台来管理全州所有学校及学科的考试结果和设置考试问题，而不像PARCC那样只为其中的某些科目服务，也不像传统的MCAS那样为另外的一些科目制定应用平台。除此之外，马萨诸塞州中小学教育局采用同一个客服中心来为所有学区和学校提供考试的相关服务。

表3-17　马萨诸塞州制定下一代综合评估系统的标志性过程

时　　间	事　　件
2015年11月	马萨诸塞州中小学教育委员会投票通过了制定下一代综合评估系统的决议。
2016年1月	马萨诸塞州顾问委员会召开工作会议，讨论具体的实施细节。
2016年2月	马萨诸塞州英语语言艺术和数学课程标准的审核项目小组开始重新评估标准。
2016年春季	马萨诸塞州中小学教育局开展PARCC和MCAS考试，学区选择其中一个测试参加。
2016年夏季	马萨诸塞州中小学教育局对学生的测量的进展进行评估。
2016年夏季/秋季	考试开发和设计。
2017年1月	召开历史、社会科学标准审核小组会议。
2017年3月	马萨诸塞州中小学教育委员会通过新的成就水平。
2017年4—5月	开启第一轮三至八年级下一代综合测试。
2017年8月14—18日	开展制定学习标准的工作会议。
2017年秋季	三至八年级学生参加下一代综合评估系统，既有基于电脑的测试，也有传统的纸笔测验。

（续表）

时　　间	事　　件
2018年	四、五、六和八年级的学生参加英语语言艺术、数学和科学技术测试。
2019年	三至八年级和十年级的英语语言艺术和数学测试，五年级和八年级的科学技术测试，以及高中的生物和物理测试，仅有基于电脑的测验。

资料来源：根据马萨诸塞州中小学教育局网站整理而成。

3. 下一代综合评估系统的内容和评价方式

2017年，整个马萨诸塞州的所有学区开始采用下一代综合评估系统对三至八年级的英语语言艺术和数学进行评估。下一代综合评估系统主要测量学生在21世纪获得成功所需要的核心技能，包括深层次思考、知识应用、综合和写作等；大多数学生在电脑上接受测试，以还原他们今天所处的电子化社会；该测试非常密切地和马萨诸塞州的学习标准联系在一起，反映了马萨诸塞州中小学教育局对全州公立学校教育的追求和期望；新的测试题目对学生所掌握的知识和技能进行深入评价，还向家长和学生传递了学生是否为下一阶段的学习或工作做好准备的信号。除此之外，综合评估系统还可以帮助州政府发现需要额外支持和帮助的学校和学区，以及它们需要哪些方面的支持。下一代综合评估系统采用新的评价标准，分为超出期望（exceeding expectations）、达到期望（meeting expectations）、部分达到期望（partially meeting expectations）和没有达到期望（not meeting expectations）等。

超出期望：学生在知识、技能和理解方面都达到期望，并且为未来下一阶段的学习和工作做好了准备。

达到期望：学生在知识、技能和理解方面都表现较好，并且为下一阶段的学习做好了准备。

部分达到期望：学生在知识、技能和理解方面部分满足了期望，需要在特定方面获得一些帮助和支持，才能为下一阶段的学习做好充分的准备。

没有达到期望：学生在知识、能力和理解方面表现比较差，需要全面综合的干预或者额外的指导才能取得下一阶段的成功。

下一代综合评估系统主要用来测试学生是否为下一阶段的学习做好准备，而之前的评估系统是评估学生在前一阶段的表现。

4. 下一代综合评估系统的测试设计

以十年级的英语语言艺术测试为例。2019年十年级英语语言艺术测试是根据2017年马萨诸塞州英语语言艺术课程标准设计的，主要包括单选题和多选题、文本阅读题。从题目设计来看，分为常规问题和矩阵问题。常规问题的总分值为59分，其中分值为1分的题有21—27道，分值为2分的有4—7道，有三篇短文。阅读占50%，语言占20%，写作占30%。矩阵问题需要学生额外阅读两段文章，回答12道分值为1分或2分的问题，并写一篇小文章。最后，学生还需要写一篇2页左右的文章。

表3-18　文章的评分标准

标准	5分	4分	3分	2分	1分	0分
主要观点的质量和发展	深入完整地表达主要观点	清晰地表达主要观点	一般适度地表达主要观点	能够呈现出主要观点	未能表达主要观点	回答表明学生已经阅读了文本，但是并没有解决问题，也不是针对问题的答案
观点和材料的选择和解释	有技巧地选择和解释证据和材料	有效地选择和解释证据和材料	恰当地选择和解释材料和证据	有限地选择和解释材料和证据	证据不足	
文章的架构	有技巧地组织文章	有效地组织文章	适度地组织文章	有限地组织文章	文章的组织性极差	

（续表）

标准	5分	4分	3分	2分	1分	0分
观点的表达	观点的表达非常饱满	清晰的表达	适当地表达观点	基本能够表达清楚文章的观点	未能表达观点	回答表明学生已经阅读了文本，但是并没有解决问题，也不是针对问题的答案
任务和模型的意识	任务和风格的意识很强	任务和风格的意识很强	有任务和风格的意识	部分意识到任务和风格	很少意识到任务和风格	

资料来源：Grade 10 Next Generation English Language Art Essay Rubric [EB/OL]. (2018-11-16) [2018-11-19]. http://www.doe.mass.edu/mcas/tdd/resources/2019-g10-essay-rubric.docx.

第五节

美国马萨诸塞州基础教育质量发展的特点

在2017年的NEAP中，马萨诸塞州四年级学生的阅读成绩和数学成绩分别是236分和249分，均位列全美第一；八年级学生的阅读成绩和数学成绩分别是278分和297分，均位列全美第一。由此看来，马萨诸塞州可以算是整个美国基础教育质量比较高的州。另外，马萨诸塞州的学生在2012年的PISA测试中，阅读素养全球排名第四，科学素养全球排名第六，数学素养全球排名第九。虽然在PISA2015中马萨诸塞州学生在数学素养、阅读素养、科学素养上的表现在全球的排名有所下降，但依然名列前茅，远远超过全美学生和OECD成员国的平均水平。马萨诸塞州的学生还参加了2011年的TIMSS测试，其八年级学生的科学平均分为567分，在参与的国家和地区中排名第二，八年级学生的数学平均分是561分，在参与的国家和地区中排名第五。可见，马萨诸塞州的基础教育不仅在全美数一数二，在全球也是名列前茅的。

一、标准导向

马萨诸塞州自1993年实施教育改革后，制定了各个学习科目的课程标准。[1] 2010年，马萨诸塞州中小学教育委员会正式颁布马萨诸塞州英语语言艺术和数学的课程框架。此后，马萨诸塞州中小学教育委员会先后颁布了科学、历史、艺术等课程框架。2012—2013年马萨诸塞州中小学教育委员会通过了英语语言发展标准，2014年通过了最新的职业技术教育课程标准，2016年通过了最新的科学、技术工程标准和媒介素养和计算机科学课程标准，2017年通过了最新的数学课程标准和英语语言艺术和能力课程标准，2018年通过了最新的历史和社会科学课程标准。[2] 目前，马萨诸塞州的课程标准覆盖了数学、科学和技术、历史和社会科学、英语、外语和艺术等核心科目，并且覆盖了K-12年级，涵盖知识、技能和能力等多个方面。

在相关教师专业标准方面，马萨诸塞州也是不遗余力，实施了多项举措。[3]

---

[1] 该州在1996年至2010年之间对于学科课程标准的动作可参见本章第二节。
[2] Massachusetts Curriculum Frameworks Current Frameworks［EB/OL］. (2018-12-01)［2018-12-01］http://www.doe.mass.edu/frameworks/current.html.
[3] 具体内容参见本章第二节。

二、问责导向

1. 严格的教师评估框架

2011年，马萨诸塞州中小学教育委员会开始实施马萨诸塞州教育工作者评估框架，旨在为中小学教师提供支持，促进他们持续进步和开展专业学习。2017年，教育委员会对此框架进行修订，取消了基于各学区政策的学生影响评分，而在教学实践结果中增加了学生学习的指标。这一框架针对马萨诸塞州所有教师和行政人员，帮助他们的专业成长和发展，促进他们将学生放在教学设计和日常行政管理的中心，追求卓越，设定较高的职业目标，缩短改进的日程。

2. 采用学校和学区下一代问责机制

在采取下一代综合评估系统的基础上，马萨诸塞州重新设计了下一代问责机制。这一新的问责机制包含学生和学校的表现，进一步关注提升每一个学校和学区表现不好的学生的学业成绩，试图为所有家长、社区成员、关心学区和学校发展的公众提供更加清晰的相关信息，为学校和学区所需要的资源和支持提供精准的帮助。这一新的问责机制基于学生的语言起点、年级和在马萨诸塞州的学习时间，为学生设定了6年的非线性的英语成就掌握情况，从规范性组成和参考标准两个方面来进行报告；根据每年达到特定目标的学生比例，特别是所有学生的表现及低学业成就学生的表现来评估学校和学区的表现，包括下降、没有改变、有所提高、达到目标、超过目标共五个层级；将学校分为需要协助或干预的学校以及不需要协助或干预的学校，并为需要协助或干预的学校提供广泛的综合性支持和焦点的目标性支持。

三、未来导向

1998年，马萨诸塞州中小学教育局开始实施马萨诸塞州综合评估系统，经过十多年的发展之后，这一标准受到时代的挑战。特别是在马萨诸塞州加入共同核心标准之后，部分学生参与了PARCC测试，一定程度上影响了马萨诸塞州的学生评估权。为了应对时代的发展和PARCC测试的挑战，马萨诸塞州中小学教育局开始采用下一代综合评估测试。最新开展的评估测试最主要的特征是面向未来，以确保学生在高中毕业之后可以达到高等教育的学习标准，满足就业市场的需求。对非毕业生来说，可以通过测试来确定为下一阶段做好准备的程度。结合这一标准，马萨诸塞州中小学教育局采用了最新的评价标准，分为超出期望、达到期望、部分达到期望、没有达到期望五个等级。下一代综合评估系统主要关注六个方面：第一，综合了PARCC、MCAS以及一些新的英语语言艺术和数学测试的新题项；第二，与马萨诸塞州的课程标准建立更强的联系，在所有学科中引入写作、设计和应用新的类型来测试课程标准，评估马萨诸塞州特殊的课程标准；第三，开发所有年级的成就标准；第四，开展基于电脑的测试；第五，开发测试以评估学生为将来进入大学和工作做好准备的程度；第六，制定十年级英语语言艺术和数学的能力决定测试的标准，2020年的学生开始适用这个标准，并为学生提供可信的反馈，帮助学生为将来接受高等教育和职业生涯做好准备。[1]

---

[1] Massachusetts Department of Elementary and Secondary Education. Background on Next-Gen MCAS Development Process and Timeline [EB/OL]. (2017-07-27) [2018-11-19]. http://www.doe.mass.edu/mcas/nextgen/timeline.html.

第四章

英国伦敦的基础教育质量分析

进入21世纪以来，英国16岁以上仍接受教育的青年比例远低于OECD其他成员国，由此引发了诸多社会问题，英国社会围绕提高学生法定离校年龄的讨论一直不绝于耳。[1]因此，英国政府规定，自2015年起，英格兰的学生在16周岁的暑期（6月的最后一个星期五）离校后至18周岁期间需接受全日制教育（比如在学院），或者开始做学徒工、培训生，或者边工作/做志愿者（每周20小时以上）边进行业余学习/培训。[2]虽然学生的法定离校年龄被提高至18岁，但16—18岁的就学选择取决于学生个人的需求及经济状况。因此，目前英格兰基础教育仍指针对5—16岁学生为期11年的义务教育。

作为英国首都及英格兰首府，伦敦以其发达的经济金融体系、深厚的历史底蕴和包容的文化态度著称，并因此吸引了大批外来移民聚居。多元的人口背景，包括大量的英语非母语群体、少数族群及贫困人群，给伦敦的基础教育带来了极为复杂的困难和挑战。然而，在过去的十多年间，伦敦学校的整体表现提升明显，且领先英格兰其他地区。由“伦敦效应”（London Effect）[3]引发的对伦敦基础教育的关注，已经从英国扩展到全世界。

---

[1] Simmons, R. Raising the Age of Compulsory Education in England: A Neet Solution? [J]. British Journal of Education Studies, 2008, 56(4): 420-439.

[2] Department of Education. School Leaving age [EB/OL]. (2018-11-14) [2018-11-14]. https: //www.gov.uk/know-when-you-can-leave-school.

[3] Cook, C. London School Children Perform the Best [N]. Financial Times.(2013-01-13) [2018-11-14].

第一节

伦敦的基础教育质量水平

作为首个完成工业革命的国家，英国一直保持着对社会变革的敏锐嗅觉，伦敦也深谙其道。为了促进自身作为国际大都市的创新与发展，伦敦对教育的关注与投入从未松懈，其基础教育质量相较于英格兰其他地区也更为优异。

一、渐趋完善的学校系统

正如伦敦市长所言："伦敦给予我和我家庭的机遇，我希望这座城市的所有孩子都能享有。这就是伦敦承诺（London promise）。"[1]为了给每一位伦敦儿童提供良好的教育环境，高质量的基础教育学校系统至关重要。一系列的改革项目，包括"伦敦挑战"（London Challenge，2003—2011年）和学院制学校（Academies，2002年至今）等，均旨在通过薄弱学校的改进以实现基础教育的优质和均衡发展，且都取得了不俗的成效。[2]事实上，英国教育、儿童服务与技能标准局（Office for Standards in Education, Children's Service and Skills,

[1] Greater London Authority. Annual London Education Report 2017, 3 [EB/OL]. (2017-02) [2018-11-15]. https: //www.london.gov.uk/sites/default/files/final_epi_edits_design_final_gla_annual_report_2017_0.pdf.

[2] Center For London. Lessons from London Schools: Investigating the Success, 10 [EB/OL]. (2014) [2018-11-15]. https: //www.centreforlondon.org/wp-content/uploads/2016/08/Lessons-from-London-Schools.pdf.

简称Ofsted）每年都会开展督导工作，并根据每所学校的表现评级，具体包含杰出（outstanding）、优秀（good）、需要提升（requires improvement）和表现不足（inadequate）四个等级。根据评级结果不难发现，伦敦学校的整体表现十分优异。

首先，伦敦学校表现的提升趋势明显。在2013—2018年的六次督导中，伦敦被评级为“杰出”的小学比例分别为23%、23%、24%、26%、28%、28%，被评级为“优秀”的学校比例分别为59%、60%、62%、65%、65%、65%。优质小学的比例从82%持续增长至93%。被评级为“杰出”的中学比例分别为36%、34%、34%、35%、37%、38%，被评级为“优秀”的中学比例分别为49%、48%、50%、52%、50%、49%。虽然数据有所波动，但优质中学的比例也从85%增长到了87%。[1]

其次，伦敦优质学校的比例居英格兰领先地位。通过督导报告不难发现，在过去五年间，伦敦优质中小学的比例始终高于英格兰平均水平。以2018年3月发布的数据为例，在接受督导的伦敦1 796所小学里[2]，495所被评级为“杰出”，占比28%；1 167所被评级为“优秀”，占比65%；二者总比例为93%，超过了英格兰平均水平（87%）。在接受督导的伦敦473所中学里[3]，181所被评级为“杰出”，占比38%；230所被评级为“优秀”，占比49%；二者总比例为87%，同样超过了英格兰平均水平（75%）。换言之，伦敦的优质中小学比例均超过英格兰大部分地区，且中学的优势相较于小学更为明显。

---

[1] Office for Standards in Education, Children's Service and Skills. Dataview [EB/OL]. (2018-11-15) [2018-11-15]. https: //public.tableau.com/profile/ofsted#!/vizhome/Dataview/Viewregionalperformanceovertime.

[2] 2018年伦敦共有1 814所小学，其中18所小学在报告发布时尚未被督导。

[3] 2018年伦敦共有500所中学，其中27所中学在报告发布时尚未被督导。

当然，教育、儿童服务与技能标准局的评级数据无法揭示基础教育学校质量的全貌，在过去十年间，伦敦经历了城市居住人口尤其是儿童人口的快速增长，在为其提供教育环境与服务的过程中，伦敦的中小学也暴露了一些问题。根据英国教育部（Department for Education，简称DfE）2016—2017学年的学校统计数据[1]，伦敦的488所中学里有85所超校容（over school capacity）运转，占比17.42%，超过英格兰平均水平（16.21%）。虽然伦敦1 817所小学中，超校容运转的占比为15.74%，低于英格兰平均水平（22.80%），但仍然面临严峻的大班容问题，尤其是在5—8岁的关键阶段1（Key Stage 1），伦敦小学的班级容量远超过英格兰其他地区，且有明显上升趋势。[2]

在满足学生的择校需求方面，伦敦中小学的表现在英格兰也处于弱势。基于英格兰公立学校的就近入学原则，学生可提出一所至多所的择校申请。数据表明，在小学择校过程中，无论是第一志愿还是前三个志愿被满足的比例，伦敦均为英格兰的最低水平。[3]在中学择校中，第一志愿被满足的概率仅为66%，也远低于英格兰平均水平（82.1%）。[4]虽然这部分源于伦敦的地理位置和城市环境的影响，学

[1] Department for Education. School Capacity: academic year 2016 to 2017［EB/OL］. (2018-03-15)［2018-11-16］. https: //www.gov.uk/government/statistics/school-capacity-academic-year-2016-to-2017.

[2] Department for Education. Class Size and Education in England: Evidence Report, 28［EB/OL］. (2011-12-22)［2018-11-16］. https: //assets.publishing.service.gov.uk/government/uploads/system/uploads/attachment_data/file/183364/DFE-RR169.pdf.

[3] Greater London Authority. Annual London Education Report 2017, 68［EB/OL］. (2017-02)［2018-11-15］. https: //www.london.gov.uk/sites/default/files/final_epi_edits_design_final_gla_annual_report_2017_0.pdf.

[4] Department for Education. Secondary and Primary School Application and Offers: 2018［EB/OL］. (2018-10-29)［2018-11-15］. https: //www.gov.uk/government/statistics/secondary-and-primary-school-application-and-offers-2018.

生能够在合理的交通范围内享受更多的学校选择，但也从侧面说明伦敦的学校在满足学生教育需求方面尚有不足之处。

总体而言，面对复杂的城市和人口环境带来的教育问题，伦敦的中小学作出了积极的回应。在过去十几年间，伦敦学校质量提升趋势明显，且表现居英格兰领先地位。但是也不能忽视其在控制学校和班级容量，以及满足学生择校需求方面的短板。此外，调查数据显示，到2020年，伦敦还需额外提供6万个小学生名额和10.5万个中学生名额[1]，这在无形中给本已高负荷运转的学校系统提出了更为严峻的挑战。如何适应持续新增人口的教育需求，成为伦敦学校实现高质量教育需要解决的首要问题。

二、良好的教师教学及校长领导

一方面，作为古老而又年轻的国际大都市，伦敦凭借独特的经济、历史和文化优势吸引了诸多教师从业者前来就职；另一方面，伦敦也致力于通过“以教为先”（Teach First）等项目提升教师质量。需要指出的是，除了整体表现，教育、儿童服务与技能标准局还针对每所学校“教学的有效性”表现进行评级，具体也包含杰出、优秀、需要提升和表现不足四个等级。虽然已无法获得相关的统计数据[2]，但根据此前发布的研究报告，伦敦的中小学教师教学质量稳步提升，且明显优于英格兰其他地区。以2013年的数据为例，在教师教学方面被评级为“杰出”和“优秀”的伦敦中学比例总和为85%，远超过英格

[1] Greater London Authority. Annual London Education Report 2017, 70［EB/OL］. (2017-02)［2018-11-15］. https://www.london.gov.uk/sites/default/files/final_epi_edits_design_final_gla_annual_report_2017_0.pdf.

[2] 当前的教育标准局的数据视图页面更新于2018年1月29日，用户仅能查询各级学校的整体表现评级。

兰平均水平（73%）。[1]

有研究表明，伦敦之所以能够实现高质量的学校教育，关键在于学校内部的有效领导。[2]根据教育、儿童服务与技能标准局的督导报告，相较于英格兰其他地区，伦敦的中小学呈现了极强的领导力。在“领导和管理的有效性”方面，被评级为“杰出”的小学比例为31%，超过了英格兰平均水平（22%）；被评级为“杰出”的中学比例为45%，同样超过英格兰平均水平（28%），且优势更为明显；此外，“需要提升”和“表现不足”的中小学比例均为全英格兰最低。[3]当然这也就意味着，伦敦中小学的领导层被赋予了更多的期待。伴随着学生名额增加的需求，如何招纳并培养更多具备领导能力和智慧的人员，以提升学校整体的教学和管理水平，成为亟待解决的问题。

第一，尽管政府为伦敦中小学领导开辟了多重的专业发展途径和支持，但更多的是围绕如何在校内为其他教师提供指导，忽略了校外培训和校际交流。调查显示，76%的中小学中层和高层领导对跨校临时调任感兴趣，但仅有17%的人获得过相关机会和支持。由于不合理的奖励机制，一些校长也难以有效开展领导工作。因此，领导力培养和发展机会亟待优化。[4]同时，虽然伦敦作为国际大都市，在经济、文化和历史方面有着较强的吸引力，但较高的消费水平和

[1] Center For London. Lessons from London Schools: Investigating the Success, 29 [EB/OL]. (2014) [2018-11-16]. https: //www.centreforlondon.org/wp-content/uploads/2016/08/Lessons-from-London-Schools.pdf .

[2] Education Development Trust. Interesting Cities: Five Approach to Urban School Reform, 47 [EB/OL].(2015) [2018-11-17]. https: //www.educationdevelopmenttrust.com/~/media/cfbtcorporate/files/research/2015/r-interesting-cities-2015.pdf.

[3][4] Greater London Authority. Annual London Education Report 2017, 57 [EB/OL]. (2017-02) [2018-11-17]. https: //www.london.gov.uk/sites/default/files/final_epi_edits_design_final_gla_annual_report_2017_0.pdf.

生活标准使得人口的流动性较大，校长也不例外。相较于英格兰其他地区，伦敦的中小学校长的搬迁可能性更大。根据2015年的调查数据，当年伦敦年龄超过50岁的小学和中学校长比例分别为48.8%和57.6%，以校长的平均退休年龄50—59岁来推算，校长空缺危机即将来临。[1]

第二，伦敦的中小学面临教师数量短缺的难题。事实上，教师招聘困难是英格兰的普遍现象，但伦敦的问题是，大量在此接受培养和训练的职前教师最终选择到其他地区任教，新任教师从教3年后的留职率也为全英格兰最低，仅81%—84%。[2] 伦敦学校教师的流动性也比较大，根据2015年的数据，内伦敦和外伦敦小学教师的跳槽率分别为9.1%和9.6%，高于英格兰平均水平（8.1%）；中学教师的跳槽率分别为9.8%和8.5%，同样高于英格兰平均水平（7.9%）。除了更换任职学校，伦敦中小学教师彻底离开公立学校系统的比例也较高。上述原因共同导致伦敦学校的教师短缺危机：56%的学校领导声称正面临该问题，比例远超过英格兰平均水平（37%）。内伦敦和外伦敦的小学教师空缺比例分别从2010年的11.0%和8.8%增长到2015年的14.1%和16.0%。虽然内伦敦的中学教师空缺比例与英格兰平均水平持平，但外伦敦的中学教师空缺比例从2010年的20.3%增长到2015年的30.4%[3]，教师短缺危机尤为严峻。

---

[1] Greater London Authority. Annual London Education Report 2017, 58［EB/OL］. (2017-02)［2018-11-19］. https://www.london.gov.uk/sites/default/files/final_epi_edits_design_final_gla_annual_report_2017_0.pdf.

[2] Allen R, Belfield C, Greaves E, et al. The Longer-term Costs and Benefits of Different Initial Teacher Training Routes［R］. IFS Reports, Institute for Fiscal Studies, 2016.

[3] Department for Education. School Workforce in England 2010 to 2015: Trends and Geographical Comparisons, 39-40［EB/OL］. (2016-09-08)［2018-11-20］. https://assets.publishing.service.gov.uk/government/uploads/system/uploads/attachment_data/file/550970/SFR44_2016_text.pdf.

总体而言，伦敦学校的教师和领导质量提升明显，且表现明显优于英格兰其他地区。但是，当前的领导力培养力度偏弱以及校长和教师的短缺危机为其日后的发展戴上了枷锁。在此困境下，如何为领导层提供更多的专业发展机会，如何招募足够数量的校长和教师以确保中小学的正常运转，是伦敦亟须思考的问题。

三、优秀的学生学业表现

在西方语境中，城市地区往往伴随较差的教育成就，但这条规律不适用于伦敦。大量证据表明，无论是学业进展还是学业成就，伦敦学生都位列英格兰之首。即便是来自少数群体的学生，也能够得益于伦敦的学校系统，从而有优异的学业表现。“伦敦效应”引发了社会各界的广泛讨论。

第一，伦敦学生的学业表现优于英格兰其他地区。在小学第一年，伦敦学生的领先地位就已显现。以拼读测试为例，2018年达到合格标准的伦敦学生比例为85%，高于英格兰平均水平（82%）。此外，2012—2018年，伦敦学生的拼读能力达标率一直位列英格兰之首。[1]根据关键阶段2结束后，也即小学毕业时的教育测量结果，在阅读、写作和数学三个学科均达到优秀标准和合格标准的伦敦学生比例分别为13%和69%，不仅超过了英格兰平均水平（9%和62%），而且明显高于其他地区。[2]换言之，伦敦学生的优异表现不仅贯穿整个小学阶

[1] Department of Education. Phonics Screening Check and Key Stage 1 Assessments: England 2018［EB/OL］. (2018-12-13)［2018-12-15］. https: //www.gov.uk/government/statistics/phonics-screening-check-and-key-stage-1-assessments-england-2018.
[2] Department of Education. National Curriculum Assessments: Key Stage 2, 2018(Provisional)［EB/OL］. (2018-09-28)［2018-11-21］. https: //www.gov.uk/government/statistics/national-curriculum-assessments-key-stage-2-2018-provisional.

段，同时为其日后的学业领先地位奠定了基础。自2016年起，政府还引入“8科成绩”（Attainment 8）[1]和“8科进步”（Progress 8）[2]两项新指标，以取代过去基于普通中等教育证书考试（General Certificate of Secondary Education，简称GCSE）获得5个A*–C成绩的方式，来测量中学生在关键阶段4结束，也即中学毕业时的学业表现。[3]根据2018年的评价结果，伦敦中学生8科成绩的平均分为49.2，8科进步的分数为0.23，两项分数均居英格兰地区榜首。[4]

第二，伦敦学生的学业表现差距小。作为国际大都市，伦敦的人口构成使其学生群体相较于其他地区更为多元：经济弱势背景的学生数量庞大，具备享受免费午餐资格的小学生和中学生比例分别为14.9%和15.9%，均超过英格兰平均水平；英语非母语的小学生和中学生比例分别高达49.4%和41.4%，均超过英格兰平均水平的2倍。[5]有色人种及少数族群背景的学生比例同样超过英格兰平均水平的2倍。[6]毋庸置疑，多元的学生背景给伦敦的基础教育带来了更为复杂的挑战。因此，除了关注提高学生整体的学业成就，在缩小各种意义上的少数群体和非少数群体之间的学业成就差距方面，伦

[1] 8科成绩最高分为80分，详细内容及计算方法见后文。
[2] 8科进步分数介于–1到1之间，详细内容及计算方法见后文。
[3] Department of Education. Secondary Accountability Measures, 6 [EB/OL]. (2018–10–16) [2018–11–24]. https: //assets.publishing.service.gov.uk/government/uploads/system/uploads/attachment_data/file/748497/Secondary_accountability_measures_guidance_-_October_2018.pdf.
[4] Department of Education. GCSE and Equivalent Results: 2017 to 2018(Provisional) [EB/OL].(2018–10–17) [2018–11–21]. https: //www.gov.uk/government/statistics/gcse-and-equivalent-results-2017-to-2018-provisional.
[5] Department of Education. Schools, Pupils and their Characteristics: January 2018 [EB/OL]. (2018–10–11) [2018–11–24]. https: //www.gov.uk/government/statistics/schools-pupils-and-their-characteristics-january-2018.
[6] Greater London Authority. Annual London Education Report 2017, 24 [EB/OL]. (2017–02) [2018–11–20]. https: //www.london.gov.uk/sites/default/files/final_epi_edits_design_final_gla_annual_report_2017_0.pdf.

敦也一直走在英格兰的前列。事实证明，无论是来自经济弱势群体、英语非母语群体、少数族群，还是有特殊教育需求群体的伦敦学生，实现高教育成就的比例都远高于英格兰其他地区具备相同背景的学生。[1]由此延伸：在小学毕业时，伦敦学生在阅读、写作和数学方面的表现差距相较于英格兰学生的平均差距少2个月左右；在中学毕业时，伦敦学生在GCSE中的表现差距相较于英格兰学生的平均差距少4个月左右。[2]

总体而言，相较于英格兰其他地区，伦敦中小学的学生不仅学业表现优异，差距也更小，尤其是少数群体更有实现高教育成就的可能。由此可见，伦敦学生享受了相对平等和高质量的教育机会和体验，而这也就是出现“伦敦效应”的内在逻辑。

综上所述，从学校整体、领导层、教师和学生表现的角度，伦敦的基础教育质量提升明显且优于英格兰其他地区。然而正如伦敦市长所传递的信息，伦敦的眼光并非局限于英格兰和整个英国，为了成为全球经济、文化和创新的中心，伦敦构建世界领先的基础教育体系势在必行。[3]不可回避的是，在国际学生学业评估测试中，伦敦的表现并不抢眼。那么，如何追赶包括上海在内的其他国际大都市学生的学业表现，是伦敦基础教育真正想要大做文章的所在。[4]

---

[1] Greater London Authority. Annual London Education Report 2017, 27-28 [EB/OL]. (2017-02) [2018-11-20]. https: //www.london.gov.uk/sites/default/files/final_epi_edits_design_final_gla_annual_report_2017_0.pdf.

[2] Greater London Authority. Annual London Education Report 2017, 34-35 [EB/OL]. (2017-02) [2018-11-21]. https: //www.london.gov.uk/sites/default/files/final_epi_edits_design_final_gla_annual_report_2017_0.pdf.

[3] Greater London Authority. Annual London Education Report 2017, 4 [EB/OL]. (2017-02) [2018-11-21]. https: //www.london.gov.uk/sites/default/files/final_epi_edits_design_final_gla_annual_report_2017_0.pdf.

[4] Greater London Authority. Annual London Education Report 2017, 19-20 [EB/OL]. (2017-02) [2018-11-22]. https: //www.london.gov.uk/sites/default/files/final_epi_edits_design_final_gla_annual_report_2017_0.pdf.

第二节

伦敦基础教育质量监测体系

一直以来，英格兰基础教育领域围绕中央集权与地方分权争执不休。虽然在现行的管理体制下，地方教育当局、学校及教师在课程实施与评价的过程中均扮演重要角色，但中央政府仍把握主导权，其对基础教育质量的监测主要通过国家课程评价来展开，伦敦市尚未就基础教育开发独立的质量监测体系。

一、2014年新国家课程的颁布

作为古老而又年轻的国际大都市，伦敦并未对自身的优势熟视无睹。为了实现学科知识的本地化教育，伦敦政府开展了“伦敦课程”（London Curriculum）项目，不仅将伦敦的历史、文化和创新特色带入课堂，同时分别为学生和教师提供了大量的教育机会和免费的教育资源。[1]然而有学者指出，英格兰施行的是三级课程管理体制，[2]尽管在学校课程体系中，地方课程与校本课程均有发挥的空间，但国家课程仍然占据主导地位，伦敦也不例外。

事实上，为了提高中小学教育质量，加强国家对学校教育的控

[1] Greater London Authority. London Curriculum［EB/OL］. (2013-11-23)［2018-11-23］. https: //www.london.gov.uk/what-we-do/education-and-youth/london-curriculum/about-london-curriculum#acc-i-46870.

[2] 崔允漷，张雨强. 督教分离　教考合一——英国三级课程管理的经验及启示［J］. 全球教育展望，2005（10）56-60.

制，《1988年教育改革法》(Education Reform Act 1988) 确立了第一套系统的国家课程，以立法形式规定了英格兰公立中小学的课程内容。在此后的20多年间，为适应新的时代要求，增强英国的国际竞争力，国家课程历经几番变革。近年来，尽管英国学生在国内的GCSE和A-level考试中的分数不断攀升，但其在国际学生学业评估中的成绩却连年下降，由此引发了民众对学校教育质量的不满，从而促生了自2014年9月起开展的新的国家课程改革。[1]

就课程目标而言，新的国家课程旨在为学生提供成为受过良好教育的公民所必备的基础知识，引导学生成为最优秀的人，并提升学生的成绩和创造力。它要求教师为所有学生设立高水平的教育期待，并为学业表现和社会家庭背景各异的学生开展个性化的教学，以满足其各方面的发展需求。[2] 就课程结构而言，新的国家课程依然建立在4个关键阶段的基础上，规定了义务教育阶段学生必须学习的12门学科。其中，3个核心科目为英语、数学和科学，9个基础科目为艺术与设计、公民、计算机、设计与技术、语言、地理、历史、音乐及体育。此外，宗教教育以及性和恋爱教育也被纳入课程大纲。具体各科目的开设年级如表4-1和表4-2所示。需要指出的是，在关键阶段4，虽然艺术（包括艺术与设计、音乐、舞蹈、戏剧和媒体艺术）、设计与技术、人文学科（包括地理和历史）以及现代外语并非必修科目，但学校在上述四个领域中至少需选取一个开设相关课程。[3] 就课程内

[1] 张建珍，郭婧.英国课程改革的“知识转向”[J].教育研究，2017（8）：152-158.

[2] Department for Education. The National Curriculum in England, 9 [EB/OL]. (2014-12-02) [2018-11-23]. https: //assets.publishing.service.gov.uk/government/uploads/system/uploads/attachment_data/file/381344/Master_final_national_curriculum_28_Nov.pdf.

[3] Department for Education. The National Curriculum in England, 8 [EB/OL]. (2014-12-02) [2018-11-23]. https: //assets.publishing.service.gov.uk/government/uploads/system/uploads/attachment_data/file/381344/Master_final_national_curriculum_28_Nov.pdf.

容而言，新的国家课程删除了2008版国家课程中大量的跨学科主题，转而强调通过学科知识来帮助学生构建基本的知识体系，无论是核心科目还是基础科目，均增加了内容难度。[1]

表4-1　英格兰国家课程结构[2]

		关键阶段1	关键阶段2	关键阶段3	关键阶段4
年　龄		5—7岁	7—11岁	11—14岁	14—16岁
年　级		一至二年级	三至六年级	七至九年级	十至十一年级
核心科目	英语	√	□	□	□
	数学	□	□	□	□
	科学	□	□	□	□
基础科目	艺术与设计	□	□	□	
	公民			√	□
	计算机	□	□	□	□
	设计与技术	□	□	□	
	语言[3]		□	□	
	地理	□	□	□	
	历史	□	□	□	
基础科目	音乐	□	□	□	
	体育	□	□	□	□

资料来源：Department for Education. The National Curriculum in England, 7. (2014-12-02) [2018-11-23]. [EB/OL] https: //assets.publishing.service.gov.uk/government/uploads/system/uploads/attachment_data/file/381344/Master_final_national_curriculum_28_Nov.pdf.

[1] 张建珍，郭婧. 英国课程改革的“知识转向”[J]. 教育研究，2017（8）：152-158.
[2] Department for Education. The National Curriculum in England, 7 [EB/OL]. (2014-12-02) [2018-11-23]. https: //assets.publishing.service.gov.uk/government/uploads/system/uploads/attachment_data/file/381344/Master_final_national_curriculum_28_Nov.pdf.
[3] 关键阶段2的科目名称为“外语”，关键阶段3的科目名称为“当代外语”。

表4-2 宗教教育、性和恋爱教育课程开设情况

	关键阶段1	关键阶段2	关键阶段3	关键阶段4
年　龄	5—7岁	7—11岁	11—14岁	14—16岁
年　级	一至二年级	三至六年级	七至九年级	十至十一年级
宗教教育	□	□	□	□
性别和关系教育			□	□

资料来源：Department for Education. The National Curriculum in England, 7. (2014-12-02)［2018-11-23］.［EB/OL］https: //assets.publishing.service.gov.uk/government/uploads/system/uploads/attachment_data/file/381344/Master_final_national_curriculum_28_Nov.pdf.

虽然课程大纲规定了各学科在不同阶段、不同年级所应达成的教学目标，以及学生应掌握的核心知识和技能，但关于具体教学形式和内容的选择，学校及教师仍有较大的灵活性。此外，为了确保新国家课程的有效实施，英格兰政府进一步推行评价方式的改革，取消了此前统一的九级成就水平的评价方法，转而给予学校和教师更多的自主空间来判断学生的进步程度和学业表现。改革后各阶段各年级的测试和评价方法如表4-3所示。

表4-3 基础教育阶段测试及评价方法

年　龄	年　级	阶　段	评　价　方　式
5—6岁	一	关键阶段1	自然拼读检查
6—7岁	二		国家课程测试（英语、数学）；教师评价（英语、数学、科学）
7—8岁	三	关键阶段2	
8—9岁	四		
9—10岁	五		
10—11岁	六		国家课程测试（英语、数学）；教师评价（英语写作、科学）

（续表）

年　龄	年　级	阶　段	评　价　方　式
11—12岁	七	关键阶段3	
12—13岁	八		
13—14岁	九		
14—15岁	十	关键阶段4	部分学生参加普通中等教育证书考试
15—16岁	十一		大部分学生参加普通中等教育证书考试或其他证书考试

资料来源：Department of Education. The National Curriculum［EB/OL］（2018-12-01）［2018-12-01］. https: //www.gov.uk/national-curriculum.

总体而言，2014年新的国家课程的颁布，不仅体现了英格兰政府对社会发展的敏锐嗅觉，更反映了其对自身基础教育质量的反思。无论是对高水平教育期待的强调、对课程结构的进一步划分，还是对学科基础知识和技能的关注，无疑都使得基于国家课程的质量监测更为系统和清晰。

二、小学阶段教育质量监测

在2012年以前，资格与课程局（Qualifications and Curriculum Authority, 简称QCA）、资格与考试监督办公室（Office of Qualifications and Examinations Regulation, 简称Qfqual）、资格与课程发展局（The Qualifications and Curriculum Development Agency, 简称QCDA）以及教育、儿童服务与技能标准局在英格兰基础教育质量监测的过程中曾先后承担不同的职责。2012年，为了进一步推动课程评价改革，教育部单独设立了标准与测试局（Standards and Testing Agency, 简称STA），专门负责儿童在学前至关键阶段2的测试和评价工作。具体而言，其职责包括：实施国家课程评价，包括在关键阶段1和关键阶段2开展英语及数学测试；开展自然拼读检查；协助学校开展测试和评价工作；设置测试标准；协助教师评价；协助学校在新课程评价过程中开展个性化实践；对实习教师开展专业技能测试；为考试中心和考试人员提供后勤服务。[1] 此外，新国家课程改革的一个重要特征就在于，地方、学校和教师被赋予了更广泛的自由空间，不仅能够自主开发地方课程和校本课程，在评价过程中也都扮演重要角色：地方教育当局需理解各学校的需求，为其提供相应的资源、指导及说明，确保学校按照要求在各关键阶段教育评价的顺利进行；校长的责任是在学校内贯彻标准与测试局的评价要求，使教职员工遵循此展开评价工作，满足学生的需求从而使其参与测试；教师的任务是完成相应的评价工作并及时反馈。[2] 正如上表所示，在小学阶段，即关键阶段1和关键阶段2，对教育质量的监测主要在三个年级展开：小学一年级、小学二年级和小学六年级；主要的监测方式有三项：自然拼读测试、国家课程测试以及教师评价。

第一，自然拼读测试。每年6月中旬，学校按要求需在学期结束前对小学一年级学生进行自然拼读测试，以监测他们是否能够基于现有的拼读知识来解码单词。自然拼读测试虽然属于阶段性监测，需遵循国家统一设置的内容和标准，但均由各小学自行组织，考官也为校内具备拼读教学经验的教师担任，因此氛围相对轻松。测试共包含20个真单词、20个假单词，主要考查学生是否能够运用拼读规则读出单

[1] Standards & Teaching Agency. About us. [EB/OL]（2018-12-01）[2018-12-01] https: //www.gov.uk/government/organisations/standards-and-testing-agency/about.

[2] Department of Education. Key Stage1: Assessment and Reporting Arrangements, 11-18 [EB/OL]. (2018-10-15）[2018-12-05]. https: //assets.publishing.service.gov.uk/government/uploads/system/uploads/attachment_data/file/754076/Key_stage_1_assessment_and_reporting_arrangements.pdf.

词。2018年的及格成绩是32分，即学生在40道题目中需至少读对32道。[1]针对未通过测试的学生，教师会给予特殊辅导并组织其在二年级结束时再测。关于测试分数，学校有义务向学生家长及地方教育当局汇报，但教育部不会公布以学校为单位的测试结果。

第二，国家课程测试。为了监测各关键阶段的核心课程学习情况，标准与测试局每年5月会组织所有公立学校学生参与统一的测试，具体测试方向及试卷内容如表4-4所示。需要补充的是，在关键阶段1，学校还可以选择让学生参与英语语法、标点及拼写测试。在关键阶段2，有部分学校的学生被抽样参与科学测试。一切有关测试的文件及材料均由标准与测试局管理和派发，但试卷的评阅打分则由学校教师依照标准完成。为了方便跨年间比较以及追踪学生的学业进展，测试成绩不以原始分，而以等级分呈现，分值为85—115，分数越高表现越好，100分则代表学生处于平均水平。[2]关于测试分数，政府不强求学校向地方教育当局汇报；若学生家长想获知个人成绩，学校需向其汇报。[3]

表4-4　小学阶段国家课程测试内容

年级	阶段	测试方向	试　卷　内　容
二年级	关键阶段1	英语阅读	• 试卷1：阅读篇章并回答问题，共20分，学生有约30分钟作答时间。 • 试卷2：阅读稍难篇章并回答问题，共20分，学生有约40分钟作答时间。

[1] Standards & Teaching Agency. Phonics Screening Check: 2018 Scoring Guidance [EB/OL]. (2018-06-25) [2018-12-02]. https: //www.gov.uk/government/publications/phonics-screening-check-2018-materials.

[2] Standards & Testing Agency. How to Convert Key Stage 1 Raw Scores to Scaled Scores [EB/OL]. (2018-06-01) [2018-12-02]. https: //assets.publishing.service.gov.uk/government/uploads/system/uploads/attachment_data/file/712377/2018_KS1_scaled_score_conversion_tables.pdf.

[3] Standard & Teaching Agency. Key Stage1 Assessment and Reporting Arrangements, 29 [EB/OL]. (2018-10-15) [2018-12-03]. https: //assets.publishing.service.gov.uk/government/uploads/system/uploads/attachment_data/file/754076/Key_stage_1_assessment_and_reporting_arrangements.pdf.

（续表）

年级	阶段	测试方向	试卷内容
二年级	关键阶段1	数学	• 试卷1：算术，考查学生的基本数学运算能力，共25分，学生有约20分钟作答时间。
			• 试卷2：推理，考查学生解决数学问题和进行数学推理的能力，共35分，学生约有35分钟作答时间。
六年级	关键阶段2	英语语法、标点及拼写	• 试卷1：综合问题，共50分，学生有45分钟作答时间。
			• 试卷2：考官阅读内容，学生完成20项拼写任务，共20分，学生有约15分钟作答时间。
		英语阅读	阅读3篇文章并回答相关问题，共50分，学生有1小时作答时间。
		数学	• 试卷1：算术，考查学生包括整数、分数、小数、百分比以及复杂乘除法的运算能力，共40分，学生有30分钟作答时间。
			• 试卷2和3：推理，考查学生解决数学问题和进行数学推理的能力，各35分，学生分别有40分钟作答时间。

资料来源：根据关键阶段1和关键阶段2评价报告制成。[1]

第三，教师评价。为了全面监测基础教育的质量，标准与测试局还规定学校开展个性化的教师评价。具体而言，教师评价包含三种方式：在日常课堂教学过程中对学生表现的形成性评价；在学习任务结束时对学生表现的终结性评价；在各关键阶段结束时对学生表现的终

[1] 参见：(1) Department of Education. Key Stage1: Assessment and Reporting Arrangements［EB/OL］.（2018-10-15）［2018-12-05］. https: //assets.publishing.service.gov.uk/government/uploads/system/uploads/attachment_data/file/754076/Key_stage_1_assessment_and_reporting_arrangements.pdf. (2) Department of Education. Key Stage 2: Assessment and Reporting Arrangements［EB/OL］. (2018-10-15)［2018-12-05］. https: //assets.publishing.service.gov.uk/government/uploads/system/uploads/attachment_data/file/754071/Key_stage_2_assessment_and_reporting_arrangements.pdf.

结性评价。[1]根据2018—2019学年的要求，在关键阶段1结束时，教师需对学生的英语阅读、英语写作、数学及科学成绩进行终结性评价。在关键阶段2结束时，教师需对学生的英语写作及科学成绩终结性评价。由于这种终结性评价的目的在于判断学生表现是否达到国家标准，并实现相互间比较，教师需依照标准与测试局规定的统一框架开展工作：对英语及数学成绩的评价包含三个等级，即尚未达到合格标准、达到合格标准以及达到优秀标准；对科学成绩的评价仅包含一个等级，即是否达到合格标准。对于教师评价结果，学校需向地方教育当局汇报。为了确保评价结果的有效性和一致性，地方教育当局还会对25%的教师评价进行校准。[2]

总体而言，国家统一测试、抽样测试以及教师评价的方式并行，共同实现了对伦敦小学教育质量的监测。这不仅能够全方位地评价学生的学业进步和学业成就，同时也实现了多方利益相关者的参与。

三、中学阶段教育质量监测

尽管国家课程规范了英格兰中学教育的主要内容，但无法否认，学生在关键阶段4的学习主要是由证书考试驱动的。由于学生在14岁之后的学习内容比较灵活，从而也就为准备各类证书考试留下了相对自由的课程空间。[3]根据《1988年教育改革法》规定，所有公立学校

[1] Standards& Testing Agency. Key Stage 1 Teacher Assessment Guidance, 8 [EB/OL]. (2018-11-22) [2018-12-05]. https: //assets.publishing.service.gov.uk/government/uploads/system/uploads/attachment_data/file/758810/KS1_TA_Guidance_2018-19.pdf.

[2] Department of Education. Key Stage1: Assessment and Reporting Arrangements, 40 [EB/OL]. (2018-10-15) [2018-12-05]. https: //assets.publishing.service.gov.uk/government/uploads/system/uploads/attachment_data/file/754076/Key_stage_1_assessment_and_reporting_arrangements.pdf

[3] Isaac, T. Educational assessment in England [J]. Assessment in Education: Principles, Policy & Practice, 2010, 17(3): 315-334.

学生在义务教育结束时必须参加该考试，而这是监测中学教育质量的最重要手段。在近年来考试难度的降低、基础教育质量的下滑以及提高劳动者素质的需要等多重因素的促成下，[1]教育部同资格与考试监督办公室于2015年进一步推行了考试内容、形式及记分方式的改革。

在最新的框架下，中学生需选择英语、数学以及其他选修课程，通常为8—10个科目，并在2年课程学习全部结束后参加统一考试。各地考试机构可自行制定考试大纲，但必须严格依照国家标准中的各项要求方能获得认可。[2]在内容方面，教育部在2018年已对超过20个科目进行了改革，尤其是数学和英语等核心课程，不仅将难度提高，而且侧重考查学生解决实际问题的能力。[3]在考试形式上，不仅取消了课程作业在考试成绩中占比不低于20%的评价方式，同时改变了此前每门课程一年可以有两次考试及重考机会的做法，转而要求学生在完成所有科目学习后参加一次性考试，且仅给英语和数学一次补考机会。在等级划分上，为了增加考试区分度，采用9—1的等级评分体系取代先前A*–G的等级评分体系，且每个等级内仍有分等级的设置。其中，9级为最高级，比过去的A*等级更高；7级的最低等相当于过去A级的最低等；4级的最低等相当于过去C级的最低等，即为合格；1级的最低等相当于过去G级的最低等；U代表不及格（见表4–5）。由于此次改革采取逐步推进的方式，因而要到2020年夏天方能实现所有科目成绩的新等级划分。[4]

---

[1][2] 杨光富.英国普通中等教育证书考试改革蓝图［J］.外国教育研究，2014（8）：101–108.

[3] Department of Education. 2018 School and College Performance, 10［EB/OL］. (2018–07–31)［2018–12–05］. https: //assets.publishing.service.gov.uk/government/uploads/system/uploads/attachment_data/file/730647/2018_School_and_College_Performance_Tables_statement_of_intent.pdf.

[4] Office of Qualifications and Examinations Regulation. GCSE 9 to 1 Grades: A Brief Guide for Parents［EB/OL］. (2018–03–02)［2018–12–06］. https: //ofqual.blog.gov.uk/2018/03/02/gcse–9–to–1–grades-a-brief-guide-for-parents/.

表4-5 普通中等教育证书考试新等级划分方式

新评分体系	旧评分体系
9 8 7	A* A
6 5 4	B C
3 2 1	D E F G
U	U

资料来源：Office of Qualifications and Examinations Regulation. GCSE 9 to 1 Grades: A Brief Guide for Parents. (2018-03-02) [2018-12-06]. [EB/OL] https: //ofqual.blog.gov.uk/2018/03/02/gcse-9-to-1-grades-a-brief-guide-for-parents/.

在改革之前，政府通常基于获得5个A*-C的学生人数来衡量学校的表现。然而自2016年起，为了向各方利益相关者全面呈现中学教育质量，并协助薄弱学校自我改进，教育部引入了一系列新指标。至2018年，共有6项评价中学教育质量的指标：选择英国文凭（English Baccalaureate）科目[1]的学生比例；8科进步分数；英国文凭科目考试的平均分；关键阶段4后继续接受教育或参加工作的学生比例；在英语及数学科目考试中获得等级5以上成绩的学生比例；8科成绩分数。[2]其中，由于引入了新的计分方式，8科成绩分数和8科进步分数尤为引

[1] 英国文凭科目即为普通中等教育证书考试的核心科目，包括英语、数学、科学、地理或历史、外语。
[2] Department for Education. Secondary Accountability Measures, 6 [EB/OL]. (2018-10-16) [2018-12-06]. https: //assets.publishing.service.gov.uk/government/uploads/system/uploads/attachment_data/file/748497/Secondary_accountability_measures_guidance_-_October_2018.pdf.

人关注。

8科成绩是指学生8个科目成绩的加权分数，具体科目包括：数学、英语、其他英国文凭科目中分数最高的3科以及另外3个受教育部认可的资格证书考试科目。其中数学及英语的权重均为2，其他科目的权重各为1，8科成绩的最高分为80分。如果说8科成绩衡量的是学生在关键阶段4结束，也即中学毕业时获得的学业成就，那么8科进步则反映学生在关键阶段2结束至关键阶段4结束，也即小学毕业至中学毕业期间的进步水平。换言之，能够更好地评价学生在中学阶段的学业进展情况。8科进步的分数是比较具有相似起始分数，即在关键阶段2取得相似学业水平的学生的8科成绩，从而获知其进步情况。8科分数介于-1到1之间，0分意味着在中学毕业时，学生和其他在小学毕业时取得相似分数的学生取得的学业成就持平，正分意味着学业成就更高，负分意味着学业成就更低。[1]

总体而言，为了适应社会发展及提升中学教育质量的诉求，英格兰政府自1988年设立普通中等教育证书考试以来一直未曾停下变革的脚步，无论是考试科目、内容、形式的更新，还是评分方式的改变，都旨在系统地监测学生在中学阶段取得的学业成就及进步水平，从而客观呈现中学教育的质量。

综上所述，虽然伦敦在开发和提供地方课程资源方面有所尝试，但由于英格兰政府对于基础教育的把控，伦敦中小学的教学主要围绕国家课程展开，对教育质量的监测也在国家设置的框架内进行，因而

[1] Department for Education. How Progress 8 and Attainment 8 measures are calculated, 2-4［EB/OL］.(2018-10-16)［2018-12-07］. https: //assets.publishing.service.gov.uk/government/uploads/system/uploads/attachment_data/file/561021/Progress_8_and_Attainment_8_how_measures_are_calculated.pdf.

尚未拥有独立的体系。受基础教育质量下滑及提升国际竞争力的诉求等多方因素的影响，英格兰政府在近年来推行了围绕国家课程的质量监测体系的改革：小学阶段的质量监测实行国家测试、抽样测试以及教师评价三种形式，中学阶段的质量监测主要通过普通中等教育证书考试展开。无论是监测方式、监测内容还是监测结果的呈现，都不仅旨在客观评价学生的学业成就及进步水平，同时体现了英格兰政府对于提升基础教育质量的决心。

第三节

伦敦基础教育质量保障运行机制

通过上文分析不难发现，在基础教育质量监测的过程中，英格兰政府通过国家课程和国家测试对中小学进行集权管理，而地方政府和学校在具体事务的执行上则享有一定的自治权，这体现了英格兰中小学治理的“中央问责和地方管理”特征。[1]在伦敦基础教育质量保障的运行机制中，中央、地方和学校也实现了明确的分工与合作。

[1] 朱春芳.英国基础教育问责制评析［J］.外国中小学教育，2016（8）：6-11.

一、中央：资格与考试监督办公室和教育、儿童服务与技能标准局

自20世纪80年代以来，尤其是在《1988年教育改革法》颁布之后，英国中央政府就加强了对基础教育的管理和控制。虽然此后的政策变革和结构重组导致了权力向地方和学校的下放，但中央政府在不断变化的环境中采取了新的治理方式，[1]其对基础教育质量的保障主要通过两个独立机构，即资格与考试监督办公室和教育、儿童服务与技能标准局。

为了满足学生的个性化发展需要和提升教育质量的诉求，虽然英格兰政府持续推动基础教育质量监测体系的改革，但诸多措施依然饱受争议。例如，在小学阶段，各学科评价水平区分不同，同一科目考试在各关键阶段覆盖内容也不同，其课程评价在各学科以及同一科目考试分数在不同关键阶段间的可比性受到质疑。[2]在中学阶段，有多个普通中等教育证书考试主办机构，虽然其制定的考试大纲必须依照国家标准方能获得认可，但可靠性仍然难逃公众检视。为了确保公共考试服务的客观公正，资格与考试监督办公室于2010年4月成立，其目标和管理权限直接由议会设置并且直接向议会负责。具体而言，其职责包括：确保国家测试标准的一致性；确保资格考试标准的一致性；促进公众对规范的资格考试和国家测试的信任；提升公众对规范的资格考试益处的认识；确保资格考试实施的有效性。而其中最重要的一项工作就是对英格兰所管辖的考试授证机构实行行业监督。首

[1] 朱春芳.英国基础教育治理范式评析［J].外国中小学教育，2015（5）：28-33.
[2] 张晓蕾.英国基础教育质量标准《国家课程》及监控系统［J].全球教育展望，2012（4）：42-48.

先，资格与考试监督办公室有权决定哪些评价实体机构有资格实施普通中等教育证书考试，它每年都会出台资格认证标准（Recognition Criteria）和资格认证基本条件（General Conditions of Recognition），来规范认证工作。其次，资格与考试监督办公室定期对通过资质审核的机构进行监督与评估，以确保考试的有效、可信和公正。[1] 简言之，作为独立的非政府部门，资格与考试监督办公室的设立目的就在于使各类考试的结果和信息来源有一定的权威性，保证外部质量监控在共同的评价标准下操作。[2]

除了统一国家课程和考试制度，确保考试成绩的公正和有效，英国中央政府还充分关注通过专门机构对基础教育质量进行监督和反馈。事实上，英国的教育督导最早可追溯至19世纪30年代，英国是世界上最早建立教育督导指标体系的国家之一。[3] 而作为独立于教育行政部门的机构，1992年教育标准局（Office for Standards in Education, 简称Ofsted）的建立则标志着英国学校督导制度的走向成熟。2007年4月，教育标准局更名为教育、儿童服务与技能标准局，沿用Ofsted的标志，且仍直接向议会负责。根据2013年新修订的《学校督导框架》，其督导目标是，“基于国家框架所规范的证据，为每个被督导学校的成效提供独立的外部评价，以及应该如何改进的诊断方案”。[4] 其对利益相关者还衍生了三个功能：为家长协助子女择校提供专业且独立的评价意见；为国务教育大臣和议会提供有关学校教育

［1］ 苗学杰.英国基础教育第三方评价公信力建构的保障机制探析［J].中国教育学刊，2017（4）：22-27, 61.

［2］ 张晓蕾.英国基础教育质量标准《国家课程》及监控系统［J].全球教育展望，2012（4）：42-48.

［3］ 金蕊.英国中小学教育督导等级评估标准研究［D].沈阳：沈阳师范大学，2017.

［4］ Office for Standards in Education, Children's Services and Skills. The Framework for School Inspection, 4［EB/OL］. (2013-09)［2018-12-07］. http://www.educationengland.org.uk/documents/pdfs/2013-ofsted-inspection-framework.pdf.

质量的信息，确保提供最基本标准的教育保障，提高政府使用公共教育资金的信心，指出教育体系尚需改进之处；促进学校及整个教育体系的改进。督导小组的具体人数取决于被督导学校的规模，通常而言，督导人员利用2天的时间在学校展开以下四方面工作：（1）通过听课和校园观察收集有关学校教学的信息；（2）通过与教职工、学生、家长进行访谈收集各方利益相关者对学校的看法；（3）通过旁听学校会议来收集有关学校管理的信息；（4）通过收集学校文件、学生成绩、教师教案等方面的资料来获得学校文本信息。借助上述一手资料，督导小组对学校以下四方面的表现展开分析：领导与管理的效能；教学与评价的质量；学生个人发展、行为及健康；学生的学业成就。对学校的评级具体包含四个等级：杰出、优秀、需要提升和表现不足。[1]学校评级不同，待遇也有所差异：若评级为“杰出”或“优秀”，学校在3—5年内免于深度督导或督导；若评级为“表现不足”，学校将面临关、停、并、转的命运。[2]简言之，教育、儿童服务与技能标准局秉持客观公正的工作态度，对中小学的课程、教学、资源和管理等多方面表现进行监督，不仅强化了多方教育利益相关者的相互沟通，且以评促改，能够帮助学校厘清改进方向及改进策略。

总体而言，作为中央层面的专业机构，资格与考试监督办公室实现了考试评价制度的统一标准，教育、儿童服务及技能标准局实现了对中小学的监督和评估。此外，二者均为独立于教育部但又与其紧密联系的非部级部门，由于不受制于行政规定的束缚，更为公正的质量

---

［1］ Office for Standards in Education, Children's Services and Skills. The common Inspection Framework: Education, Skills and Early Years, 11［EB/OL］. (2015-08-25)［2018-12-07］. https: //assets.publishing.service.gov.uk/government/uploads/system/uploads/attachment_data/file/717953/The_common_inspection_framework_education_skills_and_early_years-v2.pdf.

［2］ 谢春风.英国教育督导目标、准则、标准的新特点及其影响［J].重庆高教研究，2016（3）：108-114.

保障成为可能。

二、地方：大伦敦政府和各行政区政府

尽管英格兰基础教育实行中央、地方和学校三级管理体制，但国家性课程、考试及督导等专业事务的决策权掌握在中央政府手中。近年来的政策变革和结构重组又使资源决策权从地方当局逐渐下放给了学校。[1] 但这并不意味着地方教育当局的退让，其在基础教育质量保障的过程中仍然占有一席之地。

在1965年至1990年之间，内伦敦12个行政区及其辖内900多所学校均由“内伦敦教育局”（Inner London Education Authority, 简称ILEA）统一管理，外伦敦20个行政区的学校则分别由各地方教育当局管理。1990年，英国政府取消了内伦敦教育局，此后伦敦各行政区的教育事务由各地方教育当局管理。直到1999年，大伦敦政府（Greater London Authority, 简称GLA）成立，统一管辖大伦敦都会区的整体教育规划和治理，而具体的教育服务、学校管理和社会服务等均由各行政区政府负责[2]。大伦敦政府和行政区政府在保障基础教育质量方面主要发挥了以下三方面作用。

第一，推动中央政府、学校及其他利益相关者间的合作。正如有报告指出，在英格兰中小学自治权扩张的背景下，地方教育当局的角色也随之转换，其中一个工作重点就是联合多方开展教育合作。[3] 1990年内伦敦教育局解散后，12个行政区之间的学生学业表现

[1] 朱春芳，高益民. 英格兰基础教育治理模式评析［J］. 外国中小学教育，2015（1）：28-33.

[2] 陈法宝，郭婧. 教育变革，政府何为？——伦敦基础教育改革中的政府角色［J］基础教育，2015（6）：93-101.

[3] Parish, N., Baxter, A. and Sandals, L. 2012. Action research into the evolving role of the local authority in education［M］. London: DfE and LGA, 2014. 5.

差距逐渐拉大，其中陶尔哈姆莱茨区由于大量的孟加拉国移民成为伦敦最贫困、教育水平最差的地区之一。因此，大伦敦政府积极展开同教育部、陶尔哈姆莱斯区教育局的合作，开展“城市教育优异计划”（Excellence in Cities），在陶尔哈姆莱茨区创建了“城市教育优异计划行动区”（Excellence in Cities Action Zone），提升了伦敦内城区的教育质量，并且促进了社会融合。[1]在后期开展的“伦敦挑战”项目中，大伦敦政府也促进了中央政府、伦敦各行政区教育部门、学校和其他利益相关者之间的合作，确保了中等教育的质量，同时鼓舞了教师和家长的士气与信心。

第二，为学校提供针对性的资源和指导。为了实现学校的有效自治，从而进一步保障教育质量，大伦敦政府为中小学的教学和管理提供了有针对性的资源和指导：（1）针对课程教学，大伦敦政府开发了伦敦课程项目，为在关键阶段2和关键阶段3任教的教师免费提供28门课程的教学资源，旨在推动高质量的国家课程的本地化教学。[2]同时，设立“伦敦学校卓越基金”（London Schools Excellence Fund），扩展教师在英语、数学、化学、计算机科学、体育、古代及现代语言方面的学科知识，从而提升其教学能力。[3]（2）通过“以教为先”项目充分吸纳和培养优秀的教师求职者，不仅提供了大量的专业发展机会，[4]同时还在住房方面为教师提供多

[1] 陈法宝，郭婧.教育变革，政府何为？——伦敦基础教育改革中的政府角色［J］.基础教育，2015（6）：93-101.

[2] Greater London Authority. London Curriculum［EB/OL］. (2018-12-10)［2018-12-10］. https: //www.london.gov.uk/what-we-do/education-and-youth/london-curriculum.

[3] Greater London Authority. London Schools Excellence Fund［EB/OL］. (2018-12-09)［2018-12-09］. https: //www.london.gov.uk/what-we-do/education-and-youth/improving-standards-schools-and-teaching/london-schools-excellence-fund.

[4] Greater London Authority. LSEF Teaching Resources［EB/OL］. (2018-12-09)［2018-12-09］. https: //www.london.gov.uk/what-we-do/education-and-youth/education-and-youth-publications/lsef-teaching-resources .

途径帮助，缓解了教师在国际大都市生活的后顾之忧。[1]（3）开展“伦敦领先”（Getting Ahead London）项目，不仅为符合资格的中小学校长及中层领导配备专门的指导人员，挖掘其自身的领导潜力，同时为其提供了大量的领导力培训，旨在全面提升伦敦学校的领导力水平。[2]（4）针对学生的发展，不仅通过诸如“伦敦科学家”（London Scientist）项目关注学生在科学、技术、工程及数学方面的学业进展，[3]同时注重给予处境不利的学生以经济支援和身心健康辅导。[4]

第三，促进学校间的实践经验共享。尽管相较于英格兰其他地区，伦敦的整体基础教育发展水平较高，但仍然存在大量薄弱学校，这些学校往往缺乏自主发展和持续改进的能量。由此，实现学校间先进经验的共享，也成为保障基础教育质量的重要一环。例如，在“红房子部署”（Red House Deployment）项目中，大伦敦政府及各地方教育当局创造了良好的合作氛围，被评估为需要改进的“红房子”学校得以与优质学校结成伙伴关系，从而获得相关改进建议和人员支持。[5]在“成功学校”（School for Excellence）项目中，大伦敦政府则进一步鼓励成功学校将其先进经验总结成报告供薄弱学校参考，帮助它们在改进

［1］ Greater London Authority. Housing for Teachers［EB/OL］. (2018-12-09)［2018-12-09］. https: //www.london.gov.uk/file/34783567.

［2］ Greater London Authority. Getting Ahead London: Creating London’s Next Headteachers［EB/OL］. (2018-12-10)［2018-12-10］. https: //www.london.gov.uk/sites/default/files/2018_getting_ahead_london_e-guide.pdf.

［3］ Greater London Authority. Mayor’s London Authority［EB/OL］. (2018-12-10)［2018-12-10］. https: //www.london.gov.uk/what-we-do/education-and-youth/mayors-london-scientist.

［4］ Greater London Authority. Tacking Child Poverty and Health Inequality［EB/OL］. (2018-12-11)［2018-12-11］. https: //www.london.gov.uk/what-we-do/education-and-youth/support-families-and-early-years/tackling-child-poverty-and-health.

［5］ 赵岚，田晓苗.英国地方教育行政部门服务于学校改进的实践、特点及启示——基于英国“伦敦挑战”项目的分析［J].外国教育研究，2012（7）：67-73.

过程中少走弯路。

总体而言，在中央政府掌握专业实务决策权，学校逐渐掌握资源决策权的背景下，地方教育当局在发展基础教育的过程中仍然扮演着重要角色。大伦敦政府及各行政区政府当局通过推动中央政府、学校及其他利益相关者间的合作、为学校及教师提供针对性资源和指导以及促进学校间的实践经验共享，保障了伦敦的基础教育质量。

三、学校：伦敦中小学

近年来，英格兰基础教育发展的一个重要特征就是扩大学校自治权。[1] 无论是工党、保守党还是二者组成的联合政府，在基础教育领域均致力于给予中小学以更广泛的自由和发展空间。教育部于2010年发布的白皮书《教学的重要性》(The Importance of Teaching)更是进一步指出，“改进的首要责任在于学校自身”。[2] 在保障教育质量的过程中，伦敦的中小学尤为关注构建自我评价和改进系统。

事实上，英国基础教育领域的学校自我评价是在多重因素的共同作用下兴起的。自20世纪90年代以来，社会各界对基础教育质量给予了重点关注。中央政府不仅实行全国统一课程和考试，重视学生基础知识和技能的培养，而且强调通过学校督导以实现基础教育质量

---

[1] Department for Education. The Evolving Education System in England: a Temperature Check, 11 [EB/OL]. (2014-07-09) [2018-12-11]. https: //assets.publishing.service.gov.uk/government/uploads/system/uploads/attachment_data/file/325816/DFE-RR359.pdf.

[2] Department for Education. The Importance of Teaching: The schools White Paper [EB/OL]. (2010-11-24) [2018-12-13]. https: //assets.publishing.service.gov.uk/government/uploads/system/uploads/attachment_data/file/175429/CM-7980.pdf.

的全面提升。尽管教育、儿童服务与技能标准局为中小学提供了专业化的外部督导，但也面临巨大的争议，尤其是近年来对其督导标准和过程的合理性与正当性的质疑甚嚣尘上。督导过于强调问责，不仅忽视了学校的发展与改进，同时给校长和教师带来了巨大的心理负担。[1]因此，如何通过学校自我评价将外部驱动转化为内部驱动，激发学校的主动性与创造性，就成为亟待解决的问题。目前，学校自我评价也已经成为督导变革的主要趋势。毋庸置疑，为了实现持续改进，学校自我评价涉及学校生活的方方面面：将教职员工、学生、家长以及各级领导均纳入评价活动当中；围绕学生的学习、成就及发展提出关键性问题，并且依据多方证据对上述问题做出解答；将评价结果同其他学校以及国家标准相比较，以明确自身的整体水平，并指导未来实践。[2]

一项针对230所学校展开的调查[3]发现，伦敦中小学持续地积极参与甚至主导自身的改进活动，并且已经将改进行为充分融入学校的日常生活。通过系统的自我评价，伦敦中小学对自身改进优先项的判断尤为清晰明确。第一，由于意识到有效教学对保障教育质量的重要作用，97%的伦敦学校认为应当提升自身教师的教学质量。[4]第二，同中央政府近年来对学生基础知识和技能的关注一致，94%的伦敦学校强调应当提升学生在核心学科的学业表现。其中，将提高英语、数学和科学的学业标准视为改进重点的学校比例分别为89%，

[1] 谢春风.英国教育督导目标、准则、标准的新特点及其影响［J].重庆高教研究，2016（3）：108-114.

[2] Ozga, J. Governing Education through Data in England: from Regulation to Self-evaluation［J］. Journal of Education Policy, 2009, 149-162.

[3][4] Greater London Authority. Investigating the School Improvement Needs and Practices of London Primary and Secondary Schools, 6［EB/OL］.（2015-11）［2018-12-13］. https://www.london.gov.uk/sites/default/files/bmg_research_report_2.pdf.

76%和41%。[1]第三，地处国际大都市，伦敦的学校不仅深知自身对于社会发展的责任和义务，同时也明确多元的学生背景给基础教育质量保障带来的挑战。因此，94%的学校表示应当给予不同类别的少数群体学生以额外关注，具体包含提升他们的就学信心，提供有针对性的学业帮助以及身心健康辅导等。[2]除上述三个主要的改进优先项之外，接受调查的学校还通过系统的自我评价明确了其他改进事项，具体包含修订课程框架（18%）和促进各层次人员的领导力发展（17%）等。[3]

总体而言，在英格兰基础教育强调提升学校自治能力的背景下，伦敦的中小学充分发挥了自主性和创造性，通过系统的自我评价明确了改进优先项，为日后的学校发展指明了方向，实现了伦敦基础教育的内部质量保障。

综上所述，受英格兰基础教育三级管理体制的影响，在中央层面，资格与考试监督办公室确保了考试评价制度的透明和权威，教育、儿童服务与技能标准局对中小学进行定期督导并提供反馈。在地方层面，大伦敦政府和各行政区政府则推动多方合作，为伦敦学校提供针对性帮助并促进学校间的经验共享。在学校层面，伦敦中小学充分发挥主动性，积极致力于自我评价和自我改进。三者权责分明，各司其职，共同保障了伦敦基础教育的质量。

---

[1] Greater London Authority. Investigating the School Improvement Needs and Practices of London Primary and Secondary Schools, 40［EB/OL］. (2015-11)［2018-12-13］. https: //www.london.gov.uk/sites/default/files/bmg_research_report_2.pdf.

[2] Greater London Authority. Investigating the School Improvement Needs and Practices of London Primary and Secondary Schools, 42［EB/OL］. (2015-11)［2018-12-13］. https: //www.london.gov.uk/sites/default/files/bmg_research_report_2.pdf.

[3] Greater London Authority. Investigating the School Improvement Needs and Practices of London Primary and Secondary Schools, 3［EB/OL］. (2015-11)［2018-12-13］. https: //www.london.gov.uk/sites/default/files/bmg_research_report_2.pdf.

第四节

伦敦基础教育质量改善举措

在过去十几年间，“伦敦挑战”项目、“以教为先”项目和学院制学校项目的施行，以及地方教育当局服务的改善，均证明伦敦在改善基础教育质量方面从未停下脚步。但是，上述举措不仅覆盖面有差异，甚至存在价值取向相悖的情况，而随机对照试验（randomized controlled trial，简称RCT）结果的缺失，则进一步使得每项措施的真正实效难以被获知。[1]那么，伦敦基础教育质量的提高到底得益于哪些举措？伦敦学校尤其是薄弱学校应当吸取哪些经验从而有针对性地改进？为了厘清这些问题，伦敦政府自2017年起开始实施成功学校项目。

一、宏观：在学校内部构建成功文化

作为项目的发起人，伦敦市长认为，优质学校之所以会出现，根源是其在学校管理、校长领导和教师教学等方面的先进经验。将总结这些先进经验并分享给薄弱学校，就是成功学校项目的旨趣所在。[2]需要指出的是，在此项目中，成功学校特指那些在帮助薄弱学生提高

[1] Center For London. Lessons from London Schools: Investigating the Success, 10 [EB/OL]. (2014) [2018-11-26]. https: //www.centreforlondon.org/wp-content/uploads/2016/08/Lessons-from-London-Schools.pdf.
[2] Greater London Authority. The Mayors' Schools for Success Programme [EB/OL]. (2018-11-26) [2018-11-26]. https: //www.london.gov.uk/what-we-do/education-and-youth/schools-success/mayors-schools-success-programme.

教育成就方面表现优异的学校，因为它们的经验更具有借鉴意义。

对成功小学的判定标准是：学校不仅要达到2017年伦敦小学的平均水平，即至少59%的学生在阅读、写作和数学方面达到合格标准，而且学生在关键阶段2和关键阶段1之间的进步分数要达到4.4分以上（伦敦平均分为2分）。对成功中学的判定标准是：学校不仅要达到2017年伦敦中学的平均水平，即学生8科成绩的平均分达到51.9分，而且学生8科进步的平均分要达到0.93分以上（伦敦平均分为0.11分）。[1]根据上述标准，表现排名前6%的小学和中学，即118所小学和32所中学被列为第一期的成功学校。[2]项目的参与采取自愿原则，为了构建基于杰出教学和领导力实践的校际网络，政府鼓励参与项目的成功学校分享它们的经验，尤其是在提高薄弱学生学业成就方面的经验。[3]根据伦敦政府网站发布的成功学校的经验报告不难发现，这些学校之所以取得卓越成就，根源首先都在于校内“成功文化”（culture for success）的构建。

第一，设立高水平的教育期待。教师的教育期待，尤其是对少数族群的教育期待，会影响学生对自我学习能力的认知。但现实情况是，教师无可避免地会根据学生的背景差异设立不同的教育期待，而这正是妨碍教育质量提升的重要因素。对这一惯性思维的颠覆，不仅需要改变教师的观念模式，同时需要通过不同形式的教育评价和数据

---

[1] Greater London Authority. The Mayors' Schools for Success: What has Helped them to Succeed, 2［EB/OL］. (2018-10)［2018-11-26］. https: //www.london.gov.uk/sites/default/files/schools_for_success_report_rev3_0.pdf.

[2] Greater London Authority. What does it take to be a School for Success?［EB/OL］. (2018-11-27)［2018-11-27］. https: //www.london.gov.uk/what-we-do/education-and-youth/schools-success/what-does-it-take-be-school-success#acc-i-48999.

[3] Greater London Authority. FAQs: Schools for Success［EB/OL］. (2018-11-27)［2018-11-27］. https: //www.london.gov.uk/what-we-do/education-and-youth/schools-success/faqs-schools-success#acc-i-48980.

分析来获知学生真正的学业成就差距。因此，成功学校通常都会鼓励教师审视教与学的相互促进关系，使教师理解个性化教学和设立高教育期待的重要性。他们采取的具体措施包括：修正学校课程并明确学生的成就并不存在天花板；鼓励教师设立更大的教育目标；对所有学生秉持高标准的行为期待；在教师和学生中传达一种观念，即学习上的困难和障碍不应成为低教育标准的借口；提高教师教学质量以及为弱势学生提供额外辅导等。[1]

第二，推进全纳且优质的教学文化。成功学校通过优质教学营造了一种全纳的学校文化，以满足所有学生的学习和发展需求。具体而言，成功学校的教师教学均达到了以下几项标准：清晰的教学目标；高度的学生参与；积极的学生互动；恰当地提问题和举例子；给予学生充分的空间进行自我表达和小组讨论；明确学生应当独立思考并为自我的学习负责；使用鼓励性语言来调动学生的积极性。[2]毋庸置疑，只有通过上述措施来实现教学目标与活动的可视性，才能够赋权学生，使其充分掌控自己的学习进展。

第三，建立相互信任的教育关系。在改进学校的过程中，各群体间的相互信任能够给予教师安全感，从而使其更好地开展创新性实践。正如前文所述，伦敦面临着严峻的校长和教师数量紧缺问题，在此背景下，成功学校更加意识到在教职员工间构建职业信任和尊重的重要性。学校不仅致力于在校内建立互动关系，同时也试图加强与其他学校间的相互合作，以构建更为紧密的教学共同体。[3]

[1] Greater London Authority. The Mayors' Schools for Success: What has Helped them to Succeed, 7 [EB/OL]. (2018-10) [2018-11-27]. https: //www.london.gov.uk/sites/default/files/schools_for_success_report_rev3_0.pdf.

[2] [3] Greater London Authority. The Mayors' Schools for Success: What has Helped them to Succeed, 8 [EB/OL]. (2018-10) [2018-11-28]. https: //www.london.gov.uk/sites/default/files/schools_for_success_report_rev3_0.pdf.

总体而言，高水平教育期待的设立就是对所有学生都能开发出自身潜能的信念。只有各方利益相关者共同认同这种信念，成功学校才能倡导全纳教育，以关注所有学生的学习和发展需求，并加强校内和校际的互动与合作，从而实现整体教育质量的提升。

二、中观：以实证数据指导教学和管理

自2000年以来，伦敦基础教育领域最重要的发展就是对教育数据的关注与应用："伦敦挑战"项目基于学生表现的数据给予弱势学校以帮助；学院制学校项目鼓励用数据来指导学校工作；地方教育当局通过系统的数据分析来支持学校改进；"以教为先"项目则通过数据分析来确保教师对弱势学生群体的关注。[1]换言之，尽管这些质量改进项目所采取的具体措施有所差异，但它们无一例外地都将对数据的利用和分析视为教育变革的重要手段，而这也是成功学校的经验之一。

第一，有效的数据追踪与应用。毋庸置疑，基于学生以往的表现来推测其未来的学业成就是不科学且不恰当的，只有准确监测所有学生的学业表现，才能不让其中的任何一员掉队。事实证明，几乎所有的成功学校都建立了清晰且持续的评价监测系统，其达成的效果包括：发现了学校的优势、改进的方向以及需要多加关注的学生群体；帮助弱势学生设立了改进目标；追踪了全体学生的学业进展；找出了学生间的学习差距；促进了以学生为中心的教学规划；帮助教职员工理解和满足了学生需求；发现了课程漏洞并理解了教师的专业发展需

[1] Center For London. Lessons from London Schools: Investigating the Success, 88–89［EB/OL］. (2014)［2018-11-28］. https: //www.centreforlondon.org/wp-content/uploads/2016/08/Lessons-from-London-Schools.pdf.

求；教学变得更具有目标性等。换言之，基于对数据的关注与分析，成功学校内部一切学习、教学和管理行为都变得有据可依，且更有方向性和指导性。此外，成功学校还定期召开关于学生学业进展的会议，所有的管理层、教师和教学支持人员能够一同分享并讨论学生的学业表现，这就使得其对数据的应用更为动态和富有成效。[1]

第二，以培养数据分析能力和提升学生学业成就为目标的教师专业发展。提高教师教学能力和促进教师专业发展一直都是各项学校改进项目的重点举措，而取得成效的关键就在于其是否有数据支撑，以及是否立足于学生学业成就的提升。成功学校倡导高质量的教师教学，但其关注点并非单一教学策略的更新和使用，而是一种整体性教学思维的传达。它们的经验在于，一切教学行为都以满足学生的需求为核心而展开。成功学校的教师专业发展同样具有针对性，除了教学知识和学科知识的扩展，它们主要关注培养教师的数据分析和解读能力、与弱势学生的沟通能力，以及解决课堂内危机和焦虑的能力等。[2]

第三，基于教育数据给予薄弱学生重点关注。正如前文所述，成功学校特指在帮助弱势学生提升学业成就方面表现优异的学校。因此，无论是对数据的追踪与分析，还是富有针对性的教师专业发展，其最终关注点都在于提升学生的学业表现，尤其是缩小薄弱学生与其他学生间的成就差距。事实证明，成功学校在给薄弱学生创造额外的学习机会方面均采取了行之有效的措施。例如，在常规课程外为薄弱

[1] Greater London Authority. The Mayors' Schools for Success: What has Helped them to Succeed, 12［EB/OL］. (2018-10)［2018-11-29］. https: //www.london.gov.uk/sites/default/files/schools_for_success_report_rev3_0.pdf

[2] Greater London Authority. The Mayors' Schools for Success: What has Helped them to Succeed, 13［EB/OL］. (2018-10)［2018-11-29］. https: //www.london.gov.uk/sites/default/files/schools_for_success_report_rev3_0.pdf.

学生开设专门的课程，这就意味着学校对现有师资和其他配套资源进行了重新规划，或额外拨款以聘请校外专家等。此外，成功学校还充分利用了课后、周末及假期时间来开发辅导课程和相关活动。[1]

总体而言，自2000年以来，伦敦基础教育质量的提升有赖于其对教育数据的追踪与分析。这种对数据的信任与应用贯穿学校的教学和管理活动，不仅使教师的教学能力培养和专业发展更有针对性，也使得对薄弱学生的干预更有效率。

三、微观：为薄弱学生提供全方位指导

作为国际大都市，伦敦的人口结构复杂，这使得伦敦学校学生的背景十分多元。虽然相较于英格兰其他地区，伦敦学生的学业表现更好，相互之间的学业差距也更小，但大量来自英语非母语群体、少数族群及贫困家庭的学生构成了弱势学生的大多数。而他们的学业表现之所以不如其他学生，很大程度上就源自其在认知、心理以及视野上的困难与不足未被分析和重视。成功学校敏锐地探查了这些因素，并采取了相关措施。如果说高水平教育期待、全纳且高质量的教学文化以及相互信任的教育关系是一种宏观的学校文化，以实证数据来指导教学和管理工作是中观的指导原则，那么对弱势学生多重需求的满足就是微观且直接的改进措施。

第一，为学生提供有针对性的认知辅导。正如上文所述，成功学校为薄弱学生创造了额外的学习机会，但其并非漫无目的，而是紧密围绕学生个体的认知需求而展开。例如，由于语言能力是评价学生学

---

[1] Greater London Authority. The Mayors' Schools for Success: What has Helped them to Succeed, 16［EB/OL］. (2018-10)［2018-11-29］. https: //www.london.gov.uk/sites/default/files/schools_for_success_report_rev3_0.pdf.

业表现的核心标准之一，针对有这方面困难的学生，成功学校设计了一系列丰富的辅导活动，具体形式包括带领学生外出参观和郊游等，将学生带入具体的情境，使学生对词汇的认知和理解更加生动，并理解其在生活中的准确应用。[1]

第二，关注学生的情感及心理健康问题。学生的情感、心理及行为状态与其学业表现有正相关关系。拥有健康的情感、心理状态及社交行为且没有欺凌体验的学生，能够更积极地参与校园生活，从而取得较高的教育成就。[2] 2002—2014年，记录在儿童保护计划（Child Protection Plans）和儿童保护注册局（Child Protection Register）的伦敦学生比例增长至82%，虽然这部分源于人口的快速增长，但也直接说明了伦敦学生的心理和情感发展亟须关注。[3] 对此问题，成功学校的洞察力十分敏锐，并采取了一系列具体措施以满足学生尤其是弱势学生的情感及心理发展需求，如开展小组指导以提升学生的自尊心和自信心，聘请专门的心理咨询师和医生，帮助学生解答相关问题等。[4]

第三，拓宽学生的视野，帮助其设立更远大的人生目标。一项针对14岁学生展开的研究结果显示，有意愿接受高等教育的学生往往

---

[1] Greater London Authority. The Mayors' Schools for Success: What has Helped them to Succeed, 20–21［EB/OL］. (2018-10)［2018-11-30］. https://www.london.gov.uk/sites/default/files/schools_for_success_report_rev3_0.pdf.

[2] Department for Education. The Impact of Pupil Behavior and Wellbeing on Educational Outcomes［EB/OL］. (2012-11-29)［2018-11-30］. https://assets.publishing.service.gov.uk/government/uploads/system/uploads/attachment_data/file/219638/DFE-RR253.pdf.

[3] Greater London Authority. The Mayors' Schools for Success: What has Helped them to Succeed, 19［EB/OL］. (2018-10)［2018-11-30］. https://www.london.gov.uk/sites/default/files/schools_for_success_report_rev3_0.pdf.

[4] Greater London Authority. The Mayors' Schools for Success: What has Helped them to Succeed, 18［EB/OL］. (2018-10)［2018-11-30］. https://www.london.gov.uk/sites/default/files/schools_for_success_report_rev3_0.pdf.

在中学阶段能够取得更好的成绩。学生学业表现不佳的其中一个原因就在于视野和上进心不足。此外，相较于来自富裕家庭的学生，经济贫困学生尤其缺乏对学校教育的信任，也较少将学校教育与自身未来的发展前景做联结。[1] 为了使学生获得更好的学业表现，学校有义务对学生的教育信念施加影响，通过多种途径拓宽他们的视野，帮助其理解并审视自我的选择，甚至去涉足那些从未被列入思考的领域。在此方面，成功学校采取的具体措施包括：为学生提供更多的个人建议和指导；开设职业选择研讨，帮助学生设立更远大的人生目标；围绕设定的目标，加强学生与家长的日常对话和沟通；参观大学和其他的工作场所；开展朋辈指导，让已毕业学生或高年级学生分享个人经验等。

总体而言，无论是针对学生的认知能力不足，情感、心理和行为上的困难，还是针对视野缺乏，成功学校都采取了行之有效的改进措施，真正满足了薄弱学生的各项需求，将教育质量的提升落到了实处。

综上所述，不同于以往的学校改进项目，成功学校项目的关注点并不在于探索及实施新举措，而在于归纳和总结行之有效的改进经验，并将其分享给其他薄弱学校：在宏观层面，在校内构建一种成功文化，相信并支持所有学生都能实现个人潜能；在中观层面，有效利用教育数据，指导一切教学和管理工作；在微观层面，充分分析学生的各项需求，围绕其认知、心理及视野上的困难和不足采取有针对性的措施。三个层面的举措相互依托、环环相扣，共同改善了薄弱学生的学业表现，提升了学校教育的质量。

---

［1］ Greater London Authority. The Mayors’ Schools for Success: What has Helped them to Succeed, 19［EB/OL］. (2018-10)［2018-11-30］. https: //www.london.gov.uk/sites/default/files/schools_for_success_report_rev3_0.pdf.

第五节

英国伦敦基础教育质量发展的特点

作为古老而又年轻的国际大都市，伦敦对于基础教育的愿景规划是全面而又远大的：通过高效教学和管理推动学校系统的能量建构；为每一位伦敦儿童提供良好的学校教育环境；确保每一位伦敦儿童都享受优质教育和持续发展的机会；帮助每一位伦敦儿童为适应国际大都市的生活和工作做准备。[1]尽管学生在国际学业测试中的表现并不突出，但伦敦自2000年以来的确在基础教育领域取得了明显的进步，“伦敦效应”因而备受社会各界关注和讨论。总体而言，伦敦的基础教育质量发展呈现以下三个特点。

一、积极应对多元学生背景带来的挑战

发达的经济与金融体系、深厚的历史底蕴以及包容的文化态度是伦敦作为国际大都市的底色，且因此吸纳了大量来自世界各地的外来移民。多元的人种、种族、宗教及语言相互融合，一方面凸显了伦敦的国际化程度，另一方面给伦敦的基础教育带来了极大的困难和挑战。面对复杂的城市环境和学生背景，伦敦不仅没有视而不见，反而做出了积极的回应。在发展基础教育的过程中，伦敦不仅强调提升学

[1] Greater London Authority. Annual London Education Report 2017, 4–6［EB/OL］. (2017-02)［2018-11-30］. https://www.london.gov.uk/sites/default/files/final_epi_edits_design_final_gla_annual_report_2017_0.pdf.

生的整体学业水平，同时关注缩小各种意义上的少数群体和非少数群体之间的学业成就差距。对于少数群体学生，伦敦学校提供了大量有针对性的学业辅导、语言支持以及身心健康关怀，充分满足学生多方面的发展需求。事实证明，相较于英格兰其他地区，伦敦学生的学业差距更小。无论是来自经济弱势群体、英语非母语群体、少数族群，还是有特殊教育需求群体的学生，在伦敦都更有可能取得高教育成就。换言之，正是由于对多元学生背景带来的挑战的积极应对，伦敦才实现了优质且公平的基础教育。

二、实行多层次领导与管理

在现行的管理体制下，英国中央政府、大伦敦政府及各地方教育当局、伦敦学校在伦敦基础教育的发展过程中均扮演着重要角色。无论是设置国家统一课程和国家统一考试，还是实行督导制度，都表明了中央政府对基础教育的管理和控制。大伦敦政府和地方教育当局主要负责协调中央和伦敦学校间的关系，不仅贯彻和实施中央政府的各项教育政策，而且为学校提供有针对性的资源和指导，以促进具体教学和管理事务的展开。伦敦学校则将所有教职员工积极融入自我评价和改进的过程中，推动了内部的领导力发展。不同于僵化的“自上而下”模式，中央、地方和学校权责分明，且实现了紧密的合作与互动，使得伦敦基础教育始终在多层次的领导与管理体制下开展。

三、重视与应用实证数据

伦敦基础教育质量发展的另一个特征就是对实证数据的重视与应用。首先，在统一的国家课程中，英国教育部明确了学生在各关键阶段、各学科所应达到的预期学业标准，这就使得国家测试成绩能够直观真实地反映伦敦学生的学业水平。其次，在督导活动中，教育、儿童服务与技能标准局基于统一的督导框架和标准，提供了丰富的有关伦敦学校、教师及学生的监督及评价数据。第三，在学校改进的过程中，伦敦中小学积极地追踪一切教育数据，并基于此满足教师的专业发展需求、为学生提供有针对性的辅导，使得学校内部的教学和管理行为都更具有方向性和指导性。换言之，正是由于对实证数据的关注与分析，伦敦的基础教育质量发展才有据可依。

然而，不可回避的是，在国内测试中成绩遥遥领先的伦敦学生，在PISA测试中的表现并不抢眼，与此相应的“伦敦效应”也并未出现。[1] 面对最新公布的PISA 2018结果，如何追赶包括上海、北京在内的国际大都市的学生学业表现，是伦敦基础教育真正想要大做文章的所在。[2]

---

［1］ Jerrim, J. & Wyness, G. Benchmarking London in the PISA rankings. London Review of Education, 2016, 14(2): 38–65.

［2］ Department for Education. The Impact of Pupil Behavior and Wellbeing on Educational Outcomes［EB/OL］(2012-11-29)［2019-12-12］. https://assets.publishing.service.gov.uk/government/uploads/system/uploads/attachment_data/file/219638/DFE-RR253.pdf.

第五章

新加坡的基础教育质量分析

自1965年独立至今，在短短50多年的时间里，新加坡从一个人多地少、政治动荡的岛国崛起，一跃成为政治稳定、经济发达，仅次于瑞士、日本、德国的“商业乐园”，跻身“亚洲四小龙”。新加坡迅速崛起的原因之一就是政府重视教育，注重人力资源开发。新加坡政府自独立以来就明确，国家的教育体制必须适应政治、社会、经济的发展需要，确立了人力资源是国家生存的唯一优势的理念。因此，新加坡优先发展教育，提升年轻一代国民的整体素质，为经济建设提供优秀的、多层次的人才和劳动者。

伴随着国际和国内环境的持续改变，新加坡的基础教育也在不断调整。新加坡的教育质量政策集中体现在《理想的教育成果》（Ideal Education Achievement）这一文件中。《理想的教育成果》是新加坡教育部于1998年制定的教育纲领，它提出了新加坡的21世纪教育目标：一是发掘学生最佳的潜能；二是训练学生的求生技能；三是培育好公民。这一跨世纪的教育纲领对小学、中学及初级学院（高中）等阶段分别规定了应达到的标准，即“八大成果”，包括人格发展、自我管理技巧、社交与合作技巧、读写及计算技巧、沟通技巧、信息技能、知识应用技巧、思维技巧与创意。

表5-1　理想的中期教育结果[1]

小学毕业生	中学毕业生	初级学院毕业生
能分辨是非	刚正不阿	有胆略，不屈不挠
愿与人分享，把别人摆在首位	关心别人	有社会责任感

[1] 王学风.新加坡基础教育［M］.广州：广东教育出版社，2002：29.

（续表）

小学毕业生	中学毕业生	初级学院毕业生
能跟别人建立友情	具有团队精神，重视个别贡献	懂得怎样激励别人
有强烈的好奇心	具有革新精神，进取心	有创业精神，富创造力
能独立思考，善于表达自己	奠定广泛基础，接受更高层次的教育	能独立及创意思考
以自己的学习为主	对自己的能力有信心	精益求精
培养健康嗜好	具备审美能力	充满生命活力
热爱新加坡	熟知、信任新加坡	了解领导新加坡应具备的素质

未来充满变化，无法预测，而教育是塑造未来的关键。学校虽然无法让学生在走出校门时都具备可行走天下的一技之长，但能给他们灌输正确的价值观，让他们无论处于什么境况都能够很好地“应变”。《理想的教育成果》是新加坡教育部汇集众多校长、教师、教育学者及公众的意见与建议，经过谨慎评量及筛选之后编订而成的教育纲领。每一个中小学都根据《理想的教育成果》提出自己的办学理念，每一位中小学教师都有《理想的教育成果》这本册子，以此作为讨论、拟订、策划、落实校内教育活动的蓝本。在《理想的教育成果》的指导下，新加坡基础教育迅速发展，一定程度上促进了经济的腾飞。

第一节

新加坡的基础教育质量水平

从近十几年PISA成绩来看，新加坡学生的成绩排名靠前且逐次稳步上升，如2009年新加坡有5 283名15岁学生参与PISA测试，在65个参与国家（地区）中取得数学排名第二、科学第四、阅读第五的成绩；2012年新加坡学生在65个参与国家（地区）中取得排名第二的佳绩；2015年新加坡学生以数学 564分、阅读 535分、科学556分的成绩名列第一；[1]2018年6 676名15岁的新加坡学生参与PISA测试，各项指标排名也都名列前茅。这些足以体现新加坡的基础教育质量水平在参与国家（地区）中处于领先地位。

表5-2　2009—2018年新加坡PISA成绩及排名情况[2]

年份	阅读			数学			科学		
	新加坡	OECD	排名	新加坡	OECD	排名	新加坡	OECD	排名
2009年	526分	496分	5	562分	494分	2	542分	501分	4
2012年	542分	493分	3	573分	470分	2	551分	493分	3
2015年	535分	493分	1	564分	490分	1	556分	493分	1
2018年	549分	487分	2	569分	489分	2	551分	489分	2

[1] OECD.PISA 2015 HIGH PERFORMERS [EB/OL]. (2018-11-02) [2018-11-02]. https//www.oecd.org/pis-a/ PISA-2015-singapore.pdf.
[2] 根据OECD近年来的相关报告整理而成。

国际教育成就评估协会（IEA）2015年国际数学和科学趋势研究（TIMSS）的结果显示（见图5–1、图5–2），依据国际标准，新加坡小学四年级（P4）和中学二年级（S2）学生在数学和科学方面表现良好。[1] 除了掌握知识内容外，新加坡学生还可以熟练地运用他们掌握的知识和概念来理解并解决问题。

与TIMSS 2007相比，新加坡在TIMSS 2015中，P4和S2学生能够更好地应用知识和技能解决非常规的数学和科学问题。如表5–3所示，在数学和科学的整体能力方面，新加坡的P4和S2学生的成绩超过了参加2015年TIMSS的所有其他国家(地区)的同龄人。

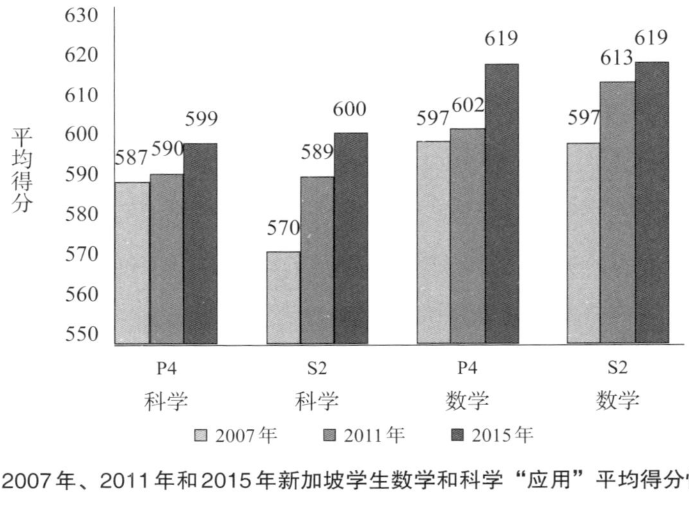

图5–1　2007年、2011年和2015年新加坡学生数学和科学“应用”平均得分情况 [2]

---

[1] 新加坡教育部官网［EB/OL］.（2018–12–08）［2018–12–08］. https: //www.moe.gov.sg/news/press-releases/ mastering-the-subjects-and-loving-the-experience--singapore-students-strengths-in-maths-and-science-affirmed.

[2] TIMSS是一项国际研究，它测量四年级和八年级学生（分别相当于新加坡的P4和S2）在数学和科学中所能做的事情——理解、应用和推理能力。TIMSS遵循四年一周期，新加坡自1995年成立以来一直参与TIMSS的每一个周期。大约6 500名来自新加坡所有小学的P4学生和大约6 100名随机从所有中学选取的S2学生参加了2015年TIMSS。这些学生样本接受了专门机构的严格审核，并被认为是新加坡各年级学生人数的代表。

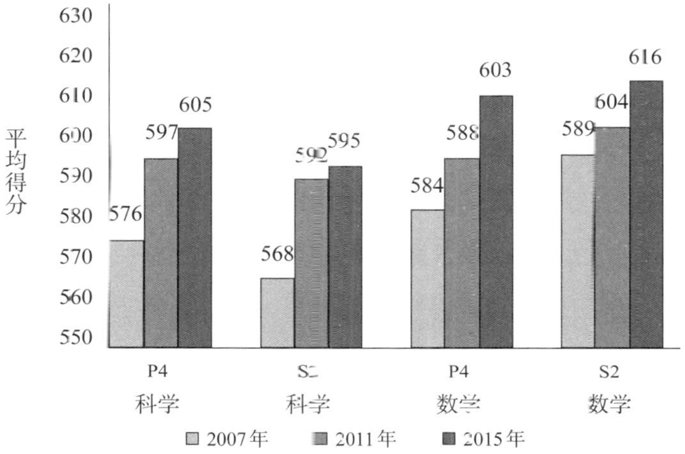

图5-2　2007年、2011年和2015年新加坡学生数学和科学“推理”平均得分情况 [1]

表5-3　新加坡P4和S2学生中未达到最低（即“低”）国际基准的学生比例 [2]

年级/科目	新加坡（%）	国际平均水平（%）
P4数学	1	7
P4科学	3	5
S2数学	1	16
S2科学	3	16

由以上两个大型国际学生学业测试的直观量化成绩可以看出，新加坡基础教育质量水平领先于全球许多国家和地区。下面从学生、教师、学校这三个角度来具体分析新加坡基础教育质量。

[1] 新加坡教育部官网［EB/OL］.(2018-12-08)［2018-12-08］. https: //www.moe.gov.sg/news/press-releases/ mastering-the-subjects-and-loving-the-experience--singapore-students-strengths-in-maths-and-science-affirmed.

[2] 新加坡教育部官网［EB/OL］.(2018-12-08)［2018-12-08］. https: //www.moe.gov.sg/news/press-releases/ international-studies-affirm-singapore-students-strengths-in-reading-mathematics-and-science.

一、学生学习

新加坡约有359所学校。新加坡青少年都有机会接受最少10年的基础教育。整个学校系统有国家统一课程，在小学、中学都有全国性的考试。[1]

1. 精准选拔

新加坡的教育系统涵盖10年义务教育，包括6年小学教育和4年初中教育。正规教育从7岁开始，小学教育分为小学一至四年级和五至六年级两个部分。学生在小学四年级末参加分流考试，根据在英文、母语及数学方面的表现，并结合期中和期末以及平时成绩，进入适合自己学习进度的学习序列。学生在六年级结束时，也就是小学的最后一年，参加小学毕业考试（Primary School Leaving Examination，简称PSLE，又称会考），考试科目仍然是双语和数学。在参加六年级会考的学生中，2014年有97.6%的学生被评定为适合进入中学，2015年有97.8%的学生被评定为适合进入中学，2016年有98.0%的学生被评定为适合进入中学，2017年有98.0%的学生被评定为适合进入中学。[2]

学生在参加 PSLE 之后，开始接受4—5年的初中教育。根据学生在 PSLE 中的表现，他们将分别修读4年或5年的中学课程。值得一提的是，中学直接招生计划（DSA-Sec）让具有不同天赋的学生直接申请入学，因为这些学生的天赋可能无法体现在小学生六年级会考的成绩中。参与中学直接招生计划的学校可在小学生六年级会考成绩放榜前，根据学生在某些学术/非学术领域的天赋以及是否与本学校整

[1][2] 新加坡教育部官网［EB/OL］.（2016-11-29）［2018-12-01］. https: //www.moe.gov.sg/docs/default-source/document/publications/education-statistics-digest/esd_2018.pdf.

体课程匹配，直接录取小学六年级毕业生进入中一课程。录取后，学校将通过相关的项目，继续培养他们的才华[1]。其中，特选、快捷课程学生修读4年，并在中学4年结束后，参加“新加坡–剑桥普通教育证书（O水准）考试”（Singapore-Cambridge General Certificate of Education Ordinary Level Examinations，简称GCE“O”水准）。普通程度的学生则在中学4年结束后，参加“新加坡–剑桥普通教育证书（N水准）考试”（Singapore-Cambridge General Certificate of Education Normal Level Examination，简称GCE“N”水准）。这是普通班学生在学满4年后参加的考试，其目的是为成绩较差的普通班学生颁发与其学业水平相称的资格证书，并据此筛选较优秀的学生升读初五，为其参加GCE“O”水准考试做准备。

2. 多层分流

长期以来，新加坡奉行人才兴国战略，持续加大教育投入，树立教育强国与教育兴国的思想，确立了符合本国国情的“教育分流制度”。政府通过一系列的考试和考核，将接受普通教育的一部分学生分流到职业教育序列中，形成了普通教育和职业教育的双轨制。新加坡学生从小学到初级学院毕业，会经历四次生源分流：第一次是小学四年级学年结束时，根据考试成绩将学生分为EM1（20%）、EM2（70%）、EM3（10%）三个层次（E代表英语，M代表母语）。其中，EM1及EM2的学生在小学五、小学六年级将会修读较高程度的课程，而EM3程度的学生则学习程度较为基础的课程。

小学毕业参加PSLE是第二次分流，大约10%的优等生进入特选

[1] 新加坡教育部官网［EB/OL］.（2018-12-02）［2018-12-02］. https://www.moe.gov.sg/docs/default-source/document/education/secondary/files/secondary-school-education-booklet-chinese.pdf.

中学接受特别课程教育，50%学生进入特选中学接受快捷课程教育，40%学生进入政府指定的邻里中学（社区附近的学校）学习普通课程。初二时学生会迎来第三次针对自然科学和社会科学的分流。

初中毕业后，学生将面临初级学院、理工学院和工艺教育学院这三类学校甄别、选拔的第四次筛选与分流：约25%学生进入初级学院，为上大学做准备；39%学生进入理工学院，做好升学、就业两手准备；21%学生进入工艺教育学院，为毕业后就业做准备；另约有15%的学生出国学习或做其他选择。[1]

3. 照顾有特别教育需要（轻微症状）的学生

学校为有读写障碍、注意力缺陷（多动症）、轻微自闭症以及体障或感官障碍等轻微的有特别教育需求的学生提供额外的设施，让他们融入主流学校的学习环境，修读国家课程。每所中学都有一群受过特别训练的核心教师来帮助有特别教育需要的学生。某些中学也聘用能照顾有特别教育需要的学生的协作教育工作人员，与教师携手合作，一起帮助有特别需要的学生，让他们能更好地进行日常的学习。主流中学主要在以下方面协助有感官障碍/体障的学生：

- 提供可辅助学习的设备；
- 由校外志愿福利团体提供流动服务；
- 聘用和调派教师到专门为听力/视力有障碍的学生而设的学校；
- 提供完善的无障碍通行设施，方便体障学生在校园里活动。

[1] Ee-Ling Low & Oon-Seng Tan. Teacher Education Policy Recruitment, Preparation and Progression [EB/OL]. (2018-11-12) [2018-11-12]. http://webcache.googleusercontent.com/search?q=cache:tajwrZqUOFcJ .www.springer.com/cda/content/document/cda_downloaddocument/9789811033841-c2.pdf%3FSGWID%3D0-0-45-1600822-p180490251+&cd=1&hl=en&ct=clnk&gl=ca.

二、学校教育

培养卓有成效的学校领导者是各国的共同追求，领导力水平是决定学校效能和学生学业水平的关键因素。新加坡基础教育的卓越表现与高质量的学校领导者密不可分。卓越的领导善于提高教师在专业群体中的参与度，又可以促进与学生成就相关的教学实践，校长所拥有的能够解决现有问题和潜在问题的能力，对学生的学业成果至关重要。例如，新加坡政府于2001年3月在新加坡国家教育学院（National Institute of Education）启动教育领袖项目（The Leaders in Education Program）。该项目是一个为期六个月的全日制校长培训项目，旨在为学校培养副校长和教育部官员（约30—40人）。

1. 通过创新项目来创造知识

在这个项目中，参与者被安排到一所学校，并且每周在该学校试行一项主要的创新项目，同时，他们可以得到学校校长、校督导和大学教员的支持和指导。另外，参与者在短暂的培训时间里成为创新者，领导他人（如教师、学生、家长）去做一些新的事情，因地制宜地引导该校另辟蹊径，促使学校实现更高的发展，形成共赢的局面。所以，这对于参与者来说是一次深刻的学习体验。

2. 形成“辛迪加小组”培训模式

“辛迪加小组”培训模式是教育领袖项目的一个主要组成部分，旨在促进知识的建构、分享和深化。培训人员 5—6人为一组，小组培训的领导既是监督者又是促进者，监督参与者在学校的学习、国际访问的学习以及更广泛的基于课堂的学习过程。因此，参与者与领导者以及参与者和其他参与者之间会形成一种紧密的学习关系。此外，通常每周举行一次辛迪加会议，旨在通过“头脑风暴”的方式，促进参与者头脑的持续思考，以“头脑风暴”来促进创造力和创新思维的产生。

3. 构建多元的合作关系

教育领袖项目的大部分参与者是通过与海外的学校、商业组织和教育机构建立紧密的合作关系，以及在大学课堂和辅导课进行学习的。除此之外，一些重要的政府人员会受邀与参与者会谈，并观察项目的开展，进一步强化对培训人员的影响。在为期两周的国际访学中，参与者会在海外考察成功的创新实践，并对其进行批判性分析，就如何创新管理新加坡教育获取见解。到目前为止，培训人员已经访问了瑞士、美国、英国、加拿大、北欧国家、中国、澳大利亚等地。

三、教师教学

教师及教师教育质量是基础教育质量的关键，因此需要吸引最优秀的毕业生进入教学行业。严谨的教师选拔和混合的教学方法是新加坡提高教师教学能力的重要举措。

1. 严谨的教师选拔

新加坡教育部为了从源头上保证教师的质量，主要从优秀的高中毕业生中挑选排名在前30%的学生。[1]

表5–4　新加坡中小学教师录取的具体要求[2]

对于已有学位的申请者的要求	
母语教师	大学专业必须是母语。[3]

[1] Ee-Ling Low & Oon-Seng Tan. Teacher Education Policy Recruitment, Preparation and Progression [EB/OL]. (2018-12-12) [2018-12-12]. http://webcache.googleusercontent.com/search?q=cache:tajwr Zq UOFc J：www.springer.com/cda/content/document/cda_downloaddocument/9789811033841-c2.pdf%3FSGWID%3D0-0-45-1600822-p180490251+&cd=1&hl=en&ct=clnk&gl=ca.

[2] 整理自：赖新元.新加坡中小学教育特色与借鉴［M］.北京：中国戏剧出版社，2009：161.

[3] 如果申请者想教中学但不满足免考标准，国立教育学院会要求通过母语（华语、马来语、泰语等）考试。

（续表）

艺术教师	满足以下条件之一：拥有艺术学位；"A"水准的艺术类最低分数是"C"级；拥有拉萨尔艺术学院或南洋艺术学院的艺术专业文凭。
音乐教师	满足以下条件之一：一个音乐学位；通过"A"或者"O"水准相应科目的考试；拥有拉萨尔艺术学院或南洋艺术学院的音乐专业文凭。
对于拥有技术学院文凭的申请者的要求	
英语教师	通过包括英文和数学在内的五个"O"水准科目。
艺术或者音乐教师	有教授艺术/音乐的经验；申请者不需要通过"O"水准的数学考试，且必须有LaSalle或南洋艺术学院的艺术或者音乐专业文凭。
对于已通过"A"水准者的要求	
英语教师	在"A"水准考试中，申请者一次性或两次得到全"A"，并且通过5个"O"水准的科目（含英语和数学）。
艺术教师	拥有拉萨尔艺术学院或南洋艺术学院两个院校的艺术文凭，在"A"水准考试中艺术类考试成绩在"C"以上者也可申请，且必须通过国立教育学院的专业评估。
音乐教师	有音乐专业认证，且必须经过国立教育学院的现场测评。
对于已通过"O"水准者	
可申请以下培训计划：艺术和音乐教师培训计划；母语教师培训计划；家政学教师培训计划；华语教师专业培训计划。	
其他行业者申请做教师	
在其他行业的专业人才如果有兴趣申请做教师，新加坡教育部为他们提供了一般高于原有工作岗位的薪金，具体视申请者以往的工作经验而定。	
短期教师[1]	
通过5门"C"水准考试，并且必须一次性通过"C"水准的英语语言考试。	

[1] 短期教师是针对学校教师临时空缺需求而设立的，也可以给对教师感兴趣却不确定以教师作职业的人提供机会。另外，很多退休教师也以短期教师形式在学校授课。

（续表）

客座教师[1]
签署1—2年的合同或者4—10年的兼职合约。在保证一定的教学时间的前提下，教师可灵活安排自己的教学时间。

新加坡拥有一流的师资和教育，这是与其严谨的教师选拔制度密不可分的。值得一提的是，如表5-5所示，新加坡中小学学生数量与教师数量的比率也在不断缩小。这体现出新加坡在不断选拔优秀的人才进入教师行业，同时教师的工作量有所减少，因而有利于更好地因材施教。

表5-5　2012—2017年新加坡中小学学生数量与教师数量的比率[2]

	2013年	2014年	2015年	2016年	2017年
小　学	16.5	16.5	16.0	15.5	15.2
中　学	13.2	12.5	12.2	11.9	11.6

2. 混合法教学

新加坡基础教育是以考试为导向的模式。由于课堂教学的最终落脚点是期末考试，所以教学内容主要集中在知识与技能的传递上。在课堂上，教师主要采用全班授课以及顺序回答等方法，并依靠教科书和教辅材料来进行授课。同时，为学生提供大量的学习单和家庭作业，关注学生对解决问题的具体步骤与技能的掌握。最后，检查学生的先验知识，监测其对知识的理解，并提供形成性反馈。这种教学法被称为混合教学法，主要关注直接教学和传统的教学实践。这种教学法在一定程度上解释了新加坡学生在PISA方面的成功。霍根认为，此类针

[1]“客座教师计划”是自2004年9月29日起由教育部宣布执行的。此计划可以使曾经受训的教师重新加入教师行业，是对短期教师方案的补充。

[2] 新加坡教育部官网［EB/OL］.（2018-12-01）［2018-12-01］. https: //www.moe.gov.sg/docs/default-source/document/publications/education-statistics-digest/esd_2018.pdf.

对内容掌握和考试准备的传统的直接教学方法，对学生的学术成绩具有可预测性，尤其有助于学生在PISA和TIMSS等国际评估中获得优异成绩。[1] 这是因为：其一，混合教学法让教师、学生、家长很快体会到学业成绩带来的成就感，从而激发教师的教学能力、学生学习的积极性与主动性、家长对校务工作的主动配合与积极支持。其二，突出的教学成绩提高了新加坡在国际上的影响力，尤其是新加坡学生在PISA中的出色表现所带来的国际关注，这样又会使得政府加大资金投入，学校积极配合，多方协助，在良性循环中，教学成绩越来越突出。

从制度上来看，混合教学法是在新加坡制度和社会文化环境下形成的。新加坡教育体系集中，国家课程规定教学内容，这从侧面加大了对教学的控制力度。混合教学法连同其制度受到一系列文化和意识形态取向的影响，如学生的父母、学生本身、教师和政策制定者的教育观点，以及他们对知识、教学和学习的传统信仰。

第二节

新加坡基础教育质量监测体系

新加坡的教育系统由中央政府（教育部）统一领导与管理。

[1] Zongyi Deng & Gopinathan, S. PISA and high-performing education systems：explaining Singapore's education success［J］. Comparative Education, 2016(4): 449-472

新加坡所有学校共用同一套评估框架，考试事务由中央考试机构新加坡考试和评估处（Singapore Examinations and Assessment Board）管理。当所有学生参加同样的全国考试时，人们都希望基于考试成绩来公平对待所有人，而不是关注学生的种族和社会经济地位。

一、第一阶段：标准化阶段

1979年新加坡发布报告《塑造我们的未来》，开始启动教育系统标准化建设进程。[1] 该报告指出，20世纪60年代末70年代初，新加坡教育系统存在重大缺陷，如课程效率低下，识字率低，资源浪费严重等。报告建议应在工作进程、学校管理和课程方面进行重大改革。为此，需要借鉴商业组织的概念，对学校和教育部的许多行政工作程序进行标准化建设。例如，学校所有教师实行工作评估、晋升和报告程序，并将其标准化；建立学生数据库，为与学生有关的决策提供及时和准确的信息；向校长分发编写“学校滚动计划”的指导方针和格式，校长必须将该计划提交到教育部，并且接受教育部的监测和审查；1981年教育部出版《校长手册》，内容涉及校长日常管理学校的行政程序和指导方针；改组教育部，以更好地协调政策制定和学校标准化实施，特别成立的新加坡课程发展研究所则向教师提供当地标准化的课程材料。

1980年新加坡开始实施学校评估，主要包括每年一次的学校自我评估，以及每4—5年一次的外部评估。外部评估主要由校监、专家督学和教育部指导干事组成的外部视察员小组负责。评估内容主要集

[1] Goh, C.T. , Shaping Our Future: Thinking Schools, Learning Nation［R］. Singapore Government: 1979.

中在四个方面：学校管理、教学质量评价、课外活动和学生福利。当时，学校评估的主要目的是确保每一所学校都符合这些方面规定的标准。因此，创新不是重点，重点是符合标准。

二、第二阶段：学校问责阶段

1985年，在遭受全球经济危机的重创后，新加坡成立了一个具有权威性的审查委员会来审查新加坡的经济战略，教育改革再次成为支持经济战略的首要议题。[1]

随着第一阶段标准化的推进，新加坡教育系统有所改善。但是，标准化的干预效果比较有限。因此，第二阶段在继续进行标准化的同时，将重点转向提高学校的效率和效力，强调质量保证的作用是使学校"获得权力"，并对质量"负责"。

这次教育改革的重点是为学校提供支持，使学校能够努力追求卓越。因此，大多数学校都获得了更多的资源。对于少数几所成绩优异的老牌学校来说，它们拥有更多的自主权去寻求突破。1992年，新加坡开始实施学校排名。自那时以来，每年都要对所有中学进行排名，其结果通过当地媒体公布。中学排名的内容主要有三项：其一是学生在全国考试中的总体成绩；其二是通过比较学生的毕业成绩和入学成绩来评价学校的"增值性"；其三是学生在全民健身测试中的表现和学校肥胖学生的比例。这些排名引起了学校之间的竞争，促使它们在标准化建设的道路上不断改进。当时的新加坡教育部长称这是学校一级的"问责工具"[2]。

---

[1] Economic Committee, The Singapore Economy: New Directions, Ministry of Trade and Industry [R]. Singapore: 1986.

[2] Teo, C.H. paper presented at Parliament, Singapore: 2002.

1994年新加坡教育部设立了另一类名为“自治学校”的学校。这些学校是成绩优异的公立学校，每年的政府助学金比非自治学校人均多10%。这类学校的校长被赋予自由权，可根据艺术和体育等特定领域的才能证明多招收5%的学生。“自治学校”是新加坡质量保证之旅的多元和创新阶段的前奏。

三、第三阶段：多元和创新阶段

通过前两个阶段的质量保证措施，新加坡基础教育达到了符合标准的水平。为了有效应对21世纪的新挑战，新加坡开始实施新一轮教育改革，进入多元和创新的第三阶段，重点是提高各学校的创新能力及其内部质量保证能力，以提供更高质量的、充满活力的教育。

1997年新加坡启动了“思维学校，学习国家”（Thinking Schools, Learning Nation，简称TSLN）愿景。这是新加坡政府对其教育进行战略审查的结果，其动机则是对未来的强烈关注。直到今天，它仍然指导着新加坡教育系统的行动。时任总理吴作栋宣布，TSLN是“一个包括学生、教师、家长、工人、公司、社区组织和政府在内的全面学习环境的愿景”。[1] 思维学校是一种关于学校体系的愿景，旨在培养年轻人的创造性思维技能、终身学习热情和爱国主义承诺。新加坡努力建设学习型国家，追求将学习作为其文化愿景，在这种文化中，创造力在社会的各个层面蓬勃发展。

1997年发起的国民教育是另一项重要举措。国民教育旨在培

[1] Goh, C.T. , Shaping Our Future: Thinking Schools, Learning Nation [C]. Singapore: Government Press, 1997.

养新加坡人的认同感、自豪感和自尊，培养国家凝聚力、生存本能和对未来的信心，强调创造力和企业家精神。在此背景下，课程大纲、考试和大学入学标准都得到了修改，以鼓励人们跳出框框、敢于冒险。

此外，新加坡的“教育信息技术总纲”也于1997年启动，旨在为每一所学校创造一个以信息技术为基础的教学环境，使每个学生都能拥有信息技术素养。[1]

尽管采取了这些政策举措，新加坡教育系统仍然过于标准化和僵化。因此，有必要“创造一个不受限制的环境”，为不同类型的学生提供不同的成才途径。[2]2002年开始实施的综合方案就是一个创造更加多样化教育环境的例子。该方案的突出特点是学生不再需要参加普通程度的普通教育证书（GCE“O”级）考试。相反，他们在“直通车”上直接进入普通教育高级证书考试（GCE“A”级）。绕过“O”级考试，能够让学生有更多的时间去探索其他重要的学习领域，而不需要为高风险的考试做准备。

创新和多样化阶段的另一个明确标志是2004年TSLN的重点转向“创新和企业”，其目的是要通过学校培养年轻人的创新和进取精神，[3]其最新举措是课程和教学方面的创新和多样性。2005年，新加坡启动“少教多学”项目。这个项目由时任总理李显龙提出，旨在通过提供适合学生需要的各种创新方法来提高教学质量。[4]

---

[1] Ng, P.T., “Students’ perception of change in the Singapore education system” [J]. Educational Research for Policy and Practice, 2005: 77-92.

[2] Tharman, S. , The Next Phase in Education: Innovation and Enterprise [M]. Singapore: Government Press, 2003.

[3] Ng, P.T., “Innovation and enterprise in Singapore schools” [J]. Educational Research for Policy and Practice, 2005: 183-98.

[4] Lee, H.L., Our Future of Opportunity and Promise [M]. Singapore: Government Press, 2004.

第三节

新加坡基础教育质量保障运行机制

新加坡的社会制度和教育制度都强调“上”（政府、教师）对“下”（民众、学生）的负责、管理以及“下”对“上”的信赖、依靠和不打折扣的服从。由于新加坡是一个城市国家，在教育体制上，政府采取中央一级管理，实行内阁总理负责制，教育行政权归教育部，由教育部直接管理，并无地方行政组织。教育部的报告均需内阁总理审批及国会辩论，内阁总理通过之后，才能正式生效。新加坡基础教育质量保障体系主要由教育部委员会、8个下属部门及学校理事会组成。

一、教育部委员会

教育部委员会是新加坡教育的决策部门，由教育部长担任领导，在1名高级国务教育大臣和2名高级会议秘书的帮助下管理教育。委员会的其他成员包括常务秘书长、教育总干事和8位部门主任。常务秘书长主持教育部的日常事务，副秘书长领导4个下属行政部门，教育总干事领导4个下属业务部门。新加坡的教育政策基本上都是在委员会充分讨论的基础上出台的。

二、学校理事会

学校理事会是新加坡教育的咨询机构，由教育部委员会成员和教育部长任命的校长组成。学校理事会一方面为部委员会的决策者提供意见和建议，另一方面经常与各学校领导交流，了解他们对学校教育的看法与建议，传达并解释教育部的政策和改革措施。可见，学校理事会起着上通下达、沟通教育部和学校的中介作用。

三、教育部下设部门

教育部下设8个部门，即教育总干事负责的课程规划与发展部、学校部、专业发展部和教育技术部；副秘书长领导的服务部、政策部、内部审计部和信息技术部。

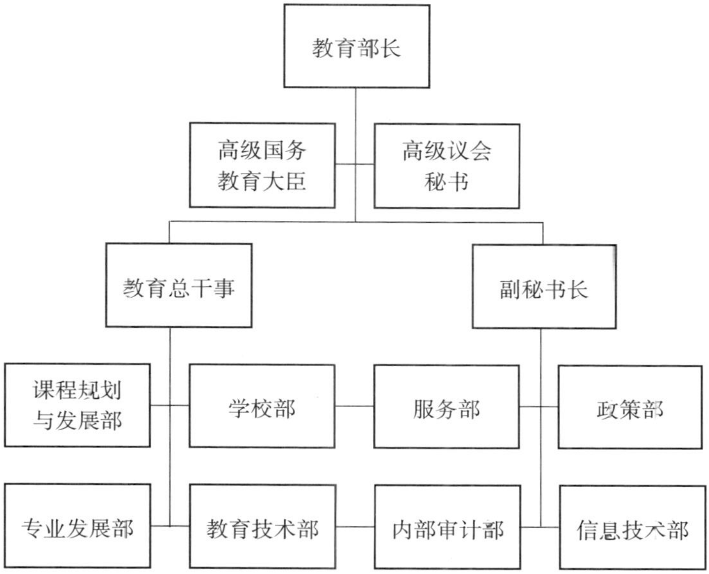

图5-3 新加坡教育部组织结构图[1]

1. 课程规划与发展部

课程规划与发展部的主要使命是制定符合国家、社区和个人需

[1] 新加坡教育部官网［EB/OL］.（2018-12-08）［2018-12-08］. https://www.moe.gov.sg/about/org-structure.

要的课程。具体工作有：（1）教学大纲的设计与检查：设计和审查教学大纲并监测其执行情况；（2）教学方法与评价模式的设计：设计支持预期学习效果的评估模式，促进符合课程意图的教与学的方法；（3）制定课程方案：设计和负责特别课程方案，如人文奖学金方案、语言选修课方案和学生支助方案；（4）提供资源：通过培训学校人员，为教学大纲和方案的执行提供支持，制作并批准教学材料；（5）图书馆服务：监督学校图书馆；（6）语言中心：监督教育部语言中心、泰米尔语中心和新加坡马来语中心；（7）顾问服务：就与课程有关的事项向学校、其他部门、部委和私人出版社提供专家咨询。

2. 学校部

学校部由6个科室和1个中心组成，分别是北校科、南校科、东校科、西校科、学前教育科、学校评估科和学校硬件管理中心。其具体职责是：（1）分区分支机构（北、南、东、西校科）负责监督所有中小学、初级学院和中央学院的管理工作。这些学校被分成若干个校群，每个校群由1名总监负责。校群总监负责发展、指导和监督学校领导团队，以确保学校得到有效管理；同时，还要确保在校群内的成员学校之间建立联系、分享和协作，以提高领导团队的能力和每所学校的业绩水平。（2）学前教育科向幼稚园提供有力的支援，并与小学及幼稚园紧密合作。（3）学校评估科负责有关实施卓越学校模式和教育部认证系统的事宜。该科就学校的自我评估提供咨询意见，并对学校进行外部验证，同时为学校的持续改进提供信息，使学校能够改进组织和管理、提供高质量的教育。（4）学校硬件管理中心的主要任务是监督学校课桌椅等硬件设施的开发、部署和维护，同时还要负责协调新系统的部署。

3. 专业发展部

专业发展部在教育总干事的带领下，分为标准研究室、教师专业发展室、合作发展室、特别项目室、新加坡英语学院、体育及体育师资学院和新加坡艺术教师学院。该部门的使命是建立以儿童全面发展为中心的优秀教师专业文化。专业发展部的核心价值观是（1）学习：致力于激励教师不断学习；（2）卓越：致力于为教师提供精益求精的卓越的专业发展；（3）致力于教师的专业成长，从而更好地为学生和学校的成功服务。专业发展部的主要工作是：（1）捍卫职业精神；（2）培养教师主导的协作文化；（3）建立持续学习和进步的文化；（4）强化职业发展的促进因素。

4. 教育技术部

教育技术部下设学习伙伴关系、媒体设计、技术室共3个办公室。该部的使命是利用信息技术丰富学与教。主要工作有：（1）提供21世纪教育信息技术发展战略的方向与定位；（2）提供有效整合的信息技术学和教的思想领导；（3）培养教师和学校领导的能力，以深化信息技术对转变学生学习的作用；（4）与学校领导、教师共同就技术在未来学习中的关键作用进行探索；（5）实施视频和音频内容的开发，以支持课程评估、专业发展和企业交流，同时领导设计和开发基于视频的学习方法；（6）监督“信息技术教育总纲”的规划、实施和管理。

5. 服务部

服务部由基础设施处、学生就业及服务中心、人力资源中心、财务处4个部门组成。基础设施处由学校校园科，发展策划科，总部事务科和安全、安保与应急科4个分支机构组成。学生就业及服务中心的使命是对学校进行战略规划，并在学生就业和奖学金问题上向学校、学生和利益相关者提供高质量的支持服务。人力资源中心由人力资源解决方案和能力处、人力资源战略和领导处、组织发展处构成。财务处主要负责：（1）监督教育部、学校和高等院校的所有供资政策；（2）制订与学费、学生资助等有关的政策；（3）管理教育部年度预算等。

6. 政策部

政策部下设通讯小组、规划处、研究与信息管理处。其中，通讯小组分为通讯、参与和研究、规划、执行4个办公室；规划处由教育政策科、策划科、国际合作中心3个部分组成；研究与信息管理处负责研究、管理和分析对教育部具有重要战略意义的数据。

7. 内部审计部

内部审计部是教育部设立的一个独立部门，负责财务和业务审计，以确保有效和高效地实施健全的内部控制制度。审计部的主要工作是：（1）审核、评估学校会计、财务及其他管制措施的健全性、足够性及适用情况；（2）审核财务，确定会计和财务记录的完整性和可靠性，并确定内部控制系统在多大程度上确保政府的政策、程序、法律和条例得到遵守；（3）按照审计委员会的指示进行特别审查。

8. 信息技术部

信息技术部下设信息技术安全与治理、技术服务、数据管理与分析、科技资讯规划及政策、财务和行政、应用服务（考试管理、就业、人事管理、学生资讯系统服务等）和质量保证共7个办公室。该部门的使命是确保信息技术服务和系统的战略性部署，并提供高质量的信息技术服务和基础设施，使教育部能够取得卓越成就。

第四节

新加坡基础教育质量改善举措

新加坡政府认为，新加坡应该拥有更多元化和更灵活的教育制度。这种制度应该能够发掘与发展每一个年轻人的潜能，使他们尽力发挥所长，同时可以给学生提供更多选择。为此，新加坡制定并实施了分流教育制度。新加坡还有比较健全的教育质量监测体系，保证了教育质量政策在学校得到较好的执行。新加坡教育部对中小学的管理实行高度的中央集权制，通过督学制度、学校成就排名制度、学生全国统考制度和卓越学校模式等制度，建立了全国教育质量监测体系，保证了国家教育政策的有效执行与对学校质量的监控和改进。

一、小学教育：做好准备，迎接未来

新加坡的小学教育旨在为学生的未来打下坚实的基础，包括培养学生健全价值观、热爱新加坡，培养语言和计算能力等。新加坡教育部制定的小学教育课程体系如图5-4所示，强调三个重点：学术科目、知识技能和品格发展。学术科目包括语文、人文与艺术、数理等课程，旨在让学生获得良好的基础训练，为进入不同的学习领域做好充分准备。知识技能则专注培养学生的思维、信息处理和沟通的技能。品格发展着重于日常互动以及学校所规划的不同学习体验，灌输健全的价值观。

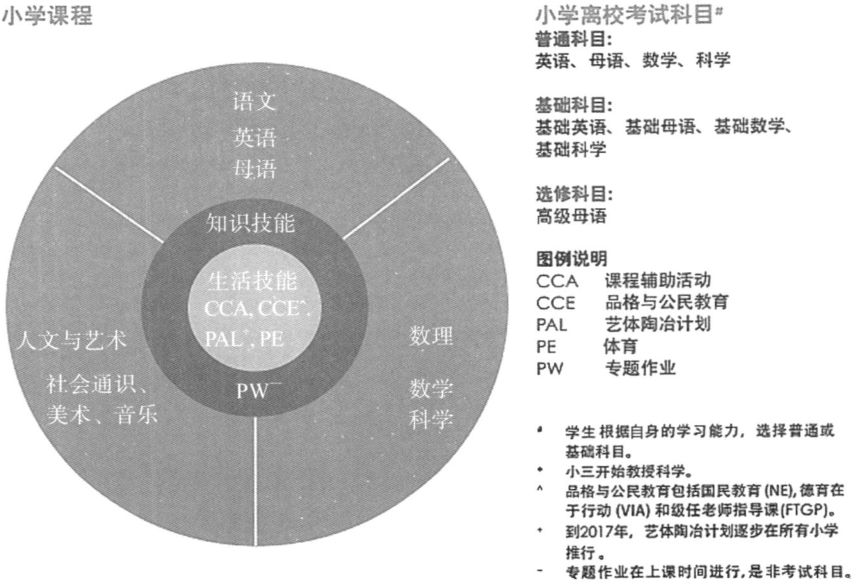

图5-4 新加坡教育部制定的小学教育课程

1. 科目分班制

科目分班制允许学生根据自身能力灵活选修普通和基础科目的组合，以进一步发挥学生个人所擅长科目的潜能。随着科目分班制的推行，学校将根据学生的需要和能力，在小五和小六进一步提供基础或是普通水平的英语、母语、数学和科学等科目的课程。有资质的学生也可选修高级母语。具体分班过程如表5-6所示，小四和小五的两次科目组合决定小六年底的PSLE考试内容。

表5-6 科目分班流程

小　四
学生将参加校内分班考试 学校将依照成绩，建议学生选修的科目组合。 家长将填写一份表格，选择孩子所要选修的科目组合。

（续表）

小五
学生依照家长的选择修读相关课程 学校提供普通和基础水平的科目有英语、数学、科学和母语，也提供高级母语。学校在年底评估学生应付目前的科目组合的能力。如有必要，可以调整学习普通和基础水平科目的数量。
小六
学生依照校方决定的科目组合修读课程，在小六年底参加小学离校考试（PSLE）

2. 做中学

自2009年起，新加坡教育部接纳小学教育检讨与执行委员会（Primary Education Review and Implementation Committee，简称PERI）建议，逐步采取措施以提升小学教育的质量。为了让学生的学习过程更生动有趣，富有意义，新加坡教育部在小学教育阶段采取了以下措施[1]。

（1）更活泼生动的教学法

鼓励教师采用更具创意的教学法，让课程内容活泼生动。例如，学生通过调查真实生活中的活动，学习某数学概念；通过角色扮演和戏剧演出，掌握语言技能。

（2）级任教师指导课

级任教师在塑造学生的品格过程中扮演着举足轻重的角色。因此，自2012年起，新加坡所有小学开始推行级任指导课的制度。学校每周安排一节课，让师生进行更好的互动，教师也可以借机教导学生各种社交和情感技能。

[1] 新加坡教育部官网［EB/OL］. https://www.moe.gov.sg/docs/default-source/document/education/ primary/ files/ preparing for the future.pdf.

（3）艺体陶冶计划

为了鼓励学生走出教室，主动学习，新加坡教育部特别设计了艺体陶冶计划，让学生有机会激发新兴趣，学习新技能，培养良好品格。该计划为学生提供机会，让他们参与体育活动，接受户外教育以及学习表演和视觉艺术。自2017年起，艺体陶冶计划逐步在所有小一和小二班级推行。

（4）课程辅助活动

课程辅助活动是全方位教育的重要环节，在塑造个人品格方面具有重大作用。学校必须创造一系列精彩有趣的课程辅助活动供学生选择。其中包括：体育活动、制服团、视觉和表演艺术、学生会和社团等。这些活动有助于培养学生坚韧的个性、跨文化意识和自信心。

（5）学习支援计划

学校为进入小一的学生设立学习支援计划，随时向需要帮助的学生伸出援手。英语学习支援计划为识字技能较弱的学生提供额外支持。学生以小组形式每天上一节课，接受专门受过培训的教师的教导，以提高阅读能力。数学学习支援计划为需要额外帮助的学生提供协助，让他们掌握基本的计算能力。在上正课或补课时，学生以小班形式接受受过特别培训的教师的教导。

（6）天才教育计划

天才教育计划（Gifted Education Programme）是为天资优异的学生而设的课程。在小三时，学校邀请学生参与筛选测试，测试分为两个阶段进行，以考核其是否具备参加天才教育计划的能力。获选参加天才教育计划的学生，将被分配到指定小学，参加从小四到小六的课程。天才教育课程是建立在正规学科教学的基础之上，由教育部相关负责部门经过精心挑选和培训的教师负责教导。天才教育计划的学生在上正规科目课程与课程辅助活动时都有机会与非天才教育计划的学生交流。他们每天一起学习、做作业和玩耍。在特定科目具有优异的能力但没有获选参加天才教育计划的学生，将有机会参与校方或教育部在上学期间或放学后开设的拓展课程，以更加深入地学习有关科目。

3. 奖助金保障

为了让所有新加坡儿童都能获得充分的教育机会，新加坡政府为小学提供每月学、杂费的补助，其标准如表5–7所示。同时，新加坡政府提出了教育储蓄计划，与教育储蓄奖和经济援助计划一起为可能有经济困难的学生提供入学保障。

表5–7　政府补助小学每月学费和杂费[1]

	学费（美元）	标准杂费（美元）	附加杂费（美元）
新加坡公民	0	6.50	由校方决定，上限为6.50。可从教育储蓄户头支付。
新加坡永久居民	110	6.50	由校方决定，上限为6.50。

（1）教育储蓄计划

在教育储蓄计划支持下，学校和学生都将获得津贴，用以支付拓展课程或购买学习所需额外用品的费用。学业成绩和其他方面表现良好或是学业进步显著的学生，也会获得奖励。

（2）教育储蓄奖

教育储蓄奖是为了奖励和激励学生在学校的学术和非学术领域取得优异成绩（见表5–8）。

［1］新加坡教育部官网［EB/OL］.（2018–11–08）［2018–11–08］. https: //www.moe.gov.sg/docs/default-source/document/education/secondary/files/secondary-school-education-booklet.pdf. 注：表中所述是截至2016年3月的情况，日后可能有所更改。

表 5-8 教育储蓄奖的申请资格[1]

教育储蓄奖	申 请 资 格	奖金数额（一年）
• 教育储蓄品德奖	每所学校品行良好，可以作为别人的学习榜样的学生（每所学校选出2%新加坡籍学生）。	• 小一至小三200美元 • 小四至小六350美元
• 教育储蓄奖学金	每所学校小五和小六班级，学业成绩最优秀的10%学生。	• 350美元
• 教育储蓄活动成就奖（EAGLES）	从每所学校小四以上的高年级选出10%新加坡籍学生。他们必须具备领导才能并在社区服务以及非学术活动取得优异成就。	• 小四至小六250美元
• 教育储蓄优异助学金	每所学校各年级学业成绩最优秀的25%学生，家庭每月总收入不超过6 000美元，或家庭人均收入*不超过1 500美元。	• 小一至小三200美元 • 小四至小六250美元
• 教育储蓄学业进步奖	从每所学校小二及以上各年级中，选出学业成绩对比上一学年，进步最显著的10%学生。	• 小二至小三100美元 • 小四至小六150美元

* 人均收入以家庭收入除以每户家庭人口计算。每户家庭人口包括学生、学生父母、未婚兄弟姐妹以及祖父母。

（3）经济援助计划

经济援助计划旨在确保每名学生不论家庭背景都有机会接受教育。该计划为有需要的学生提供免费课本、校服、交通津贴，并豁免缴付学费和标准杂费，甚至提供餐费补贴。此外，校方可酌情使用学校基金，为学生提供援助（如餐券）。这个学校辅助计划可让不符合经济援助计划资格的学生获益，同时也让受惠于经济援助计划的学生获得额外的援助。父母和学生如果需要经济援助，可以与校方接洽。

[1] 新加坡教育部官网［EB/OL］.（2018-11-08）［2018-11-08］. https: //www.moe.gov.sg/docs/default-source/ document/education/secondary/files/secondary-school-education-booklet.pdf.

表 5-9　经济援助计划的资助内容[1]

申请资格	标准杂费	课本	校服	膳　　食	交　　通
• 家庭每月总收入不超过2 500美元 • 每月人均收入*不超过625美元	全免	免费	免费	补贴一周七餐（自2016年1月开始生效）。	乘搭校车的学生：每年可享有50%的车资津贴。 乘搭公共交通工具的学生：每年可获得$120的车资补贴。

* 人均收入以家庭收入除以每户家庭人口计算。每户家庭人口包括学生、学生父母、未婚兄弟姐妹以及祖父母。

二、中学教育：规划下一阶段的学习旅程

为了应对科技与外在环境的急速变化，帮助学生成长，新加坡政府于2010年3月发布新教育框架图，着重培养学生21世纪所需要的能力（见图5-5和表5-10）。

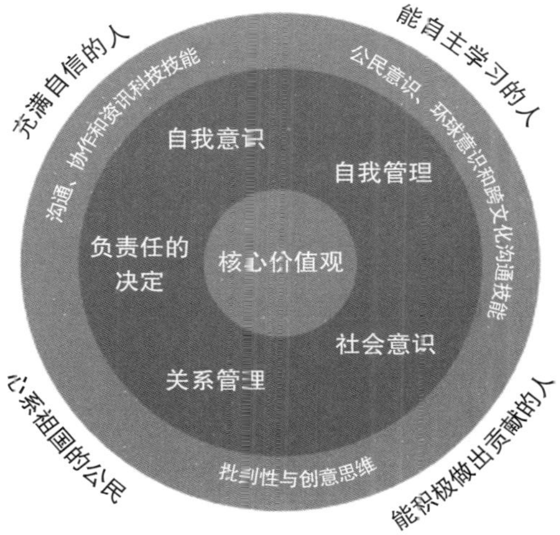

图 5-5　新加坡21世纪技能和学生教育成果框[2]

[1][2]　新加坡教育部官网[EB/OL].（2018-11-08）[2018-11-08].https://www.moe.gov.sg/docs/default-source/document/education/secondary/files/secondary-school-education-booklet.pdf.

表5-10　21世纪技能[1]

21世纪技能的三个层次	各个层次包含的内容
核心：价值观体系	尊重、责任、正直、关爱、坚韧、和谐
中环：社会情感能力	自我意识、自我管理、社会意识、人际关系管理、为自己决定负责
外环：21世纪全球化时代必须具备的能力	公民素养、全球意识和跨文化技能、批判与创新性思考、沟通合作与信息技能

这些能力蕴含在全方位的学校教育中。通过中学教育，新加坡政府旨在使新加坡学生能成为：

充满自信的人——能够明辨是非，适应能力强，坚韧不屈，了解自己，有判断能力，具有独立思考与批判的能力，并能有效地与人沟通。

能自主学习的人——在学习过程中积极主动、不断提问，反思、坚持不懈。

心系祖国的公民——具有强烈的公民意识，关注新加坡的发展局势，并积极改善他人的生活。

能积极做出贡献的人——在团队中能有效地工作，采取主动，也能审时度势，具有冒险和创新精神，并致力追求卓越水平。

1. 具有针对性的课程设计

为鼓励学生持续学习母语，学校针对不同需要的学生提供不同的课程。

（1）语文、美术及音乐课程

双语政策是新加坡教育体系的基石。新加坡从小培养孩子掌握语文技能和文化知识，扩大他们的视野，让他们与区域和世界接轨，并把握国际发展趋势所带来的契机。在双语教育政策下，每一名孩子都必须学习英语和母语。

[1] 新加坡教育部官网[EB/OL].（2018-11-08）[2018-11-08].https://www.moe.gov.sg/docs/default-source/document/education/secondary/files/secondary-school-education-booklet.pdf.

表5-11　新加坡教育部的语文、美术及音乐课程授课情况[1]

课程类别	课　程	录　取　标　准	授　课　地　点
语文课程	高级母语	小学毕业考试成绩名列前10%或小学毕业考试成绩名列11%　30%，同时在母语考试中取得A+或在高级母语考试中取得优等	特定学校（学校每年将决定是否开办一种、两种或所有高级母语课程）
	中学马来文特选课程	符合高级马来文课程录取资格的学生	安德逊中学 武吉班让政府中学 丹绒加东中学
	第三语言 • 华文（特别课程） • 马来文（特别课程） • 印尼文 • 阿拉伯文 • 法文 • 德文 • 日文 • 西班牙文	华文（特别课程）和马来文（特别课程） • 快捷和普通（学术）课程 • 在小学毕业考试中不曾报考高级华文／华文／高级马来文／马来文 印尼文和阿拉伯文 • 快捷和普通（学术）课程 • 在小学毕业考试中不曾报考高级马来文／马来文 • 学生／家长是新加坡公民或新加坡永久居民 外文课程（法文、德文、日文、西班牙文） • 小学毕业考试成绩名列前10%以内 • 学生/家长是新加坡公民或新加坡永久居民 • 小学离校考试高级华文/华文及格（日文课程录取标准）	华文（特别课程）和马来文（特别课程）：在个别华文（特别课程）和马来文（特别课程）中心 印尼文和阿拉伯文：教育部语言中心（碧山） 外文课程：教育部语言中心（碧山）开办法文、德文和日文课程 教育部语言中心（纽顿）开办西班牙文、法文和日文课程
	双文化课程（BSP）	达到高级华文课程录取标准的学生	华侨中学、德明政府中学、南洋女中、立化中学、公教中学圣尼各拉女校、新加坡女子学校

[1] 新加坡教育部官网[EB/OL].（2018-11-08）[2018-11-08].https://www.moe.gov.sg/docs/default-source/ document/education/secondary/files/secondary-school-education-booklet.pdf.

（续表）

课程类别	课　　程	录　取　标　准	授　课　地　点
语文课程	区域通识课程	• 必须选修马来文（特别课程）或印尼文为外文课程 • 必须就读于开设区域通识课程的学校	英华自主中学、莱佛士书院、莱佛士女子学校（中学部）、维多利亚中学 四德女子中学
	母语“B”	在小学毕业考试中母语取得C或以下	所有提供母语“B”课程学校 母语“B”中心
美术和音乐特选课程	美术特选课程	达到快捷课程录取标准，并通过学校内部的美术特选课程选拔考试	武吉班让政府中学、圣婴女子中学（大巴窑）、华侨中学、南洋女子中学、国家初级学院、维多利亚中学、中华中学
	音乐特选课程	达到快捷课程录取标准的学生，并获得皇家音乐学院 联合委员会的实践和理论的音乐技巧三级证书或相等资格。若没有任何资格认证，必须在学校所设置的笔试和乐器演奏考试中取得及格的成绩	英华自主中学、公教中学、圣尼各拉女校、克信女中、德明政府中学、美以美女校（中学部）、莱佛士女子学校（中学部）、莱佛士书院、丹绒加东女校、淡马锡初级学院
强化美术和音乐课程	强化美术课程	达到剑桥普通水准中学高年级美术录取标准和学校所设定的其他录取标准	加东修道院女校、裕廊西中学、美廉中学、南侨中学、军港中学、光伟中学、义安中学、兰景中学、圣安德烈中学
	强化音乐课程	达到剑桥普通水准中学高年级音乐录取标准和学校所设定的其他录取标准	伊布拉欣中学、中正中学(总校)、圣玛格烈中学、裕华中学

注：提供母语“B”课程的中心包括：华文“B”中心，仅提供华文“B”课程；教育部语言中心（碧山），仅提供马来文“B”课程；乌玛帕拉玛淡米尔文中心，仅提供淡米尔文“B”课程。

（2）综合课程

综合课程专为学习能力强的学生提供6年的中学与初级学院的直通车计划。这些学生将从广泛和多元的学习经验中获益。综合课程旨在发掘学生在学术课程以外的潜能。修读综合课程的学生将参加剑桥普通教育证书（高级水准）或其他专业文凭的考试。开办直通车综合课程的学校在中一招生。此外，学校也会录取适合修读这项课程的中三学生。

表5-12　新加坡提供综合课程的学校[1]

<table>
<tr><th>学　　校</th><th>初级学院伙伴</th><th>获取的教育资格</th></tr>
<tr><td>公教中学
圣尼各拉女校
新加坡女子学校</td><td>诺雅初级学院（从2017开始）</td><td rowspan="10">新加坡剑桥普通教育证书（高级水准）</td></tr>
<tr><td>华侨中学（中学部）
南洋女子中学</td><td>华侨中学</td></tr>
<tr><td>莱佛士女子学校（中学部）
莱佛士书院（中学部）</td><td>莱佛士书院</td></tr>
<tr><td>四德女中、维多利亚学校</td><td>维多利亚初级学院</td></tr>
<tr><td>德明政府中学</td><td>—</td></tr>
<tr><td>国家初级学院</td><td>—</td></tr>
<tr><td>立化中学</td><td>—</td></tr>
<tr><td>淡马锡初级学院</td><td>—</td></tr>
<tr><td>美以美女校、英华自主中学</td><td>英华自主中学</td></tr>
<tr><td>圣若瑟书院</td><td>—</td><td>国际中学毕业会考证书</td></tr>
<tr><td>新加坡国立大学附属数理中学（国大附中）</td><td>—</td><td>国大附中文凭</td></tr>
</table>

[1] 新加坡教育部官网［EB/OL］.（2018-1 -08）［2018-11-08］. https://www.moe.gov.sg/docs/default-source/document/education/secondary/files/secondary-school-education-booklet.pdf.

（3）天才教育课程

在小学天才教育计划中表现优异的学生可选择提供天才教育课程的综合课程学校。这类学校专为高才生提供拓展课程。到了中学，如果学生继续在某些方面比同龄学生发展得快，则可以在开办综合课程的学校修读校内天才教育课程。

有意选择新加坡剑桥普通教育证书（普通水准）课程的小六高才班学生可以同时申请提供综合课程的双轨学校，参与校内的拓展课程。

2. 多种形式的学校类型

到2017年底，新加坡有185所小学、143所中学，16所中小学一贯制学校、15所初级学院（相当于我国的高中），共359所学校。中学类型多样，主要有以下四类（见表5-13）。

表5-13 新加坡中学学校类型[1]

中学类型	简　　介	主要特点	特殊要求	学校名称
专科项目自主学校（SIS）[2]	专科项目自主学校主要为那些对数学、科学、艺术、体育或应用学习有天赋和浓厚兴趣的学生提供专门的教育课程。	主要为那些对数学、科学、艺术、体育或应用学习有天赋和浓厚兴趣的学生提供专门的教育课程。	学生必须通过中学直接招生计划（DSA-Sec）申请以下学校：新加坡国立大学附属数理中学、新加坡科技中学和新加坡艺术学校。	新加坡国立大学附属数理中学 新加坡科技中学 新加坡体育学校 新加坡艺术学校

[1] 新加坡教育部官网［EB/OL］.（2018-11-08）［2018-11-08］. https: //www.moe.gov.sg/docs/default-source/document/education/secondary/files/secondary-school-education-booklet.pdf.

[2] 新加坡国立大学附属数理中学注重数学、科学、科技和工程；新加坡科技中学注重科学、科技、美学、工程和数学等领域的应用学习；新加坡体育学校注重体育和田径；新加坡艺术学校注重视觉、文学和表演艺术。

（续表）

中学类型	简　　介	主要特点	特殊要求	学校名称
专科学校	通过体验式的教学方法，让学生在实践中学习，为那些在小六会考之后无法就读中学的学生提供教育机会。学生在四年级结束时将获得工艺教育局技能证书，为就业或报读工艺教育学院做准备。	为倾向动手学习的学生提供量身定做、着重实践的课程。	• 在尝试1—3次小六会考重考之后，仍无法进入任何中学的学生。 • 仅考过一次小六会考的学生若要申请报读，需要其小学校长的推荐。	北烁学校 圣升明径学校 裕峰中学 云锦中学
政府学校和政府辅助学校[1]	政府学校和政府辅助学校是新加坡教育体系的支柱，收取一样的学费，提供高素质的教育。学生将学习国家的教育课程，包括选修科目和应用科目。	一致的学费及课程内容。		
自主学校	一些自主学校也是特别辅助计划（特选）学校，它们为学生营造掌握双语双文化的中英文学习环境。	在课程设置（学术和非学术）方面有一定的灵活度，还可以灵活设定不同的收费。		

[1] 此外，每所学校也提供独特的学生发展计划，让学生学以致用，并培养学生的21世纪技能。一些政府/政府辅助学校属于自治学校。这些学校能够为学生提供内容更广泛的课程，进而丰富孩子的学习体验，并让他们施展才华。自治学校除了收取与其他政府学校或政府辅助学校相同的学费之外，还会收取自治学校的额外费用。

3. 奖助金保障

所有就读于政府中学的新加坡公民都有机会申请获得经济援助、教育部自主学校助学金和一些辅助奖项。这确保了所有新加坡公民的孩子都不会因为个人的经济条件问题而被剥夺求学的机会。

（1）经济援助计划

新加坡教育部经济援助计划的标准见表5-14。接受政府或政府辅助学校的援助需要满足下列要求：

- 学生必须是就读于政府或政府辅助学校的新加坡公民。
- 符合以下收入标准：家庭每月总收入不超过2 750美元；家庭每月人均收入不超过690美元 。

表5-14　经济援助计划标准[1]

	学费	标准杂费	课本	校服	交通费津贴
为中学生提供的经济援助	100%津贴	100%津贴	免费	免费	每个月10美元的交通津贴，最多达到每年120美元（给予乘搭公共交通工具的学生）

（2）教育部自主学校助学金

教育部通过自主学校助学金给予中学生额外援助，以协助低收入和中等收入家庭的学生支付自主学校和专科项目自主学校较高的学费（见表5-15）。

[1] 新加坡教育部官网［EB/OL］.（2018-11-08）［2018-11-08］. https: //www.moe.gov.sg/docs/default-source/document/education/secondary/files/secondary-school-education-booklet.pdf.

表5-15 新加坡教育部自主学校助学金发放标准[1]

收入上限（符合以下其中一项条件）		为中学生提供的经济援助
家庭每个月总收入（美元）	家庭每个月人均收入（美元）	
不超过2 750	不超过690	100% 学费津贴；免费课本和校服；100%全国考试费津贴；每年120交通费填补（给乘搭公共交通的学生）
2 751—4 000	691—1 000	90%费用津贴
4 001—6 900	1 001—1 725	70%费用津贴
6 901—9 000	1 726—2 250	33%费用津贴

（3）辅助奖项

在学业成绩和课业以外表现优异的新加坡学生可以申请的奖学金和辅助奖项：

- 教育储蓄品德奖
- 中学教育储蓄奖学金、自主学校教育储蓄奖学金
- 教育储蓄活动成就奖
- 教育储蓄优异助学金
- 教育储蓄进步奖

除此之外，在学校膳食计划下，获得教育部经济援助的学生还可以每周每餐获得2.50美元的膳食津贴。

三、其他举措

新加坡能够发展成为新兴工业国家的原因之一在于政府对教育

[1] 新加坡教育部官网［EB/OL］.（2018-11-08）［2018-11-08］. https: //www.moe.gov.sg/docs/default-source/document/education/secondary/files/secondary-school-education-booklet.pdf.

的高度重视及对教育质量进行全方位的监控。为了对中小学的教学管理、教学结果和教学过程等进行监控与评估，目前新加坡政府采取了多种教育质量监控措施。其中，比较重要的措施主要有卓越学校模式、校群督导制度和全国统考制度。

1. 卓越学校制度：鉴别和奖励各类学校

新加坡实行严格的学校评估制度。从1980年以来，新加坡教育部组织各校进行正式的学校评估，并于1999年推出卓越学校模式（School Excellence Model，简称SEM）。该模式借鉴了欧洲质量管理基金会的卓越模式，旨在保证学校管理能够切实落实国家教育质量政策。卓越学校模式评估注重学校内部评估和学校外部评估的结合。学校内部评估由学校自己每年进行一次，主要评估学校短期和长期目标的实现程度，并改进工作。这种计划、执行、监督和检查反复循环的过程，能帮助学校正确评估和认识自己，从而逐渐提高办学质量。学校外部评估每4—5年进行一次，由教育部的督学、大学教师和其他学校校长组成的督导小组全面检查学校的工作，评估学校质量。

卓越学校模式的框架包括9个项目维度，并分为“运作过程”和“成果”两大类，各占50%，总分为1 000分。“运作过程”着重学校的管理方式和资源分配，包括领导（100分）、人事管理（90分）、策略（70分）、资源（115分）和以学生为主的各种活动（125分）。“成果”部分即人事管理的成果（80分）、行政管理的成果（60分）、合作和社会贡献的成果（60分）、各项以学生为主的活动成果（300分）。“成果”由“运作过程”得来，“运作过程”通过“成果”的反馈而得到改进。新加坡教育部每年将评估的结果公布在媒体上。

新加坡教育部为了激励学校不断提高办学质量及取得良好成效，设立了教育激励机制——“学校奖项总蓝图”（Masterplan of Awards for School），以奖励那些努力为学生提供全面的教育，丰富学生的学习经历和生活体验，能够达到教育预期的学校。“学校奖项总蓝图”由三个不同层次的奖项组成，分别是初级奖项、中级奖项和特级奖项。其中，特级奖项包括优异学校奖和更高一级的卓越学校奖，而后者也是新加坡最高和最负盛名的奖项。排名的指标体系由教育部制定，反映国家教育质量政策。评定的结果在报纸上公布，使学校的质量既受到教育部的监控，也接受学生和家长的监控。卓越学校奖每五年评选一次，在这五年内，如果学校表现不好，经过重新评估后将失去这一荣誉。

卓越学校模式作为学校问责的一种工具，有助于鉴别和奖励各类学校，也有利于家长和学生做出更明智的选择，同时学校的教育质量也受到了监控。为此，新加坡教育部还开发了一个交互式的网络平台，家长和学生可以在网上获得学校的实际排名和成绩介绍，从而做出更合适的选择。

2. 校群督导制度：发展、指导和监督学校领导

新加坡的校群督导（cluster superintendent）成员一般是从有威望的、管理出色的中小学校长中选拔出来的，专门检查和指导学校的工作，负责对学校校长和副校长进行考核。考核结果上报教育部，与校长的提升和奖金直接挂钩。新加坡教育部以地域为基本标准，把全国分为东、南、西、北四个区，每个区分别由教育部学校督导司的四位副司长负责。每区又分成七个校群，多数的校群包括不同类型的学校（小学、中学、初院/高中），校群则是由校群总监来负责管理。

校群总监的主要任务是发展、指导和监督学校领导的工作，确保学校的有效运行；同时，还要确保校群成员校之间通过互相交流、分享与合作，提高每所学校领导团队的能力和水平。新加坡校群督导制度通过监控学校的管理，保证了学校领导对国家教育质量政策的重视和贯彻执行，进而有利于监督学校的各项措施，真正服务于学生知识技能的提高。

3. 全国统考制度：为学生提供合适的课程

新加坡的考试制度也是教育质量监控的一种有效形式。从2004年起，新加坡教育部扩大和放松学校的排名系统，不再只根据考试成绩来排名，但学生的考试成绩仍是学校排名的重要指标。新加坡依据统一的考试标准对全国学生进行整体学业水平的考核，新加坡的小学毕业考试和小学入学考试都是全国统考。初中毕业时，学生要参加剑桥普通教育证书初级或中级考试，高中毕业时要参加剑桥普通教育证书高级考试。

全国统考制度为具有各种不同能力和天赋的学生提供合适的课程，并提出恰当的要求以达到因材施教的目的。同时，全国性的学生成绩评估体系保持了考试的效度，也在一定程度上有利于教育质量的比较和监督。因此，新加坡比较健全的教育质量监测体系保证了教育质量政策在学校能较好地得到执行。

督学制度和卓越学校模式，保证了学校的管理是执行国家教育质量政策的管理；学校成就排名制度和学生全国统考制度，保证了对学校质量的监控和促进功能。通过这些制度，新加坡建立了全国教育质量监测体系和管理体制，也为学校提供了执行国家教育质量政策的标准，保证了国家教育质量政策的有效执行。

第五节

新加坡基础教育质量发展的特点

在PISA2009—2018中，新加坡学生在数学素养、阅读素养、科学素养上的表现排名稳步上升，远远超过OECD的平均水平，在2015年的测试中居全球第一。新加坡的学生还参加了2007—2015年的TIMSS测试，其八年级学生的科学平均分和数学平均分也是不断上升。无论是PISA还是TIMSS，都是通过定期、动态的监测来评价学生的学业成绩、综合素质、学校的教育质量等，可见，新加坡的基础教育体系在全球名列前茅。这个体系仍然处于发展之中，能够根据内外部条件的变化和挑战积极应对，不断创新，确保国家的人才竞争力。新加坡基础教育质量发展的特点概括起来主要有以下几个方面。

一、教育分流，因材施教

为把公民培养成高素质的、能适应各种生产需要的有技术的劳动力，新加坡实行教育分流制度。第一，帮助学生精准定位。新加坡的早期分流制度可以逐步给学生进行精准定位，量体裁衣，更好地帮助学生找准自己的位置，从而对口学习，更好地发展。第二，避免资源过度浪费。通过多次分流，调整大众教育的班级人数，避免了资源的过度浪费。比如课堂上的“特困生”，与其接受难以胜任或没有兴趣的教育，不如及早进入新的培养路径。第三，兼顾多种教育。新加坡的教育分流制度频繁而连续，贯彻因材施教原则，兼顾精英教育与大众教育，展示了教育的针对性，充分挖掘人的潜在价值，让学生能够逐渐定位人生规划，积极实践了以人为本的价值理念。

教育分流根据学生的学习表现和考试成绩，判断学生的学习潜能和情绪，从而决定相应的课程和学校，并且按这些标准逐步分流，最终形成梯形的人才结构，使人尽其能、人尽其才。这不仅提高了教育投资的效益，把社会竞争机制引入教育过程中，充分发掘每一位学生的潜能，为社会选拔人才，还开了重视知识和人才的社会新风尚，为新加坡提供众多有知识技术的人才。分流教育是新加坡基础教育的一个重要特色，奠定了独具特色的基础教育体系及其高质量的基础。

二、双语教育，英语为本

新加坡的双语教育政策是新加坡教育体制的根本。它虽是新加坡国情所迫，却成为基础教育成功的典范。新加坡是个多民族国家，华人、马来人、印度人占多数，不同民族使用不同的语言，有完全不同的文化传统，相互之间有着较大的隔膜。这种多民族、多文化，价值观复杂的国情决定了新加坡政府在语言政策上必须极其慎重，加上新加坡在历史和文化上与英国有着密切的联系，因此采取双语教育政策，即除了英语作为所有学生必须学习的第一语言外，学生还应学习自己的母语。

实施双语教育政策，不仅保留了各民族的文化传统和道德价值，有利于增强国家的凝聚力，为学生学习提供一个和谐的外部环境，而且由于英语是国际通用语言，对吸引外国投资和参与国际竞争大有好处。一大批通晓双语的人才成为新加坡发展外向型经济和走向世界的有利条件。

三、开展培训项目，提高教育工作者的能力

教育工作者素质的提升是提高教育质量的关键。各国教育改革的经验与教训充分证明，无论教学设施、教育技术和传播手段多么先进，教师、校长的作用仍是不可替代的。任何教育改革都是外在的，只有教育工作者的积极参与，才能够将外在的教育改革目标内化为课堂上的实际行动。

第一，构建未来愿景，培养宽广视界。教师专业能力提升项目和教育领袖项目的参与者深知自己的角色与承担的责任，所以秉持历史使命感，在决策时逐渐培养了高瞻远瞩、审时度势、把握全局和未来发展方向的能力。第二，强调合作互助，致力大展宏图。对于参与培训的人员来说，国家给予足够的时间和空间，也减少了他们不必要的困扰，如资金不足等问题。新加坡教育部策划的新项目既能够促进参与者展示创新及管理能力，又有利于学校的发展，所以参与者能够得到领导们的恳切指点。对于学校来说，既能够开发出发展的新模式、新思路，又能够与时俱进获取高绩效的学习成果，从而形成双赢的局面。

四、加强公民教育，培养国家意识

虽然新加坡从一个年轻的共和国发展为发达国家，但新加坡政府和人民一直居安思危。他们清楚地知道，目前新加坡面临着两方面的矛盾和潜在威胁：一方面是富裕社会的“社会病”，如青少年贪图享乐、不讲公德、心态冷漠等；另一方面是民族众多、母语不同带来的潜在矛盾。新加坡政府深刻意识到，必须防患于未然，国家的生死存亡、繁荣衰败都取决于价值观教育和公民精神塑造。鉴于此，新加坡

在基础教育阶段加强了公民教育，注重培养国家意识，并将此作为其教育质量的根本所在。因此，新加坡政府发布的《理想的教育成果》报告提出，其基础教育的目标是培养好公民，学生在小学毕业时应了解和热爱新加坡，初中毕业时应熟知和信任新加坡，初级学院/高中毕业时应了解领导新加坡应具备的素质。

新加坡在20世纪90年代初的道德教育实践中，博采各种文化之长，吸取精华，通过开设“新公民”等课程和课外活动，突出人类博爱、相互帮助、追求真理、不畏困难、遵守纪律、热爱集体、国家利益至上、容忍、注重个人行为、热爱环境、讲究卫生、崇尚社会公正、平等、民主、热爱自由等人类共同崇尚的道德观和价值观。同时，加入浓重的忧患意识，激发全国人民上下一致、奋力向前，增强新加坡作为一个整体民族的凝聚力。

五、加大经费投入，全民办基础教育

为发展教育事业，新加坡政府不断提高教育经费投入。在建国的第一年，教育支出就高达6 300万新元，占当年预算总额近24%。随着经济的发展，教育经费不断增长。据统计，1960—1990年，教育开支从5 730万新元增加到9.465亿新元，增长15.6倍。2008年政府教育预算为80亿新元，占GDP的4%，占当年财政总支出的21.5%，仅次于国防支出（28.8%），居第二位。2013年，国家财政性教育经费占GDP的比重已达到4.30%，从总体上看，新加坡政府在教育经费上的投入力度正在明显逐步加大，配套的专项经费为基础教育政策的落实提供了可靠的物质保障。

新加坡政府是教育投资的主渠道。与此同时，新加坡政府鼓励民间组织参与教育，扩展投资渠道。新加坡民间组织特别是华人社团历来热心办教育，创办了各种华校。民间办学主要由民间社团、企业、商会、个人以及半官方的基层组织开展，后发展到与国外联合办学。民间参与教育的主要方式有：（1）自主开办种类繁多的、具有职业技术教育性质的培训班；（2）在各类学校设置各种奖、贷学金；（3）直接捐资支持学校；（4）请经济富有、热心教育的社会贤达担任校董或咨询委员，让他们筹措学校经费。

Contents

目 录

上 册

下 册

第六章

墨西哥首都墨西哥城的基础教育质量分析

墨西哥教育体系包含基础教育、高中教育和高等教育，其中基础教育包括学前教育、小学和初中阶段教育。学前教育3年（3—5岁），小学教育6年（6—11岁），初中3年（12—14岁）。墨西哥政府先后于1934年、1993年和2008年将小学、初中以及幼儿园列入强制性义务教育。随着基础教育阶段普及程度不断深化，墨西哥的入学人数、校园数量不断增加。以初中教育为例，2000—2001学年就读学生535万人，2015—2016学年就读人数增加至683万人，增长11.4%；初中学校数量也从2000—2001学年的28 353所，增加到2015—2016学年的38 885所，增幅率为8.3%。[1]但随着教育规模不断增长，质量问题凸显，如教育基础薄弱、教育水平低下、教师能力不足、教育设施落后、资源分配不均（尤其是偏远地区的乡村和印第安人等少数民族聚居区）等，导致学生能力表现不佳等。在2012年、2015年、2018年的PISA测评中，墨西哥学生的阅读、数学和科学平均分低于经合组织的平均分数，并且教育不均问题突出。[2]

墨西哥城是墨西哥的首都，是墨西哥人口最密集的城市，而且是墨西哥教育、政治、宗教等活动中心。据2016年墨西哥国家统计和地理研究所的报告，在基础教育阶段，墨西哥城有幼儿园3 406所、小学3 303所、初中1 406所；学前教育阶段在职教师14 029人，小学阶段在职教师31 968人，初中阶段在职教师32 456人。墨西哥城是全国教育普及率最高的城市，学前阶段净入学率为78.5%，小学阶段108.1%，初中105%，墨西哥这一组数值的平均值分别为73.6%、98.6%和84.4%。墨西哥城也是全国文化程度最高的城市，15岁人群受教育程

［1］ Instituto Nacional para la Evaluación de la Educación México. Panorama Educativo de México. Indicadores del Sistema Educativo Nacional 2016 Educación Básicay Media Superior［R］. Ciudad de México. 2017: 62.

［2］ OECD. Programme for International Student Assessment(PISA) Results from PISA 2018 Mexico［R］. Paris.2019: 1.

度约为11.1年，相当于初中二年级水平，而全国的平均水平为9.2年；墨西哥城每100人中有2人不识字和不会写字，而全国每100人中有6人不识字和不会写字，墨西哥城的该项数值也是全国最低。同时，墨西哥城也是墨西哥最爱学习的城市，有18.5%的市民有上学的意愿，这一比例居墨西哥首位。[1] 与全国其他31个州相比，虽然墨西哥城为市民提供了全国最优质的教育服务，但因为墨西哥整体教育水平不高，墨西哥城政府仍然面临着教育质量提升的严峻考验，因此墨西哥城政府一直将“教育质量”和“教育公平”作为服务市民的准则。2013年墨西哥政府对宪法进行修订，首次将“提高教育质量”作为教育发展的核心内容和公民权利写入宪法。本次修宪是20世纪以来墨西哥最大规模的教育改革，涉及教育评估、教育体系、学生学业测评、教师聘用等多方面内容。墨西哥城全程参与此次教育改革。

第一节

墨西哥城的基础教育质量水平

墨西哥城基础教育阶段学生主要参加三个学业测评考试，分别

[1] INEGI. Maestros y Escuelas por Entidad Federativa, Nivel Educativo, Ciclo Escolar y Educación［EB/OL］. (2019-01-25)［2019-01-25］. https: //www.inegi.org.mx/app/tabulados/pxweb/inicio.html?rxid=85f6c251-5765-4ec7-9e7d-9a2993a42594&db=Educacion&px=Educacion_07.

是墨西哥国内测评质量和教育成就考试（Examen para Calidad y el Logro，简称Excale）、国家在校学生学业评估（Evaluación Nacional del Logro Académco en Centros Escolares，ENLACE）以及经合组织举办的PISA测试。Excale和ENLACE主要检测学生在国家教育体系框架下的学业完成情况及表现，而PISA测试主要侧重学生学业表现的国际比较。墨西哥城教师还参加了TALIS测评。除此之外，墨西哥测评机构每两年对墨西哥各州基础教育整体情况进行测评和对比分析。

一、墨西哥城基础教育阶段的综合表现

“墨西哥人第一”是一个专门负责墨西哥教育数据统计的机构，该机构公布的可测量且可对比的数据信息为教育决策者与研究者提供了教育改革依据，同时也更好地帮助教师、学生以及学生家长等了解墨西哥教育现状。“墨西哥人第一”连续十年公布了国家教育责任履行指数报告，该报告是测量墨西哥各州学生学习环境以及质量的综合性报告，也评估教育当局在保障学生学习权利方面的履职情况。2018年报告结果表明，墨西哥全国有76.4%的适龄学生进入高中就读，30.8%的儿童接受了幼儿园教育，65.5%的教师在全国教师聘用制考试中取得了“合格”的成绩，1.4%的教师参加了不同形式的在职培训，67.8%的新入职教师参加了入职培训，89.2%的学校配备了卫生设备，30.2%的学校安装了残疾人通道，67%的学校为学生准备了课外活动使用的操场。[1]具体就墨西哥城而言，在2018年的测评中，墨西哥城获得6.8分（满分10分），成绩在32个州中排名第二，全市有63.2%的适龄学生进入高中就读，37.6%的儿童接受了幼儿园教育，

[1] Mexicanos Primero. ICRE. Estatal 2018［R］. México. 2019: 36.

68.8%的教师在全国教师聘用制考试中取得了“合格”的成绩，1%的教师参加了不同形式的在职培训，58.3%的新入职教师参加了入职培训，99.3%的学校配备了卫生设备，46.2%的学校安装了残疾人通道，70.1%的学校为学生准备了课外活动使用的操场。[1]墨西哥城在校园基础设施建设以及教师人员配备方面优于墨西哥全国平均水平，但是在接受义务高中阶段教育方面远低于墨西哥平均值。

二、墨西哥城学生在Excale测评中的表现

Excale是针对墨西哥基础教育阶段的幼儿园三年级、小学三年级与六年级以及初中三年级的学生进行的测评项目。2013—2014学年墨西哥全国小学三年级的学生进行了西班牙语、数学、公民教育和自然科学的测评考试，共有来自32个州3 553所学校的31 933名学生参加，墨西哥城这一测评项目平均得分为531分，列墨西哥各州第二，比墨西哥全国平均分高出27分；墨西哥城数学测评考试平均分548分，排名墨西哥第二，比全国平均分高出了29分；墨西哥城自然科学考试平均分545分，排名墨西哥第一，比全国平均分高出45分；墨西哥城公民教育测评考试平均分552分，排名墨西哥第一，比墨西哥平均分高出40分。2012—2013年度墨西哥全国小学六年级的学生参加了该测评考试，墨西哥城学生在墨西哥32个州中表现突出，各项测评均排名第一，其中西班牙语544分、数学530分、自然科学528分以及公民教育525分，墨西哥这几项测评的平均分分别为517分、502分、491以及501分。2011—2012年度墨西哥全国初中三年级的学生参加测评考试，墨西哥城四门学科测评成绩均位列全国第一，与全国平均水平

[1] Mexicanos Primero. ICRE. Estatal 2018 [R]. México. 2019: 51.

的差距进一步拉大且优势显著。该市西班牙语、数学、自然科学与公民教育得分分别为536分、527分、539分以及541分，这四项墨西哥全国平均成绩为496分、501分、500分以及505分。[1] 墨西哥城各年级学生学业表现均优于墨西哥平均水平，并且随着年级的升高优势逐渐扩大。

三、墨西哥城学生在ENLACE测评中的表现

ENLACE是针对墨西哥基础教育阶段（小学三至六年级、初中一至三年级）以及高中阶段在校生进行的年度性学业测评项目，每年基础测评科目为西班牙语和数学，轮流测评科目为自然科学、公民教育、历史和地理。该测评考试2005年正式启动，2013年结束，共举办了8年。参加测评的学校和学生人数不断增加，到2013年，该年参加测评的学生人数为1 400万，占学生总数的94.4%；参加测评的学校122 608所，占学校总数的89.9%。[2] 其中墨西哥城参与评估的学生1 031 755人，占墨西哥城学生总数的93.7%；参与测评的学校4 652所，占墨西哥城学校总数的99.8%。

表6-1　2006—2013年参加ENLACE测评的学校和学生数量

年　份	全国参加学校数量（所）	墨西哥城参加学校数量（所）	全国参加学生数量（人）	墨西哥城参加学生数量（人）
2013年	122 608	4 652	14 098 879	1 031 755
2012年	116 251	4 645	13 507 157	1 018 002
2011年	123 725	4 663	14 064 814	1 035 866

［1］ INEE. Bases de Datos［EB/OL］. (2019-01-27)［2019-01-27］. https: //www.inee.edu.mx/index.php/bases-de-datos/bases-de-datos-excale/excale-09-ciclo-2011-2012.

［2］ SEP. Educación Básica［EB/OL］. (2018-12-28)［2018-12-28］. http://www.enlace.sep.gob.mx/ba/.

（续表）

年　份	全国参加学校数量（所）	墨西哥城参加学校数量（所）	全国参加学生数量（人）	墨西哥城参加学生数量（人）
2010年	121 833	3 705	13 772 359	1 042 533
2009年	120 583	4 713	13 187 688	1 041 595
2008年	121 668	4 712	9 930 000	725 381
2007年	121 585	4 714	10 148 666	740 619
2006年	112 912	4 547	9 529 490	706 108

资料来源：SEP. Resultados Históricos Nacionales 2006–2013(2018-12-28)［2018-12-28］. http://www.enlace.sep.gob.mx/content/gr/docs/2013/historico/00_EB_2013.pdf.

ENLACE测评结果分为“不足”“合格”“良好”和“优秀”四档。“不足”是指学生尚未掌握评估学科的基本知识和技能；“合格”是评估学科的知识和技能的掌握有待加强；“良好”是指基本掌握了评估学科的知识和技能；“优秀”是指高水平地掌握了所评估学科的所有知识和技能。

表6-2　2006—2012年ENLACE测评学生表现（四档）比例数据

		小　学			初　中		
		西班牙语	数学	第三科目	西班牙语	数学	第三科目
不足	2006	20.7	21.0	n.a.	40.7	61.1	n.a.
	2007	20.1	20.2	n.a.	36.3	57.1	n.a.
	2008	20.8	22.8	37.6	32.9	55.1	20.2
	2009	19.2	20.4	24.1	31.7	54.5	11.3
	2010	17.0	19.7	16.0	39.7	52.6	12.9
	2011	15.6	16.6	12.4	40.1	53.3	13.3
	2012	15.0	13.0	29.7	38.0	48.6	16.2
合格	2006	58.0	61.4	n.a.	44.6	34.7	n.a.
	2007	55.3	57.5	n.a.	44.8	37.3	n.a.

（续表）

		小学			初中		
		西班牙语	数学	第三科目	西班牙语	数学	第三科目
合格	2008	48.7	49.5	41.4	49.2	35.7	60.7
	2009	48.0	48.6	33.0	49.5	35.4	33.0
	2010	46.1	46.4	62.9	42.7	34.7	62.6
	2011	44.4	46.5	53.8	42.8	30.9	53.4
	2012	43.2	42.7	38.9	41.3	31.1	58.3
良好	2006	19.6	16.0	n.a.	14.0	3.8	n.a.
	2007	21.8	19.0	n.a.	17.9	5.1	n.a.
	2008	26.7	23.0	20.6	17.1	8.3	18.6
	2009	28.0	24.9	36.9	18.0	9.1	48.2
	2010	30.2	25.8	18.5	16.6	10.5	18.7
	2011	31.0	25.9	29.8	16.1	11.7	28.7
	2012	29.9	27.0	29.9	19.0	14.0	24.4
优秀	2006	1.7	1.6	n.a.	0.7	0.4	n.a.
	2007	2.8	3.3	n.a.	1.0	0.5	n.a.
	2008	3.8	4.7	0.4	0.8	0.9	0.5
	2009	4.8	6.1	6.0	0.8	1.0	7.5
	2010	6.7	8.1	2.6	1.0	2.2	5.8
	2011	9.0	11.0	4.0	1.0	4.1	4.6
	2012	11.9	17.3	1.5	1.7	6.3	1.1

资料来源：Secretar de Educación Pública. ENLACE 2013 Información Básica [R]. México. 2013: 27.

从2006年到2013年，墨西哥小学在校学生的学业综合表现不断提升，数学测评成绩，表现不足者比例从21%下降至12.4%，合格者比例从61.5%下降至38.8%，表现良好者从16%增至29%，优秀者从1.6%增至19.8%，表现不足比例降幅比例为8.6%，合格者降幅比例为22.6%，而表现良好者和优秀者都出现明显的增长趋势，分别增长13%和18.2%。[1]墨西哥城小学生在数学方面表现的提升尤为显著，数学成绩表现不足的比例从13.6%下降到9.2%，合格者比例从64.6%下降到37.4%，表现良好的比例从19.8%上升到30.9%，表现优秀者从2.1%增加至2.2%。[2]

墨西哥全国西班牙语测评表现与数学测评表现类似，表现不足者和合格者比例下降，而表现良好者与优秀者比例上升。2006年西班牙语测评中表现不足的学生比例从20.7%降至13.5%，合格者比例从58.1%降至43.7%，表现良好者比例从19.6%增至33.4%，表现优秀者比例则从1.7%增至9.4%。[3]同样，墨西哥城小学阶段西班牙语测评水平的表现要远好于墨西哥的平均值，并且学业成绩提升幅度也远高于墨西哥全国平均值。墨西哥城学生西班牙语成绩表现不足比例从12.5%下降到9.2%，合格者比例从56.6%下降到39%，良好者从27.6%上升到38.6%，优秀者从3.3%上升至13.2%。[4]

初中阶段学生在数学测评中表现差强人意，虽然表现在不断好转，但是距良好及以上水平还有差距。2006—2013年，墨西哥全国初中学生在数学测评中的表现不足者从61.1%降至46.4%，合格者从34.7%降至31.6%，良好者从3.8%增至14.9%，优秀者0.4%增至7.1%；2013年测评中表现良好和优秀的人数占总人数的比例为21.9%，不到四分之一。墨西哥城初中学生数学测评表现与全国平均水平持平，表现不足者从49.5%下降到48.2%，合格者从42.7%下降到31.8%，良好者7%上升至14.3%，优秀者0.7%上升至5.7%。[5]墨

[1][3] SEP. Resultados Históricos Nacionales 2006-2013 [EB/OL]. (2018-12-28) [2018-12-28]. http://www.enlace.sep.gob.mx/content/gr/docs/2013/historico/00_EB_2013.pdf.

[2][4][5] SEP. Resultados Históricos 2006-2013. Distrito Federal [EB/OL]. (2019-01-27) [2019-01-27]. http://www.enlace.sep.gob.mx/content/gr/docs/2013/historico/09_EB_2013.pdf.

西哥全国同年级学生的西班牙语测评表现令人担忧。西班牙语测评中表现不足者从2006年的40.7%降至37.4%，合格者从44.6%降至42.9%，良好者从14%增长至18%，优秀者0.7%增长至1.7%。八年间，学生的西班牙语变现变化不大，表现不足和合格者人数占总人数的八成，而表现良好者与优秀者不足二成。[1]墨西哥城学生西班牙语测评表现与全国水平相比，更加令人担忧。表现不足者从26.7%增加至35.8%，表现合格者从47.6%下降至41.1%，表现良好者从24%下降至21.1%，表现优秀者从1.7%增至2%，[2]考虑到误差因素，可以说几乎没有变化。

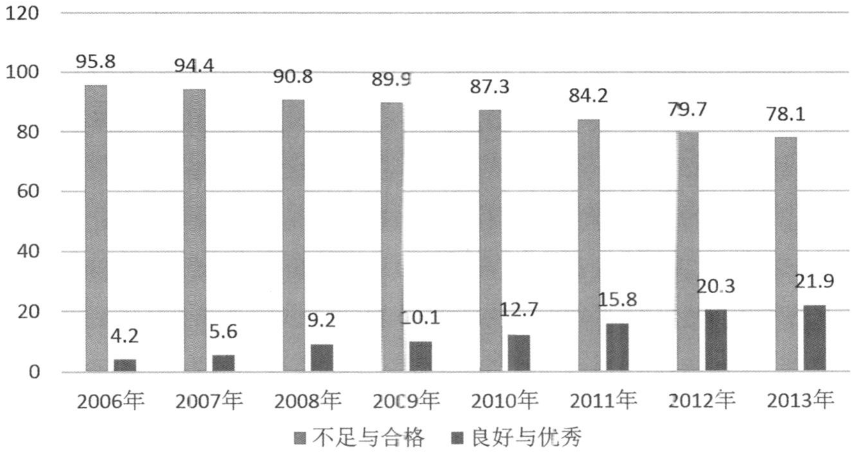

图6-1　2006—2013年ENLACE测评中学阶段墨西哥在校学生数学表现变化趋势

资料来源：SEP. Resultados Histnales 2006–2013 [EB/OL].(2018-12-28) [2018-12-28]. http://www.enlace.sep.gob.mx/content/gr/docs/2013/historico/00_EB_2013.pdf.（根据数据资料自行绘制）

[1] SEP. Resultados Históricos Nacionales 2006–2013 [EB/OL]. (2018-12-28) [2018-12-28]. http://www.enlace.sep.gob.mx/content/gr/docs/2013/historico/00_EB_2013.pdf.

[2] SEP. Resultados Históricos 2006–2013. Distrito Federal [EB/OL]. (2019-01-27) [2019-01-27] http://www.enlace.sep.gob.mx/content/gr/docs/2013/historico/09_EB_2013.pdf.

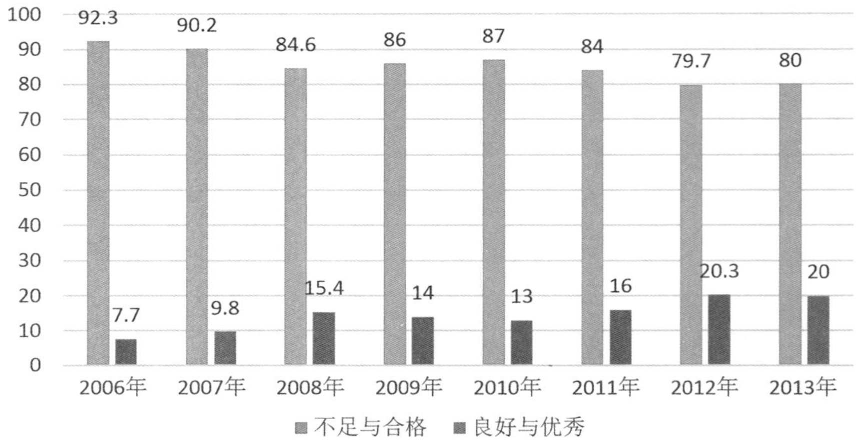

图6-2　2006—2013年ENLACE测评中学阶段墨西哥城在校学生数学表现变化趋势

资料来源：SEP. Resultados Históricos 2006–2013. Distrito Federal［EB/OL］.(2019-01-27)［2019-01-27］. http://www.enlace.sep.gob.mx/content/gr/docs/2013/historico/09_EB_2013.pdf.（根据数据资料自行绘制）

四、墨西哥城学生在PISA测评中的表现

墨西哥自2000年开始参加PISA测评，学生表现一直低于OECD成员国的平均水平。墨西哥城学生在PISA测评中的表现略好于墨西哥全国平均水平，但差别不大。因墨西哥城PISA测评数据难以获得，故通过墨西哥全国PISA测评成绩对墨西哥城学生在该项测评中的表现进行初步了解。2003—2018年间的数学测评考试中，墨西哥全国数学成绩从385分提高至409分，平均每三年提高4分。但是，在科学和阅读能力上的表现差强人意，几乎没有提升。以2018年为例，墨西哥学生在科学测评中的分数为419分，阅读420分，数学409分，分别低于OECD的平均分数67分、65分和69分。[1] 其中，墨西哥只有

［1］ OECD. PISA 2018 Results. What Students Know and Can Do Volum I［R］. Paris. 2019: 317.

不到1%的学生成绩达到了高表现者水平（OECD平均值为16%），与2015年持平，但将近35%的学生成绩表现为不合格（OECD平均值为13%）。在三科测评中，近9成墨西哥学生的考试成绩三年内提升了5分左右，而且墨西哥成绩最高分数和最低分数的数值差也在减小。[1]在最高分数与往年相当的情况下，说明墨西哥低分数人群的分数有所提升。从2003年至2018年间，有资格参加PISA测评考试的学生数量增加了40万，这说明墨西哥基础教育普及率在不断提高。

在教育经费投入方面，国家对6—15岁学生平均每人投入27 848美元，这一数字为OECD平均投入的31%，因为墨西哥是OECD成员国中为数不多的发展中国家之一，2018年墨西哥人均GDP为17 315美元，为OECD平均值的44%。[2]因此，通过上面两组数据比较可以发现，墨西哥在小学至初中阶段的教育投入与OECD其他成员国相比存在很大差距。同时，墨西哥的社会不公平现象严重，学生学业表现与家庭经济背景呈现出的相关性更强。来自低收入家庭的学生科学表现不佳的人数是来自家庭经济条件较好学生的2倍。

具体而言，自2006年至2018年，墨西哥学生在科学领域的成绩未有提升，但是在科学领域表现不足的学生成绩以每三年7分的速度增长。2018年的测评中，OECD平均22%的学生没有达到2级水平，墨西哥这一数值为47%；OECD平均7%的学生达到5级以上水平，墨西哥几乎为零。[3]男生科学学业表现远优于女生，但在低成绩段和高

［1］ OECD. Programme for International Student Assessment (PISA) Results from PISA 2018 Mexico［R］. Paris.2019: 1.

［2］ OECD. Programme for International Student Assessment (PISA) Results from PISA 2015(2018-12-25)［2018-12-25］［R/OL］. http://www.oecd.org/pisa/PISA-2015-Mexico.pdf.

［3］ OECD. Programme for International Student Assessment (PISA) Results from PISA 2018 Mexico［R］. Paris.2019: 2.

成绩段的男女比例相当，45%的男生和36%的女生希望日后从事与科学相关的工作，这一比例高于OECD平均值。

在阅读领域，OECD有23%的学生未达到2级水平，而墨西哥这一数字高达45%，这就意味着墨西哥参与PISA阅读测评的近一半学生不具备有效进行日常生活的阅读能力。OECD阅读高分学生的比例为9%，墨西哥为1%。女生的阅读成绩比男生表现略好，高出16分，这个差距要小于OECD的27分。[1]

在数学领域，墨西哥学生与OECD平均成绩的差距最为显著。OECD有将近1/4的学生未达到2级水平，而墨西哥这一比例则为56%，也就是说墨西哥有将近六成的学生不具备灵活运用数学知识解决生活问题的能力，如计算路程距离、外币换算等。OECD 11%的学生达到5级以上的水平，而墨西哥这一数值为1%，其男生在数学领域的表现略好于女生。[2]

在阅读表现中，OECD有20%的学生未达到2级水平，而墨西哥这一数字高达42%，这也就意味着墨西哥参与PISA阅读测评的近一半学生不具备有效参与日常生活的阅读能力。OECD高表现者比例为8.3%，墨西哥为0.3%。女生在阅读领域比男生表现略好，高出16分，这个差距要小于OECD的27分。

墨西哥学生在数学表现方面与OECD平均成绩差距最为显著。OECD有将近1/4的学生未达到2级水平，墨西哥这一比例为57%，也就是说墨西哥有将近六成的学生不具备灵活运用数学知识解决生活中的问题，如计算路程距离、外币换算等。男生的数学表现略好于女生。

---

[1][2] OECD. Programme for International Student Assessment (PISA) Results from PISA 2018 Mexico [R]. Paris.2019: 2.

五、墨西哥城教师在TALIS测评中的表现

墨西哥城在TALIS测评中的细化数据难以获取，但是墨西哥城教师的表现和工作环境同墨西哥全国平均水平相当。因此，通过墨西哥教师在TALIS测评中的表现，可以大致了解墨西哥城的教师水平和工作环境。根据TALIS 2013年的测评结果，墨西哥有相当高比例的教师工作在有30%以上贫困学生的学校，具体到小学，这一比例为57%，初中为44%，而TALIS这一平均值分别为16%和20%。

吸引、留住以及提供晋升机会是促进教师队伍质量提升的主要手段。同样是2013年的TALIS测评中，墨西哥有24%的教师认为自己专业水平不足，而TALIS的平均值为7%。只有62%的教师拥有教育学背景或接受过教师培训项目，大部分教师表示自己所在学校没有入职培训课程。在职培训方面，墨西哥学校的相关数据要高于TALIS的平均值，如90%的墨西哥教师参与过课程、工作坊、会议等不同形式的在职培训，这一项比例远高于TALIS的平均值71%；49%的墨西哥教师开展过独立或集体科研活动，TALIS的平均值为31%。

教师的工作环境和社会地位也是提高教师职业吸引力的重要因素。墨西哥教师的年工作时间略长于OECD其他成员国的平均时间：小学教师每年工作时间约为800小时，初中为1 047小时，而OECD成员国教师的平均工作时间分别为794小时和704小时。墨西哥的师生比高于OECD的平均值：墨西哥小学阶段教师与学生的平均比例为1 ∶ 27，而OECD这一比例为1 ∶ 15。2005—2015年，墨西哥学前和小学教师工资增长了12%，初中教师工资增长了13%，增长幅度是OECD平均值的2倍，但是工资金额仍低于

OECD的平均值。然而考虑到国家经济发展的因素，教师在墨西哥属于高薪职业。在TALIS的测评中，95.5%的墨西哥教师表示，如果再有一次职业选择的机会，仍会选择教师职业，而TALIS这一平均值仅为77.6%；49.5%的墨西哥教师认为教师职业得到了社会的尊重，TALIS测评的这一平均值为30.9%。不难看出，墨西哥是一个尊师重教的国度。

第二节

墨西哥城基础教育质量监测体系

墨西哥城基础教育阶段的监测体系主要分为针对学生学业的监测项目和针对学校教育课程质量的监测项目，前者由墨西哥公共教育部主持实施，后者由墨西哥国家教育评估委员会负责运行。这两者是墨西哥城基础教育阶段最主要的教育质量监控体系。

一、基础教育学生学业监测体系

墨西哥自2000年参加PISA测评以来，学生成绩表现一直不佳。墨西哥公共教育部希望开发一套更具有针对性的监测体系，以便更加准确地了解和发现墨西哥基础教育阶段存在的问题，因此在经合组织的帮助下开发了ENLACE测评项目。该项目于2005—2006学年正式启动，第一次参加测评的是来自墨西哥所有小学（包括公立、私立、印第安族、远程教育）三至六年级、中学三年级的在校学生，测评的学科为西班牙语和数学。2008年测评对象扩大到高中三年级学生，除了西班牙和数学两门每年必测评学科外，还增设了一门学科：2008年为自然科学（小学阶段增设了自然科学，初中阶段细分为生物、物理和化学），2009年为公民教育，2010年为历史，2011年为地理，2012年又为自然科学。2014年该测评项目终止，取而代之的是国家学习评估计划（PLANEA）。ENLACE测评的出现可以说是墨西哥教育评估文化向信息化、透明化和问责制发展的一个重要标志。[1]

1. ENLACE测评的目标与特点

墨西哥政府希望通过ENLACE测评考试，建立墨西哥基础教育的评估文化，以数字化为导向的测评结果为学生、学校和校长提供了更加直观且可信任的学业结果，为课堂教学计划的制订、教师培训、教育政策制定等提供依据，为教育研究者提供可参考的测评数据，同时促进了墨西哥教育体系透明度的提升以及问责制度的建立。[2]

ENLACE为全国性测评考试，考虑到墨西哥32个州的文化差异，墨西哥基础教育部邀请了32个州的教师参与试题的编制工作。墨西哥数学协会、国家教育大学、国家教师工会、国家教育评估委员会、印第安教育司等13家国家级教育单位负责考核试题的监理工作。

ENLACE基础教育阶段的测评具有强制性特征，全国所有小学和初中在校学生必须参加。高中阶段则为自愿参加，因为墨西哥部分高

[1] Norma Angélica Pantoja Hinojsa. La Evaluación Nacional al Logro Académico en Centros Escolares (ENLACE) ¿Estrategia para la Mejora de la Calidad Educativa de la Educación Primaria? [D]. Universidad Pedagógica Nacional. 2008: 49.

[2] Secretaría de Educación Pública. ENLACE 2013.Información Básica [R]. México. 2013: 4.

中隶属于自治大学的管理系统，不受国家教育部管理。ENLACE测试试题类型全部为多选题，每个学科试题数量为50—74道，具体视年级和学科情况而定。全国使用统一的测评试卷，测评时间、形式和评分方法完全一致。ENLACE测评每年举办一次，测评时间为2天。成绩分为“不足”“及格”“良好”和“优秀”四个等级。为了更加深入了解影响学生学业表现的因素，测评项目设置了针对校领导、教师和学生家长的配套调查问卷。测评成绩只用于评定学生的学业表现情况，不存在“通过”或“不通过”，也不作为学生的升学依据。

2. ENLACE测评结果的应用

通过测评可以了解学生和学校的优势和不足，以及影响其学业表现的因素。因此，测评结果不仅服务于政府教育决策部门，而且为学校制定改善教育质量举措的短期、中期和长期规划提供参考。在分析学校整体表现时，分数不是唯一标准，还需要了解影响学校整体表现的社会因素，需要将学校的表现放置于历史环境中，从时间的维度分析学校学生表现的变化幅度，进而确定哪些学校和哪些学生需要得到特别关注。虽然ENLACE测评项目对提高墨西哥基础教育质量至关重要，但是该测评结果不是指导基础教育发展的唯一依据。

二、基础教育课程质量监测体系

随着墨西哥基础教育规模不断扩大，墨西哥政府开始关注教育质量问题：如何为学生提供高质量的教育服务？什么才是有效的课堂教育？学生的课业表现受到哪些方面的影响？为了回答这些问题，墨西哥国家教育质量评估委员会设立了Excale测评项目，并开发了一系列测评试题以及相配套的调查问卷，希望通过长时间对学生学业表现定量和定性的研究与观察，提供国家和州层面的学生学业表现的基本情况，为国家课程内容的改进提供实证性数据支持。

1. Excale测评目标、对象及内容

Excale测评设立于2005年，2014年终止，为国家强制性测评项目，由墨西哥国家教育评估委员会主持测评工作。该测评考试主要从四方面了解墨西哥教育现状：（1）对正规学校学生学业表现进行整体性了解；（2）分析影响学生学业表现因素，如年级、学科、性别、家庭背景等；（3）建立长期的学生学业对比机制；（4）对现有大规模评估模式进行改进。[1]

该项目测评对象为就读于墨西哥公立和私立系统的幼儿园三年级学生、小学三年级和六年级以及初中三年级学生，即每个教育阶段的最后一年。这种测评对象选择方式便于对阶段性教学成果进行系统性反思。测评方式为抽样测评，每所学校和每名学生被选中参加测评概率相当。鉴于全国性质的测评考试工作量较大，以及每年学生的水平变化不显著等因素，Excale测评周期定为4年，即每个年级每4年测评一次。该测评不针对任何学生、教师或学校等个体，是对墨西哥教育体系质量的整体性测评。通过测评掌握不同类型学校（如公立学校、私立学校、印第安部落学校等）学生表现差异情况，学生在不同学科、不同年级的表现差异，影响学生学业表现、学业进步或退步的因素（家庭、教师、校长、学校等），时间维度内学生学业表现变化情况等，进而为国家制定统一的课程标准和内容、教师培训计划提供参考依据。

测评科目包括数学、西班牙语、自然科学和社会学，每年级考核

---

［1］ Instituto Nacional para la Evaluación de la Educación. Exámenes de la Calidad y el Logro Educativos. Proceso de Construcción y Características Básicas［R/OL］. (2018-12-26)［2018-12-26］. http://www.inee.edu.mx/images/stories/Publicaciones/Textos_divulgacion/Temas_evaluacion/Excale/folleto_08.pdf.

科目略有不同。测评内容分为两部分：笔试和调查问卷。为了更加准确地分析影响学业表现的具体因素，国家教育评估委员会特别设置了调查问卷环节，以便对学生的性别、族群、家庭背景、父母工作情况等进行更深入的分析，学生、家长（限于学前教育阶段）、教师、教育管理者为调查问卷的主要受访人群。

表6-3　Excale测评各阶段考核学科科目

阶　段	年　级	科　目
幼儿园	三年级	语言和交流、数学思维
小学	三年级和六年级	西班牙语、数学、自然科学与社会学
初中	三年级	西班牙语、数学、自然科学与社会学

2. Excale测评实施步骤及特点

国家教育质量评估委员会专门为Excale测评开发了一套包含七个阶段的测评框架。阶段一制定整体规划，组建专家团队，制定测评目标、原则和实施方法细则。阶段二建立Excale测评模型，邀请课程专家、教师、课本编者以及评估委员会代表，共同参与测评模式的制定工作，以及确定测评试题的形式、难度等工作。阶段三确定Excale测评试题具体内容，邀请课程专家、教师、课本编者等，每人独立提交测评试题，建立测评题库。墨西哥32个州选拔代表组成题库讨论小组，对试题的相关性、难度、语言表达准确性等方面进行审核，选出符合测评标准的试题。专家团队对遴选出的试题与国际测评考试试题进行比较分析。阶段四制作测评考试手册，将试题进行模块化处理，每个模块难易程度相当、试题形式相似、测试内容不超过15分钟，同时确定调查问卷内容。阶段五为测评实施和培训阶段。评估委员随机抽取学生参加测评考试，同时对参与测评阶段的教师进行培训。阶段六组织专家团队对测评结果进行分析。阶段七进行结果验证及公示。测评结果分为四档，分别是“不合格”“合格”“良好”和“优秀”。国家教育评估委员会负责测评结果的分析和公示，考虑到学生个人隐私方面的国家规定，国家评估委员会不可以公布学生的个人测评成绩，只公示国家、州、市等宏观层面的测评结果。

从上述测评流程可以看出，Excale测评具有三个特点：(1)标准严格。该测评旨在了解学生在正规教育中对特定知识的掌握情况，测评中需要对各门课程从知识内容、学生技能和态度等方面进行深入分析。(2)测评内容与课标保持高度一致。墨西哥全国基础教育阶段拥有统一的课程标准，采用统一的免费教材以及教师培训内容，因此测评主要了解学生对课程内容的掌握情况，以为国家课程标准、教师培训计划的制定提供指导。(3)模块化。鉴于学生要在规定有限时间内完成测试题目，而且该项测评主要是为了检验课程内容质量，Excale测试按照模块设计，测试问题分成不同组，随机分给不同学校的学生。相关机构通过随机模块化的测评方式，了解学校的整体表现。

第三节

墨西哥城基础教育质量保障运行机制

墨西哥城的基础教育质量监测工作由国家公共教育部和国家教育

评估委员会统一部署，墨西哥城教育局直接管理。

一、国家公共教育部

墨西哥公共教育部是墨西哥总统内阁设立的部委之一，成立于1921年10月，根据墨西哥国家宪法第三条行使国家赋予的教育权利与义务。墨西哥公共教育部的核心任务是为所有墨西哥城民提供适合且高质量的教育服务，在尊重大学、军事院校、私立机构自主权的前提下，负责墨西哥全国教育事务的规划、管理与运营，包括全国范围内所有级别的公立和私立教育机构（基础教育、高中、高等教育、职业教育、师范教育等）。墨西哥公共教育部的目标是，到2030年，国家教育体系为每一位墨西哥公民营造一个自由、公正、民主的教育环境，使每一位公民都可以得到现代化且高质量的教育服务，并可以顺利地进入社会，成为国家发展所需的人才。

墨西哥公共教育部下设四个司：项目、评估与协调司，高等教育司，高中教育司，基础教育司。项目、评估与协调司主要负责教育项目的制定、教育数据的采集、教育项目的评估、学位学历的认证、电视教育、教育体系信息化等教育领域的统筹工作。高等教育司主要负责大学、科技理工院校、高等师范院校以及高等职业院校的事务管理工作。高中教育司主要负责中等职业技术院校和高中的教育事务。基础教育司主要负责制定基础教育阶段课程标准，监督审查教材质量，进行教学管理等。基础教育司下特设印第安少数民族教育办公室，设专人专岗为少数民族教育提供特殊服务。同时，教师教育也是基础教育司的一项重要工作，包括为基础教育阶段教师提供可持续发展的学习机会、提升路径，保障教师队伍质量，提高教师从业人员的积极性等。

二、国家教育评估委员会

国家教育评估委员会成立于2002年8月，是“墨西哥2001—2006年教育中长期规划”的重点建设项目，也是文森特·福克斯总统执政期间的重点推行的教育项目，2013年之前隶属于墨西哥国家公共教育部。2002年该教育评估委员会成立时的主要工作内容为：（1）负责墨西哥基础教育阶段的测评考试；（2）负责与经合组织协调工作，在墨西哥全国范围内开展PISA国际学生测评考试；（3）为教育部提供年度教育数据报告；（4）开发学校评估模型；（5）分析1998—2002年间国家教育评估数据。

2011年，墨西哥教育部邀请经合组织对墨西哥基础教育进行考察，经合组织在考察后颁布了《建立教师评估框架和激励机制：墨西哥建议》。该报告提出，墨西哥应该建立更加有效的评估体系，加强对学生学习表现的评估，研发和使用更加有效的评估和测量工具。[1] 2012年，时任墨西哥总统菲利佩·卡尔德隆根据经合组织的建议提出，为提高教育评估的效率和独立性，将国家教育评估委员会改制成为独立于国家公共教育部，具有独立法人地位的国家教育咨询机构。2013年恩里克·佩尼亚·涅托总统执政，捏托政府发布政府公告，对宪法第三章第九条内容进行修改，墨西哥教育评估委员会正式成为具有独立法人地位的自治公共机构，主要负责墨西哥学前教育、小学、初中和高中阶段公私立学校教育评估方案的设计、

[1] Miriam Sánchez Hernández. INEE Constitucional, ¿Autonomía, Para Qué? [EB/OL]. (2017-04-09) [2019-01-26]. http://www.jornada.unam.mx/2013/05/11/opinion/019a2pol.

评估工作的执行以及评估结果的发布。[1]同时，墨西哥政府颁布了《国家教育评估委员会法》，不仅确立了评估委员会在墨西哥国家义务教育中的地位，同时明确了其权利与义务。该法第二十五条规定，评估委员会负责设计和执行义务教育阶段的教育质量评估工作，尤其强调在进行评估工作过程中要尊重跨文化多样性，对少数民族族裔、非官方用语群体以及残障人事要给予特殊照顾。改制后的国家教育评估机构在评估方案的制定、执行、监管方面和制定教育改善建议方面获得了更多的自主权，有助于促进墨西哥教育质量的提升以及社会平等发展。

三、墨西哥城教育局

墨西哥城教育局同时隶属于墨西哥市政府和墨西哥公共教育部，为墨西哥市民、青少年以及儿童提供艺术、文化、健康、工作等教育服务。墨西哥城教育局下设6个一级行政单位、16个二级行政单位。6个一级行政单位分别是教育事务管理司、特殊事务管理司、教育综合规划和执行司、图书馆综合管理司、法务司、教育综合协调司（如图6-3所示）。

根据《联邦公共行政组织法》的规定，墨西哥城教育局的主要职能为：（1）对墨西哥城教育体系进行整体规划、组织、开发、管理、监督，评估教学和管理项目等；（2）制定和颁布与墨西哥城教育事务发展相适应的法律和法规；（3）促进和加强墨西哥城公共教育体系的发展；（4）监督和管理墨西哥城管辖范围内的学校，确保其教学行为

[1] Instituto Nacional para la Evaluación de la Educación. Estatuto Orgánico del Instituto Nacional para la Evaluación de la Educación [R]. México. 2014: 13.

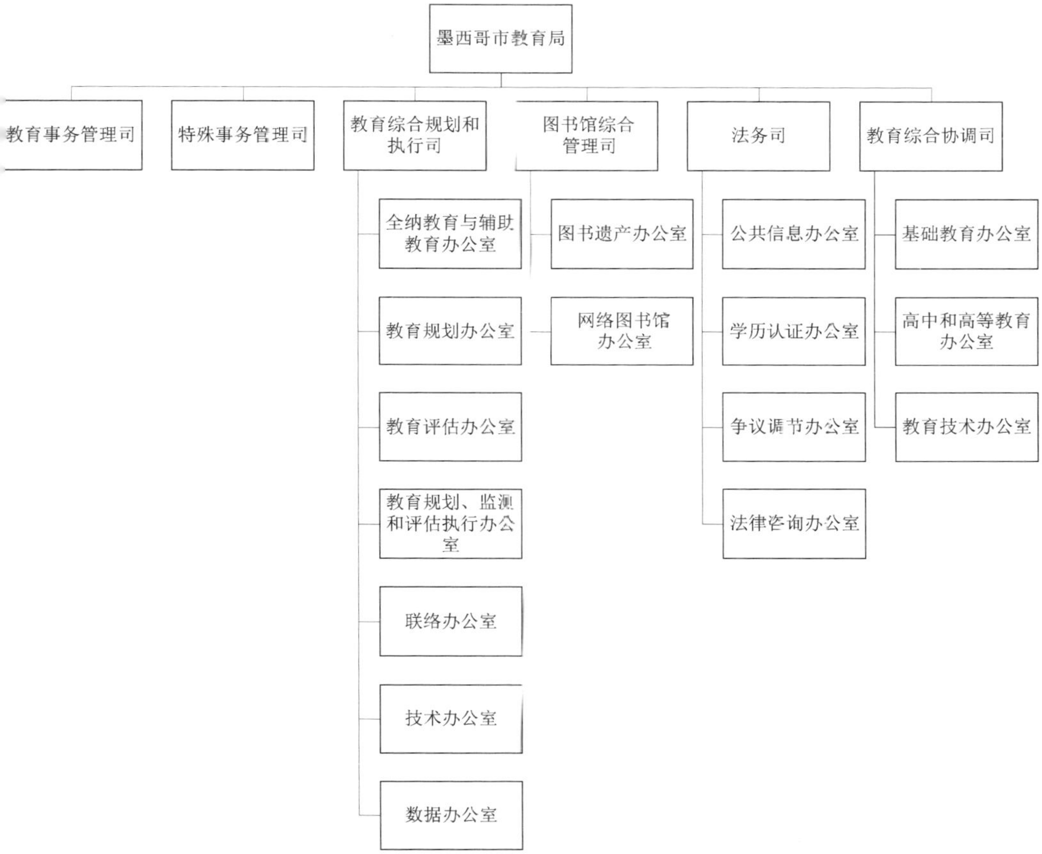

图6-3　墨西哥城教育局行政结构图

资料来源：Secretar行政结构图.综合管理司、教育综合协调司、法务司［EB/OL］.(2019-02-02)［2019-02-02］. https: //www.educacion.cdmx.gob.mx/secretaria/estructura.(根据网站资料自行绘制)

符合墨西哥城教育系统要求；(5)通过公共图书系统为墨西哥城民提供图书阅读服务，支持墨西哥城教育体系、创新教育等领域发展；(6)制定、促进、协调和执行促进科学研究、科技创新、环境保护等方面的政策和项目工作；(7)为研究机构搭建科研和创新平台，提供信息支持和服务。在基础教育领域，墨西哥城教育局一直致力于改善墨西哥城的基础设施建设，保障学生校园安全，提高教育质量，培养符合时代发展需求、有知识、有能力的市民，加强对弱势群体的教育工作，降低其辍学率，促进社会包容性发展。

第四节

墨西哥城基础教育质量改善举措

2013年墨西哥政府修订宪法，首次将“提高教育质量”作为教育发展的核心内容以及公民的权利写入宪法，与之相配套的是一系列针对学生学业考核、教师队伍建设、教育体系等的改革措施。

一、建立新型的学生学业考核制度

2013年，墨西哥国家教育评估委员会组织专家团队对墨西哥义务教育阶段的两个测评项目ENLACE和Excale进行评估，评估结果显示这两个测评项目都存在目标不明确，测评结果对使用者的指导性不强，两项测评项目内容重合点多等问题。综合两个测评项目的优缺点，2015年国家教育评估委员会开发并实施了国家学习评估计划（PLANEA）。PLANEA测评项目整合了ENLACE与Excale的项目内容，不但对墨西哥义务教育阶段教育体系的质量进行测评，同时还对义务阶段的学生学业表现进行测评。ENLACE测评是普查性项目，

Excale是抽样调查性项目。PLANEA测评项目在上述两个测评项目的基础上确定了测评的两个主要方面，即对墨西哥国家教育体系成效的评估和对学校表现的评估。

表6-4　ENLACE测评项目和Excale、PLANEA测评项目的异同

ENLACE测评项目	Excale测评项目		PLANEA测评项目
优势		保留 ⟹	在ENLACE项目和Excale项目的基础上研发了新的测评项目，具有以下特点： 在测评项目的设计、制定以及实施过程中有严格的理论指导； 项目设计过程中明确了测评的总体目标和具体目标； 在结果分析过程中考虑性别、民族、文化、语言等因素，最大程度保证分析结果的公平性； 提高评估结果的影响力和使用频率。
在教育研究机构以及学者中具有较高知名度。	有效、可靠且稳定的定期评估方式。		
不足		改进 ⟹	
测评过于频繁，外加测评目的不清，导致学生和教师疲于应付，影响了学生学习的正常进度； 出现了对测评结果的不恰当使用（如学校排名、教师奖励措施等），误读了测评的真正意义。	测评结果在社会上的知名度不高，对教育政策的制定的指导性不足。		

资料来源：INEE. Planea: Una Nueva Generaci Generación de Pruebas［R］. México. 2017: 2.

1. PLANEA测评项目的目的

PLANEA测评项目的目的：（1）了解义务教育阶段不同年级学生整体的学习情况；（2）为各州、地方教育机构提供义务阶段学生学业表现数据，了解不同学生群体间的学业差异情况，为教育决策者提供教育改革的数据支持；（3）向社会提供每个州义务教育阶段学生学业表现，了解各州之间的学业水平差异情况；（4）为基础教育阶段和高中阶段的教师和学校管理者提供学生的学业表现结果，通过学业表现

分析教学过程中取得的成绩以及面临的挑战。

2. PLANEA测评项目的主要模式

PLANEA测评项目由国家教育评估委员会与国家公共教育部共同运行和监管。这两个机构的职能和业务领域不同，在设计上使用两种模式指导该测评项目测评工具的选取以及对学生实施测评的方式。第一种测评模式PLAN SEN由国家教育评估委员会设计，针对国家教育体系中义务教育阶段，主要为了实现上面提到的前三个目的。第二种测评模式PLAN Escuelas由国家公共教育部负责，为学校提供评估数据，以实现第四个目的。

（1）针对义务教育体系的PLAN SEN测评项目

PLANEA SEN由国家教育评估委员会主持设计并实施，通过对学生的测评，为联邦、州、地方等提供学生学业成就的关键信息。主要测评科目为西班牙语、数学、公民教育和自然科学。测评分为国家层面、州层面以及学校层面，测评结果可以应用于分析和对比不同群体、层级的学生学业表现差异，为国家、州层面教育政策的制定提供量化的参考依据。

测评采取模块式模式，约150道题目，平均分成三组，每组约50道题目，每组题目分配给参加测试的不同学生，测评结果综合所有学生的表现，取整体平均结果。测评结果分为四个级别，从Ⅰ级到Ⅳ级（学业表现逐渐提升）。此外，每门学科还根据自身特点设定了本学科每个级别的具体要求。根据国家教育评估委员会的要求，该测评考试在每个学业阶段的最后一年对学生进行测评，以便了解整个学业阶段的教学质量的整体情况。因此，学前三年级、小学六年级、初中三年级以及高中最后一个年级的学生参加该测评考试。

表6-5　PLANEA SEN测评项目四个级别的具体要求

级　别	具 体 要 求
Ⅰ级	学生学业表现不足，缺少解决本学科相关问题的能力，未来学习存在困难。
Ⅱ级	学生基本掌握所学学科知识点，表现基本合格。
Ⅲ级	学生良好掌握所学学科知识点，并可以灵活运用所学知识点。
Ⅳ级	学生完全掌握所学学科知识点。

资料来源：INEE. Plan Nacional para la Evaluación de los Aprendizajes（PLANEA）[R]. México. 2018: 12.

（2）针对学校教育的PLANEA Escuelas测评项目

PLANEA Escuelas由国家公共教育部主持设计并实施，通过测评考试，详细了解义务教育阶段在读学生的语言和数学两门课程的学业表现情况。国家教育评估委员会在整个测评中提供评估工具研发、评估方法等方面的支持。该测评与PLANEA SEN的模块测评不同，采取全国范围内大规模测评考试的方式。为了避免学校教师和学生频繁参与考试测评，参与PLANEA SEN测评项目的学校不参加PLANEA Escuelas测评项目。参加该测评项目的学生同样是来自每个教育阶段最后一个年级的学生，即小学六年级、初中三年级以及高中最后一个年级，幼儿园儿童不参加。评估结果仍然为四个等级。本评估模式对教师和学校管理者具有重要意义，可帮助一线教师了解不同学校、学区、州之间的教育差距，以改进教学方法和教学内容。同时，评估结果在各级教育相关负责人制定教育政策或实施教育改革时起到重要的指导作用。

3. PLANEA测评项目的核心测评内容

无论是针对教育体系的PLANEA SEN测评项目，还是针对学生个体的PLAN Escuelas测评项目，其核心是一致的，均是对学生相关学科知识的掌握情况以及运用能力的测评。西班牙语和数学是测评中的主要科目，这两个科目也是墨西哥基础教育和高中阶段的必修科目。这两个科目测评工具的设计和使用主要参考了这两个学科的学科大纲和相关课辅教材，相关课程设计专家、教材编写者、教育研究者、教师、学校管理者等组成的专家团队负责这项工作。

表 6-6　PLANEA 测评项目的测评科目及测评要求

科　目	具 体 要 求
语言	—阅读理解：考查学生对不同文体文章关键内容的定位、核心思想的理解、作者观点的反思等。 —写作：考查学生对命题作文要求的理解能力，根据要求笔头表达观点的水平和能力。
数学	考查学生数学应用能力，运用数学知识解决现实生活中数学相关问题、其他学科问题的能力。
自然科学	掌握自然科学领域的基本知识，解释自然界中的基本现象；了解健康和自然环境保护的相关知识；了解影响人类进步的科学技术知识。
公民教育	在人权和民主文化的框架下，对学生的公民和道德意识进行考核。

资料来源：INEE. Plan Nacional para la Evaluación de los Aprendizajes (PLANEA) [R]. México. 2018: 16.

PLANEA 测评项目还重视学生社会情感的发展。2011 年，墨西哥将社会情感教育列入基础教育阶段学生发展计划，将社会情感能力的相关内容嵌入各门学科教育中，作为学生的终身能力进行培养。PLANEA 测评设计了调查问卷和相关试题，调查校园共处环境、同伴关系、校园欺凌、冲突解决等。

4. PLANEA 测评结果的公示与使用方式

PLANEA 测评结果主要通过综合报告、专项报告、原始数据、宣传手册等方式发布，供教育官员、教师、家长等教育参与者使用。通过测评结果，教育部官员可以更清楚地了解影响学业表现的因素，聚焦需要特殊干预的学校或人群和需要加强培训的教师群体等。对于各州政府或者州教育部官员来说，这些资料有助于制定教育政策，锚定需要帮助的学校，指导其进行教育资源合理分配。对于学校管理者来说，这些测评结果可用于指导课程内容的设计、教师培训等。对于教师来说，通过测评结果可以了解学生在各学科上的优势与不足，有针对性地改进课程内容。对于家长来说，通过测评结果可以了解学生整体的学习情况和教师的教学能力，有助于家长更加有针对性地参与学生学习活动。对于相关领域的学者和专家来说，通过测评结果的报告以及原始数据，可以更加深入地研究墨西哥义务教育阶段的教学质量问题，在测评项目的、测评方式、测评内容、结果分析等方面提出改进意见，帮助政府制定决策。

但是，墨西哥政府特别强调，PLANEA测评项目的测评结果不可应用于以下方面：第一，教师不可将测评内容作为课堂授课的主要内容。有些教师为了让学生在测评中获得更好的成绩，反复教授考题内容而忽略了其他知识的讲授。为了避免该种现象的发生，各级政府需要在管理手段上进行改进，避免测评结果与学校、教师和学生的奖惩机制挂钩；此外，负责该测评项目的两个主要机构需要定期更换测评考题，避免学生对试题类型的死记硬背。第二，该测评结果不可作为评估学生学业表现的唯一指标。学校的内部评估仍为测评学生学业表现最主要的测评手段，PLANEA测评仅为教师提供全国各州各学校表现的整体信息。第三，该测评结果不可作为选拔学生的依据。该测评只是了解学生的课业掌握情况，并根据测评结果帮助其提升学业成绩，但是不可作为学生考试通过与否的标准，不可作为升学考核标准。第四，不可根据学校排名来定义学校表现的“好”与“坏”。影响学校表现因素有很多，因此该项测评不可作为衡量学校教学质量的依据，更不可以根据学校在该测评中的排名给学校贴“好学校”或

“差学校”的标签。但是测评结果可以帮助教师更加清楚自己所在学校在本区域、州以及国家中的排名，看到差距。第五，不可以根据本测评结果将学生简单地分为“好”与“坏”，要保护好学生的自尊心以及学习兴趣。教师可以根据测评结果改进课堂教学内容以及方式，为学生提供必要的课外辅导。第六，不可根据测评结果对教师进行奖惩行为。PLANEA测评的目的不是考核教师的教学水平，不能将该测评结果作为对教师教学奖惩的依据，更不能成为教师晋升的依据。学生学业的表现受到多方面因素的影响，如教育管理者、家庭、学生自身等。第七，不能通过测评结果简单地评断学校存在欺凌现象或学生存在暴力行为。测评结果只能表明学生的社会情感能力，能力的高低只代表学生是否可以恰当解决校园暴力问题，该方面能力表现低并不说明学校存在欺凌现象或学生拥有暴力倾向。

二、建立教师考核制度

随着墨西哥义务教育普及程度的不断扩大，墨西哥对教师的需求和要求也在不断增加。但是一直以来，墨西哥缺乏公开的教师招聘机制，导致教师招聘的不透明，并影响到其师资队伍质量和教学水平，且滋生了“买卖岗位”“世袭教职”“吃空饷”等腐败问题。不仅影响了人们从事教师职业的积极性，毁坏了教师名誉，也给教育质量造成了不可估量的负面影响。针对上述问题，2013年墨西哥政府颁布了《教师职业一般服务法》(以下简称《服务法》)，建立了针对墨西哥义务教育阶段教师、教育管理者的全国统一考核制度，旨在通过正规的教育工作者选拔、晋升制度完善教师队伍的建设，提高教育工作者的素质。

本法律出台后，改变了只有师范生才有资格当教师，一旦担任教师终生不会被解雇的“铁饭碗”现象。墨西哥政府通过全国公开统一的入职考试、晋升考试、技能提升培训考试和资质保留阶段考试，进行教师和教育管理者的招聘、晋升和解聘工作，将有能力的人才选聘为教师，解聘不合格的教师。此举首先提高了教师队伍的整体水平和质量；其次削弱了墨西哥教育工会的权力，教师选拔制度由教育工会推荐制度向考核制度转变；再次，教师聘用考试向所有墨西哥公民开放，扩大了教师的招聘范围，增强了墨西哥教师的储备力量。

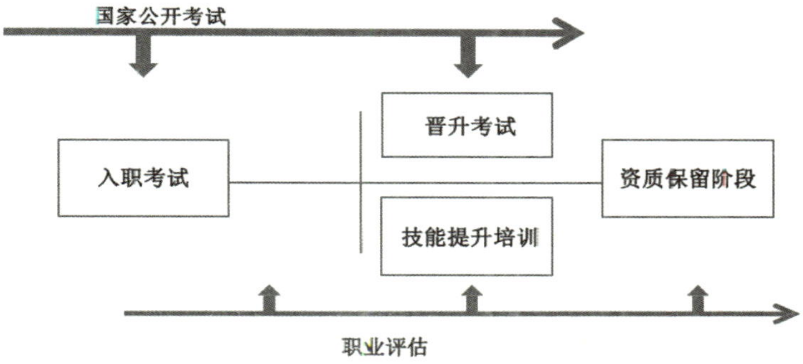

图6-4 《教师职业一般服务法》中规定的教师资格考试

资料来源：胡昳昀，刘宝存.墨西哥义务教育阶段教师聘用制改革研究［J］.比较教育研究，2016（10）：14-19.

1.《服务法》的考核制度

（1）通过全国统一的入职考试选拔优秀教师

教师入职考试每年一次，全国统一公开网上招考，考生免费报考。入职考试合格者要参加为期6个月的实习工作，实习结束再次参加考核，考核通过者被正式授予教师资质。对新入职教师实行“导师制”管理，学校指派一名有教学经验的教师对新入职教师进行教学能力、知识、技能等方面的培训，为期2年。2年“导师制”培训期结束后，学校对教师教学能力进行评估，合格者继续任教。不合格者或者未参加“导师制”培训的教师，将免除教师资质，学校不承担任何责任。入职考试为强制性考试，保证了教师聘用的公平公正。

（2）设立晋升考试，为教师建立晋升渠道

晋升考试是专门为教育管理者和监督者设立的考试。参加这类考试的人员必须具有2年及以上教育工作经验，连续2年不间断地参加相关教育培训课程。课程结束后，通过考核者将被授予教育工作者管理资质。未参加培训课程考试或培训课程考试不合格者，将不被授予管理资质，保持原有的教师资格。晋升考试保证了教师晋升的公平性，激励教师在职业生涯中的不断学习和自我提升的积极性。晋升考试是一种自愿行为的考试，根据法律规定，只要具备考试资格的人均可报考。

（3）设立技能提升培训考试，丰富教师职业技能

随着新科学技术革命的迅猛发展，知识半衰期时代对教师自身素质提出了更高的要求。技能提升培训考试为非强制性考试，被视为晋升考试的辅助性、自愿性考试。拥有不同学科背景或不同教学经验的教师及教育管理者可根据个人兴趣爱好、能力特点和需求，选择不同内容的课程。培训课程种类多样，包括短期培训班、研究班、课题研究、学术报告、教研活动等，主要针对的人群是：① 学校校长，根据教育当局的制度法规，进行学校教师、管理工作；② 教学秘书，协调学校内外教学活动，交流活动等；③ 学校行政人员，协助学校管理工作，协助校长进行教师选拔工作等。一般为短期性的课程，最长时间不超过3个学期。参加者只能在假期或者在不影响正常教学活动的业余时间完成课程。

（4）设立三次“资质保留考试”不合格者转岗或辞退制度

资质保留阶段考试为每四年一次对教师和教育管理者进行的强制性考核，考试形式与内容与入职考试相似。未通过考核者将参加补习课程，并且拥有一次补考机会，补考时间安排在第一次考核未通过的12个月后，为了保证新学期的课程安排，补考一般会安排在新学期开学前。如果第二次考核仍未通过，可继续参加补习课程。第二次考核未通过的12个月后，允许参加第三次考核。第三次考试仍未通过的人员，如果是该法律颁布前便入职的教师，将进行转岗处理；如果是该法律颁布后入职的教师，将会被辞退。

2. 建立新的教师形象标准

《服务法》明确提出，提高教育从业人员的职业水平是促进义务教育阶段质量提升和社会公平发展的重要保障。[1] 为了更好地执行教师选拔、聘任、在职发展、考核、晋升以及淘汰等环节，对教师和教育管理者的实践活动具有明确指导作用的教师行为规范显得尤为重要。

《服务法》规定，教师行为规范标准至少需要涵盖以下四方面内容：第一，对教师学情把握技能的要求。着重培养教师在教学过程中的教学、引导和监督等方面的能力，其中包括教学设计、课堂氛围营造、对学生的学业评估、与学校其他师生及家长之间的互动等。第二，对教师综合技能的要求。重视对教师和教育管理者在多元文化背景下进行教学活动和工作多样性发展能力的培养，最大程度上提高校园的融入程度。第三，对教师职业道德的要求。教师必须遵守国家法律法规，遵守教师职业规范，根据教学计划按时完成教学任务等。第

[1] Diario Oficial de la Federación. Ley General del Servicio Profesional Docente [E]. México. 2013: 1.

四，对教师参与学校事务的要求。对不同年级、不同科目的教师，根据其特点提出具体标准和要求，以及教师在参与学校和社区相关教学活动时的可依据标准。[1]

根据《服务法》的相关规定，墨西哥教育部“三管齐下”，通过参考国际其他国家教师标准、墨西哥各州的教师标准以及教育部的教师标准等三方面内容，在2015年正式颁布《教师行为规范》。该规范有五个维度：了解学生的学习方法和内容；组织和评估教学活动，并进行恰当的课堂干预；了解如何持续辅导并帮助学生学业进步；有师德、守法律，为学生创造福利；为学生提供加强与学校和社会联系的实践活动，对“何为合格教师”做了具体说明，确定教师基本形象标准，并将其作为全国教师和教育管理者的统一考核和工作标准在全国范围内推行。

《教师行为规范》对每个阶段和每个学科的教师和教育管理者的形象和标准做出了具体的规定。《教师行为规范》自2015年颁布以来，每年墨西哥教育部都会根据上一年度教师的执行情况和实施效果对规范内容进行调整，以便更加适应墨西哥教育、社会和教师发展的需求。以下是2015年版的《教师行为规范》，该版也被称为《教师行为规范》的基础版。

（1）维度一：了解学生的学习方法和内容

教师需要熟悉学生认知和情感的发展规律，了解所授学科的教学内容和目标，并将学习规律与学科科学有效结合，开展高质量的教学课堂活动。[2]也就是说，教师需要了解学生的学习规律和学科专业内

---

[1] Diario Oficial de la Federación. Ley General del Servicio Profesional Docente [R]. México. 2013: 11.
[2] Secretaría de Educación Pública. Perfil, Parámetros e Indicadores para Docentes y Técnicos Docentes [R]. México. 2015: 31.

容，知道学生学习什么、怎么学习。在此要求下，教师必须掌握所授学科的内容、本质、内涵和思想，并基于学生自身的学习规律和认知特点对学科知识进行“重构”，用正确恰当的方式将知识传授给学生。该维度教师具体的形象标准为：

① 了解学生的学习和发展过程

- 确定学生学习过程的基本要素；
- 了解家庭、社会和文化环境对学生学习过程的影响；
- 了解学生的兴趣及学习过程中的需要。

② 明确教育目标和方法

- 区分各个学科的教学目的和意义；
- 确定每个学科的基本教学方法；
- 掌握教学方法，在学生已知知识的基础上教授新知识；
- 通过集体讨论和互动促进学生学习的有效性。

③ 了解当前课程内容

- 确定当前课程内容；
- 确定不同学科教学内容；
- 综合了解本阶段知识领域的各方面内容。

（2）维度二：组织和评估教学活动，并进行恰当的课堂干预

教师在了解学生和学科专业内容的基础上，还应具有课堂教学组织能力以及对学生学业的评估能力，不断发展教学技能，在恰当时机使用恰当方式进行教学干预，以满足学生的教育发展需求，为学生建立良好的学习环境，培养学生积极学习态度的生成。[1] 这就要求教师

---

[1] Secretaría de Educación Pública. Perfil, Parámetros e Indicadores para Docentes y Técnicos Docentes [R]. México. 2015: 31.

具有较为扎实的学识，系统地掌握学科知识，能运用跨学科的思维逻辑开发课程内容；基于学生学习规律和学科特点，教师自我形成指导、引导、辅导、启发和帮助学生学习的课堂教学方法，充分发挥作为学生学习中介的作用。该维度教师具体形象标准为：

① 根据学习情境，设计、组织和发展干预式教学

• 在跨文化背景下，根据每个学科核心内容和学生特点进行教学方案设计；

• 根据学业目标要求，为学生确定不同形式的教学活动；

• 鼓励学生主动思考、表达意见、寻求解决问题的方法、主动提问以及想象；

• 充分并合理运用教学工具，尤其是电子信息技术在教学过程中的应用。

② 区分何时以及如何使用恰当的教学方法

• 恰当使用教学方法提高学生的学习兴趣和学习参与度；

• 通过干预方式，帮助学生对已学知识进行系统梳理、理解和总结；

• 因材施教，对不同学生使用不同的教学方法。

③ 熟悉并掌握、改善教学过程的评估流程

• 了解形成性评估对学生学习的促进作用；

• 合理使用评估工具对学生学业表现进行评估；

• 分析学生的学业表现，并对课堂教学进行必要的调整；

• 可以举例说明形成性评估在哪些方面有助于改善教师干预行为。

④ 开展营造良好课堂和学校学习环境的活动

• 通过与学生互动，为学生建立一个互相信任、彼此尊重、相互包容的学校和课堂环境；

• 正确组织课堂和学校教学活动，建立一个适合所有学生学习的

安全空间；

• 与学生建立友善且互相尊重的师生关系，时刻关心学生的心理活动和行动，帮助每一位学生更加积极地参与社会性活动；

• 充分利用学生在校时间，为学生提供促进身心全面发展的校园活动。

（3）维度三：了解如何持续辅导并帮助学生学业进步

该维度强调教师终身学习和不断反思的“创新型”能力。[1]“创新型”意味着，教师不仅要具备扎实的专业学识，还需要在实践中不断学习、反思和总结，发现问题和解决问题，做到“吾日三省吾身”。这种“创新型”能力还表现在不断更新知识储备，并将新知识运用到教学中，形成具有自我特色的教学方法。同时，教师还需要具备较高的表达能力，实现有效的人际沟通。教师还需要掌握使用现代信息技术，以满足终身学习的需求。该维度教师具体形象标准为：

① 对教学行为进行系统性反思

• 对教学行为和学生学习表现进行系统性反思，不断检验有关教学工作的知识和信念；

• 充分认识系统性反思对提高日常教学活动质量的作用；

• 在团队帮助下进行自我教学行为和教学目标的分析，以促进教学质量的提升；

• 在扎实教学理论基础上开展教学实践活动。

② 通过专业性学习不断提高教学实践质量

• 具有不断提升教学能力的意识；

---

[1] Secretaría de Educación Pública. Perfil, Parámetros e Indicadores para Docentes y Técnicos Docentes [R]. México. 2015: 32.

• 具有将新知识和教学相结合，并纳入新教学实践活动的能力；

• 通过加入教学共同体组织，不断促进个人职业发展；

• 具有信息搜索能力，提高职业技能水平；

• 广泛阅读各种书籍，指导职业技能发展；

• 熟练掌握信息科学技术，并在教学实践中应用。

③ 与同事、学生及家长进行有效沟通

• 具有较强的口头表达能力（授课、与学生/家长/同事等沟通、分析问题、总结等）；

• 具有较强的笔头表达能力（授课、与学生/家长/同事等沟通、分析问题、总结等）；

• 具有与同事进行教学沟通，为学生提供更好教育服务的能力；

• 在教学活动中熟练使用信息科学技术。

（4）维度四：有师德、守法律，为学生创造福利

该维度的核心理念是爱学生。教师的言行举止要为学生起到表率作用，要为学生营造良好和谐的校园和课堂环境，促进校园环境的公平、包容、尊重氛围的建立。[1]每个学生带着各自的特质走进学校，并在这一新的场域产生新的社会关系。教师及学校管理者有责任关心学生的成长和发展，重视学生学业与情感的发展，并给予学生正确的呵护、支持与引导。这就需要教师具有丰富的教育情怀，热爱学生，热爱教育事业，并将其视为一生的职业。只有这样，才能从学生的角度出发，做到爱护和保护学生，让来自不同家庭背景的学生获得公平受教育的机会。该维度教师具体的形象标准为：

［1］ Secretaría de Educación Pública. Perfil, Parámetros e Indicadores para Docentes y Técnicos Docentes［R］. México. 2015: 32.

① 遵守墨西哥相关法律，遵循墨西哥公共教育理念及教育目标

• 将教育理念应用于日常教学活动；

• 清楚墨西哥教育体系与学校教学活动的关系；

• 尊重人权，尊重男孩、女孩以及未成年人。

② 为每位学生建立公平融入的课堂环境，使学生得到应有的尊重、赞扬以及关爱，培养学生的学习兴趣和信心

• 保障学生的学习权利是教师的责任；

• 通过恰当的教学干预，帮助学生解决学习中遇到的困难；

• 根据学生性别、语言、文化、种族、社会经济状况以及能力等方面的差异，实施有利于学生融入、稳定、公平及协作发展的教育行为；

• 根据学生的年龄和个体特点，制定公正且明确的课堂准则，尊重学生发展、避免歧视。

③ 了解教师的正面期望对学生学业发展的重要性并在教学实践中应用

• 了解何种类型的期望对学生的学业发展起到正向促进作用；

• 了解任何学生在正确的鼓励下均可以发挥自己的学习能力；

• 了解对学生的正面期望对促进其发展的重要性，以及家庭对学生学业发展的重要性。

④ 了解教师的干预行为对学生在课堂和校园中融入性发展的重要性

• 了解教师日常对学生的干预和互动行为的重要性，尊重男孩、女孩和青少年的权利；

• 在日常教学活动对男孩和女孩采取不同、有效且尊重的沟通方式，同时保持良好的课堂秩序；

• 意识到教师行为对学生诚信发展的影响；

• 通过对儿童某些行为举止的分析，判断儿童是否受到过侵害；

• 干预并阻止对儿童实施暴力的行为。

（5）维度五：为学生提供加强与学校和社会联系的实践活动

帮助学生建立与学校和社会有效沟通机制成为新时代下对教师的新要求。[1] 在这种情况下，教师的行为活动不能再局限于课堂和学校的范围内，同时教师还必须拥有与社会的良好互动，了解影响校园和学生发展的社会文化因素，具有鉴定、评估以及将这些社会文化因素合理运用到教学活动中的能力。该维度教师具体形象标准为：

① 了解影响学生学业表现的校园因素

• 了解影响教学质量的学校因素；

• 了解影响教学结果的因素及其作用：课堂活动、学校管理、学校组织能力、与家长沟通等；

• 与学生学习相关人员（如教师、同学等）进行充分沟通，了解其能力和特点，并鼓励其参与解决学生学习过程中出现的问题；

• 了解校园环境的重要性以及对学生成长的影响。

② 充分了解社区文化和语言特点，加强学校与社区的教学实践活动

• 开展旨在加强学生对自我文化身份的认同的课堂和校园活动；

• 建立与学生家长的合作和沟通机制，并把家长的参与纳入学校教育工作的重点；

• 了解学校所在社区的社会文化特征，改善课堂教学管理以及与家长沟通的效果。

---

[1] Secretaría de Educación Pública. Perfil, Parámetros e Indicadores para Docentes y Técnicos Docentes [R]. México. 2015: 33.

2014年是教师聘用制改革的第一年，基础教育阶段参加教师入职考试的人数为130 512人，其中墨西哥城参加入职考试的总人数为4 998人，有2 990人来自师范院校，其余2 008人为社会公开报考。第一次教师入职考试的全国通过率为40.4%，墨西哥城的这一比例为52%，高于墨西哥全国平均水平。[1]

三、建立新型教育体系

2017年颁布的《教育新模式》是对2013年墨西哥政府教育改革的回应。可以说，《教育新模式》从教育管理到课程设计，涉及义务教育阶段的方方面面，旨在为墨西哥少年儿童提供一个公平、高质量的教育环境，为国家培养适应21世纪社会发展的全面性人才。《教育新模式》改革主要包括核心课程改革、加强师范学校建设、国家英语战略计划、促进教育公平以及社会包容性发展、促进学校文化艺术教育、加强学校健康教育意识六个方面。为了保障《教育新模式》改革的顺利实施，这次改革由墨西哥公共教育部主持，各州教育部门、国家教育评估委员会、教师工会以及司法机构协同合作。

1. 核心课程改革

核心课程改革是《教育新模式》中最为重要领域的一个领域。在义务教育阶段，现有课程普遍存在知识实用性低、课程内容空泛的缺陷。通过这次对核心课程的改革，墨西哥政府希望提高课程内容的实用性，深挖课程内容的深度与广度，以培养学生知识、解决问题能力为导向，培养学生“学会学习”技能，以实现终身学习为最终目标。

---

［1］ Instituto Nacional para la Evaluación de la Educación. Los Docentes en México Informe 2015［R］. México.2015: 138-139.

核心课程改革主要包括三大领域。

第一，加强语言和数学学术能力培养。培养学生阅读习惯，提高学生阅读能力，尤其是阅读复杂内容书籍的能力，并且使学生能以笔头和口头方式流利正确地表达自己的思想。重点培养学生英语听说读写方面的能力，20年内实现学生高中毕业时可以流利使用英语的目标。加强印第安民族的学生对西班牙语的学习，帮助少数民族学生同时掌握印第安语与西班牙语。在数学能力方面，首先是培养学生对数学的兴趣，减少学生对数学学习的畏难情绪；其次实施基于问题导向的数学课程内容改革，提高数学知识在现实生活中的应用性，进而激发学生对数学学习的兴趣，提高学生对数学学习的重视程度。

第二，重视学生软素质技能的培养。重视艺术、体育以及社会情感教育课程内容的研发，帮助学生认识自我情感并正确表达自己的情绪，学会合理解决与他人的冲突，学会团队合作。

第三，放权下校，增加学校对课程设置的自主权。义务教育阶段，政府将部分课程设置权力下放到学校，学校根据学生特点制定适合学生的课程，如象棋课、机器人课、金融课等。

2018—2019学年，学校在义务教育阶段开设社会情感教育课程。政府下放课程制定权，对学前教育、小学一二年级、初中一年级和高中课程进行改革。2019—2020学年，对小学三年级到六年级、初中一至二年级进行课程内容改革。[1]

2. 加强师范学校建设

历史上，师范学校在墨西哥教育体系发展和国家建设中起到了

[1] Secretaría de Educación Pública. Nuevo Modelo Educativo.Aprendizajes Clave [R/OL]. (2019-01-30) [2019-01-30]. https: //www.gob.mx/cms/uploads/attachment/file/240631/1.-_Resumen_Ejecutivo_4_.pdf.

重要的作用。随着经济全球化、教育国际化的发展新趋势，学校教育和教师的角色也在发生变化。鉴于此，师范学校作为教师培养的“摇篮”，面临着转型和教学质量提升的考验。《教育新模式》框架下，教师被定义为从事教育的专业人士，具备引导和促进学生整体性学习和发展的必要素养。与核心课程内容改革相配套的是师资队伍的建设。为了确保改革内容真正落地，需要对教师进行培训，实施与教学内容相适应的教学方法。因此，师范学校改革势在必行。

《教育新模式》对师范学校的教学方法、跨文化教育、英语学习、师范队伍专业化、与大学和研究中心接轨以及师范院校的支持等方面进行了改革。第一，师范院校根据新的教育模式进行教学改革。本次改革不同于以往，改革内容紧密契合基础教育阶段的课程改革，与课程改革内容保持一致且同步。根据“学生学会学习”的宗旨，对教师的教学方法进行重新审视。新的教学方法对师范学校培养的学生提出了更高的要求：更加熟练地掌握所教学科的知识内容，情感教育贯穿整个教学环节，熟练掌握信息技术在课堂教学中的应用，增加教学实践活动以及加强全纳教育理念的培训等。第二，加强对印第安少数民族的教育，重视跨文化教育。师范院校加强了对学生跨文化能力的训练，在教学过程中充分重视印第安少数民族学生的需求，保障学生在多文化背景课堂中的教育权力。同时，所有的教师需要了解和掌握墨西哥民族文化知识，在教学过程中帮助学生们了解墨西哥多元文化包含的意义与价值。第三，提高教师的英语能力。师范院校需要加强对学生的英语培训，墨西哥未来的教师都必须学习英语，并具有用英语授课的能力。因此，师范院校将英语列入必修课。第四，促进教师队伍建设，提高教师队伍质量，促进教师队伍的专业化发展。师范学校应认真学习教师聘用制改革内容，严格按照最新《教师行为规范》的要求培养教师。同时，师范学校需要加强教师在职培训的社会服务意识，提升一线教师的理论研究能力。第五，师范院校加强与大学和研究机构的合作。师范院校需要加强与国内外大学和研究机构的交流与合作，建立学术网络平台，促进学生、教师和管理人员的交流互访活动，推动教学质量提升与资源共享。同时，《教育新模式》明确强调应加强对师范学校财力物力的支持，加强师范学校的基础设施建设力度、新建扩建图书馆、安装信息技术设备等。墨西哥政府在2018年投入20亿比索（约合1.05亿美元）用于师范院校基础设施建设工作。[1]

3. 国家英语战略计划

英语是21世纪的通用语言，到2020年，全球约有20亿人（约占全世界人口的25%）学习并使用这门语言。《教育新模式》中强调，义务教育阶段的学生除了重视学习西班牙语和印第安部落语言外，还需要学习英语。墨西哥政府的目标是：在20年内，墨西哥公民在义务教育阶段结束后，能熟练掌握英语，具有理解和撰写复杂英语文章的能力，可以无障碍地与英语国家以及世界各国人民交流。为了实现这一目标，《教育新模式》提出了“国家英语战略计划”，其中包括教师培训和全民英语教学两项内容。首先是教师培训。所有的教师都必须正确、熟练地掌握英语，并可以使用英语进行教学。2018年8月，墨西哥政府在师范院校内公开遴选1 000名英语教师进行试点培训，探索适合教师英语培训的可行性方案。同时，国家将为基础教育阶段的英语教师提供更加多元的在职培训活动，提高英语教师的终身学习

[1] Secretaría de Educación Pública. Nuevo Modelo Educativo. Escuelas Normales［R/OL］. (2019-01-29)［2019-01-29］. https: //www.gob.mx/cms/uploads/attachment/file/240634/1.-_Resumen_Ejecutivo_7_.pdf.

能力。其次是全民英语教学计划。墨西哥将根据不同年级的学生制定符合其认知发展的英语课程和项目。邀请剑桥大学的英语教育专家参与义务教育阶段和师范院校的英语课程设计，提高学生的英语实践能力，加强英语学科与其他学科的联系。[1]

4. 促进教育公平与社会包容性发展

墨西哥是世界上教育发展最不均衡的国家之一，政府一直不断努力，希望改善这一现状。因此，促进教育公平与社会包容性发展成为《教育新模式》的一个重要改革领域。国家公共教育部将教育权力下放，给各学校更多自主权。改革后的墨西哥学校在经费支出、课程安排等方面将拥有了更多的自主权，近20%的课程由学校自行决定，学校可以根据本校学生构成特点自主开发课程，以满足学生发展的现实需求。《教育新模式》强调学校办学条件的公平发展，墨西哥政府将通过加大对弱势、偏远地区学校的投入，完善学校基础设施建设，提高学校管理能力，加大学校预算投入，完善师资培训制度，扩大学校日常活动时间等，最大程度促进墨西哥各州、各学校的平衡发展。

在促进教育公平和社会包容性发展方面，政府强调需要对少数民族学生、残障学生、学龄前儿童、贫困地区儿童、女童等人群投入更多关注。少数民族文化是国家文化的宝贵财富，保护少数民族文化，培养学生的跨文化能力势在必行。因此，政府将加大对少数民族学校的基础设施建设力度，出版印第安语言文化书籍，同时培养更多会印第安语、懂得印第安文化的教师以及学校管理者。对于残疾儿童，墨

[1] Secretaría de Educación Pública. Nuevo Modelo Educativo. Estrategía Nacional de Inglés［R/OL］. (2019-01-29)［2019-01-29］. https: //www.gob.mx/cms/uploads/attachment/file/240633/1.-_Resumen_Ejecutivo_6_.pdf.

西哥全面实施全纳教育，实现正常儿童与残疾儿童混班教学。校园内全面安装方便残疾人通行的设备，对教师和学生家长进行相关知识培训，使他们可以从思想上真正接纳残疾儿童与正常儿童的混班教学。家长要高度重视学龄前儿童的教育问题，墨西哥公共教育部与社会发展与健康部共同举办学龄前儿童家长工作坊，通过对家长的培训以提高家长对学龄前儿童教育的参与程度。增加对贫困学生的奖学金数量，让更多因为经济情况而辍学的学生有继续接受教育的机会。重视女童教育，缩小教育中的性别差距，为女性提供与男性一样的教育机会和工作机会，以提高女性在社会中的竞争力。[1]

5. 重视艺术文化教育

在《教育新模式》中，墨西哥政府着重加强儿童与青少年文化和艺术审美能力的培养。墨西哥公共教育部与文化部联合推出了“文化进校园”系列活动，一方面修订义务教育阶段艺术课程大纲，另一方面为学生提供了更加丰富多彩的课外艺术活动，力图将艺术教育融入学生日常生活。

“文化进校园活动”主要从四个方面培养学生的艺术文化审美能力。第一，丰富在校学生的文化课程活动。墨西哥政府加大对学校艺术教育领域的投入，开发包括音乐、舞蹈、戏剧、视觉艺术在内的多门课程、工作坊以及校园活动。在校园内开展戏剧活动，并配备戏剧活动室，鼓励学校开设艺术夏令营。第二，丰富学生课外艺术活动。鼓励学生走进美术馆与艺术馆，政府增加奖学金，鼓励学生利用假期时间在艺术文化馆从事社会服务。第三，鼓励全民阅读文化书籍。政府对教师进行阅读

[1] Secretaría de Educación Pública. Nuevo Modelo Educativo. Equidad e Inclusión [R/OL]. (2019-01-30) [2019-01-30]. https: //www.gob.mx/cms/uploads/attachment/file/240632/1.-_Resumen_Ejecutivo_5_.pdf.

素养培训，为学校和师范院校提供与文化艺术相关的图书资源。第四，加大对教师的艺术素养培训。为教师开设专门艺术文化教育课程，在培养教师艺术素养的同时，提高教师激发少年儿童对艺术兴趣的能力。[1]

6. 加强学校健康教育意识

墨西哥公共教育部和卫生部联手推动健康进校园活动，通过健康教育，培养少年儿童健康习惯的养成，促进其身心健康发展。该计划主要分为五个方面：第一，对学生进行健康教育。在现有体育课程的基础上，开设有利于学生身心健康发展的课程，同时加强对学生的情感教育。第二，学校拥有课程设置的自主权。从2017—2018学年开始，每所学校根据自身课程设置情况以及学生情况，自行安排健康课程的时间和内容。第三，组织医生与健康专家进校。政府组织医生与健康专家进校园，向学生们传授健康知识，保障学生的健康成长发育。同时，政府为学生提供免费的身体检查，学生可去就近的健康中心进行定期体检。第四，开展对教师和家长的健康培训。教师和家长在学生健康习惯的培养过程中能起到重要的指导作用，因此政府为教师和家长开设健康指导课程、工作坊、论坛等，帮助教师和家长掌握学生健康的基本知识。2018年，包括墨西哥城在内的11个州进行该计划的试点工作。第五，为学生营造健康卫生的校园环境。学校安排卫生专职人员每日定时对学生卫生间以及餐厅卫生进行检查，同时加强对学校贩卖食品安全的监控。[2]

---

［1］ Secretaría de Educación Pública. Nuevo Modelo Educativo. Cultura en tu Escuela［R/OL］. (2019-01-29)［2019-01-29］. https: //www.gob.mx/cms/uploads/attachment/file/240628/1.-_Resumen_Ejecutivo_2_.pdf.

［2］ Secretaría de Educación Pública. Nuevo Modelo Educativo.Salud en tu Escuela［R/OL］. (2019-01-29)［2019-01-29］. https: //www.gob.mx/cms/uploads/attachment/file/240630/1.-_Resumen_Ejecutivo_3_.pdf.

第五节

墨西哥城基础教育质量发展的特点

墨西哥城的基础教育在管理上强调集中化和制度化。墨西哥城基础教育阶段的教育质量由墨西哥公共教育部和国家教育评估委员会直接管理，这两个机构全面负责对墨西哥城基础教育阶段教育质量的监管和测评工作。

在理念上，墨西哥城强调基础教育阶段的公平性与跨文化性。墨西哥是为世界上教育发展最不均衡的国家之一，政府一直希望通过教育手段缩小贫富差距，促进社会包容性发展。墨西哥城政府对来自贫困家庭的儿童、少数民族学生女童以及残疾儿童等弱势群体给予特别关注，通过资金投入（如为贫困儿童发放奖学金，为残疾儿童修建专用设备，建立混班教学制度等）提高教育质量，增加这些孩子的入学机会，进而缩小社会差距。其次，墨西哥城政府重视对印第安少数民族文化的保护，在教师培训方面加强对教师跨文化交际与教学能力的培训，着重培养学生的多元文化理解能力等。

在途径上，墨西哥城重视基础教育阶段质量测评体系的建立。墨西哥国家教育评估委员会从国家公共教育部脱离，成为独立的评估机构，有利于评估的公正客观。基础教育质量测评体系相对完整且有层次，不仅包括对教育体系的测评，同时也有对学生学业表现的诊断。评估结果在使用方面呈现出多样性、时效性且低利害性的特点，测评结果不仅提供给教育体系内部人员使用，还提供给教育体系外部使用，涵盖各方利益攸关者；测评结果不与学生入学、教师晋升、学校排名直接挂钩，属于非问责制测评方式。

第七章

日本东京都的基础教育质量分析

自1603年德川家康在江户（今东京）建立幕府以来，江户逐渐成为日本的政治、经济和文化中心。幕府专门设置昌平坂学问所，对直属幕府的武士和家臣进行教育，同时接受各藩高级武士家庭出身的学生。除幕府的教育机构外，更多的学校是民间创建的以寺子屋为中心的私塾。在其基础上，至幕末时期有三分之一的适龄儿童接受了基础教育。1868年明治新政权成立以后，大力推动教育事业，1872年颁布《学制》，要求“邑无不学之户，家无不学之人”，大力推进基础教育。明治新政权改江户为东京（当时为东京府，1889年东京府管辖的15个区组成东京市，1943年东京都和东京市合并为东京都，一直延续至今），东京的基础教育发展更为迅速。1879年，东京适龄儿童入学率达到60%，远远高于全日本平均水平。[1]

1945年日本战败投降后，以美国为首的盟军占领日本并进行全面改革，在教育领域制定了《教育基本法》和《学校教育法》，由经选举产生的教育委员会主管教育行政（1954年改为任命制）。在经济高速增长时期，日本农村人口向城市流动，东京都成为一个巨大的城市。尽管进入21世纪后日本社会呈现出严重的老龄化、少子化趋势，但由于“一极集中（人口向东京都集中）”的原因，东京都的基础教育规模仍在持续增长。截至2017年5月1日，东京都共有2 320所公立幼儿园和中小学校，在籍学生90多万人，其中幼儿园1.2万人，小学57万余人，中学约23万人，义务教育学校（2016年开始设置的中小学九年一贯制义务教育学校）5 373人，高中约14万人；正式教员64 385人，正式职员7 549人。[2]

为应对不断变化的国际和国内发展形势，日本政府积极进行基础

[1] 東京都立教育研究所.東京都教育史・通史编・1［M］.东京：東京都立教育研究所，1994：265.
[2] 东京都教育委员会.东京都的教育-2017年（中文版）［Z］.东京：东京都教育委员会，2017：13.

教育领域的改革，东京都的教育行政也发生了一些重大变化。东京都教育委员长与教育长两个职位一体化，同时强化教育委员会委员对教育长的监督功能；东京都教育委员会委员及教育长等均由东京都知事在得到都议会同意后加以任命，教育长负责主持教育委员会会议，管理教育委员会权限内的一切事务，并统揽事务局的事务，监督、指挥所属职员，对外代表教育委员会；教育委员会委员通过召集会议以及要求教育长提供其委任事务的报告等，行使对教育长的监督功能；具体处理东京都教育委员会事务的事务局为东京都教育厅。

2018年，新一任教育委员会提出《第三次未来教育愿景》，力图将少年儿童培养成为：彼此尊重对方人格、关心他人和具有行为规范意识的人；作为社会的一员，愿意为社会做出贡献的人；能够自主学习、判断和行动、充满个性和丰富创造力的人。

第一节

东京都的基础教育质量水平

1964年，国际教育成就评价协会（IEA）开始进行TIMSS测试，2000年经合组织开始进行PISA测试。日本在两项测试开始的当年，作为第一批参加国参加了测试，并以全日本为单位对测试结果做出详细的分析和国际比较，据此从一定程度上把握日本基础教育在世界上的地位。日本未公布东京都的PISA和TIMSS测试统计数据，但从日本举行的全国学力测试中可以看出东京都学生的学力水平在日本国内的相对地位。另外，从2004年起，东京都还举行了以东京都区域内中小学生为对象的单独的学力测试，以反映东京都学生的学力状况。本章以日本PISA和TIMSS测试结果以及在国际中的排名、东京都在全国学力测试中的结果与排名、东京都单独举行的学力测试结果四项直观量化数据等内容，作为研究东京都基础教育水平的主要参照依据。

一、日本在PISA测试中的表现

2015年的PISA测试以科学能力和素养为中心，共有72个国家和地区参加。根据15岁少年的国际定义，日本将调查对象主体定义为“高中全日制学科、定时制学科、初中学校后期课程、高等专门学校”的一年级学生，再根据二级提取法，从115万人中随机选出调查对象，最终有198所学校约6 600名高一学生参加了测试。除了测试题目以外，同时实施了以学生为调查对象的学生自身情况和学习环境等相关信息的调查、对计算机的态度和利用信息与通信技术（ICT）的调查、以校长为对象的学校相关信息调查等。

在72个参加2015年PISA测试的国家和地区中，科学能力排名前十的国家和地区依次为新加坡、日本、爱沙尼亚、中国台北、芬兰、中国澳门、加拿大、越南、中国香港、中国内地四省市（北京、上海、江苏、广东）；阅读能力排名前十的国家和地区依次为新加坡、中国香港、加拿大、芬兰、爱尔兰、爱沙尼亚、韩国、日本、挪威、新西兰；数学能力排名前十的国家和地区依次为新加坡、中国香港、中国澳门、中国台北、日本、中国内地四省市（北京、上海、江苏、广东）、韩国、瑞士、爱沙尼亚、加拿大。日本在科学、阅读、数学上的排名分别为第2名、第8名、第5名；在35个OECD国家中，日本在这三个学科上的排名分别为第1名、第6名、第1名。

科学能力包括三个方面，日本在“科学地说明现象”领域得分为539分，在“评价和计划科学探究”领域得分为536分，在“科学地解释数据和证据”领域得分为541分，三项均处于第2名，综合科学素养538分，仅次于新加坡。[1]

值得指出的是日本学生对待科学的态度。在2015年的学生问卷调查中，关于学生对科学的态度有7个指标，图7-1是2015年与2006年日本和OECD平均值在“科学乐趣”“理科学习功利性动机”“理科学习者自我评价”“有关科学活动”四个指标（②④⑤⑥）上进行比较的雷达图。日本学生与OECD平均值相比，指标值总体较小。与2006年相比，“科学乐趣”指标值明显减少，“理科学习功利性动机”“理

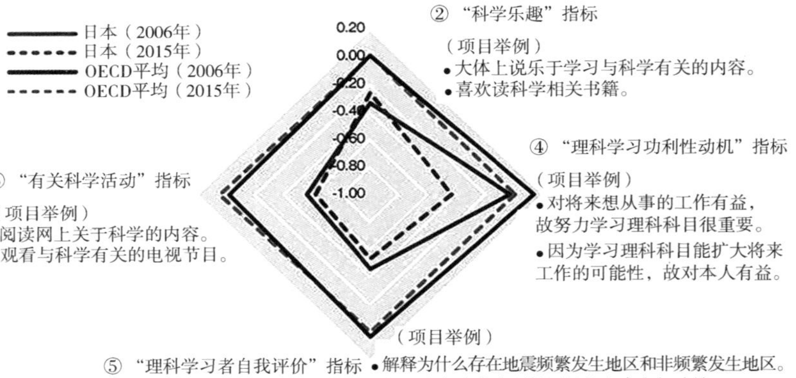

图7-1　日本学生和OECD国家学生对于科学的态度比较雷达图

资料来源：文部科学広報平成29年度3月号［TIMSS2015及びPISA2015の国際結果について］［EB/OL］.(2019-05-20).https: //www.koho2.mext.go.jp/208/pdf/14.pdf.

［1］ 文部科学広報平成29年度3月号［TIMSS2015及びPISA2015の国際結果について］［EB/OL］.(2019-05-20).P29.https: //www.koho2.mext.go.jp/208/pdf/14.pdf.

科学习者自我评价”“有关科学活动”的三个指标值显著增加。

另外，30岁时期望从事科学相关职业的学生比例，OECD平均为25%，日本为18%，其期望值较低。但与2006年调查相比，日本明显增加了5个百分点，整体略有提升。据统计，①—⑥的六个指标全部与科学素养平均得分具有正相关关系，具有指标增加一个单位得分就有提高的倾向。

在阅读能力方面，学生的熟练程度分为不同等级，体现18个OECD成员国的学生在不同等级中所占比例。例如在5级以上的群组中，日本的学生比例是第14位；在2级以上的群组中，学生比例最高的是中国香港，其次是爱尔兰、爱沙尼亚、加拿大、芬兰、新加坡，日本排在第8位；日本阅读平均成绩在所有参加测试的国家（地区）中位于第8位，在OECD成员国中排名第6位。

在数学能力方面，学生的熟练程度也分不同等级。在5级以上的学生比例中，日本排名第7位；在2级以上的学生比例中，日本排在第4位；日本数学平均能力在所有参加测试的国家（地区）中处于第5位，在OECD成员国中排名第1位。

在学习背景等的调查方面，譬如“学风”问题，日本学生在18个OECD成员国中排名第4位，属于良好；在学生出勤方面，回答最近两周内“完全没有”无故缺席、逃课、上学迟到等的日本学生比例分别高达为98%、97%、88%，被评价为“国际上极其罕见”；在监护人职业、教育经历、财产、家庭中拥有书籍数量等构成的“学生社会经济文化背景”指标（ESCS）方面，日本得分为0.70，在18个OECD成员国中仅次于韩国（0.68），说明日本学生的家庭社会经济文化水平差距较小；根据指标值产生的学生科学素养平均得分之差发现，日本学生的“得分分散率”较小，科学素养平均得分较高，而且家庭经济状况和教育环境差异对学生熟练程度影响较小，说明日本的教育机会均等性较高。[1]

在2000年至2018年的7次PISA科学测试中，日本排名分别为第2位、第2位、第6位、第5位、第4位、第2位、第5位；在阅读测试中，日本排名分别为第8位、第14位、第15位、第8位、第4位、第8位、第15位；在数学测试中，日本排名分别为第1位、第6位、第10位、第9位、第7位、第5位、第6位。[2]根据折线图，2006年前，日本各科成绩呈逐年下降趋势，到2006年达到最低值，2006年后数学和科学逐年上升。2015年在72个参加测试的国家（地区）中，日本学生的科学素养成绩排名第2位，在OECD成员国中，日本的数

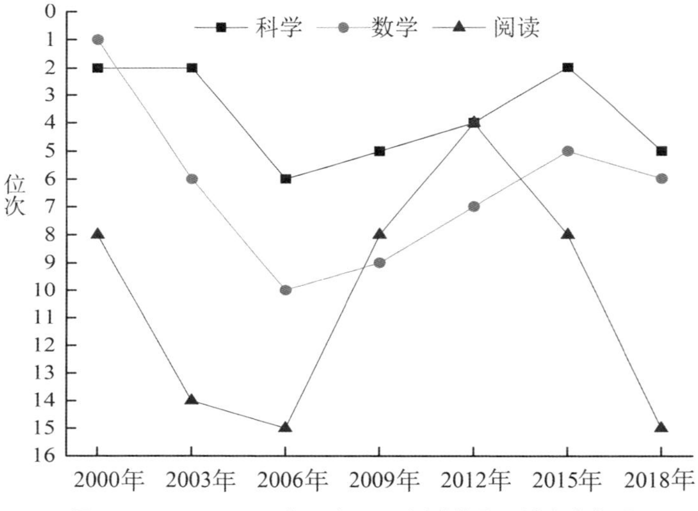

图7-2　2000—2018年日本PISA测试的国际排名变化图

资料来源：根据文部科学省・国立教育政策研究所 令和元年12月3日［OECD 生徒の学習到達度調查2018年調查（PISA2018）のポイント］https: //www.nier.go.jp/kokusai/pisa/pdf/2018/01_point.pdf整理.

［1］［2］ 国立教育政策研究所.［OECD生徒の学習到達度調査（PISA2015）のポイント］［EB/OL］.（2019-05-20）P7-9. https: //www.nier.go.jp/kokusai/pisa/index.html.

学和科学成绩均名列第一。[1] 2019年12月，经合组织公布了第7次（2018年）PISA测试结果，中国内地四省市（北京、上海、江苏、浙江）在科学、阅读和数学三个领域均获得全球最高分。日本排名降到第5位、第6位、第14位。[2] 在OECD成员国中，日本的数学成绩独占鳌头，科学成绩排名第二，阅读成绩降到第11位。[3]

二、日本在TIMSS测试中的表现

2015年的TIMSS测试涉及50个国家和地区的27万名小学生、40个国家和地区的25万名中学生。日本有来自148所小学的4 400名四年级学生和来自147所中学的4 700名二年级学生以笔试的方式参加了该调查。在该次调查中，实施了包括以学生为对象的“测试”和“学生问卷”、以教师为对象的“教师问卷”、以校长为对象的“学校问卷”、以监护人为对象的“监护人问卷”、以各国调查负责人为对象的“课程问卷”等。监护人问卷是第一次实施，只在小学四年级监护人中实施。

2015年小学算术TIMSS测试成绩的前10名国家和地区依次为新加坡、中国香港、韩国、中国台北、日本、北爱尔兰、俄罗斯、挪威、爱尔兰、英格兰，中学数学成绩前10名的国家和地区依次为新加坡、韩国、中国台北、中国香港、日本、俄罗斯、哈萨克斯坦、加拿大、芬兰、比利时。具体说来，日本小学四年级算术的平均得分在参加测试的49个国家和地区中排名第5位，与前几年相比，呈逐年上升趋势。中学二年级数学平均得分586分，在39个参加测试的国家和地区中排名第5位，与前几年相比，亦呈逐年上升趋势。

[1][2] 国立教育政策研究所.［OECD生徒の学習到達度調査（PISA2015）のポイント］[EB/OL].（2019-05-20）P7-9. https: //www.nier.go.jp/kokusai/pisa/index.html.

[3] 文部科学省・国立教育政策研究所 令和元年12月3日［OECD 生徒の学習到達度調査2018年調査（PISA2018）のポイント］[EB/OL]. https: //www.nier.go.jp/kokusai/pisa/pdf/2018/01_point.pdf.

统计数据显示，学生的成绩与对科目的喜欢程度、自信程度呈正相关。例如，日本小学四年级学生“非常喜欢算术”的比例较低（26%），初中四年级的“非常喜欢数学”“喜欢数学”的学生比例也较低（分别为9%、32%），“不喜欢数学”的学生比例较高。日本小学四年级的学生“对算术很有自信”的比例较低（15%），初中二年级学生“对数学很有自信”“对数学有自信”的比例较低（分别为5%、32%），“对数学没有自信”的比例较高。

在理科测试中，2015年小学TIMSS理科成绩前10名的国家和地区为新加坡、韩国、日本、俄罗斯、中国香港、中国台北、芬兰、哈萨克斯坦、波兰、美国，中学理科成绩前10名的国家和地区为新加坡、日本、中国台北、韩国、斯洛文尼亚、中国香港、俄罗斯、英格兰、哈萨克斯坦、芬兰。在47个参加测试的国家和地区中，日本小学四年级理科的平均得分排名第3位，达到569分，比2011年高10分，比2007年高21分，比2003年高26分，比1995年高16分。在39个参加测试的国家和地区中，日本中学二年级理科成绩排名第2位，平均得分571分，相比前几年，达到历史新高。

在小学四年级“喜欢理科的程度”方面，日本“非常喜欢理科”的学生比例为53%，高于“喜欢”和“不喜欢理科”，但与国际平均值相比仍然较低。在初中二年级“喜欢理科的程度”方面，“非常喜欢理科”的日本学生比例较低（15%），“喜欢理科”“不喜欢理科”的学生比例较高。在小学四年级“对理科的自信程度”方面，日本“对理科非常有自信”的学生比例较低（24%），“对理科有自信”的学生比例较高。在初中2年级“对理科的自信程度”方面，日本“对理科非常有自信”“对理科有自信”的学生比例较低（分别为5%、26%），“对理科没有自信”的学生比例较高。

表 7-1　日本 1995—2015 年参加 TIMMS 测试的平均成绩变化

		1995 年	1999 年		2003 年		2007 年		2011 年		2015 年	
小学校四年级学生	算术	567 分 第 3/26 国家和地区	未实施测试		→	565 分 第 3/25 国家和地区	→	568 分 第 4/36 国家和地区	↗	585 分 第 5/50 国家和地区	↗	593 分 第 5/49 国家和地区
	理科	553 分 第 2/26 国家和地区	未实施测试		↘	543 分 第 3/25 国家和地区	→	548 分 第 4/36 国家和地区	↗	559 分 第 4/50 国家和地区	↗	569 分 第 3/47 国家和地区
中学校二年级学生	数学	581 分 第 3/41 国家和地区	→	579 分 第 5/38 国家和地区	↘	570 分 第 5/45 国家和地区	→	570 分 第 5/48 国家和地区	→	570 分 第 5/42 国家和地区	↗	586 分 第 5/39 国家和地区
	理科	554 分 第 3/41 国家和地区	→	550 分 第 4/38 国家和地区	→	552 分 第 6/45 国家和地区	→	554 分 第 3/48 国家和地区	→	558 分 第 4/42 国家和地区	↗	571 分 第 2/39 国家和地区

资料来源：文部科学省『国際数学・理科教育動向調査（TIMSS2015）のポイント』http://www.mext.go.jp/component/a_menu/education/micro_detail/_icsFiles/afieldfile/2016/12/27/1379931_1_1.pdf.

表7-1显示，在1995年到2015年的五次TIMMS测试（小学未参加1999年测试）中，日本小学四年级算术成绩分别为567分、565分、568分、585分、593分，在参加测试的国家和地区中分别排名第3位、第3位、第4位、第5位、第5位，排名有所下降，但是平均得分呈上升趋势。在五次TIMMS测试中，日本小学理科成绩分别为553分、543分、548分、559分、569分，在参加测试的国家和地区中分别排名第2位、第3位、第4位、第4位、第3位，尽管排名有所反复，但成绩呈逐年上升趋势。

在1995年到2015年的六次TIMMS测试中，日本中学二年级的数学成绩分别是581分、579分、570分、570分、570分、586分，在参加测试的国家和地区中分别排名第3位、第5位、第5位、第5位、第5位；在中学理科的测试中，日本学生的成绩分别为554分、550分、552分、554分、558分、571分，在参加测试的国家和地区中分别排名第3位、第4位、第6位、第3位、第4位、第2位，成绩与名次呈上升趋势。

由此可见，尽管日本学生对学科的喜欢和自信程度总体低于国际平均水平，但维持了世界高水平的算术（数学）和理科学习能力。

三、东京都在全国学力测试中的表现

日本在20世纪60年代举行过数次全国学力调查，因存在争议，很快被叫停。随着日本在2006年PISA测试和TIMMS测试中成绩下滑，教育界重视学力水平的呼声日益高涨。2004年，东京都率先开启学力测试，2007年日本决定恢复每年一次的全国学力测试。

小学六年级学生的测试内容分为国语A与算术A（主要是关于“知识”的问题）、国语B与算术B（主要是关于“应用”的问题）、学生问卷调查、学校问卷调查等四个方面。2017年的测试结果显示，在国语A中，全国平均成绩为75分，东京都取得76分，属于全国中上等水平。在国语B中，全国平均为58分，东京都60分，位于全国上游水平。在算术A中，全国平均分数为79分，东京都的分数为81分，位居全国上游水平。在算术B中，全国平均46分，东京都以49分位于全国第5位。

以初中三年级学生为对象的学力测试内容也分为国语A与数学A（主要是关于"知识"的测试）、国语B与数学B（主要是关于"应用"的测试）、学生问卷调查、学校问卷调查。在2017年的国语A中，全国平均成绩为78分，东京都取得79分；在国语B中，全国平均为72分，东京都74分；在算术A中，全国平均为65分，东京都是66分；在算术B中，全国平均48分，东京都是50分。总的来说，东京都的上述成绩在全国的上游偏中下位置游移。

结合PISA测试中"学生社会经济文化背景"指标（ESCS）的调查可以看出，日本基础教育不仅在家庭经济文化水平方面差异较小，东京与地方的差异也较小，说明日本基础教育机会均等性较高。

四、东京都单独举行的学力测试

东京都曾在"二战"后初期举行过单独的学力测试，之后停滞多年。2004年，东京都教育委员会为了解国语、社会、算术、理科的教科目标、教学现状及问题，进而改进教学方法，决定恢复学习能力状况测试。从2006年到2008年，以掌握各科目知识、技能、思考力和判断力在日常生活和学校生活中的应用为目的，东京都实施了"解决问题能力"等测试。其后从2007年到2010年，针对国语及算术，实施了"有关基础、基本事项"的测试。

各项调查结果表明，东京都小学生学习能力基本状况良好，但在“阅读长篇文章、掌握内容、整理信息并加以判断”方面存在明显问题。为此，2010年实施“阅读测试”，要求学生“从文章和图表、曲线图中正确地读出必要信息，一边解释一边解决问题”，以期查明小学生在何种阶段有何种学习障碍。从2011年开始，在全面实施小学教学大纲（学习指导要领）的基础上，再次对国语、社会、算术、理科的各个科目进行测试。

2017年7月，东京都实施了“为提高中小学生学力而进行的测试”，以1 283所小学的93 535名小学五年级学生、623所中学的74 394名二年级学生为对象，进行了日语、社会、算术（数学）、理科、英语（仅限于中学）方面的测试，主要测试学生对相关学科知识的掌握情况和对该学科的读解能力，同时对学生和学校进行问卷调查。对学生的调查内容包括与学习和生活相关的意识和生活习惯等，对学校进行的问卷调查主要是关于教学方法、学习环境、生活指导等。

在上述测试中，对于小学算术混合运算题目，学生的正确回答率是88.6%，与2013年的78.2%相比，提高了10个百分点；对于小学理科关于电路的题目，正确回答率是71%，与2011的52.4%相比，有将近20个百分点的提高；对于中学英语，正确回答率为53.8%，与2013的42.3%相比，有11个百分点的提高；对于小学日语、社会、中学数学体积问题，正确回答率分别为53.6%、60.3%和57.3%。这些数据反映出学生在阅读理解方面存在一些障碍，主要是混淆修饰与被修饰语之间的关系、对文章基准内容的把握比较模糊、对象描述不清等问题。[1]

---

[1] 東京都教育委員会.『平成30年度児童・生徒の学力向上を図るための調査等の結果』[EB/OL]. http://www.metro.tokyo.jp/tosei/hodohappyo/press/2018/10/25/24.html2019-05-20.

从以上PISA测试（科学、数学、阅读）、TIMESS测试（数学、理科）、日本全国学力测试（国语、数学）、东京都学力测试（国语、数学、英语、理科、社会）等的结果可以看出，日本中小学生的综合学科素养在世界居领先地位，维持着世界高水平的算术（数学）和理科学习能力，尤其是科学和数学能力，领跑OECD国家。日本全国地区性差异较小，教育均衡性较高，东京都基础教育在日本属于上游水平，但是作为首都的东京并未占据全国第一，原因应该与其大量的流动人口以及作为国际大都市面临的更复杂的教育环境、任务有关。各级学力测试暴露了中小学生在阅读方面的短板以及科学兴趣不足等问题，提示需要进一步培养学生的知识技能以及思考力、判断力、表现力等；需要根据新的学习指导要领改善课程，促进学生自身的思考活动，在集体活动中促进认可自身和他人优点，培养主动学习的态度等。

第二节

东京都基础教育质量保障运行机制

日本东京都基础教育质量保障运行机制主要由健全的教育行政机构、不断完善的教师资格认证与培养制度以及较为充足的教育经费保障制度等构成。

一、健全的教育行政机构

在日本，中央政府负责教育事务的是文部科学省，东京都的最高长官为都知事，可通过综合教育会议提出教育大纲，管理都立大学及高等专门学校，同时任命教育长及教育委员会成员，但均须得到都议会的同意。教育委员会下设事务局——东京都教育厅，负责教育行政的具体事务，管理都立中小学校及幼儿园，实施教育质量的保障机能。东京都的教育行政体系如图7–3所示。

1. 文部科学省

日本中央政府中主管教育的机构是文部科学省，地方各级行政机构均有自己的教育委员会，但由于实施《地方自治法》，都道府县与

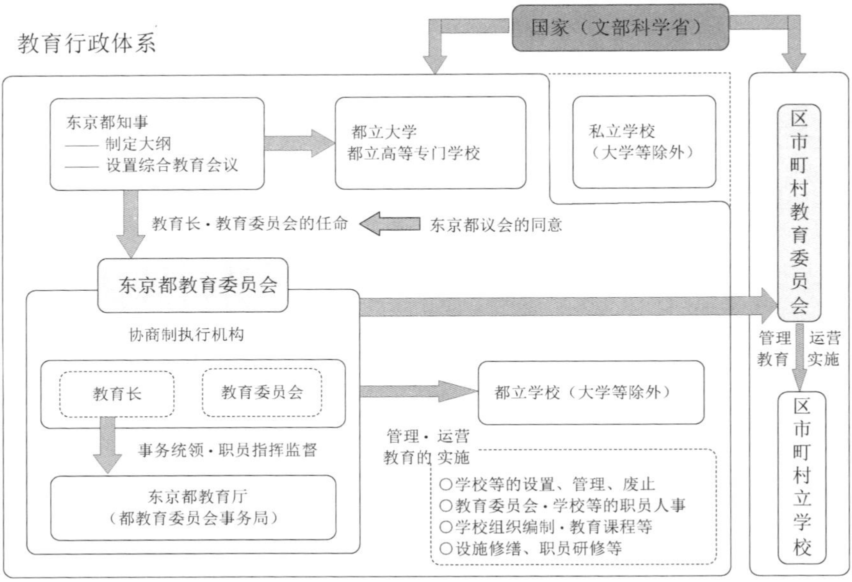

图7–3　东京都教育行政体系图

资料来源：东京都教育委员会.东京都的教育–2017年（中文版）[Z]. 东京：东京都教育委员会，2017：3.

市町村等各级地方行政机构称为地方自治体，因而从理论上讲，中央行政机构与地方行政机构没有隶属关系，只有指导与被指导的关系。国家征收大部分税收，再以地方交付税、补助金等形式给予地方行政机构，以便实施包括教育在内的各种公共事务，因而中央行政机构的指导对地方教育行政机构仍然具有较大的影响力。特别是宪法规定义务教育的费用由国库负担，因而比起其他中央行政机构，文部科学省对地方教育行政机构的影响力要大得多。

2. 东京都知事

作为东京都的最高行政长官，都知事对教育方面的管辖权包括：制定教育大纲，设置综合教育会议，得到都议会认可后任命教育长及教育委员会委员，执行教育委员会预算，对教育组织的调整等，其主张对东京都教育改革发挥着重要的影响。

3. 东京都综合教育会议

根据2015年4月开始施行的《地方教育行政组织及其营运法修改案》第一条第四款第九项规定，2015年6月组建东京都综合教育会议。该机构由都知事及教育委员会构成，都知事在教育委员会的建议下召集会议，教育长主持会议，与会议内容相关者也可以参加会议，会议事务局设在教育厅总务部教育政策科。

4. 东京都教育委员会

为确保教育的中立性、持续性和稳定性，反映各方民意，日本各级地方行政机构采用教育委员会制度，设立合议制执行机关——教育委员会。基于《地方教育行政组织及其营运法修改案》，教育委员长与教育长统一化，设置新的教育长，同时强化教育委员对教育长的监督机能。

东京都教育委员会由教育长和5名委员组成，均由东京都知事经东京都议会同意后任命。教育长任期3年，委员任期4年。教育长掌管教育委员会会务，代表教育委员会。另外，为实现教育委员对教育长的监督机能，教育委员可以请求召集会议以及就教育长委任的事务管理、执行状况提出报告。

东京都教育委员会管辖东京都立中小学，各区市町村也设有教育委员会，管辖区市町村的中小学，其管辖范围大致相同，其中包括各个学校的设置、管理、废止、编制、人事、课程设置、教员进修等。东京都共有一个都教育委员会和23个区教育委员会、26个市教育委员会、5个町教育委员会和8个村教育委员会。

东京都教育委员会的主要活动是召开教育委员会会议，举行相关活动，审议及制定相关条例。教育委员会原则上每月第二、第四周四召开例会以及必要时的临时会议等，如2016年度召开了20次例会，其中包括3次综合教育会议、关于制定教育施策大纲和确保教育管理职位与都知事协议、与区市町村教育委员会委员及东京都公立学校（园）长举行教育政策联络协议会等，此外还对公立学校进行了访问和视察。据统计，教育委员会在2016年度共制定和废除了32项规则，其中包括教职员休假、都立中小学设置、图书馆规则、教育委员会权限等。

5. 东京都教育厅

东京都教育厅领导机构成员有教育长、教育次长、教育总监，下设有总务部、都立学校教育部、地域教育支援部、指导部、人事部、福利厚生部等。总务部下设教育政策课、总务课等；都立学校教育部下设高中学校教育课、特别支援教育课、学校健康推进课等；地域教育支援部下设义务教育课、终身学习课等；指导部下设义务教育、特别支援教育、高中指导课等；福利厚生部下设福利厚生课等。

东京都教育厅的附属机构和设施有东京都多摩教育事务所、各个派出所、东京都教职员研修中心、东京都教育咨询中心、东京都特别支援教育推进室、都立中央图书馆、都立多摩图书馆、东京都地下文物中心、东京体育文化馆、高尾之森活动中心等。

2018年度，上述教育厅及附属机构共有法定职员675人，学校教职员64 566人。[1]

另外，为了更好地制定相关教育政策，听取社会各界对教育事业的意见和建议，东京都教育厅还设有许多其他附属机构，例如东京都产业教育审议会、东京都教科用图书选择审议会、东京都欺凌问题对策委员会、东京都终身教育审议会、东京都立图书馆协议会、东京都文物保护审议会、东京都学校保健审议会、东京都特别教育就学支援委员会、东京都欺凌问题对策联络协议会等。这些附属机构的委员有10—35名，均由社会各界代表人士组成，分属教育厅不同的科室主管，就相关课题不定期召开会议、提出建议。

二、不断完善的教师资格认证与培养制度

在日本，从事学校教师职业必须拥有教师资格证。进入国公立学校，一般应拥有普通教师资格证；进入私立学校，则应取得特别教师资格证和临时教师资格证。现实中，无论公立还是私立学校教师，一般均具有普通教师资格证。普通教师资格证是指在日本全境有效的教师、养护教师、营养教师资格证，特别教师资格证是指在被授予的区域内有效的教师资格证，临时教师资格证是在特定的都道府县内有效力的助教员、养护助理教师的资格证。

[1] 東京都教育委員会.東京都の教育　平成29年版［Z］. 东京：东京都教育委员会，2017：25.

1. 教师资格标准

随着《教育公务员特例法》等法律在2016年11月进行了部分修改，东京都教育委员会于2017年2月设立了东京都教员培养协议会，就“培养、录用、研修”为一体的人才培养进行讨论，2017年7月制定了关于提高校长、副校长及教师资质的指标，规定了教师（包括主干教谕、指导教谕、主任教谕、教师等）以及教育管理人员（校长及副校长等）等各种教职人员应该掌握的能力；规定了作为教师应有的能力，包括学习指导力、生活指导力、前途指导力、与外部的合作及谈判力、学校运营力及组织贡献力等；教育管理职位的能力要求包括学校指导能力、外部谈判能力、人才培养能力及作为教育者的远见卓识等；作为教师以及教育管理者都应具备解决各种教育课题的能力。

2008年10月东京都制定了《东京都人材育成基本方针》，进一步规定了对教师的具体要求：（1）具有对教育的热情和使命感、对孩子的深厚感情、作为教育者的责任感和自豪感、较高的伦理观和社会常识；（2）具有丰富的人格，能体贴学生，具有温暖的心灵、灵活的想法和思考力、广泛的交流能力；（3）能够发掘孩子的优点和可能性，洞悉每个孩子的优点和可能性，具有相关教学科目的较高水平的指导力及自我激励继续研习的能力；（4）具有作为组织人的责任感、协调性，具有挑战更高目标的热情，具有培养年轻教师的能力，具有参与学校发展的强烈意愿等。

2. 教师资格证类型

日本的教育职员许可证（即教师资格证书）按照学段和负责的学科，分为学前教育、小学、中学、高中教师，还有养护教师、营养教师、自立（理疗）教师、自立活动教师等。按照级别，又可分为专修、一类、二类、特别和临时资格证：专修资格证书相当于研究生院硕士课程修完（硕士）水平；一类资格证书相当于大学本科毕业（学士）水平；二类资格证书为大专毕业（短期大学学士）水平；特别资格证和临时资格证对学历没有具体的要求。

3. 教师资格证考试

日本每年3月下旬公布该考试信息，4月上旬到5月上旬参考者可通过网络或邮寄申请报名表，6月中旬发放准考证，7月上旬进行第一次考试——笔试，考试科目分别为“教师教养”“专业教养”“论文”三类。8月上旬公布考试结果，8月下旬到9月上旬进行第二次考试，主要内容是“面试”和“实际技能”，10月中旬公布最终录取结果，11月召开新任教师录用会议。第二年的2月、3月后各级市、区、町、村的教育委员会以及都立学校召开介绍会、面谈会等，4月4日以后试用期开始。[1] 如果试用期不合格，将按照成绩顺次录用其他考生。除此以外，还有为补充都立学校实习助手等的不足而实施的实习助手录用考试以及女性教职员产假育儿期间替代教职员的录用考试。

在日本，教师尤其是中小学教师是深受社会认可和大众喜爱的职业，教师资格证的获得及任用过程竞争激烈。例如2017年，东京都公立小学全科（包括英语方向、理科方向等）的教师资格考试，共有4 514人报考，计划录用1 260人；初高中语文、数学、英语、理科（分物理、化学、生物）、地理、公民、体、音、美等11个学科的教师资格考试，共有7 441人报考，计划录用770人；高中（职业）农业、工业、信息等的教师资格考试，共有269人报考，计划录用30人；中小学共通的音乐、美术、家庭以及中学技术等的教师资格考试，共有805人报考，计划录用180人；特别支援学校的教师资格考试，共有

[1] 胡国勇.日本义务教育均衡发展的法制保障——以东京都为例［J].《外国中小学教育》，2015（10）：5-11.

986人报考，计划录用180人；东京都“教师养成塾”特别招考，报考129人，计划录用150人。总计报考15 213人，计划录用2 655人，平均通过比例为17%，其中养护教师报考1 030人，录用80人，通过比例仅为7.7%，初、高中各科教师通过率为10%。[1]

4. 教职员的工资福利

截至2017年4月，日本教职员工平均月工资为33.7万日元，小学教师32.9万日元，中学教师34.2万日元，高中教师34.8万日元，特殊教育教师为34.6万日元，加上每年两次的奖金，年收入大约450万日元，大体上与民间企事业单位保持相同水准。尽管如此，2016年10月，东京都人事委员会就教育职员的工资低于民间员工薪水每月0.02%（81日元）事项进行了警告。[2]

东京都教育委员会重视教职工的身体健康，对都立学校的教职员实施普通健康检查和特别健康检查，对教师进行保健培训，改善教师生活习惯。据统计，东京都因精神、神经疾病而停职的教职员比例超过全国平均水平6成以上。东京都教育委员会对此高度重视，举办各种保健咨询，进行紧张状态检查、疲劳检查，开展心理健康活动以及教师复职支援。

5. 教师的培养

东京都十分重视对在职教师的培养，为帮助教师的资格晋升，东京都教育委员会在每年公立学校的暑假期间以现任教师等为对象举办“教师资格认定讲座”；通过授课研究帮助平台、教育资料阅览室、教育网络主页等，向教师提供多种多样的教育信息，促进教师的教学和

[1] 教育委員会『平成29年度東京都公立学校教員採用候補者選考（30年度採用）応募状况』http://www.kyoiku.metro.tokyo.jp/press/press_release/2017/files/release20170608_04/besshi.pdf2019/10/04.
[2] 東京都教育委員会.東京都の教育　平成29年版［Z］. 东京：东京都教育委员会，2017：221.

研究能力不断提高；加强与区市町村教育委员会、教育厅各部、学校经营援助中心、教员组织的研究团体和有关大学、机关等的合作、互助，推进更加有效、细致的研修与研究；通过“新一代领导人培养道场”“东京教师养成塾”以及“指导力培养讲座”等，推进教师培养，奠定学科指导能力、学生指导能力和班级管理能力的基础。

2017年10月，东京都教育委员会制定了“2018年度东京都教员进修计划”。该计划提出综合使用“OJT”“Off–JT”“自我启发”，通过校外研修、校内实践和教师自我启发等三种手段，对教职员进行有效培养。“OJT”是“On the Job Training”的略写，指“通过日常教学和行政，有意识地、有计划地、持续地提高必要的知识、技能、热情、态度等的活动”；“Off–JT”是“Off the Job Training”的略写，是“在工作岗位以外的进修机构进行的学习研修”，包括到东京都教职员研修中心、教职大学院以及区市町村教育委员会参加研修活动等，旨在培养广泛的视野，高效率收集处理知识和信息的能力以及人际交往的能力；“自我启发”是为了提高教师的资质、能力，鼓励教师带着课题意识进行各种各样的学习和研修，旨在促使教师在自己感兴趣或关心的领域，通过阅读书籍、参加研讨会，增加知识和经验，努力自我钻研，从而提高教师素质和能力，并将获得的知识、技能通过OJT加以还原，应用到实际教学中去。

6. 教师的轮岗与调动

东京都教育委员会制定了教师定期轮岗制度，将东京都分成12个地区，使教师在不同地区及不同学校间轮岗、调动。规定在现任学校连续工作3年以上者为轮岗对象，在现任学校连续工作6年以上者原则上必须轮岗，校长、副校长等管理者在同一校工作5年以上（副校长3年以上）需要调动。其目的一方面在于因地制宜地配置人才，确保学校具备合理的教师结构，另一方面也通过丰富教师在不同地区的工作经验，提高教师的教学能力。[1]

三、较充足的教育经费保障制度

东京都教育经费的来源分为中央政府的国库补助金、东京都的财政支出、区市町村的财政支出、地方债、捐赠款等，另外还有学费等。支出方面有各种学校的教育费（包括工资及管理在内的消费性支出、包括土地费及建筑费在内的资本性开支、债务偿还开支等）、社会教育费（包括公民会馆、图书馆、博物馆、体育馆等在内的机构的工资、建筑物、债务偿还等）、教育委员会管理与运营的教育行政费等。

从整体规模来看，2017年东京都教育费支出总额为14 075亿日元，其中学校教育费支出占83.4%，社会教育费支出占10.0%，教育行政费支出占6.6%。教育费的来源方面，中央政府的国库补助金为1 340亿日元，占教育费来源的9.5%；东京都财政支出为6 774亿日元，占教育费来源的48.1%；区市町村财政支出为5 620亿日元，占教育费来源的39.9%；地方债为339亿日元，占教育费来源的2.4%；捐赠款17亿日元。教育费支出总额约占东京都居民收入的1.3%，东京都每位居民承担的教育费为11万日元左右，比上一年度增加1.9%。[2]

2017年度东京都财政预算总额6.95万亿日元，其中东京都教育

[1] 肖艺芳.东京：义务教育学校普通教师实行轮岗制度［J］.基础教育参考，2012（11）：29.
[2] 東京都教育委員会.［平成29年度（平成28会計年度）地方教育費調査報告書］.［EB/OL］.（2019-10-03）.http://www.kyoiku.metro.tokyo.jp/administration/statistics_and_research/expense_per_area/report2017.html.

委员会能够支配的教育预算为8 092亿日元，占整个东京都财政预算的11.6%。2017年在整体略微减少的同时，教育经费在绝对数和比率上都略有增长。为实现《东京都教育愿景》的目标，按照计划的模块设置预算，其中充实个性教育费用为1 981 151万日元，培养活跃世界舞台的人才费用为454 114万日元，推进社会自立的教育费用为693 355万日元，培育健全的心态费用为42 327万日元，培养健康生活的能力费用为67 515万日元，推进奥运会残奥会教育费用为138 370万日元，提高教师资质与能力费用为244 016万日元，提高家庭教育能力费用16 232万日元，提高地区和社会教育能力费用为493 710万日元，创设高质量教育环境费用为6 781 439万日元，合计9 911 179万日元。[1]

第三节

东京都基础教育质量监测机制

东京都基础教育监测机制由文部科学省制定的全国统一学业标准《学习指导要领》、学业评估体系、教育行政部门的监察制度以及国立教育政策研究所等部门行使的调查和监测职能等构成。

[1] 東京都教育委員会.東京都の教育　平成29年版［Z］. 东京：东京都教育委员会，2017：27.

一、基础教育学业标准——《学习指导要领》

《学习指导要领》是文部科学省颁布的日本全国统一课程基准（教学大纲）。早在1947年，为保证教育民主化改革，日本文部省制定了第一部《学习指导要领》，规定各科目教科书的编写以《学习指导要领》为重要依据，对各级各类学校开展教学活动进行法律上的约束。《学习指导要领》除对国语、数学等学科进行规范外，还对中小学道德课、小学外语活动、中小学综合学习、高中综合探索以及其他特别活动做出学业标准规定。根据《学校教育法》的相关规定，小学、中学、义务教育学校（前期课程、后期课程）、高中、中等教育学校（前期课程、后期课程），以及特别支援学校的小、中、高部各学校（以上俗称“一条校”，即《学校教育法》第1条规定的学校），各学科均需依据《学习指导要领》来制定学习内容。从理论上讲，该标准适用于所有学校，但实际上，其对公立学校的影响力较强，对私立学校的影响力有限。文科科学省在颁布《学习指导要领》的同时，颁布了一份《学习指导要领解说》，前者具有法律约束力，后者没有法律约束力。在教科书检定方面，绝大多数教科书不必遵循《学习指导要领》的规定，它仅对个别教科书检定具有较强影响力和约束力。

1947年《学习指导要领》颁布至今，先后在1951年、1956年、1961年、1971年、1980年、1992年、2002（2003）年、2011年、2018年做出修订，形成大约每十年修订一次的惯例。最新版的《学习指导要领》于2018年4月起陆续在全日本中小学校实施，其中幼儿园从2018年度，小学从2020年度，中学从2021年度起开始实施新的《学习指导要领》。最新版《学习指导要领》（中小学版）共六条。第一条阐述小学教育的根本以及教育课程的作用，规定以培养儿童的生活能力为目标，在培养儿童的素质和能力方面重视知识和技能的学习，重视思考力、判断力、表现力的培养，重视良好的学习态度以及高尚品格的养成。第二条规定了学校的教育目标和课程设置，特别强调发挥各学校特色来制定相关的课程和教学内容，原则上不应加重学生负担，各学科的课程设置不能低于一学年35周（第1学年34周）。通过改善课堂教学，将各学科和各学年间的课程设置相互联系，开展系统的综合指导，确保幼儿、小学和中学教育的顺畅连接，有计划并延续性地编写九年一贯制教学计划。第三条是教学大纲的实施和学习评价，规定使用计算机和信息通信网络等手段促进主体型·对话型深层次学习，让学生学会电脑输入、体验程序设计、电脑操作等。提高学习评价的正确性和可信度，通过有组织、有计划地对学习过程和成果进行评价，肯定学生优点和进步，使学生感受到学习的意义和价值。第四条规定要支持学生的成长，培养师生之间的信赖和学生之间的良好人际关系，不断充实和完善对每一个学生的指导，加强教师职业观教育，重视对残障学生、海外归国学生、拒绝上学学生的指导。第五条规定了学校运营方面的注意事项，例如课程设置、学校评价、学校以及家庭、社区之间的协作。第六条是道德教育的注意事项，详细规定了从日常问候到分辨是非的学习，强调遵守规则、尊重传统文化、热爱国家和家乡、尊重他国等内容。

新版《学习指导要领》引进“主体型·对话型的深层次学习”和计算机编程教育，规定小学从2018年开始，初中从2019年起开始将“道德”改为“特殊教科道德”。在特别支援学校中，除上述内容以外，还包括自立活动的开展。新版《学习指导要领》基本沿袭2006

年提出的“告别宽松教育”基本路线，强调教育的社会性与主体性，围绕“学生如何学”“需要培养学生何种素质和能力”的主题，提出“积极学习”（active learning）的口号。

舆论普遍认为，此次修订是1947年《学习指导要领》颁布以来最大规模的修订，整体上依然保持了日本基础教育在继承传统和不断改革的过程中形成的鲜明特色，同时也反映了新时期日本教育理论和教育理念的最新发展和变化。

二、学业评估体系

1. PISA测试

PISA测试由总部位于巴黎的经济合作与发展组织（OECD）实施，考查15岁学生在未来生活中能够在多大程度上利用义务教育阶段掌握的必要知识与技能，包括阅读理解能力、数学能力、科学能力三个领域，其内容并不限于书本知识，还包括成年人生活中需要的知识和技能，能深刻反映学生的基础素养。PISA测试从2000年开始每4年进行一次，每次以三个领域中的一个为中心进行，其他两个领域进行概括性调查。PISA测试每年在各个国家（地区）抽取4 500—1万名15岁的学生作为调查对象，PISA测试成绩和排名成为各国教育相互比较的一个重要指标。

2. TIMSS测试

TIMSS是国际教育成就评价协会（IEA）利用国际通用标准测定小学四年级和中学二年级学生算术（数学）、理科等学习程度的测试项目。以考查学生在学校学到的知识和技能的程度为测试目的，并关注学生的学习环境等。TIMSS的实施主体是总部位于荷兰阿姆斯特丹的非营利性国际学术研究团体——国际教育成就评价协会，源于1964

年的数学调查和1970年的理科调查，1995年命名为TIMSS，每4年进行一次调查。

TIMSS和PISA的举办机构不同，测试目的、对象、科目内容不同，实施历史和参加成员数量不同，其中最大的不同是，TIMSS测试关注学生对在学校学习的内容的掌握程度，PISA测试关注学生对在学校学习到的内容和技能的应用能力。

伴随教育的国际化进程，参与PISA测试和TIMSS测试的国家（地区）越来越多，不少非OECD国家（地区）也加入进来。近年来，PISA测试成绩成为各国衡量自身基础教育，进行教育改革的一个国际通用参照指标。

3. 全国学力学习状况调查

1956年日本教育管理行政机构在部分中小学校实施学力调查，1961年对中学二、三年级学生实施学力调查。由于调查导致学校和地区的过度竞争，在强调集体主义和平均主义的日本遭到质疑，1964年被叫停，1965年开始改为抽样调查。该调查还曾遭到起诉，并在1966年的一审判决中被判违法，导致1966年被全面终止。此后10年，围绕该调查是否违法，争讼不断。1976年，该调查在终审中获得合法资格后，从1982年开始以部分中小学生为对象进行测试，2002年开始以部分高中生为对象开始测试，但仍未扩展到全国范围。

在宽松教育的背景下，日本出现了“学力低下”问题。在2006年的PISA测试中，日本成绩严重下滑，引起重视。为及时把握学生的学习能力、学习状况，文部科学省在2007年决定重新恢复全国性的学力测试——“全国学力、学习状况调查”。但在实际推行过程中，围绕学力测试的论争仍然没有中断，可谓困难重重，步履维艰。2010

年，日本实施了对30%学生的抽样测试，并规定未被抽取的学生可自愿参加，最终约70%的学生参加了测试。2011年，受东日本大地震的影响，当年的测试暂停。近年来，全国学力测试参加比例不断提高，2012年参加率比2010年增加7.7个百分点，达到81.2%。但围绕是否进行学力测试以及是否公开测试成绩，日本社会一直存在不同声音。在《东京新闻》2009年6月针对家长的民意调查中，有67.3%的家长赞成学生参加全国学力测试并公开成绩，26.7%的家长反对参加测试。

2012年以前，全国学力测试只进行语文、算术（数学）两个科目的测试，2012年增加了理科测试，分别包含知识类题目（A）和应用类题目（B）两种。测试在考查学生学习能力的同时，也开展学生学习、生活环境的问卷调查。测试以日本全国中小学的最高年级（小学六年级、初中三年级）全体学生为对象，实施日定为每年4月的第3或第4个星期二。

4. 东京都学力测试

有资料显示，1956年东京都即开始单独进行基础教育学力测试，但因存在反对声音很快停止。进入21世纪后，东京都作为国际大都市，受到“宽松教育”的种种负面影响，早在文部科学省决定恢复实施全国学力测试之前，作为文部科学省的试点，东京都教育委员会就决定从2004年开始实施东京都学力测试，具体内容包括国语、社会、算术、理科等。测试分为三种类型，即按年度进行比较的“历年比较型”、能够发现小学生学习障碍的“问题分析型”、能够提出更好授课方式的“授课提案型”，根据“关心、热情、态度”“思考、判断、表现”“技能”“知识、理解”等四个评价维度（国语中为第五个评价维度）进行测试，从“正确获取必要信息的能力”“比较、联想阅读的能力”“理解、解释、推论、解决意图、背景、理由的能力”等三个维度调查阅读理解能力。东京都学力测试是东京都基础教育改革的重要组成部分，被认为是加强管理和引入竞争机制的手段之一，其大胆、彻底的手法至今仍存在争议。[1]

三、教育行政部门的监察制度

东京都教育委员会所属的监察机构负责东京都教育系统内部的监察和诉讼事务。教育监察的目的在于确保教育事业的合理高效运营，并预防职员渎职，防患于未然，有助于教育事业的正常运营和教育质量的提高，回应民众的期待。监察不仅针对学校、教育行政机构等不正当、不合适的事务处理，更重要的是将重点放在促进基础教育发展及提高教职员资质的指导上。

在2016年度监察报告数据中，要求书面整改的结果或计划等有108件，其中关于"学校征收金会计"的事项最多，达29件；其次是"物品管理"相关事项，有15件。同时，监察当天进行现场指导整改的事项有1 373件。其中，关于"学校征收会计"的事项最多，达327件；其次是"总务・服务"，有295件；与"预付款"相关的有217件。[2]

为了处理工作纠纷，东京都教育行政机构实行诉务员会议制度，原则上每月召开一次诉务员会议，就法律问题进行协商。诉务员是持有律师资格的被东京都教育委员会任命的非常勤职员，现在有5名在职诉务员。

诉讼事务主要指有争议、需要诉诸法律的事务。除了要求撤销东

---

[1] 北野秋男.東京都の教育改革とテスト政策［J］.日本大学文理学部人文科学研究所研究紀要（86），2013（3）：91-104.

[2] 東京都教育委員会.東京都の教育　平成29年版［Z］.东京：东京都教育委员会，2017：285.

京都教育委员会提出的行政处分等行政诉讼、关于学校事故等要求损害赔偿的民事诉讼之外，还包括根据《地方公务员法》，请求撤销对教职员的惩戒处分等申诉或者请求审查对公文和个人信息的非公开决定等。诉讼事务的类别主要是行政诉讼和民事诉讼以及对不利处分的不服申诉事务和行政不服审查的相关事务，同时也负责对可能有争议的事件进行法律咨询。

四、国立教育政策研究所

1949年，为收集“二战”后的教育资料，开展初中高等教育研究，开展学校管理、教育内容、教育评价、学生指导、学生学习程度等的研究以及进行日本学生学力的国际比较、社会教育、终身教育、亚洲地区教育的调查研究，文部省专门成立国立教育研究所。1987年设立教育信息及资料中心、现代教育研究信息中心，作为国立教育研究所的附属机构。

2001年1月，随着中央省厅文部科学省的重组，国立教育研究所重组并更名为国立教育政策研究所，主要工作为开展基础性教育调查研究，规划、制定及推进国家教育政策。

在日本国内，国立教育政策研究所作为全国教育研究联盟的总部，与全日本的教育研究所开展合作，其研究成果以纪要、研究集录等形式发表。在国际上，国立教育政策研究所与联合国教科文组织、经济合作与发展组织（OECD）、国际教育成就评价协会（IEA）以及各国的教育研究机构联合开展研究。国立教育政策研究所现设有6个研究部、3个研究中心，2000年时的编制为136人。研究所直接负责PISA、TIMSS等测试的具体实施，并负责分析和公开测试结果，在基础教育的学业评价中起着重要作用。

第四节

东京都基础教育质量改善举措

20世纪90年代中期，东京都开始着手进行基础教育领域的改革。除了应对“宽松教育”实施中出现的问题，改革的主要背景是应对全球化时代的自由竞争，适应世界教育改革潮流，期望“从东京改变日本”等。20世纪80年代末，冷战格局结束，世界进入全球化时代，跨越国境的自由竞争成为未来发展趋势。对此，日本政府早在80年代中期便开始进行探索。当时的“临时教育审议会”明确提出，21世纪的日本教育应以“重视个性原则”“终身学习体系”“迅速适应变化”为三大支柱。[1]正是在上述思路基础上，东京都率先进行基础教育试点性改革，其措施主要体现在以下五个方面。

一、导入自由选择学校制度

东京都足立区在1998年提出学区活性化，即实质上的自由选择学校制度。品川区从2000年开始实施不同学力程度教育、中小学合作教育等，进一步推动学校选择制，随后其他区、市也开始实施学校选择制。其结果，受欢迎学校的满员，不受欢迎的学校学生减少，后者成为被合并或撤销的对象。在引进学校选择制度后，2003年品川区被认定为小学、初中一贯制特区，小学、初中一体化教育在日本普及开

[1] 穐山守夫. 新自由主義的教育改革（1）[J]. 明治大学教職課程年報（37），2016（5）：59-70.

来。这种小中一贯制实质上将“六三”制改为“四三二”制，从义务教育阶段开始按照不同学力分别教育，在此基础上培养精英人才。

二、开展高中多样化改革

20世纪90年代中期，东京都出现学生人数减少趋势，于是开展了以公立高中的合并与废除为主要内容的教育改革，并根据学力差别创设“新型高中”，推进高中多样化、差异化改革。1996年，东京都教育委员会设立“都立高中长期构想座谈会”，研究未来都立高中的发展方向。1997年，东京都教育委员会制定“都立高中改革推进计划”。其基本方针为：推进特色学校建设，推进开放性学校，推进都立高中规模和配置的适当化，完善教育设施和条件等。在都立高中的合并与废除过程中，由于遭到教师组织的反对，东京都教育委员会作出妥协，实施“职业科35人、普通科30人班级”的规定，继续推进改革，都立高中的合并与废除大致按照东京都教育委员的计划得以实现。[1]

东京都教育委员会在1999年制定了《都立高中改革推进计划的第二次实施计划》；2002年10月，为应对经济社会全球化、信息技术革命等变化，制定了《都立高中改革推进计划的第三次实施计划》，内容为逐步实现都立高中的层次化、多样化、特色化、个性化等，并将原来的“学力上升学校”改为三种类型，增加以提高升学成绩为目标的学校。

东京都教育委员会为提高升学率，在2007年6月指定了“升学指导特别推进校”，分为升学指导重点校、升学指导特别推进校、升学

[1] 淺岡廣一．東京都の教育改革の動向——都立高校改革推進計画・新たな実施計画を策定［J］.工業教育資料 実教出版株式会社（288），2003（3）：11-14.

指导推进校、初高中一贯教育校四个层次。同时设置初高中一贯教育学校、产业高中、普通科的学分制学校，其中将现有的职业高中改编成专家培养型、专业能力培养型、职业培养型三种类型，实施民间企业化管理，导入民间经营方式。[1]

上述高中分类的措施确实提高了大学入学率，特别是著名大学的入学率，但同时也出现了高中学校分为“精英学校”与“非精英学校”的两极分化，出现前一类学校人满为患，后一类学校招不满学生的状况。[2]

三、加强校长的管理及经营权

1997年，东京都高中学校出现了随意安排课程、“虚假课程表”等问题。“推进都立高中改革委员会”在1998年3月提出题为《确立校长领导能力》的报告书，提出：确立校长领导能力，确立职员会议作为校长辅助机构的地位，改革人事考核制度，引进主干制，自律经营预算，实施新的教员研修制度等建议。在其基础上，教育委员会修改了东京都公立学校管理规则，其中规定按照校长制定的学校经营计划进行学校运营，将职员会议作为校长的辅助机构，另外设立具有领导普通教员权限的“主干”职位，从而建立校长、教务长、“主干”、主任、教员等的人事构成系列。2003年7月还修改了“教员定期调动实施纲要”，强化了校长在人事变动方面的相关权力。

四、改革教职员人事评价考核制度

由于教师资质能力的开发与提高决定教育改革的成败，东京都

[1] 穐山守夫.新自由主義的教育改革（1）[J].明治大学教職課程年報（37），2016（5）：59-70.
[2] 村上義雄.東京都の「教育改革」石原都政でいま何が起こっているか［M］.东京：岩波書店，2004（1）：30.

教育委员会在1999年3月提出教师人才培养建议，同年7月成立教员人事考核制度研讨委员会，讨论引入新的人事考核制度。在该制度中，教师设定自己的目标，同时对目标成果进行自我评价；根据自我申报、业绩评价结果，由校长、教务主任给予指导或建议，通过研修、自我启发等进行自我提升。同时强化校长权限，实施对教职员的有效管理，对不合格者进行再培训。在东京都，被认定为“指导能力不足的教员”2000年度有13人，2001年度有26人，2002年度达到31人。2002年，东京都建立基于能力和业绩的新工资制度，教职员的评价制度更加严格，2003年度不合格为18人，2004年度16人。[1]不合格的人数呈逐年递增后的下降趋势，显示这一措施取得了一定的效果。

五、开启学力测试，重新确立学生培养目标

2004年的《东京都教育愿景》明确了对中小学生的具体要求，其中在学力方面规定，作为奠定终身学习的基础，要提高每个人的能力，培养扎实的学习能力、生存能力。同时制定详细而具体的学力推进计划，一方面以提高所有学生的学习能力为目标，另一方面以学力测试为手段推进学校之间的竞争。从这个意义上来说，东京都学力测试比文部科学省实施的全国学力测试更明确地提出引入学校间的竞争。学力测试既可以了解中小学生的学习能力，也可以发现在教学方面存在的问题，有利于保障基础教育质量。

值得注意的是，尽管东京都基础教育改革表面上打着自由主义

[1] 北野秋男.「東京都の教育改革とテスト政策」[J]. 日本大学文理学部人文科学研究所編『研究紀要』(86)，2013（12）：91-104.

的旗号，实质上却带有较浓的国家主义色彩，例如其主张的“心灵革命”[1]迎合了保守政治势力的需求，某种程度上体现了自民党执掌的国家政权和文部科学省的政治目标。[2]

第五节

东京都未来教育愿景

一、东京都未来教育愿景的制定背景

近年来东京都的人口持续增长，预计今后增长幅度会逐渐减小，到2020年左右达到峰值的1 336万人左右，此后将逐步减少。与此同时，日本正以世界罕见的速度进入超高龄社会：东京都0—14岁的人口已经低于老年人口总数，预计到2025年，居住在东京的每4人中就有1位是65岁以上的老人。东京都的劳动年龄人口（15—64岁人口）目前维持在800万人的水平，但预计将呈现减少的趋势。同时，根据对东京都教育人口的推算，公立小学人数仍然维持增长趋势，预计到2019年达到约57.1万人；公立中学学生数转为减少，预计2019年约为22.7万人。

[1] 柿沼昌芳・永野恒雄．東京都の教育委員会迷走する教育委員会と「教育改革」[M]．东京：批評社，2001（12）：16-18.
[2] 柿沼昌芳・永野恒雄．検証・東京都の「教育改革」——戒厳令下の教育現場[M]．东京：批評社，2004（6）：62-63.

随着经济全球化、服务产业化、信息通信技术的发展，全世界的经济、产业结构的变化正在加剧。近年来，随着以中国为代表的新兴工业化国家的崛起，自由贸易协定的扩大，世界知识经济化进程的加快，各国之间的竞争和合作更加活跃。同时在许多发达国家，潜在增长率随着时间的流逝而下降。与此同时，随着全球化的进展，企业间的竞争更加严峻，企业正在努力缩减成本。因此，非终身雇佣制、不稳定就业形态下的年轻人越来越多，自由职业者的数量也在增加。有鉴于此，日本教育系统在谋求提高担负日本未来的年轻人的素质、能力的同时，还要继续创造一个能够充分发挥其积极性和能力的、安心的工作环境。

进入21世纪，世界性的环境危机更加严重，构筑可持续的社会系统成为当务之急。解决环境问题不仅需要制度建设，更重要的是强化每个人的环境意识，重新审视自己的生活方式并积极地行动。因此，人才培养成为重要的环节。2011年东日本大地震给日本各地带来巨大灾害，日本社会重新认识到自助、共助、公助的重要性，并明确每个人都需要具备将其付诸实践意识和力量。

正是在上述社会背景的基础上，东京都教育委员会早在2004年4月就制定了第一个《东京都教育愿景》，提出针对婴幼儿期、学童期、少年期、青年期等不同年龄阶段，将采取12个领域的对策及以其为基础的33个建议。2008年制定了《第二次东京都教育愿景》，表示将努力推进教育改革，“社会整体投入教育”“推进孕育活力的教育”。其后在2011年12月又制定了新的长期愿景——《2020年的东京》，即2020年东京的目标以及引导日本发展的东京都施政方针。2013年4月，东京都教育委员会制定了到2017年度为止的东京都教育振兴五年基本计划，即《第三次东京都教育愿景》，明确了今后努力的基本方向和主要对策。在制定第三次愿景后的2013年9月，日本获得了2020年东京奥运会举办权。于是东京都在2014年12月制定了为成功举办东京2020年奥运会以及奥运会后东京未来城市建设的《东京都长期愿景》，将建设“世界第一的城市——东京”作为今后的目标，并讨论更为具体的教育政策。例如，符合新时代的教育方式，修改学习指导要领，大学入学考试改革以及高中到大学的程序改革等内容。

在这一背景下，东京都经过综合教育会议的讨论与协商，东京都知事在2015年11月制定了《东京都教育施策大纲》，提出为培养《东京都长期愿景》中提出的十年后活跃在东京的人才，特别是活跃在21世纪40年代的人才，2017年之前必须优先采取对策的七个重点项目，具体来说就是，“充实适应每个孩子的细致教育”“推动促使社会自立的教育”“培育能够活跃在世界舞台的人才”“推进奥运会及残奥会的教育”“拒绝上学或中途退学的对策”“努力培育孩子健全心理”“推进特别支援教育”等。在《东京都教育施策大纲》的基础上，东京都教育委员会着手修改第三次愿景的部分内容，提出今后应采取的中长期教育基本努力方向和主要措施。[1]

二、东京都教育愿景的基本理念

在基本理念上，东京都中长期教育的基本努力方向是培养孩子的智慧、道德、体能以及在激烈变化的时代中自我学习、思考、行动的能力和对社会发展作出贡献的能力。2006年《教育基本法修正案》规定教育的目标为：使受教育者掌握知识、道德、身体之间的协调，终

[1] 東京都教育委員会.［東京都教育施策大綱～「世界一の都市・東京」で活躍する子供たちのために～］［EB/OL］.（2019-10-04）.http://www.kyoiku.metro.tokyo.jp/press/press_release/2015/files/release20151124/besshi.pdf.

生实现自我，尊重公益精神；培养积极参与国家建设、社会形成的国家国民；以日本传统和文化为基础，以培养在国际社会中生存的日本人为基本理念。基于这个基本理念修改的现行《学习指导要领》，从2013年开始在各学校实施。

与此同时，东京都教育委员会以培养学生的智慧、感性、道德心和体力、体贴和有规范意识等为目标，提出全体市民参与教育的期望;《2020年的东京》根据东京都教育政策的基本方向，提出通过对学生的智慧、德性、身体均衡的培育，家庭、学校、地区、社会的联合支撑，培养学生自立的能力；十年后，东京的年轻人要充满国际意识，通过致力于提高学力和体力的努力，道德教育、职业教育的充实，培养年轻人成长的基础力量并具有高度的道德性。

更为重要的理念是，为了能在社会中自立地生活，所有学生都必须具备可靠的学习能力、丰富的人格以及顽强生活所需的健康和体力。为在变化激烈的时代中生存，学生需要灵活运用基本的知识技能，具备自己寻找课题、主动学习、独立思考、主动判断并加以行动，以及更好地解决问题的能力；同时，作为社会的一员，应主动参与公共活动，创造更加美好的国家。

为实现上述基本理念，需要从以下五个方面开展教育。

第一，着眼于每个人的个性和能力。使学生在最大限度地发挥自我的同时，提高自我认同。强调每个学生的个性和能力不同，任何学生都是不可替代的存在。从事教育的人应把目光投向每个学生，充分把握多种个性，在学生身心发展阶段有系统地、有组织地进行相应的指导。通过这样的指导，引导每个人的个性和能力，使其最大限度地获得成长，获得自我认同。

第二，培养“知”“德”“体”协调的生存基础。近年来全球化浪潮和知识总量急剧增长，一方面激化了人才的国际竞争，另一方面也加大了日本与不同文化、文明的共存及国际合作的必要性。在这种情况下，需要培养学生具备能够和谐相处的“可靠的学力”“丰富的心灵”“健康的身体”，这些品格能力都是今后自立生存的基础。应充分把握每个学生的“德”“知”“体”的状况，根据学生实际状况进行细致的教育，促进学生身心和谐成长。

第三，培养在变化剧烈的社会中生存下去的思考力、判断力、表现力和创造力等。要在今后的社会中生存，不仅需要掌握大量知识、技能，还要能灵活运用所掌握的知识、技能，掌握发现课题的能力以及灵活运用知识、技能解决课题所需要的思考力、判断力、表现力、创造力等。这种能力并不只是靠教学形式的指导而掌握，有必要积极地引进读书、写作、逻辑性的说明、讨论等来提高语言能力，并将学到的东西运用到实际问题的解决中。

第四，提高作为社会一员的自觉性和行动力，培养奉献社会的热情。为了国家和社会的发展，每一个人都要拥有作为社会一员的自觉性，并作为建设社会的主体积极地参与公共活动；具有作为国际社会组织成员的自觉性，以世界为舞台，为世界作出贡献；通过亲身体验志愿者活动，接触其他国家的传统、文化活动，培养挑战精神、协作精神，为国际社会的发展作出贡献。

第五，学校、家庭、地区、社会相互合作培养学生。在学校里，教师实施学校教育，但学生的教育不能完全依靠学校，监护人对孩子的教育负有第一责任。监护人应该充分认识孩子的现状、需求，进行必要的家庭教育。各个地区、社会各界也要认识到培养年轻一代的重要性，依据终身学习理念，发挥学校、家庭、地区、社会各自的作用，相互合作，进一步提高教育质量。

三、东京都教育愿景的主要内容

1. 开展扎实、细致的全面教育

从东京都教育委员会实施的“旨在提高学生学习能力的测试”结果来看，东京都中小学学生的基本知识较为扎实，但思考力、判断力和表现力与表现较好的地方自治体相比还有一定差距，不同学生的学习程度和家庭教育均存在一定差距。为让所有的学生掌握基础知识，除改善学校教育之外，有必要改善学生放学后、回到家中的学习活动，防止因不良的家庭教育影响而导致“贫困继承”。另外，国际教育评价学会实施的“国际数学·理科教育动向测试”结果显示，日本学生对理科的喜爱程度、学习欲望和未来应用期望值均低于国际水平，因而为培养支撑科学技术立国的未来人才，有必要加强理科教育。为此，教师应从生动活泼的视角致力于教学改善，提高教学质量，同时充分了解学生，因材施教，开发个体化教材教法，重视学生语言能力的培育，培养与他人合作解决问题所需的思考力、判断力、表现力以及学习主动性。

各地方教育行政部门通过对学校的教员进行调查评价，向存在问题的区市町村和学校派遣指导主任；灵活运用“东京教育基本要纲”，制定“依据不同学习程度的指导方针”，在小学数学和中学数学及英语教学中开展熟练程度指导；在各个高中设定“学习能力标准”，把握每个学生学习内容的落实情况，确保人人达标；在职业高中制定“都立专业高中技能标准”，提高职业技能训练；采用信息通信技术的有效指导和学习方法，提高教育质量。具体包括以下六方面。

一是加强理数教育。为在科学技术领域维持日本的世界领先地位，进一步加强作为科学技术基础的数理教育。在基层教学机构，充分发挥实验助手的作用，推进理科课程的完善；派遣“理科教育推进教员”，以提高小学教师的理科指导力；举办“小学生科学展”，培养学生对理科的兴趣；为对科学感兴趣的中学生提供选修课，开设“东京初级科学私塾”，并由专家指导，参加“中学生科学竞赛”；都立高中通过与大学、研究机构合作建立尖端实验室，指定在理科方面较为突出的“理数创新学校”和对理数相关主题进行研究的“理数研究校”，以完善数理教育；指定东京都立小中高一贯教育制学校，完善六年系统性数理教育。

二是锻炼自立能力。在小学，根据发展阶段设定与人、社会、自然、文化相关的体验活动，帮助学生掌握和别人交流的能力和态度，提高对将来工作的关心和热情，培养为将来的梦想和希望而努力的意志；在初中，让学生思考自己在社会中的作用、将来的生活方式、工作方式等，同时制定目标，培养有计划地致力于事物的态度，推进职场体验等职业教育；在高中，需要学生掌握包括与雇佣、劳动问题、社会保障制度和金融、经济相关的基础知识，在实际社会中掌握作为社会人、职业人能够生活的基础等；重新评估都立专门高中的教育内容，推进有魅力的专门高中建设。

三是加强环境意识、主权意识的培养。提倡学生结合自己的生活、所处地区，思考世界面临的资源、能源、粮食问题等课题；面向2020年东京奥运会，通过引入体验性活动等，自主、积极地致力于环境保护活动，成为能够与世界协调共存的社会担当者。在小学和初中，区市町村教育委员会面向学生联合开展主权教育、法制教育、租税教育、金融教育等多种教育，开展职场体验活动，为学生的自立提供必要资质和能力的基础教育；在高中，纠正学生的主体性参与国家和地区的政治热情低下的倾向，重点培养作为主权者的意识等。

四是尊重人权教育。根据日本制定的“有关人权教育基本计划”，同时根据“东京都人权施策推进方针”，将尊重人权的理念广泛扎根于社会。为进一步完善人权教育，东京都全部公立学校将与区市町村教育委员会合作，开展推进人权教育研究、尊重人权教育推进学校及人权普及启发事业等；以东京都及区市町村的社会教育相关职员及社会教育相关团体指导者为对象，实施人权知识的普及事业、人权知识的指导研修事业及人权知识的促进事业。

五是开展道德教育。在小学、初中进一步完善道德授课公开讲座，与区市町村教育委员会携手推进学校与家庭、地域、社会融为一体的道德教育工作。国家规定在2019年设立“特别教科”，东京都率先在全区市町村指定道德教育重点学校，推进相关的措施；在高中实施“人与社会”这一道德教育与职业教育一体化的新科目；以各种道德课题为素材，通过具体的演习和体验活动来培养学生的道德，在生活实践中培养必要的思考方式和判断力；为在所有高中有组织性地实施作为社会人基本规则和礼仪的指导，在落实“都立高中生活指导方针”的同时，制作充实有用的指导资料，构筑由全部教职员组成的指导体制；为培养对生命的敬畏、珍惜自然、主动致力于环境保护的态度，推进动物的饲养和植物的栽培等体验性活动。

六是开展体育教育。随着科学技术和高度信息化的进展、生活的便利化，学生在日常生活中身体活动越来越少，有必要提高其主动致力于运动的积极性。“全国体力及运动能力、运动习惯等调查”结果表明，除一部分项目外，东京都小学生的体力及运动能力总体低于全国平均水平。为提高中小学生的身体素质，首先按照儿童基础体力提高方案，积极改善学校体育教育，改善学生的生活习惯、运动习惯；以东京都内公立学校的所有学生为对象，实施体力及运动能力、生活习惯实际情况调查；指定以健康教育为中心、推动提高体力与健康的“生活实践小学”，指定特别致力于提高体力的“超级积极中学”，指定竞技能力较高的“体育特别强化高中”，进一步推进东京都各类学校的体育教育。在致力于提高体力的同时，培养孩子们对健康的关心，采取的措施包括在“都立学校健康推进计划”的基础上，通过与医师会、学校牙科医师会、学校药剂师会等的合作，推进基于科学知识的健康教育；在学习指导要领中将推进饮食教育作为体育健康指导的一环，同时联合家庭推进饮食教育；让所有教员掌握有关过敏疾病的正确知识，确立在学校中正确应对的体制。

2. 培养活跃于世界的人才

2004年日本到海外留学的人数达到顶峰，为82 945人，其后持续减少，2011年为57 501人，7年间减少了约30%。在都立高中生中，想留学者仅占27.5%。东京的外国人约为45万，2015年国外访问者达1 974万人。随着2020年东京奥运会的日益临近，预计今后在东京生活的外国人将进一步增加。在这样的情况下，日本政府在第二期教育振兴基本计划中提出，50%以上的中学三年级学生英语应达到检验三级以上水平，50%以上的高中三年级学生应达到英语检验准二级以上的目标要求。目前，初中三年级学生的此项达标率为49.3%，高中三年级学生的比项达标率为36.1%。今后不仅要培养学生“能够使用的英语能力”，还要培养丰富的国际意识，致力于培养民族自觉、自豪的涵养，打破所谓的“内向志向”，培育有自信、能活跃于世界的人才。

为此，日本有关方面制定了“英语教育改善计划”，培养“听说读写”四种技能；推进从2016年起实施的推进英语教育指导者项目，谋求各地区小学教师英语指导力的提高；2018年按照新的“学习指导要领”，小学三年级开始英语学习，2020年英语实现教科化；充分发挥外国人指导助手的作用，支持小学教师获得英语授课资格；在初中进一步推进英语教学小班制，加强口语教学，举办英语口语活动，加强学习活动的个别指导；在高中，招聘英语为母语的外籍教师，推进全球人才培养的领先学校，开展一对一在线英语会话活动及听说读写四种技能考核等，提高“可用英语能力”的实践性教育；开设“英语村”，让中小学生体验海外生活和异国文化。

随着全球化的进展，日本需要与不同文化共存和开展国际合作，需要培养与各个国家和地区的人们一起开拓未来的态度和能力。为打破日本人的“内向志向”，培养活跃于世界舞台，担当东京和日本未来的下一代领导人，需要推进东京独特的留学援助措施。具体的计划有：在市中心设置具有浓厚国际色彩和学习环境的新国际高中，接收回国学生和外国学生；在都立初高中一体化教育学校中，开展以英语教育为重点的特色教育；设置都立小中高一贯制国际学校；在都立高中选取一所学校，在二年级设立“国际学士课程”，探索探究型学习方式；加强对有留学意愿学生的指导；通过“新一代领导人培训班”，支持高中生赴海外留学；与独立行政法人“国际协力机构”（JICA）合作，设置“东京全球青年露营”，与青年海外协力队员进行交流，培养学生的社会贡献愿望和主动行动力等；加强与都立高中的海外友好学校交流力度，开展交换留学，促进学生对异文化的国际理解。

要培养生活在国际社会的日本人，就要培养尊重多样文化的态度和资质，同时也必须对日本传统文化具备理解、尊重的态度。为此，都立高中继续把“日本史”作为必修课，普及东京都独有的日本史科目——“从江户到东京”等，推进日本传统文化理解教育。在所有的中小学校中，为加深对日本传统、文化的理解，要充分利用具有地区专业知识和技能的外部人才，与外国人进行交流，培养积极传达日本优点的态度。特别是在高中，学生在校期间至少进行一次体验能乐、歌舞伎等日本传统艺术的机会，培养具有日本自豪感的学生。

迄今为止，奥运会、残奥会给举办城市和国家带来了巨大社会变革，尤其是给予年轻人勇气和感动。2020年东京奥运会、残奥会将成为年轻一代无可比拟的重要机会。东京都所有学校均开展奥林匹克和残奥会教育，推进东京都青少年为国际社会作出贡献。根据东京都教育委员会制定的“东京都奥林匹克运动会·残奥会教育”实施方针，将实施“奥运会·残奥会精神”“体育”“文化”“环境”四个主题和“学习”“体验”“交流”“支撑”四个活动组成的系列教育项目，让学生们掌握更多的资质与能力，特别是“志愿者精神”“理解残疾人”“体育志向”“日本人的自觉与自豪”“丰富的国际感觉”五种资质；利用东京都教育委员会制作的学习教材，与各种教育实践相结合，积极促进学生家长、地区居民参加，推进各种志愿者活动，促进“东京青年志愿者”事业，培养孩子们的志愿者精神，提高自尊心；在各个学校培养关怀之心，通过充实、扩大理解残疾人的“微笑项目”，体验残疾人的活动，与残疾人运动员交流等，促进对残疾人的理解；通过推进“世界朋友计划”，让学生有机会了解、体验许多奥运会、残奥会参加国和地区，培养理解不同文化、认同他人的心情。

3. 解决不上学、校园欺凌等问题

东京都公立小学、中学不愿上学的人数从2013年开始有所增加，2016年小学有2 565人、中学有7 514人。东京都立高中的中途退学者虽然有减少的趋势，但依然不能忽视。不上学的学生、中途退学者往往会失去学习机会，容易被社会孤立，同时对将来的道路选择也会变得困难，从而面临很多严峻的问题，带来很大负面影响，从社会自立

的观点来看亦是较大的问题。对此，不仅应从教育视点出发，也要从社会经济的视点来看，不仅需要教育环境的进一步完善，也需要社会各界联合应对。

为应对学生不上学和中途退学的问题，学校和教育委员会方面采取了各种各样的对策，与各种各样的相关机构联合研究对策。学业不振、朋友关系不佳是学生不上学或中途退学的主要原因，为此，应对学生进行相应的学习指导，谋求基础学习能力的稳定，同时灵活运用学校顾问，完善学校教育咨询体制；根据个人情况制定个人支援计划，推进教育委员会、学校和福利、医疗、劳动等有关机构联合支援的体制；设立由学校社会工作者组成的“自立支援队”，与都立高中及相关机构合作，致力于支持学生未来发展，同时实施中途退学者等的就业和再就学的支持；为完善教育环境，与区市町村合作，推进教育支援中心活动，通过升学道路咨询会和就学支援以及“青少年重启计划”，对不上学和中途退学者进行帮助。

东京都内公立学校2014年欺凌事件的确认数为8 397件，连续两年呈减少趋势。为应对校园欺凌，东京都在全部公立学校设立了“校园欺凌对策委员会”，在强化其功能的同时，通过校内研修，让所有的教职员认识到实施组织性措施的重要性。此外，因为由本人提出而被发现的欺凌事例占全体事件数的比例约为20.9%，从其他孩子的信息中发现的比例仅为4.1%，因此应通过完善体制和外部咨询窗口的工作，指导孩子们主动协商，以便解决问题。根据东京都2014年的调查，通过互联网进行言语欺凌的比例为8.9%，暴力欺凌事件有1 979件，有减少的倾向，但应继续贯彻绝对不允许暴力的指导方针。同时在学校生活顾问的协助下，教师要针对孩子的心理进行教育，帮助学生学会控制暴力情绪。

东京都在2014年6月制定了《东京都防止欺凌对策推进条例》，其后教育委员会制定了《欺凌综合对策》，在所有学校设置了欺凌对策委员会，并制定了防止欺凌的基本方针。全体教职员采取有组织的行动，同时有效地利用学校顾问和社会工作者，对孩子和家庭进行有效帮助。通过一系列教育活动，让受教育者明确认识到绝不允许欺凌和实施暴力，作为集团和社会的一员必须遵守法律和规则。在《防止校园暴力基本方针》中，明确校园暴力对策委员会的作用和具体措施，确保所有教职员针对校园暴力能采取组织性措施，与家庭、家长会、地区居民、有关机构等紧密合作，及时把握孩子们的不安和烦恼，进行必要的应对，彻底防止孩子自杀等恶性事件的发生。

随着信息社会的发展，各种网站的有害信息也层出不穷，学生既是受害者，也可以成为加害者。随着智能手机的急速普及，长时间使用手机带来的弊病也日益彰显，网络甚至成为校园欺凌新的温床。为此，东京都一方面为提高学生的信息道德，制作正确利用互联网的教材；另一方面制定了《SNS东京规则》，由学校、家庭、民间事业者共同推进SNS活动，实现对网络问题的早期对应，争取做到防患于未然。

4. 提高教师及学校管理者的资质和能力

教育的成败取决于从事教育的教师，教师的质量和数量至关重要。东京都的师资问题包括：经验丰富的教师大量退休，缺少管理人员，年轻教师实践指导力不足，教师精神疾病增加，需要改进教师和管理人员的选拔方式，培养优秀教师，关注教师精神健康等。东京都要求报考教师职业者在大学本科时按照“小学教师教导教职课程表”进行学习，并设立“东京教师培养塾”培养教师的实践性指导力；在拥有全国教员培训课程的大学，举办招收教师说明会，提高东京都相关考试的水准；从2016年度实施的教师录用候选人选拔中募集小学全科（英语课程）教师，并选拔英语听、说、读、写四种技能优秀的人才担任英语教师。

为提高教师的整体素质、能力，需要根据教师经验、职务阶层等来培养现任教师。为此，东京都举办“录用前实践指导力培训讲座”“东京都青年教师培训”“东京教师道场”“10年经验者培训”等项目，培养教师相应的能力；派遣教师到研究生院进行专业性的管理研究；在东京都内所有的公立中小学校中，开展“学校管理职位培养”“教员人才培养”等活动，有意识、有计划地持续提升教师的知识、技能、热情、态度等；采用基于具体事例的演习，提高教师整体“专业意识”的涵养、能力；招募研究开发委员，致力于教材和教法研究；扩大教师的海外派遣，培养具有国际视野的教师；培养职业高中教师的技术技能指导力；拒绝体罚，明确非法行为的标准，严格教师纪律；对新任副校长、教师进行心理健康辅导研修，开办重返教师职业的训练机构。

35—40岁的教职员是管理岗位的优秀后备军，应有组织、有计划地努力培养和挖掘具有“学校经营能力”“外部谈判能力”“人才培养能力”“高瞻远瞩能力”等四项能力的教职员，并为他们提供工作和生活的保障。东京都在这方面的具体措施有2014年开始实施的“学校领导人培养计划”，具体包括：举办学校管理讲座、学校领导人培训特别讲座，系统性地实施培养管理能力的研修活动；派遣培养对象到国内外相应的研究生院，学习教育理论和实践，并对海外的教育情况开展调查；安排新任副校长进行学校管理的研修；推进中小学校的校务改善工作，减轻副校长的业务负担，促进骨干教师对学校管理工作的理解和热情；积极聘用65岁以上的原教育管理职位人员担任兼职学校建设支持者；鼓励中小学继续聘用经验丰富的退休校长和副校长继续参与管理；促进女性教职员走上管理岗位，妥善安排女教职员在生产、育儿时期的人事变动。

5. 推进家庭教育、社会教育和特别教育

2014年东京都的相关调查显示，88%的被调查者认为“家庭教育能力下降”。从东京都的家庭构成来看，由父母与子女组成的小家庭比例为91.7%。另外，根据2013年国民生活基础调查，近年来日本儿童的贫困率在2010年35个OECD成员中排名第25位。根据政府的调查，低收入家庭子女的高中升学率较低，为90.8%。为此，日本政府在2014年1月开始实施《有关推进儿童贫困对策法》，援助贫困家庭子女。[1]

在上述背景下，社会积极建立家长援助体制，从教育和福利两方面对相关家庭进行援助。各基层教育委员会充分利用具有专业知识、技术的学校，配备“家庭和孩子的援助者”，与教师一起进行家访，帮助家长处理孩子的问题；学校配备由精神科医生和临床心理师担任的“超级顾问”，开展健康咨询；重视幼儿教育，结合儿童成长的医学知识，培养基层家庭教育人才；培养学生良好的生活习惯、自立精神、关怀他人、善恶判断等伦理观、社会礼仪等；开展家校合作，使学校和家庭成为一体。

为加强学生与社会的联系，应积极利用外来人才，促进教育发展。东京都利用“推进地区教育网络东京都协议会”，通过设立“学校志愿者推进协议会”“教育厅人才银行”等，开展多种多样的教育援助活动；都立学校积极采纳外来人才和学生监护人的建议，努力推进大学生和退休教师参与中小学生课外辅导和发展性学习等活动。为确保学生活动有安全的社会环境保障以及能够开展广泛的人际交往活动，学校与社会加强联系，通力合作，设立面向不同学生的课外辅导

[1] 東京都教育庁総務部教育政策課.東京都教育ビジョン（第3次・一部改定）[Z]. 2016（27）：51.

机构。例如，面向小学生的“课后儿童教室”、面向中学生的“地区未来补习班”、面向高中学生的“校内寺子屋”等。另外，教职员也与当地居民、国际交流人员、社会各界人士加强合作，促进学生放学后的各种交流，提高课外学习活动的质量、数量；开设道德讲座、进行防灾教育、关爱儿童等活动，通过社会人士对学校教育的支持，建设终身学习社会。

东京都为保障发育障碍者与需要特别援助的学生能够接受基础教育，制定了《发育障碍者教育推进计划》《特别援助教育》，在所有公立学校开展特别援助，并根据残疾情况，扩大多种多样的教育场所；计划性地推进智力障碍特别援助学校的新设和增建，不断扩大其规模，完善其配置；与基层组织合作，促进所有小学、中学特别援助教室的设置；为应对重度残疾儿童教育，创设学校与外部专家联合体制；开展个别教育，致力于特殊教育课程的研究和开发；根据国家残疾人政策，不断制定、推进新的教育计划；促进对残疾的理解，举办都立学校残疾儿童艺术展，发掘和展示残疾儿童的艺术才能。

第六节

日本东京都基础教育质量发展的特点

从PISA和TIMSS的国际排名可以看出，日本中小学生在阅读、算术（数学）、理科素养调查中位居世界前列，在一定程度上说明日本基础教育整体质量居于世界前列，但未来理科教育需要进一步提升。从日本全国学力调查可以看出，东京都中小学生的国语、算术（数学）素养虽然位居国内上游水平，但与其他地区相比，在绝对成绩上相差不大，说明日本基础教育均衡性较好，地区之间的差异不大。从东京都单独开展的学力调查结果也可以看出，东京都中小学生的国语、算术（数学）、理科、社会、英语（仅限中学生）素养整体良好，在阅读、理解方面存在某些问题，需要继续贯彻学习指导要领，提高教育质量。东京都重视基础教育的国际比较，重视学力测试，并利用测试结果把握学生的学习现状，同时指导基础教育改革。

东京都基础教育之所以有较为优异的表现，与其较为完善的保障和监测机制有关。特别是严格的教师准入制度、庞大细致的教师培训体系，均具有鲜明特色。此外，国立教育政策研究所作为学力调查的组织、分析和发布机构，为教育决策提供数据和咨询，在主要行使监测职能的同时，也具有保障机能。教育行政部门内部的监察机制直接监察教育行政部门，间接监测基础教育质量，对保障机制、监测机制的运行都起到重要的作用。

东京都基础教育率先反思“宽松教育”，进行了较大幅度的改革，但仍然保留了“宽松教育”所倡导的生存能力、深度学习和自主思考、主动学习以及独立解决问题的能力。东京都在国际竞争日益激烈，国内“少子化”和“老龄化”，人口“一极集中”的情况下，抓住2020东京奥运会的契机，在新旧天皇更替之际，制定了详细的未来教育愿景，期望利用基础教育作为振兴东京都和日本的基石，培养活跃于世界舞台的日本人。

第八章

法国巴黎的基础教育质量分析

法国的基础教育包括初等教育和中等教育两部分，贯彻世俗、自由、免费原则，由国民教育部管辖。基础教育学制包括3年学前教育、5年小学教育、4年初中教育和3年高中教育。[1]法国教育法典规定，义务教育年龄为3—16岁，[2]一般而言，适龄青少年均须到学校接受免费教育。

在法国，教育质量主要指通过培养对象（学生）的质量，也即教育的结果导向，评价国家和地方的政策制度、学校的教育实践、师生的教学互动及其效果的水平高低和优劣程度。因此，学业成功和学业失败通常被视为衡量教育质量的标尺。学业成功狭义指学生达成学习目标，掌握了文化知识，成功完成学业；广义的学业成功还涉及学生的社会化（掌握与社会运行相关的知识、价值观、态度和行为）和（具备融入社会的）资格，且学生最终能够充分发挥其潜力，实现个人的既定目标。[3]学业失败狭义指学生在学习过程结束或学制末，成绩未达到最低标准或未能通过考试（考核）获得文凭；广义除了指学生未获得可能对其有用的能力和资格外，还面临被社会排斥的命运，进而影响其未来生活。[4]随着教育全球化的推进，法国同其他国家一样，将其基础教育质量问题置于国际平台，借助各级各类教育评价和测评项目更好地定位自身教育，发现本国教育的优势与不足，并进一步完善教育制度和实践，以实现教育公平。

---

［1］ 法国的小学学制从低年级到高年级分为小学预备班、小学基础1班、基础2班、中级1班；中级2班；中初中学制从低到高年级分为六年级、五年级、四年级、三年级、二年级；高中学制分为三年级、二年级和毕业班。

［2］ 2019年起法国强制接受义务教育的最低年龄从6岁降至3岁。

［3］ Feyfant A.Réussite éducative, réussite scolaire ?［J］. Note de Veille de l'IFÉ Revue de littératurede recherche, 2014(2)：1–24.

［4］ Michel L. A quoi sert l'école?［M］. Paris: Armand Colin.1992: 11.

巴黎作为法兰西政治、经济、文化和商业中心，不仅是法国教育高水平的代表，也是法国教育改革的核心地带。在法国中央集权的管理体制下，巴黎的基础教育发展与中央政府（国民教育部）的教育规划和政策制度保持高度一致。巴黎市所在的大巴黎区共设有巴黎、凡尔赛、克雷泰伊三个学区。巴黎学区的学区长也是整个大巴黎区的学区长，负责统筹教育决策，协调教育资源。从1961年开始，巴黎学区只保有一个省级部门，即通常所指的巴黎市。官方统计数据显示，2017—2018学年巴黎学区的公、私立小学有460所，共计102 327名学生，政府对这一阶段的教育经费投入为508万欧元；初、高中学校有351所，共计161 120名学生，政府对中学阶段的教育经费投入为11.7亿欧元。[1]那么，巴黎作为全法拥有中小学校和学生数量最多以及中央政府教育财政投入最多的城市，究竟如何通过基础教育帮助学生“充分实现个人发展，形塑社会能力，胜任未来学业，融入社会生活，作为合格的公民参与社会进步之中”？[2]本章将通过梳理法国巴黎基础教育质量的水平、监测体系、质量保障运行机制和改善教育质量的相关举措进一步回答上述问题。

[1] Les chiffres clés de l’académie de Paris(2018–2019)［EB/OL］(2019–04–18)［2019–04–18］. https: //www.ac-paris.fr/portail/upload/docs/application/pdf/2018–08/lacademie_en_chiffres.pdf.
[2] Le socle commun de connaissances, de compétences et de culture［EB/OL］(2019–04–18)［2019–04–18］. http://www.education.gouv.fr/cid2770/le-socle-commun-de-connaissances-et-de-competences.html.

第一节

巴黎的基础教育质量水平

法国围绕学生展开的基础教育质量评估主要包括国家和国际两个层面。在国际层面，法国主要参加了PISA、PIRLS和TIMSS等测评。由于巴黎市并未单独参与上述国际测评，这里无法直接获得巴黎学生在国际测评中的具体表现。但鉴于巴黎在法国国内基础教育质量方面的各项测评成绩突出，我们可以在一定程度上从法国参与国际测评的表现推断巴黎的基础教育质量水平，或以此作为参考，从侧面了解巴黎的基础教育质量。

一、国际测评中法国基础教育的质量表现

1. PISA测试与法国学生的表现

在参与国际学生评估项目（PISA）测试的经济合作与发展组织（OECD）成员国中，法国学生连续几届的测试结果均处于中等水平，与英国、丹麦、捷克等国的水平接近。在2003年的PISA测试中，法国学生在数学方面以511的平均分高于OECD平均水平。2003—2012年，法国的数学平均分明显下降至OECD平均水平，并在2015年的测试中保持稳定。法国的数学和科学在2012年及2015年的PISA测试中也处于OECD平均水平。在阅读方面，法国则略高于OECD平均水平。在2018年的PISA测试中，法国在阅读、数学、数学三项测试中表现稳定，略高于OECD平均水平（详见表8-1）。

表8-1　2000—2015年法国学生在PISA测试中的得分情况表（单位：分）

年份	阅读理解		数　学		科　学	
	法国	OECD平均水平	法国	OECD平均水平	法国	OECD平均水平
2000年	505	500	517	498	500	502
2003年	496	494	511	500	511	499
2006年	488	492	496	494	495	498
2009年	496	493	497	496	498	501
2012年	505	496	495	494	499	501
2015年	496	493	498	490	500	493
2018年	493	487	495	489	493	489

资料来源：笔者根据相关数据自制，详见：PISA Database 2000–2015［EB/OL］（2019-01-12）［2019-01-12］.http://www.oecd.org/pisa/data.

PISA测试结果显示，2000—2009年法国成绩的两极化现象越加突出。2000—2009年，PISA测试中处于第四、五级别竞争力较强的法国学生数量和比例逐渐增加。与此同时，处于第一、二级别竞争力较弱的学生的比例也在增加，从15%上升至20%。[1]同时，测试中两性间差距也在不断拉大。2000年，女性与男性在阅读方面的差距仅为14分，到2009年，两性间阅读差距为40分。[2]不过近年来，得益于学生学业水平评估及其他教育改革政策的实施，法国学生的阅读上的两性差距不断缩小。特别是在2018年的PISA测试中，法国学生在阅读方面的两性差距缩减至25分，远低于OECD的平均水平（40分）。[3]

［1］François Jarraud.PISA 2009: Les résultats［EB/OL］. (2018-12-18)［2018-12-18］. http://www.cafepedagogique.net/lexpresso/Pages/2010/12/08122010-pisa.aspx.

［2］François Jarraud.PISA 2009: Les résultats［EB/OL］. (2019-02-20)［2019-02-20］. http://www.cafepedagogique.net/lexpresso/Pages/2010/12/08122010-pisa.aspx.

［3］法国教育部. Enquête PISA 2018: stabilité des résultats des élèves français de 15 ans［EB/OL］. https: //www.education.gouv.fr/cid147361/enquete-pisa-2018-stabilite-des-resultats-des-eleves-francais-de-15-ans.html.

在2012年的PISA测试中，法国竞争力特别强的学生比例为13%，竞争力薄弱学生的比例为22%，在OECD成员国中居于平均水平。法国竞争力特别强的学生与竞争力薄弱的学生之间的分差（256分）高于OECD平均水平（239分）。[1] 2015年的测试显示，法国优秀学生的比例（8%）及表现都优于OECD其他成员，但与此同时，仍有20%—30%[2]的学生未能取得好成绩。科学项目落后的学生比例（22%）也高于OECD平均水平，相比2006年（21%）有所上升。测试同时显示，法国弱势家庭的学生比起其他学生，成功的机会少了4倍。40%来自弱势家庭的学生表现落后，高于OECD平均水平（34%）。[3] 2018年的测试数据显示，法国学业不公平现象持续存在，社会经济因素与学业成绩之间关联密切，法国弱势家庭学生与富裕家庭学生之间的分差高达107分，远高于OECD平均分差（89分）。同时，阅读水平在五级及以上的学生中，仅有2%来自弱势家庭（OECD平均水平为3%），20%则来自富裕家庭（OECD平均水平为17%）。[4]

2018年的PISA测试中，79%的法国学生掌握了基本的阅读水平（二级及以上），略高于OECD平均水平（77%），达到五至六级的学生比例为9.2%，OECD平均水平则为8.7%，学生总体阅读水平保持稳定并略微上升。

[1] http://fr.slideshare.net/FactaMedia/enqute-pisa-2012-rsultats-pour-la-france.

[2] PISA 2015: les résultats de la France [EB/OL] (2019-02-20) [2019-02-20]. http://www.education.gouv.fr/cid110397/pisa-2015-les-resultats-de-la-france.html&xtmc=nouveauxprogrammes2016&xtnp=1&xtcr=7.

[3] Marie Piquemal. Enquête Pisa: la France se maintient, mais les inégalités persistent [EB/OL] (2019-04-18) [2019-04-18]. http://www.education.gouw.fr/cid110397/pisa-2015-les-resultats-de-la-france.html&xtmc=nouveauxprogrammes2016&xtnp=1&xtcr=7.

[4] PISA 2018. Note par pays [EB/OL]. https: //www.oecd.org/pisa/publications/PISA2018_CN_FRA_FRE.pdf https: //www.oecd.org/pisa/publications/PISA2018_CN_FRA_FRE.pdf.

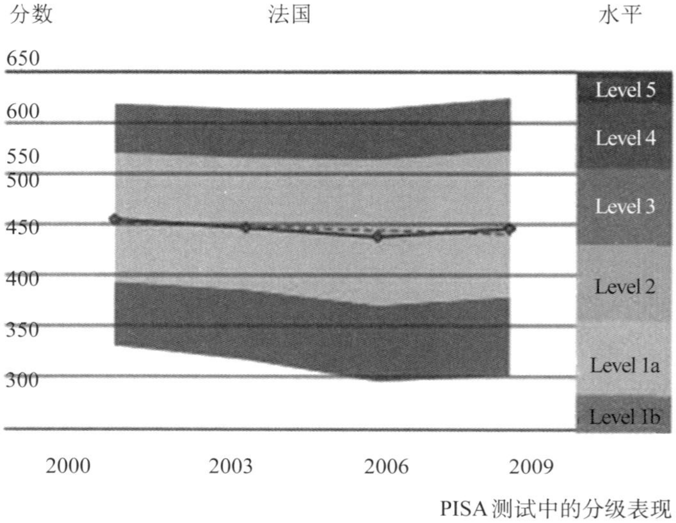

图 8-1　2000—2009 年法国学生在 PISA 测试中的分级表现

资料来源：François Jarraud. PISA 2009：Les résultats［EB/OL］(2018-12-10)［2018-12-10］. http://www.cafepedagogique.net/lexpresso/Pages/2010/12/08122010-pisa.aspx.

法国学生的数学成绩名列全球第27位，明显低于新加坡、日本和中国内地四省市的成绩，在欧洲国家中的排名也欠佳。数学水平在五级及以上的法国学生比例为11%，而中国参赛内地四省市则有44%达到这一水平。与往年相比，法国的这一比例也有所下降（2012年13%，2015年15%）。测试结果显示，目前法国20%的小学生在毕业时未达到应有能力和水平。

法国学生在科学测试中同样表现一般，78%的学生掌握基本的科学水平（二级及以上），低于OECD平均水平（79%），表现优秀的学生比例（6.6%）同样低于OECD平均水平（6.8%）。[1]

［1］ PISA 2018. Note par pays［EB/OL］. https: //www.oecd.org/pisa/publications/PISA2018_CN_FRA_FRE.pdf https: //www.oecd.org/pisa/publications/PISA2018_CN_FRA_FRE.pdf.

2. PIRLS测试与法国学生的表现

法国自2001年起便开始参与国际阅读素养测评（PIRLS）。在最早参与PIRLS测评的20个国家（地区）中，有11个国家（地区）的小学四年级学生的平均分数逐年提高，7个国家（地区）的学生的平均分数保持稳定，只有法国和荷兰的学生表现呈现逐年下降趋势，且与其他国家（地区）间的差距越来越大（详见图8-2）。2016年，法国平均分为511分，高于国际平均水平（500分），但低于OECD平均水平（540分）。同时，表现优异的法国学生仅占12%，而表现欠佳的学生比例达到39%。法国学生在叙事类文本方面的阅读表现稳定，在信息类文本方面的阅读平均分则自2001年起逐年下降，至2006年，共下降22分。女生的阅读表现虽然始终高于男生，但也呈逐年下降趋势。[1]

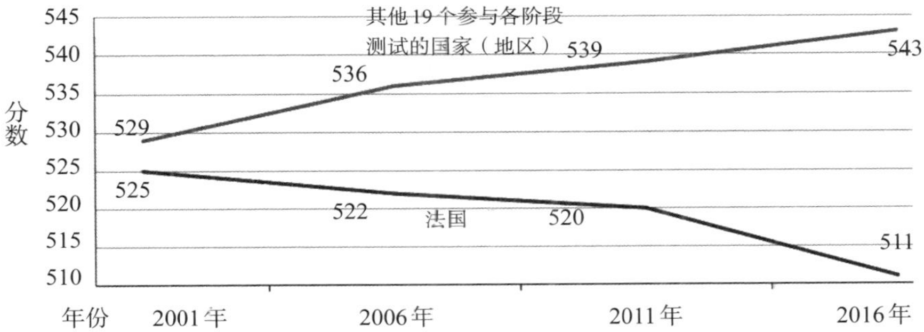

图8-2　2001—2016年法国与其他19个参与各阶段测试的国家（地区）的平均分趋势比较图

资料来源：Repères et références statistiques sur les enseignements, la formation et la recherche 2018［EB/OL］(2019-02-20)［2019-02-20］.http://cache.media.education.gouv.fr/file/RERS_2018/23/1/depp-2018-RERS-chap-08_1018231.pdf p215.

---

［1］Repères et références statistiques sur les enseignements, la formation et la recherche 2018［EB/OL］(2019-02-20)［2019-02-20］. http://cache.media.education.gouv.fr/file/RERS_2018/23/1/depp-2018-RERS-chap-08_1018231.pdf p214.

3. TIMSS测试与法国学生的表现

法国同样参与了国际数学和科学趋势研究（TIMSS）。在2015年的TIMSS测试中，法国小学四年级学生在数学和科学方面的平均分分别为488分和487分，均低于国际平均水平（500分），低于OECD 528分（数学）及527分（科学）的平均水平，也低于欧盟成员国527分（数学）及525分（科学）的平均水平。[1]此外，在数学的数、几何与测量、数据展示三项测试中，法国学生只有几何与测量一项的平均分（503分）高于其数学科目的总平均分（488分）。在科学的生命科学、物质科学和地球科学三项测试中，只有生命科学一项的平均分（490分）高于其科学科目的总平均分（487分）。[2]

4. TALIS项目与法国教师的教学情况

法国的初中教师主要参加了教师教学国际调查项目（TALIS）。总体上，在初中任教的30岁以下的法国教师数量稍低于被试国家（地区）的平均水平，而30—49岁年龄段的教师数量多于被试国家（地区）的平均数量。在教师专业培训方面，法国教师大多在职业初期接受培训，后期的职业辅导特别是学校针对教师的专业辅导不够丰富。教师除开展个人或小组研究外，参加各种继续教育培训活动的比例均低于被试国家（地区）的平均水平。总体上，90%的教师认为自己掌握了所授学科的内容，但在教学准备方面仍有所欠缺。在教学实践方

[1] Repères et références statistiques sur les enseignements, la formation et la recherche 2017［EB/OL］(2019-02-20)［2019-02-20］. http://cache.media.education.gouv.fr/file/2017/07/7/depp-RERS-2017_902077.pdf p216.

[2] Repères et références statistiques sur les enseignements, la formation et la recherche 2017［EB/OL］(2019-02-20)［2019-02-20］. http://cache.media.education.gouv.fr/file/2017/07/7/depp-RERS-2017_902077.pdf p217.

面，以学生为中心的差异化教学活动有待增加。同时，法国课堂的师生互动较为突出，但教师间的交流与专业合作仍需要进一步加强（详见图 8-3）。[1]

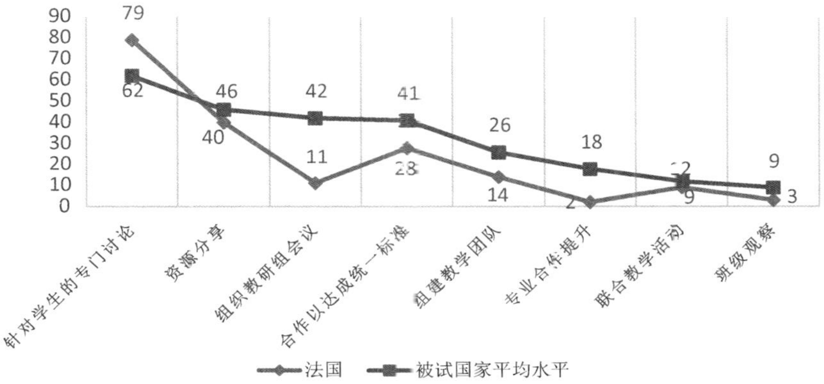

图 8-3　法国教师教学实践中的合作情况（%）

资料来源：Julie Bélanger. Résultats de TALIS 2013 Enquête internationale sur l'enseignement et l'apprentissage［B/OL］(2019-01-20)［2019-01-20］.http://www.esen.education.fr/fileadmin/user_upload/Modules/Ressources/Conferences/html/15-16/belanger_j/docs/1572_belanger_j_presentation_enquete_TALIS_enseignants_diapo_A.pdf.

此外，从教师自我效能感与工作满意度方面看，仅有5%的受访教师认为自己的职业得到了法国社会的重视，这与被试国家（地区）31%的平均比例相距甚远。有86%的教师对其职业持满意态度（被试国家和地区的平均比例为91%），且有58% 的教师认为这一职业的优势大于劣势（被试国家和地区的平均比例为71%）。[2]

［1］Julie Bélanger. Résultats de TALIS 2013 Enquête internationale sur l'enseignement et l'apprentissage［B/OL］(2019-03-10)［2019-03-10］. http://www.esen.education.fr/fileadmin/user_upload/Modules/Ressources/Conferences/html/15-16/belanger_j/docs/1572_belanger_j_presentation_enquete_TALIS_enseignants_diapo_A.pdf.

［2］Julie Bélanger. Résultats de TALIS 2013 Enquête internationale sur l'enseignement et l'apprentissage［B/OL］(2019-02-20)［2019-02-20］. http://www.esen.education.fr/fileadmin/user_upload/Modules/Ressources/Conferences/html/15-16/belanger_j/docs/1572_belanger_j_presentation_enquete_TALIS_enseignants_diapo_A.pdf.

二、国家测评中巴黎基础教育的质量表现

法国历来注重培养学生的法语阅读、写作及数学等能力。特别是法国在2004 年通过了《学校未来的导向与纲要法》，提出学生应掌握的“必不可少的共同基础”，[1]又在2015年颁布《知识、能力和文化的共同基础》。[2]法国要求义务教育至少应当保证每个学生掌握“共同基础”，以更好地构建个人、未来职业以及社会生活的成功。为此，法国对包括巴黎市及其学区在内的所有法国城市定期组织全国性学生学业评估考试。可从以下几类测评中了解巴黎基础教育的质量表现。

1. 巴黎学区学生在以“共同基础”为核心的学业测评中的表现

法国国民教育部下设的评估、预测和成就司（Direction de l’évaluation, de la prospective et de la performance，简称DEEP）主要负责组织对法国各阶段教育的整体情况进行评估和研究分析。在基础教育阶段，DEEP定期对小学预备班、小学基础1班（相当于中国的二年级）、初中六年级（相当于中国的初中一年级）到高中二年级（相当于中国的高中一年级）阶段学生的学业水平进行标准化评估。上述评估旨在准确地识别每位刚进入决定性学龄阶段的学生在阅读、写作和算术方面的优势和不足，以便更好地了解和帮助学生。[3]如国民教育部针对小学预备班学生法语和数学能力的测评在每年的9月份秋季

[1] “共同基础”包括掌握法语、掌握数学基本知识、具备自由行使公民责任的人文与科学文化、至少会运用一门外语和掌握信息与通讯的常规技术五方面。

[2] “知识、能力和文化的共同基础”是分别为用以思考和交流的语言、用于学习的方法和工具、个人与公民的塑造、自然和技术的相关体系、对世界和人类活动的展现五个方面。

[3] L’évaluation des acquis des élèves du CP au lycée 2018-2019 [EB/OL] (2018-12-10) [2018-12-10]. http://www.education.gouv.fr/cid132391/l-evaluation-des-acquis-des-eleves-du-cp-au-lycee.html.

入学时进行，第二年的1月下旬至2月上旬，再次对这些学生的法语和数学能力进行阶段性评估。针对小学二年级、初中六年级和高中二年级的法语和数学能力测评也都集中在每年9—10月进行。如此，每位教师便可以获得各个学生的单独评估成绩，并据此调整自己的教学，以促进学生更好地获取知识。

以针对初中六年级（初一年级）学生的法语和数学基本能力全国测试为例。根据法国教育统计年鉴，2015年全法范围内的16万初中六年级学生参加了共同基础能力测试。全国范围内（马约特岛除外），共有82.1%的学生掌握了语言科目的基本能力，平均分为250分，而巴黎学区内有88.8%的学生掌握了语言科目的基本能力，多于其他学区，平均分为268分，位列全国第一。同时，全国有71.6%的学生掌握了数学与科学科目的基本能力，平均分为250分，巴黎学区内则有77.1%的学生掌握了该科目基本能力，比例仅低于雷恩学区（78%）、南特学区（77.6%）和贝藏松学区（77.2%），但巴黎学区数学与科学测试的平均分数位列第一（263分）。[1] 2018年，巴黎学区初中六年级学生达到法语知识和能力基本要求的比例达91.3%，位列法国学区的第一名，紧跟其后的有雷恩学区（91.3%）、贝桑松学区（88.3%）和凡尔赛学区（88.1%）。在数学知识与能力方面，全法有6个学区有超过3/4的初中六年级学生达到令人满意的要求，其中巴黎学区以79.6%的通过率位列第二（雷恩学区、南特学区、贝桑松学区分别以81.0%、78.4%和78.3%位列第1、3、

[1] MEN-MESRI-DEPP, Evaluation numérique des compétences du socle en début de sixième: des niveaux de performance contrastés selon les académies［EB/OL］(2019-01-10)［2019-01-10］. http://cache.media.education.gouv.fr/file/2016/67/1/depp-ni-2016-18-evaluation-numerique-competences-socle-debut-sixieme-niveaux-performance-contrastes-selon-academies2_597671.pdf.

4名）。[1]

巴黎学区的学生虽然表现优异，但学生学业两极分化现象也最为明显。全法范围内，表现优秀的学生与表现欠佳的学生在语言科目上平均相差45分，在数学与科学科目上平均相差47分，而巴黎学区内，在语言科目及数学与科学科目上，学生间差距都达到54分，超过其他本土学区。[2]

2. 巴黎学区学生在各级各类升学考试中的表现

在国家层面的各级各类的升学考试中，巴黎学生的通过率一直处于全国较高水平。以2018年为例，巴黎的初中毕业生考试通过率为89.7%。其中，普通初中文凭获得率为90.4%，职业初中文凭获得率69.8%。巴黎的高中毕业生会考通过率达90.2 %。其中，普通高中会考通过率为93.3%，技术高中会考通过率89.3%，职业高中会考通过率80.9%。[3]

同时，法国对初中六年级学生考业士文凭[4]的期望值[5]也进行了追踪。该测评主要通过预估初中六年级学生在给定学年内参加高中毕业会考取得业士文凭的可能性，同时考虑学生留级、选择职业道路等各种因素，以客观评估各学区教育教学的实践效果、预测未来发展。

---

[1] Repères et références statistiques sur les enseignements, la formation et la recherche 2018［EB/OL］(2019-01-13)［2019-01-13］. http://cache.media.education.gouv.fr/file/RERS_2018/23/1/depp-2018-RERS-chap-08_1018231.pdf.

[2] Depp. Géographie de l'École, édition 2017［EB/OL］(2019-01-10)［2019-01-10］. http://www.education.gouv.fr/cid57105/geographie-de-l-ecole-douzieme-edition-2017.html.

[3] Les chiffres clés de l'académie de Paris(2018-2019)［EB/OL］(2019-01-10)［2019-01-10］. https: //www.ac-paris.fr/portail/upload/docs/application/pdf/2018-08/lacademie_en_chiffres.pdf.

[4] 业士文凭即法国学生在高中会考通过后所取得的文凭，也是法国学生进入高等教育系统学习的学位文凭。

[5] 在特定学年内，在初中六年级（初一）至高中毕业班（高三）中选择某一年级的学生组成一个虚拟集合，分别按照普通和技术方向、职业方向和学徒制职业方向三种教育类型计算出每个年级学生升入高年级的入学率，再将各年级入学率数据相乘，得到三种教育类型的期望值，最后将三组数据相加即为法国初中六年级学生考取业士文凭的期望值。

根据官方数据，2016年和2017年巴黎市初中六年级学生不同方向考取业士文凭的期望值（不含学徒制职业方向的学生）分别为81.6%和82.2%，两年的期望值均位列法国各学区之首。而2016年和2017年法国各学区（除海外省学区）初中六年级学生考取业士文凭的平均期望值分别为74.7%和74%（详见图8-4）。[1]

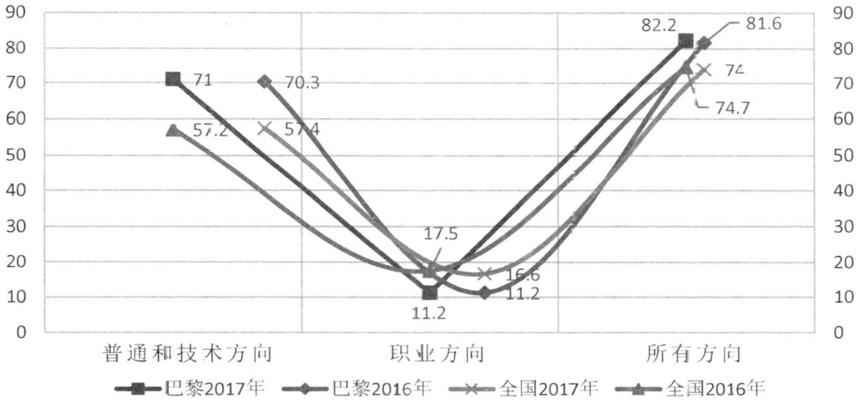

图8-4　2016年和2017年巴黎初中六年级不同方向考取业士文凭的期望值比例分布图（%）

资料来源：Repères et références statistiques sur les enseignements, la formation et la recherche 2018［EB/OL］(2019-02-18)［2019-02-18］.http://cache.media.education.gouv.fr/file/RERS_2018/23/1/depp-2018-RERS-chap-08_1018231.pdf.

3. 巴黎学区学生在“国防与公民日”阅读测试中的表现

“国防与公民日”是针对法国16—25岁（通常为17岁）青少年学生的法语阅读和书写能力进行的测试。该测试主要评估青少年阅读的自主性、词汇知识储备和书面材料的复杂处理三个维度的能力。三个

［1］ Repères et références statistiques sur les enseignements, la formation et la recherche 2018［EB/OL］(2019-02-18)［2019-02-18］. http://cache.media.education.gouv.fr/file/RERS_2018/23/1/depp-2018-RERS-chap-08_1018231.pdf 225.

维度均设定了标准：倘若学生的知识水平在设定的标准之下，便认为其某个学科方面的能力为负（-）；倘若超过设定标准，则被认为掌握了相关能力（+）。[1]综合所有结果，该测试确定了学生法语阅读和书写能力的8个级别和4种类型：读写能力差（1—2级），读写能力薄弱（3—4级），读写能力普通（5—5b级），读写能力高效（5c—5d级）。其中，1、2、3、4级属于读写障碍。

从存在阅读和书写障碍的青少年人数来看，2015年，全法（包含海外省）存在读写障碍的青少年比例为9.9%，该比例在2016年上升至10.8%，2017年持续上升至11.5%。2015年巴黎学区存在读写障碍的青少年在学区同龄人中的比例为4.6%，是全国比例最低的学区，但在2016年和2017年，这一比例均出现了缓慢增长，分别上升至5%和5.1%。而读写高效的青少年人数比例在全国范围内却不断下降，2015年为80.7%，2016年为77.5%，2017年降到了76.9%。巴黎学区内，读写高效的青少年人数在学区总人数中的比例也不断下降，不过降幅稍小：2015年为89.8%[2]，2016年为87.9%[3]，2017年为88.4%[4]。但总体上，2017年巴黎17岁以上青少年的法语阅读和书写能力表现在全国遥遥领先（详见图8-5），各项指标均优于其他学区的同龄人。

---

［1］ Repères et références statistiques sur les enseignements, la formation et la recherche 2018［EB/OL］(2019-02-18)［2019-02-18］. http://cache.media.education.gouv.fr/file/RERS_2018/23/1/depp-2018-RERS-chap-08_1018231.pdf.

［2］ Repères et références statistiques sur les enseignements, la formation et la recherche 2016［EB/OL］(2019-01-28)［2019-01-28］. http://cache.media.education.gouv.fr/file/2016/97/5/depp_rers_2016_614975.pdf p216.

［3］ Repères et références statistiques sur les enseignements, la formation et la recherche 2017［EB/OL］(2019-01-28)［2019-01-28］. http://cache.media.education.gouv.fr/file/2017/07/7/depp-RERS-2017_902077.pdf p214.

［4］ Repères et références statistiques sur les enseignements, la formation et la recherche 2018［EB/OL］(2019-01-28)［2019-01-28］. http://cache.media.education.gouv.fr/file/RERS_2018/23/1/depp-2018-RERS-chap-08_1018231.pdf.

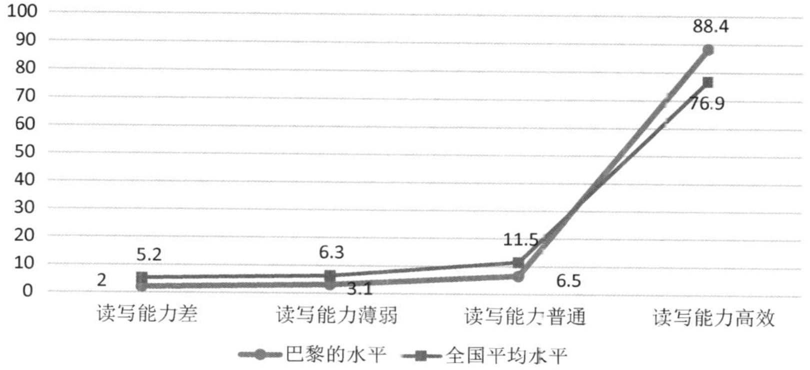

图8-5　巴黎学区17岁以上青少年读写能力情况发布图（%）

资料来源：笔者根据相关数据自制，详见：Repères et références statistiques sur les enseignements, la formation et la recherche 2018［EB/OL］(2019-03-18)［2019-03-18］.http://cache.media.education.gouv.fr/file/RERS_2018/23/1/depp-2018-RERS-chap-08_1018231.pdf.

第二节

巴黎基础教育质量监测体系

20世纪50年代以后，伴随着社会经济的恢复和民众对教育需求的剧增，法国基础教育呈现数量规模扩大、机会成倍增长的现象。法国政府自20世纪70年代开始，从精确化管理的角度重视教育评估，基础教育质量测评由此受到关注。1987年，法国教育部设立评估与预测司，后更名为评估、预测和成就司（DEPP），专门承担对法国教育质量的认知、评估和预测工作。1989年7月，法国颁布《教育指导法》，明确提出教育评估应适用于整个教育系统。[1]评估把学生学业成就作为核心内容，并通过监测国民教育目标的实施情况，使教育目标适应不同公众，从而调整教育系统，改善教育质量。

同时，法国国民教育部下设国民教育总督导（Inspection générale de l'Education nationale，简称IGEN），负责对教育制度、学校教育和教师教学进行督导与评估，并提出进一步改善建议。地方不设专门的督导机构，但设有负责地方教育督导事务的督学，即国民教育督学（Inspecteur d'éducation nationale，简称IEN）和学区督学–地区教学督学（Inspecteur d'académie-inspecteur pédagogique regional，简称IA–IPR）。他们统归学区长领导，其职责是协助学区长，保证国家、政府的教育法律和教育部长决定的教育政策在本学区实施。在巴黎学区，有专门负责地区教学督导的督学、负责信息和定向的督学、负责普通教学和职业技术教学的督学，以及一级国民教育督学。[2]学区督学负责学区内教育政策的实施，在学区长及区内国民教育督学的领导下，对学区教师及学生进行评估，确定教学方向，参与相关人员招聘与培训，组织学区内的各种考试。

经过近40年发展，法国形成独特且完备的基础教育质量监测体系。巴黎的基础教育质量监测体系按照中央集权下的国家教育评估体

---

[1] Loi d'orientation sur l'éducation (n°89–486 du 10 juillet 1989)［EB/OL］(2019–01–28)［2019–01–28］. http：//www.education.gouv.fr/cid101274/loi-d-orientation-sur-l-education-n-89-486-du-10-juillet-1989.html#Titre_V_L_evaluation_du_systeme_educatif.

[2] Académie de Paris. Inspecteurs d'Académie–Inspecteurs Pédagogiques Régionaux［EB/OL］(2018-03-23)［2018–03–23］. https：//www.ac-paris.fr/portail/jcms/piapp1_12161/corps-d-inspection.

系建立。每年除评估、预测学生的学业基本情况外，中央和地方的督导机构还负责对教师师资与能力进行认证，对巴黎学校的发展进行评估。巴黎市遵从国民教育部单独或与专门机构在国家层面施行的连贯一致的评价政策，从而将以追求成就表现为基础的评价文化融入教育系统。[1]

一、基础教育学生学业质量评估体系

法国针对学生学业的评估分为监测性评估和诊断性评估两种类型。

1. 学生学业监测性评估

在监测性评估方面，法国从2003年开始实施的国家评估（cycle d'évaluations-bilans national）或称基于样本的课程科目评估（cycle des évaluations disciplinaires réalisées sur échantillon，简称CEDRE）。这是对关键年龄段学生学习的若干主要课程科目在一定时间间隔内进行抽样检查（每个年级约6 000名学生）的一种评估，通过衡量学生成绩，旨在发现学生学习中的优劣，并指导学校改善教学，提高学生的学业成绩。每年，巴黎市的部分小学和初中毕业生都要参加这一标准化考试，以便国家了解学生掌握知识和能力的水平。同时，对学生在不同科目中的知识和能力所进行的精细分析也构成了服务于教师教学的丰富素材。截至2019年，法国已开展了三轮国家评估（每6年一次，每年专门测试一门课程科目）。[2][3]

---

[1] L'évaluation globale du système éducatif［EB/OL］(2019-01-28)［2019-01-28］http://www.education.gouv.fr/cid265/l-evaluation-globale-du-systeme-educatif.html.
[2] L'évaluation globale du système éducatif［EB/OL］(2019-01-11)［2019-01-11］. http://www.education.gouv.fr/cid265/l-evaluation-globale-du-systeme-educatif.html.
[3] 2005年的测试项目还包括学生对社会生活的态度，之后取消了这一科目。

表8-2　国家评估测评科目及时间表

评估周期＼评估年份＼评估科目	法语（小学考查学生的语言掌握；初中考查包括语言在内的整体能力）	现代外国语	历史地理与公民教育	实验科学	数学
2003—2008年	2003年	2004年	2006年	2007年	2008年
2009—2014年	2009年	2010年	2012年	2013年	2014年
2015—2019年	2015年	2016年	2017年	2018年	2019年

资料来源：L’évaluation globale du système éducatif［EB/OL］(2019-01-11)［2019-01-11］.http://www.education.gouv.fr/cid265/l-evaluation-globale-du-systeme-educatif.html.

监测性评估还包括对学生基本能力的测评，目的是获得《财政法组织法》提出的法国学生学业成绩指数，即掌握法语和数学基础能力的学生比例。评估、预测和成就司参考《知识、能力和文化的共同基础》，每年对一定数量的小学二年级和初中三年级学生（8 000人/年级）在法语、数学基础知识和能力方面的掌握情况实施普查性学业评估，通过总结学生基础能力，发现学生的学业困难，帮助教师改进教学指导。具体而言，首先，国民教育部和国民教育总督导共同商议确立每个科目的基础能力标准。在此基础上，由督学和教师组建的设计小组制定考核试卷。最后，通过对比学生的测试结果和设计小组制定的能力标准（期望和要求达到的水平）算出学生学业成绩指数。

此外，为了对学生成就变化进行追踪比较，除上述周期性测评基础外，法国还设计了长期趋势测评作为监测性评估的补充研究，评估对象为小学五年级学生，每次在全国抽取3.5万个代表性样本参加，评估同样涉及最基本的法语和数学两个领域。该项追踪测评从1987年开始，每十年进行一次，测评结果由国家层面的专家进行评分，但测验工具和结果均不公开。[1]

2. 学生学业诊断性评估

在诊断性评估方面，主要分为国家统一规定的测试和教师自主选择进行的测试。国家统一规定的测试主要是针对中小学固定年级所有学生的年度国家综合测评。2017年之前的国家测评对象主要为法国所有小学二年级和五年级学制末的学生。测试内容分为法语和数学两部分，其中法语考核学生的阅读、写作、词汇、拼写、语法，数字主要考核计算、几何、数量、测量、数据组织与数处理等内容。从2017年起，测评将小学预备班考核、预备班中期进步考核、小学一年级考核以及初中六年级考核、高中二年级定位考核均纳入评估范围。[2]国家综合测评清单由评估、预测和成就司主导，国民教育科学委员会、学校教育总局以及国民教育总督导共同体起草。每个年级的考核清单均包括考核目标、对象、考核方式、实施、行动细则时间表、交流时间表、公布和使用实例，用以指导各学区的评估实践。[3]评估结果分为“知识掌握不足”“知识掌握依然薄弱”“知识掌握良好”和“知识掌握特别牢固”四个等级，它作为学生学业成绩的基准分提交给教师，以补充教师对学生的认识，丰富其教学实践，并帮助学生更好地在下一阶段开展学习。

评估、预测和成就司在“国防与公民日”[4]对法国16—25岁以上

[1] 杨涛，辛涛，董奇.法国基础教育质量测评体系探析［J].比较教育研究，2013，35（4）：60-65.

[2] LES ÉVALUATIONS DES ÉLÈVES-ANNÉE SCOLAIRE 2018-2019［EB/OL］(2019-01-28)［2019-01-28］. http://cache.media.education.gouv.fr/file/actualites/66/1/2018-2019_evaluations_DEPP-1_978661.pdf.

[3] LES ÉVALUATIONS DES ÉLÈVES-ANNÉE SCOLAIRE 2018-2019［EB/OL］(2019-02-20)［2019-02-20］. http://cache.media.education.gouv.fr/file/actualites/66/1/2018-2019_evaluations_DEPP-1_978661.pdf.

[4] 法国将每年的11月11日（即第一次世界大战法国和德国停战协定签订日）确定为国防与公民日（曾用名：国防准备日），在这一天，所有16岁至18岁的青年都必须参加以准备履行国防义务为主要内容的教育活动。

青少年（2017年参加测评的青少年约77万人）的阅读能力进行的测评也属于诊断性评估。[1]“国防与公民日”阅读测试评估为相关人士提供学生成绩变化的数据，借助这些数据可以比较法国教育制度的特点和教育政策的实施情况。

在学生学业诊断评估中，使用范围最广、频率最高的是教师根据自己的教学进度可随时进行的诊断评估。这类测试也可以帮助教师直接通过具体测试题目，准确分析班级中每位学生在所学知识和技能上的优势和不足，判断其是否具备进入下一阶段学习的能力，并及时改进教学方式，给予个别指导，提高教学效果。测试由评估、预测和成就司统一设计，在各学区督学的协助和校长的组织下，完全由教师自己实施、评分、分析测试结果。测试面向所有年级的学生，覆盖所有的学科和学习主题。测试内容主要依据国家课程标准和《共同基础法》的基本要求。所有测试工具构成一个专门的测试工具库，教师获得授权后即可通过网络随时使用。该工具库不仅给教师提供诊断评估的工具和材料，还包括对测试结果的解释、分析和教师可以采取的改进教学的相应措施等丰富的内容。[2]

同时，法国逐渐开始关注生成性评估和发展性评估，希望在评估中调动学生的主动性和自主性，强调师生互动和学生学业情况的可逆性和变化性。但由于这类评估并不具有强制性，因此目前缺乏系统性的评估实践。理论上，根据评估的不同类型，法国提出评估应与学生学习的渐进性相适应，即从诊断性评估走向自我评估和生成性评估，最后服务于总结性评估（见图8–6）。

---

[1] Journée défense et citoyenneté (JDC)［EB/OL］(2019–01–24)［2019–01–24］. https: //www.service-public.fr/particuliers/vosdroits/F871.

[2] 杨涛，辛涛，董奇.法国基础教育质量测评体系探析［J].比较教育研究，2013，35（4）：60–65.

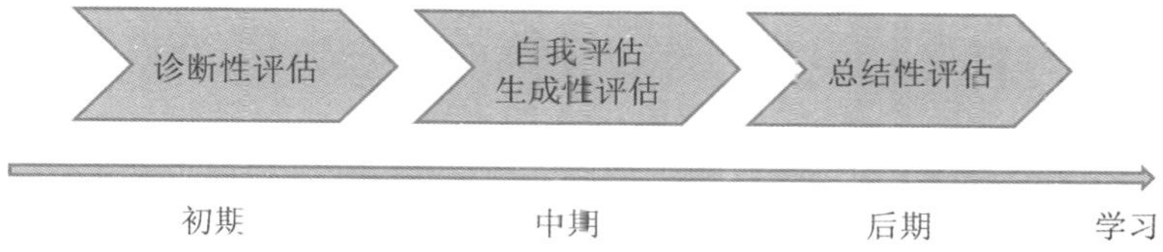

图8-6 评估阶段发展图

资料来源：Évaluation: état des lieux et pistes pour mieux faire [EB/OL](2019-03-28)[2019-03-28]. https://www.ac-paris.fr/portail/jcms/p2_990915/evaluation-etat-des-lieux-et-pistes-pour-mieux-faire#Etat-Modalites.

此外，法国学生在初中毕业时需要参加文凭考试，在高中毕业时需要参加会考。这类考试也对学校教育提出了最低标准及要求，[1] 考试结果是衡量巴黎学区内教育质量的重要因素。

二、基础教育教师质量认证体系

巴黎学区和其他学区一样，遵照全国统一的教师资格考试制度和教师专业能力标准严格筛选和招聘教师。地区督学负责对中小学教师的教学情况进行评估。

1. 教师资格考试制度

法国的教师资格考试是所有未来教师进入学校从事教学工作的必由之路。随着法国教师硕士化改革的推进，参与教师资格考试的人员主要来自师资与教育高等学校的硕士研究生，或具有同等学力程度的其他专业人员。针对不同的考生群体，教师资格考试有三种不同类别。第一类是外部竞考，针对没有公务员身份但满足考试要求学力的考生，此类考试的报名人数最多。第二种类是内部竞考，针对已经有公务员身份且有公务员系统工作经验的考生。最后一类被称为第三类考试，针对没有达到考试要求的学力但在私立教育机构中具有至少五

[1] 杨国顺.欧洲三国教育质量监测评估考察报告[J].教育发展研究，2008，09（11）：68-70.

年的职业经验的考生群体。除此之外，教师资格考试根据职业方向，分为小学教师资格考试和中学教师资格考试。

有志在幼儿园与小学任教的教师需要参加小学教师资格考试。巴黎市内小学教师资格考试由巴黎学区组织。外部竞考参与者必须拥有至少硕士一年级的相应学力。参加外部竞考的人员应在公务员系统中有不超过三年以上的工作经历且须具有大学学士学位。小学教师资格考试主要考评候选人的专业学科知识、教学科学素养、教师职业素养与课堂表现能力方面的综合素养。考试包括两个阶段，第一阶段为可录取考试。该阶段主要是笔试考试，考试科目为法语和数学。考试内容主要建立在小学大纲基础之上，考评候选人是否具备教授对应小学课程的所需素养。其中，法语考试总时长为4个小时，分为问答题、语言知识题和分析题。数学考试的时长也为4小时，主要考查候选人查找、处理、组织信息，独立练习和案例题分析等数学能力。若候选人考试所得总分（满分40分）低于10分，将在可录取考试阶段被淘汰。

通过可录取考试的考生需继续参加录取考试。录取考试包括两轮口语考试，考查候选人的口头表达能力，教授科目相关的科学、教学、哲学、文化的能力以及对社会问题的批判性反思能力。第一轮口语测试由说课和20分钟的讲课展示组成，主要考查考生的学科专业知识，满分为20分。之后是长约40分钟的评审问答环节，满分40分。第二轮的口语测试考查考生的体育健康知识和对法国教育系统的认识。考生有3小时准备时间，再对相关议题进行自我表述（每部分时间约15分钟），评审问答时间约30分钟，这一环节的总分数共计60分。

希望在初中或高中任教的考生需要通过中学教师资格考试。根据具体职业方向的不同，该教师资格考试分为五类：中等教师资格（CRPES），持证者可在中学或高中任教；体育教师资格（CAPEPS），持证者可在中学或高中教授体育类相关学科；技术教师资格（CAPET），持证者可在中学或高中教授技术类课程；职业高中教师资格（CAPLP），持证者可在职业高等学校任教；中等教师最高资格（l'Agrégation），该类竞考只允许具备硕士二年级学力的学生报考，持证者除了可在高中任教外，还可以在精英大学预科班或公立大学任教。与小学教师资格考试流程类似，这五类中学教师资格考试分为“可录取考试”与“录取考试”两个部分，在两大部分中都分别安排了笔试与面试环节。在法国社会，获得前四种教师资格证书的教师通常称“证书教师”，法国大约有62%和36%的“证书教师”分别在初中与高中执教[1]；通过中等教师最高资格考试的教师通常称“会试教师”，具有很高的社会声望。

2. 教师职业能力标准

法国目前通用的教师职业能力标准遵照2013年教育部出台的《教师共同能力》。教师应在教学团队中，陪伴学生，并帮助学生形成自己的成长路径。为了使教学能够促进和确保学生获得知识、专门技能和态度，教师应考虑与儿童和青少年发展相关的基本概念、学习机制，以及这些领域的一些研究成果。教师在法律承认的教育自由范围内，遵照国民教育部提出的教学大纲和要求，接受教育督导和管理部门的建议和监管，在学校或教育机构框架内履行职责。掌握所要教授的知识并拥有坚实的文化基础是教师开展教学活动的必要条件。针对教学方面提出的共同能力要求，教师应发展多重专有技能，对学习拥有全方位的了解，以促进教学活动的协调性、一致性和连续性。对教师的能力要求详见表8-3。

---

［1］ Professeur certifié［EB/OL］(2019-01-13)［2019-01-13］. https: //fr.wikipedia.org/wiki/Professeur_certifi%C3%A9.

表8-3　教师共同能力指标表

教师角色	能力维度	基本标准	按学校类别划分的相关标准	
			幼儿园/小学	初中、普通及技术高中
教师作为知识和文化的传播者	掌握学科知识和学科教学法	• 深入了解学科及教授领域，从学科基础层面、认识论层面和教学法层面理解学科。 • 掌握教学目的、内容，以及知识、能力和文化的相关要求，了解教学阶段前后需掌握的内容。 • 对跨学科项目的实施作出贡献，以服务于教育大纲所设定的目标。	• 要发挥多重技能，保证幼儿园各种活动的连贯性和小学学习历程的协调性。 • 在知识、能力和文化的共同基础框架下，使学生良好地掌握基本知识。	•（初中）陪伴学生，使其从接受一位全能型教师的教育转向接受各学科专业教师的多元化培养。 •（高中）将高中学科领域同高等教育的科学性要求相衔接。
	掌握教学框架下的法语语言	• 使用明确并有利于学生理解的语言。 • 把锻炼学生掌握口语及书面语的目标贯彻到教学中。 • 向教学团队或学生家长简单描述或解释自己的教学活动。	• 提供合适的语言范例以使所有学生适应学校用语。 • 发现学生在口语或书面语（特别是阅读）方面的困难，以形成一系列有针对性的教学或者/并且引起专业人员的注意。	•（职业高中）在考虑实际情况和学生水平的基础上，选择合适的专业用语。

（续表）

教师角色	能力维度	基本标准	按学校类别划分的相关标准	
			幼儿园/小学	初中、普通及技术高中
教师作为教学活动的专业实践者	在考虑学生多样性的基础上，组织、开展并推动教学与学习	• 知悉如何备课，并明确课程规划及进展；统一教学目标、内容、教学机制、教学困境、教学开展策略、训练和评估方式。 • 根据学习进展及学生需求分化教育活动。让教学活动适用于有特殊教育需求的学生。 • 将一些先决条件及社会因素考虑在内（性别、种族、社会经济及文化因素），来应对学生学习可能遇到的问题。 • 选择适宜发展学生特定能力的教学方法。 • 促进学生横向能力发展（创造力、责任感、合作意识），并通过合适的方法促进学习转化。	• 在学习过程中发挥游戏的作用。 • 采取适宜幼儿园学生的教学方法，尤其在语言与计算教学中。	•（高中）使学生掌握在高等教育阶段所需的学习方法。 • 促进学生了解高等教育阶段的课程内容。 •（职业高中）建构与职业相关的教学活动，以实际建构职场情况或依托专业、文化艺术规划开展教学工作。 • 紧密联系学科所属的经济领域，向学生传递特定领域及行业门类的特点。
	组织并保证团队运转模式，以促进学生的学习和社会化发展	• 与学生建立信任、友善的关系。 • 维护有利的学习环境和高效且适用于各种活动的运转方式。 • 使所有学生明晰特定教学目标，建立起学习意识。	• 为保证预期教学任务的实现可借助必要措施，并让学生进行对学习有利的探索。	•（职业高中）促进学生间职业经历的交流分享。 • 通过促进学生职业安置和获得更高资格水平，搭建学生的职业化发展进程。

（续表）

教师角色	能力维度	基本标准	按学校类别划分的相关标准	
			幼儿园/小学	初中、普通及技术高中
教师作为教学活动的专业实践者		• 提升所有学生的参与度和影响力，在学生中创建积极交流合作的氛围。 • 建立保证技术平台、实验室、体育队和艺术设备安全性的工作框架和规则。 • 寻求预防可能出现的不当行为的应对策略，并在其初露端倪时有效制止。	• 根据学生、教学及其他活动的要求把握好课堂时间。	• 实施有利于学生在高等教育阶段开展学习的教学法。
	评估学生的进步和习得	• 发现学生学习过程中的困难，保证学生学习进步。 • 建立并利用能够评估学生需求、进步、知识和能力掌握水平的工具。 • 分析学生的成功与不足，构思并建立补救机制和巩固学习机制。 • 使学生理解评估原则，发展自我评估能力。 • 与学生及家长就教学预期结果和大纲内容进行交流。 • 将学生的进步和习得评估融入学生的学业成功和方向规划中。		

资料来源：表格由笔者根据相关文本自制。详见：Référentiel des compétences professionnelles des métiers du professorat et de l'éducation［EB/OL］（2019-3-15）［2019-03-15］. https: //www.education.gouv.fr/pid25535/bulletin_officiel.html?cid_bo=73066.

法国除对教师教学方面必须拥有的共同能力进行细化外，还对所有教育从业者提出了14项基本能力要求，分别是：

- 分享共和国的价值；
- 在教育系统基本原则框架和学校监管框架内行动；
- 了解学生和学习过程学习；
- 考虑学生的多样性；
- 在课程培训中陪伴学生；
- 以负责任的态度开展教育活动，并遵守道德原则；
- 以沟通交流为目的掌握法语；
- 在职业有所要求的情况下能够使用外国语言；
- 在职业活动中融入数字文化元素；
- 在团队中合作；
- 为教育共同体的行动作贡献；
- 与学生家长合作；
- 与学校合作伙伴合作；
- 融入个人和集体职业发展。[1]

3. 教师职业发展评估

法国的教育督导系统负责对教师职业发展进行评估。2017年，法国在2013年教师职业能力参考框架基础上对教师职业发展的评估方式进行改革。国民教育部于2017年5月发布对教师实施“职业约见”的职业发展评估法令，提出给予教师终身发展“个人帮扶”和“职业约见”这两个互为补充的教师评估要素。其中，“职业约见”

[1] Référentiel des compétences professionnelles des métiers du professorat et de l'éducation［EB/OL］(2019-01-28)［2019-01-28］. https://www.education.gouv.fr/pid25535/bulletin_officiel.html?cid_bo=73066.

主要关注正式教师专业发展的关键时期，并描绘其专业发展前景。“职业约见”包括三个阶段。第一阶段针对有2年工作经验以上的6—7级（普通级别）教师，第二阶段针对有18—30个月以上工作经验的8—9级教师，第三阶段针对即将升入超级别等级的教师。同时，国民教育部设立评估代理人岗位，专门负责开展和在学校、学区层面协调教师职业发展评估的相关工作。[1]教师职业（发展）评估表以教师职业的共同能力为基础，提出了评价教师职业发展和晋升的具体鉴定维度（见表8-4）。

表8-4　教师职业（发展）评价表

鉴定维度	鉴定层级				评估人员
	有待巩固	令人满意	特别令人满意	优异	
能够确保追踪学生个人和集体的教学/教育					地方教育督学
能够参与制定学校教育政策，协调执行和追踪学校的教育计划					
使用明确并适用于教育情境的语言，将学生掌握的交流规则融入教学活动					
理解、构建和开展教育教学且兼顾学生的多样性					
对参与性公民身份的培养做出贡献					

[1] GUIDE DU RENDEZ-VOUS DE CARRIÈRE DES PERSONNELS ENSEIGNANTS, D'ÉDUCATION ET PSYCHOLOGUES DE L'ÉDUCATION NATIONALE [EB/OL] (2019-01-28) [2019-01-28]. https: //www.ac-paris.fr/portail/upload/docs/application/pdf/2017-10/2017_guide_rv_carriere_enseignants_education_psyen_v3_804552.pdf.

（续表）

鉴定维度	鉴定层级				评估人员
	有待巩固	令人满意	特别令人满意	优异	
在教学框架下，与教育共同体的所有行动者和学校伙伴开展合作					校长
和其他人员一起，为遵守学校日常规则和法律作出贡献					
保证日常教育教学团队的活力并组织活动					
在学校内创设和支持有利于学生的生活环境与高质量的学校环境					地方教育督学
为人师表，按道德原则行事					
在课程培训和个人发展中陪伴学生					
融入个人和集体职业发展					

资料来源：Guide du rendez-vous de carrière des personnels enseignants, d'éducation et psychologues de l'éducation nationale［EB/OL］(2019-04-10)［2019-04-10］.https: //www.ac-paris.fr/portail/upload/docs/application/pdf/2017-10/2017_guide_rv_carriere_enseignants_education_psyen_v3_804552.pdf.

教师职业评价是对教师在一定阶段内职业（生活）素养的评定，也是教师岗位晋升重要标准。评价表分为教学情况、团队合作情况、教育系统融入情况三大板块，不同的评估人员分别对不同板块进行评估。教师的表现分为四个等级，评估人员根据实际情况进行评判。填写评分表后，地方教育督学（学区督学–地方教学督学）和校长还要对每位参评教师的表现撰写不低于10行的整体评语，评估代理人也要完成观察评语。最后，学区对评估教师给出最终评语。

三、基础教育学校发展评估体系

法国在学校发展评估方面，主要对学校落实国家教育制度的情况和教育教学质量进行评估或监测，从而帮助学校获得自我发展的全方位信息，并促进其不断提升、改进。巴黎学区在评估基础教育学校教学质量和教育水准方面主要围绕以下两方面展开。

1. 对学校教学的评估

除中央外，地方对学校教学的评估包括学区、省和市镇三个层级。中央层面的国民教育总督学对教育系统进行整体评估，评价侧重于教学内容、课程大纲、教学方法和实施手段；地方教育督学的设置分为学区督学和省级督学两类。国民教育督学是国民教育的高级管理人员，其职责主要是监督与评估，侧重参与初等教育（幼儿园和小学阶段）阶段公立学校和私立合同学校的教育活动，从而保证教育政策和教学任务在地方的顺利实施。学区督学–地区教学督学也是国民教育的高级管理人员，他们根据学区工作计划履行职责，[1]侧重于对中等教育阶段（初、高中）进行监督和评估。此外，他们还根据学科或专业单独或以多人形式承担学区工作计划方面的职责。巴黎学区按照不同的教育阶段分别设立初等教育督学和中等教育督学两种岗位。初等教育督学和中等教育督学分别专门负责对初、中等教育阶段的政策开展教学指导、管理和建议等，指导省级和学区的教育行动。总体而言，巴黎学区针对学校教学开展的日常评估工作主要由上述督导人员负责。

---

［1］ Inspecteur d’académie-Inspecteur pédagogique régional (IA-IPR)［EB/OL］(2019-03-24)［2019-03-24］. http://www.education.gouv.fr/cid1139/inspecteur-academie-inspecteur-pedagogique-regional.html.

督导人员首先对学校落实上一阶段发展计划进行总结和评价，既包括依照相关指标对学校进行现状评估，也包括分析学校内部（优势和劣势）和外部（机会、制约因素）的特殊性；其次，与学校所在的教育共同体分享诊断结果，并借助诊断评估所发现的关键点对学校的教育价值观念进行反思；最后，在督导人员和校方的协商中确定学校下一阶段的优先发展事项和工作轴心，并设立工作组。对学校教学运行情况的具体评估维度主要包括：（1）课堂教学与评价；（2）教学信息、方向指导和辍学预防工作；（3）学生健康、公民性、学校环境、网络、对抗校园暴力、安全、可持续发展；（4）校园文化与国际开放性；（5）文献档案政策；（6）内外部交流政策；（7）学校合作伙伴关系；（8）数字化计划；（9）终身培训；（10）学校之间（小学、初中和高中）和不同学习阶段之间的衔接。[1] 通常，评估后形成的学校发展计划主要围绕四个方面，即未来课程、公民课程、健康教育课程、艺术和文化课程。此外，数字化理念和工具在学校教学中的使用也日益受到重视。

2. 对学校成就的评估

1991年，评估、预测和成就司提出建立中等教育导向指标，并于1994年开始实施。这一指标自2018年6月起被学校指导与自我评估替代。目前法国对学校成就的评估主要以高中学校自我评估为主，指标涉及学生的基本信息、教育手段、学业成果、学校活动和文化等方面。同时，教育部每年都会推出高中成绩指数，以勾勒法国高中复杂且相对现实的成绩表现。建立高中成绩指数的目的有二：一是通过向

---

[1] Au cœur du pilotage de l'établissement [EB/OL] (2019-03-24) [2019-03-24]. http://www.esen.education.fr/fr/ressources-par-type/outils-pour-agir/le-film-annuel-des-personnels-de-direction/detail-d-une-fiche/?a=28&cHash=5e610ad918.

公众展现每所高中自主行动的评估要素，说明国家公共教育服务的成果；二是向高中的管理者和教师提供反思要素，帮助他们提高教育行动的成效。

在评价高中成绩指数时，法国十分重视学校的增值表现。评估的“增加值”概念是指一所学校在其学生的初始水平上，通过教育为学生“增加”了什么量值。附加值主要衡量高中所取得的实际结果与预期结果之间的差距，同时将学生的学习特点和社会人口特征纳入关注的范围。因此，对学校的增值性评估可以体现学校在陪伴学生整个学习阶段的学业发展过程中的教育能力和贡献。增值性评估相比仅以学生会考成功率评价高中教学结果的做法更为精准。

通常，高中成绩指数综合了高中的会考成功率，高二、高一和毕业班学生通过会考的比例，以及会考获得评语（中等、良好和优秀）的学生比例这三方面因素。[1]这三方面因素突出了高中的教育贡献，但弱化了教学以外的影响学生学业成功的其他因素；在判断一所高中的教学有效性方面，将学生的成功与其他可比较的学校学生的成功进行对照。指数分析还结合了学生的个人因素（包括学生的性别、进入高中时的学业水平以及社会出身）和与学校结构相关的因素（女生百分比、学业落后学生比例、按社会出身划分的学生分布情况和获得国家中考文凭的平均分数）。例如，成绩指数考虑到，倘若高中学生出身高级管理人员或教师家庭的比例较高，那么它对只占到较小比例的工人或非就业人口家庭出身的学生也会产生积极影响。[2]最后，国

[1] Les indicateurs de résultats des lycées Enseignement général, technologique et professionnel［EB/OL］(2019-02-23)［2019-03-23］. https: //www.education.gouv.fr/cid3014/les-indicateurs-de-resultats-des-lycees.html.

[2] L'évaluation globale du système éducatif［EB/OL］(2019-01-11)［2019-01-11］. http://www.education.gouv.fr/cid265/l-evaluation-globale-du-systeme-educatif.html.

民教育部将根据成绩指数对全国高中表现进行排序。尽管教育部一再声明，成绩指数排序并不是对学校进行排名，但通过对这三项指数的交叉综合分析，基本上可以对一所学校形成一个比较客观的概念。因此，往往在指数公布当日，法国各大媒体就会排出前20位的“最佳高中”。

2019年，巴黎学区对其高中进行排序时，将成绩指数细化为学校的会考成功率、增加值、稳定性指数、会考获得评语的学生比例、获得评语比例的增加值共5个参考维度，最终在参与巴黎学区排序的107所公立和私立高中中，获得A类指数结果（非常好）的学校有72所，获得B类指数结果（好）的学校有18所，获得C类指数结果（中等）的学校有7所，获得D类指数结果（普通）的学校有10所。[1]

第三节

巴黎基础教育质量保障运行机制

巴黎学区除接受评估、预测和成就司的教育评估外，其基础教育质量保障体系自上至下主要由四个层面构成：大巴黎区学区（法兰西

[1] CLASSEMENT DES LYCÉES 2019［EB/OL］(2019-03-24)［2019-03-24］. https://www.letudiant.fr/palmares/classement-lycees/academie-paris.html.

岛地区学区）与巴黎学区委员会、巴黎地方督学（代表中央）、考试与竞考跨学区服务处和咨询机构。

一、大巴黎区学区与巴黎学区委员会

大巴黎区学区统领包括巴黎学区在内的三个学区，以确保大区内教育政策的统一，并特别强调要在职业培训、见习、终身职业导向与对抗辍学现象、确定地方公立教育机构的预先培训计划、教育数字化公共服务、欧洲基金的使用、国家–大区规划合同等基础教育领域，调整好大区和省之间的关系。[1] 可以说，大巴黎区学区是衔接巴黎学区和中央的重要纽带。但由于大巴黎区学区长和巴黎学区长由同一人担任，因此，具体的教育规划和落实工作均移至巴黎学区层面进行。

巴黎学区设立学区委员会，由巴黎学区的学区长主持。委员会负责对从国民教育投资计划到中小学硬件设备的预测和研究情况进行协调。它审核和中断相关建议并将提交给大区区长。在其他方面，委员会负责联系和协调三个学区的关系。学区长有两名助手，分别是学区国民教育服务处主任和巴黎大学副训导长。其中，学区国民教育服务处主任负责所有与小学、初中和高中相关的问题，学区长可以委托签字权。助手之下设有一名省级国民教育负责人，分管基础教育学校事务，一名学校教育总干事，领导中小学学生与教育政策规划人员、教学大纲与学校财务人员、学校人力资源专员、初等和中等教育助理以及财会人员。学区长下设立地方督导团和传媒部门，此外还有多名技术顾问。[2] 图8–7是巴黎学区的组织机构情况。

---

[1] La région académique Île-de-France [EB/OL] [2019–03–24]. https: //www.ac-paris.fr/portail/jcms/p2_1418402/la-region-academique-ile-de-france.

[2] Simon J., Szymankiewicz C., Lesage G. etc. Organisation et gestion de l'Education nationale De la maternelle à l'enseignement supérieur–11e édition [M]. Boulogne, Berger-Levrault.2014.201–202.

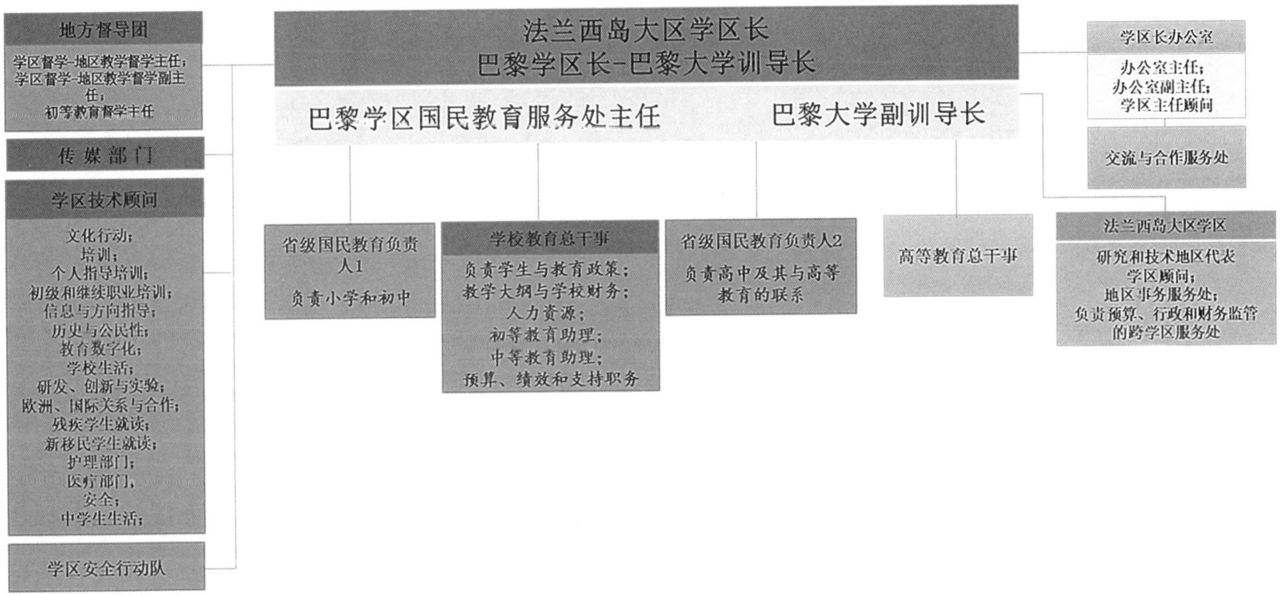

图8-7 巴黎学区组织机构图

资料来源：Organigramme de l'académie de Paris［EB/OL］［2019-3-13］.https: //www.ac-paris.fr/portail/jcms/p2_1816938/organigramme-de-l-academie-de-paris?cid=p2_1814634.

值得一提的是，巴黎学区专门设有学区研发、创新和实验室（La Cellule Académique Recherche et Développement, Innovation et Expérimentation，简称CARDIE），负责配合学校教育实践，并制定国家创新和实验政策。CARDIE的主要任务包括对学区所有教育计划进行鉴定和监督，并推动学校的教育实践；会见富有理念、计划和行动的教育团队，同督导紧密合作考察其陪伴方式；促进各机构之间分享经验和技能，与研究机构建立伙伴关系，组织研讨会议和专业实践；通过在官方网站或国家相关网站发布学区活动提升教育团队的工作价值，并对培训、会见和工作坊活动提出启示或建议。巴黎学区设有1名研究、开发、创新和实验室顾问，1名助手以及3名专项任务负责人。2017年，CARDIE在巴黎学区一共推动了120项教育活动，全巴黎有30多所中学参与其中，活动项目内容包括丰富学生音乐、体育爱好的活动安排，促进职业高中生未来专业发展的实践课题，对学生进行跨学科公民教育的系列活动，等等。[1] CARDIE作为助力巴黎基础教育发展的地区非营利性组织，以更加灵活多样的形式帮助巴黎的中小学落实各类教育教学活动，成为学区保障巴黎基础教育质量的重要沟通渠道。

二、巴黎地方督学

法国虽然不在地方设专门的督导机构，但是设有负责地方教育督导事务的督学，即国民教育督学和学区督学-地区教学督学，他们均代表中央。

---

[1] Cartographie des initiatives parisiennes［EB/OL］［2018-12-20］. https: //piacontrib.ac-paris.fr/portail/jcms/p1_650033/cartographie-des-initiatives-parisiennes?vignette=1&portal=piapp2_69419&cid=p2_1864590.

国民教育督学负责保证教育政策在课堂、初等教育学校和教育机构的贯彻实施；对教师的工作进行评估，对小学和中学进行指导，协助评估课程教学、教学单位，并对教育政策的执行情况和结果进行评估；对教师的工作、小学和中学的指导进行监测并给出建议，保证其在各教育阶段遵守国民教育培训目标与大纲；与同大学相关联的国民教育工作人员交替式参与初级培训和继续教育中的教学工作；在省级或者学区层面，可负责由学区长在一定时期内所委托的特殊任务；在学区长的要求下，向学校校长提出建议；确保不同领域内各项鉴定任务的进行，如学生定向（orientation）、考试、教职人员的管理、教学设备的选择，尤其是参与由总督导或中央行政部门所领导的专家团队工作。[1]

国民教育督学按照在学区所负责的各项工作，分为一级国民教育督学、负责信息和定向的督学、负责普通和职业技术教育的督学。其中，一级国民教育督学在国民教育省级学区主管的授权下工作，根据学区长的指示行使职责。负责信息和定向的督学主要在国民教育省级学区主管的领导下行使职责。负责普通和职业技术教育的督学在校长的授权下在学术领域行使职责。[2]

学区督学-地区教学督学在巴黎学区长和学区主任的监督下，保障国家教育政策在巴黎学区的实施。督学具体负责确保教育政策在班级和学校的贯彻实施；评估教师人员的工作和中等教育阶段学校的教学与分流，促进科学教学、教学单位和教育政策的推进与结果的评估；对教师人员（包括通过会考取得高中教职资格或在大学校预备班

[1][2] Inspecteur de l'éducation nationale (IEN)［EB/OL］［2019-03-10］. http://www.education.gouv.fr/cid1138/inspecteur-de-l-education-nationale.html, 2015-07-15.

教书的教师）、中等教育阶段学校的教学与分流进行监督，提出建议，保证其在各教育阶段内遵守国家培训的目标和大纲；与同大学相关的国民教育工作人员交替式参与初级培训和继续教育中的教学工作；在省级或者学区层面，负责由学区长在一定时期内所委托的特殊任务；在学区长的要求下，向学校校长提出建议；确保不同领域内各项鉴定任务的进行，如学生定向、考试、教职人员的管理、教学设备的选择，特别是参与由总督导或中央行政部门所领导的专家团队工作。[1]巴黎学区的督学团包括学区督学–地区教学督学主任、学区督学–地区教学督学副主任和初等教育督学主任。他们与巴黎学区长、负责巴黎学区的国民教育总督学一道，在学区教育工作框架下相互配合展开工作，共同为巴黎基础教育的督导工作保驾护航。[2]

三、考试与竞考跨学区服务处

法国于1982年建立考试与竞考跨学区服务处（Service Interacadémique des Examens et Concours, 简称SIEC），由大巴黎三个学区拥有组织考试和竞考能力的学区代表团构成。考试与竞考跨学区服务处的接待地被称作“考试之家”，具有独立的法律地位。[3]考试与竞考跨学区服务处主任执行大巴黎区内8省有关考试的文件规定，包括组织国家级或学区考试。在行政上该机构隶属于巴黎学区，实行主任负责制。[4]

［1］ Inspecteur d’académie-Inspecteur pédagogique régional (IA-IPR),［EB/OL］［2019-03-10］. http://www.education.gouv.fr/cid1139/inspecteur-academie-inspecteur-pedagogique-regional.html, 2015-07-15.

［2］ Inspecteurs d’Académie-Inspecteurs Pédagogiques Régionaux (IA-IPR)［2019-3-18］［2019-3-20］. https: //www.ac-paris.fr/portail/jcms/piapp1_17324/inspecteurs-d-academie-inspecteurs-pedagogiques-regionaux-ia-ipr,

［3］ Service Interacadémique des Examens et Concours (SIEC)［EB/OL］［2019-04-10］. https: //www.ac-paris.fr/portail/jcms/piapp1_13170/service-interacademique-des-examens-et-concours-siec.

［4］ Simon J., Szymankiewicz C., Lesage G. etc. Organisation et gestion de l’Education nationale De la maternelle à l’enseignement supérieur-11e édition［M］. Boulogne, Berger-Levrault.2014.206.

四、咨询机构

巴黎学区设有巴黎国民教育省级委员会（Le conseil de l'éducation nationale du département de Paris），主要就巴黎小学学区的划分和初中生的就读，巴黎学区公共教育服务的组织和运行等问题进行商议。委员会除主席和副主席外，还包括10名巴黎议会议员、10名中等教育机构及部门的员工代表、7名学生家长代表、2名知名人士、1名公共教育扶助协会代表，共30名成员。巴黎国民教育省级委员会的职责与其他省级国民教育委员会的职责相同。[1]此外，大巴黎区在1989年将巴黎、克雷泰伊和凡尔赛学区的三个委员会进行整合，建立了跨学区委员会。跨学区委员会也是巴黎学区参与地区教育发展决策的重要窗口。

第四节

巴黎基础教育质量改善举措

法国一直以来都积极倡导教育公平，并通过一系列改革以促进

[1] Simon J., Szymankiewicz C., Lesage G. etc. Organisation et gestion de l'Education nationale De la maternelle à l'enseignement supérieur-11e édition [M]. Boulogne, Berger-Levrault.2014.207-208.

学生的学业成功。在中央和地方政府的努力下，教育改革取得了一定的成效，但存在的问题也十分突出。在全法国基础教育质量最优质的巴黎，近年来学业困难的学生数量呈上升趋势，存在法语阅读和书写困难的学生比例不断攀升。同时，学生的学业失败问题严重，且学业优秀的学生和学业困难的学生之间的差距越来越大。全国教育评估委员会（Conseil national d'évaluation du système scolaire, 简称Cnesco）2018年公布的调查结果显示，大巴黎地区内各学区的教育资源不均。一些教学资源较弱的学区，初中教师的平均年龄较为年轻，师资不足且教学团队不稳定，导致这些学区初中生的学术表现存在显著差异。[1] 为更好地提升基础教育质量，国民教育部在2013年和2019年相继推出《重建学校法》和《建立信任学校法案》。巴黎学区也积极响应，并在国家的改革方案基础上，提出了2017—2020年巴黎学区提升教育质量的改革规划。

一、为学生建立平等且雄心勃勃的学校

要建立平等且充满雄心的学校，巴黎学区提出了三大工作轴心。

1. 促进学生的知识掌握

首先，对抗由社会资本引发的教育不平等现象。将社会因素列入巴黎每所学校的发展计划，以鼓励学生申请奖学金，参与学校组织的各项活动。同时，利用分区和分配的杠杆形式，促进巴黎小学和初中的相互融合。巴黎学区力图推动内部资源流动，并与地方政府共同提升教育优先学校的吸引力。具体是在学区和学校层面，对

[1] Île-de-France: une étude du Cnesco mesure les inégalités territoriales dans les collèges［EB/OL］(2018-10-24)［2019-1-10］. https: //www.vousnousils.fr/2018/10/24/ile-de-france-une-etude-du-cnesco-mesure-les-inegalites-territoriales-dans-les-colleges-618147.

学生的个人学业发展进行反思，并在初中落实“作业帮扶”计划。其中，“作业帮扶”计划是将课堂学习与课后作业联系在一起，为在校学生提供陪伴学习的时间，通过教师的及时辅导，让学生能顺利地完成作业，以提高其学业水平，减少成绩差异。其次，家校合作，共同帮助教育优先区的学生正常入学。保质保量地促进教育优先区3岁以下儿童接受学前教育，完成‘助学圆梦”计划，并建立好衔接班。在小学预备班和基础1班推行分班政策，保障教育优先区学生能够掌握基本知识。最后，促进有特殊需求学生的融合与学业成功。具体包括：细致分析学生存在的学习问题，并给予多样化的反馈与帮助；在中小学建立有外部人员参与的教学单位；通过团队合作，加强来自社会融合地区或新移民学生的融入，丰富社会融合地区职业高中的培养目标和运行模式。例如，巴黎18区和19区已经开始在初中实施生源混合制，将处于同一街区的不同社会阶层家庭的学生进行混合，进入同一个初中学习，确保不同家庭出身的学生享受同等的教育资源。

2. 加强教学方法的个性化

首先，根据学生的异质性给予相应的教学回应。通过培训和团队协助，发展教师进行差异性教学的能力；使教学评估更易理解，简化衡量学生知识掌握和学业进步的方式；鼓励学生小组合作与实践。其次，加强文盲预防工作。通过测量和解释的诊断工具预测文盲风险；通过相关培训和支持，加强扫盲教育行动者的专业性；与外部人员合作，以更好地评定和处理风险。最后，激励学生开展学习的积极性。加强对学生的个性化陪伴，使其尽早了解学校规则、打破自我限制；鼓励学生展现音、体、美等个人才能；通过接受一系列优质课程，促进教育优先区和强化教育优先区（REP+）学校的学生（特别是女生）

选择科学技术类职业或进入大学校预备班学习。

3. 保证学生课业的连续性和多样性

首先，加强母育教育至初中教育的连续性，夯实初、中高年级教育。借助追踪手段，确保学生幼儿园和小学之间的连续性；保障小学和初中教育的连续性，优化跨年级教育培训。其次，在初中和高中辅导学生学习，为高中会考做好准备。提升职业教育价值，丰富培训方式，为学生转换各类教育打通渠道；在高中指导学生定向选择，陪伴辍学生重新接受教育。最后，加强基础教育和高等教育在信息和教学实践方面的衔接。关注高中生在高等教育阶段的融入问题，并在高中阶段为其未来学习做好准备；促进职业会考文凭和高级技术文凭之间的衔接。

二、让教育组织和运行模式适应公众需求

学校的组织方式直接影响着学校发展的有效性和公众的信任。因此，巴黎学区提出要在不断变化的环境中重新思考学校运转的一致性及其在各层面与教育工作者之间的关系。巴黎学区加强对行政机构的审查，发现并纠正可能出现的问题，从而提高教育系统的性能和服务。具体改革内容包括以下三个工作轴心。

1. 简化行政手续，提升办事效率

首先，简化行政和人事管理程序。包括关注新进工作人员的接待和团队融合问题；依照学区需求，完善人员招聘政策和制度；通过加强学区各部门与学校之间的联系，优化人员替代管理和监督方式；制定简单易懂的行政程序。其次，为行政和管理人员提供现代化的工作环境。加强人员联系，升级和简化行政程序；确保行政程序的安全性，规范操作并制定时间表和内部监管办法；提供信息获取通道；借

助网络和项目模式，促进服务运作的合理化；鼓励树立和汇集实践典型。最后，改善沟通方式。发展学区各部门和学校间的沟通工具；借助远程方式等有效的对话工具，开通家校联络服务；缩减对家校请求的反馈时间。

2. 实行以评估为主导的共享型指导

首先，在学校及其所在地区之间形成评估文化。建立统一的分析和评价工具；帮助教学团队进行自我诊断，并使评估需求和评估行为正式化；促进实践交流。其次，倡导管理和指导中的对话逻辑。即就学校的生活、培训政策和伙伴关系进行定期交流分享。再次，重启学校的契约化发展。让每个学校社区参与确定具体的战略和业务目标；以协调一致的方式制定学校中期行动计划。最后，推广评价工作。促进跨学科督导团队对学校进行交叉性走访，以便评估学校的成就，提出相应建议或配合工作。

3. 加强对教师的陪伴

首先，伴随实践框架的专业化，重新思考教师发展轨迹。营造共享、友好又相互区别的工作环境；加强分类培训与管理；为提高教师的工作生活质量创造有利条件。其次，加强对教师个人和教师群体的陪伴。共同构建评价和陪伴教师的新模式；以多样化的方式关注所有教职工的个人专业陪伴需求；加强对进新入职教师的支持；发现困难教师，并给予支持，配合其工作；从人力资源管理的角度为个人培训创造条件；通过促进自我评估，以合作方式满足学校、学区服务部门、学科或跨学科团队的不同需要。最后，让继续教育适应教师发展的新需要，并促进培训模式的创新。完善协商方式，鼓励教师自由表达培训需求；通过培训和评估工作更新培训模式；动员和培训潜在的教师帮扶人员，以营造学习型的组织环境；开发教师培训人员人才库，重视学区教师培养队伍建设。

4. 围绕校园环境开展教育共同体建设

首先，预防旷课、辍学、排斥学校、扰乱校纪等行为。在学校建立针对旷课、逃课、辍学和妨害校园等行为的自我诊断机制；制定防止旷课、逃课、辍学和妨害校园等行为的策略和行动方案；完善复学机制，并加强内部和外部教育团体行动；促进各级人员心理社会能力（移情、情感管理）的发展，并建立培训人员人才库。其次，以共和国价值观为基础，促进参与性和民主代表性校园文化的发展；特别要借助学校的参与性机构（如学生会、学生互助组织等）与学生分享关于学习、校园生活环境的反思；汇集、重视和传播人人参与校园环境建设的成功做法，并突出联络网工作（小学–初中–高中联络网，学生团体联络网等）；依托公民参与服务和发展批判精神形成相应的伙伴关系。再次，建立和维护具有保护性、安全性、友好性和支持性的环境框架。通过急救培训，提高校园安全意识；培养学生对学校的归属感和共同价值观，明确世俗主义原则；每所学校都应重视并制定对抗校园暴力和校园秩序的计划；在课堂和学校内发扬博爱与合作精神。最后，巩固家长在学校的地位。向学生家庭公开学生帮扶工作的目的、过程、地点和时间，并与其分享校园评估信息；与学校附近的机构建立和加强伙伴关系，丰富社会教育资源。

三、加强和提升学校的开放性

加强学校的开放性是巴黎学区提升基础教育质量的第三个重点举措。所坚持的原则是，对现代科学和技术秉持开放态度，对学校周边文化主体秉持开放态度，对世界秉持开放态度。具体有三个工作轴心。

1. 促进符合当前背景的教学实践

一方面，激励、挖掘、促进、提升和共同确定具有创新性和有效性的教学实践。根据现有实践（开放课堂、灵感课程、实践分析、专业发展小组、研究行动），建立分类和按年度推进的新型培训模式；鼓励和支持涉及学生参与以及发展学生自主权（社会能力）的创新项目，并搭建就近帮扶人员网；注重评价研究，发展研究型伙伴关系，并使之正规化；建立学区级教育创新实践和互助机构。另一方面，在教师能力培养和扩大学生入学方面加强数字化工作。通过数字化教学和自主性的发展，提高学生的学习和技能；重视数字教学实践及其所能创造的附加值；让教师的初级教育和继续教育培训模式与数字化教学相适应，共同探索提升教师能力的实践良方；从学区层面到班级层面落实更有效、更明显的数字化政策。

2. 通过面向学生的直接伙伴关系，充分建设校园文化环境

首先，帮助学校和教育机构对学生进行文化培训。分享教育专业知识，迎接学生文化教育的挑战；思考和设计适应教师需求的培训内容，注重平衡和展现各类文化；协助教学团队追踪学生文化培训，并使培训更容易理解；通过合唱等形式促进集体活动发展。其次，加强合作伙伴行动与学校教学活动的一致性。加强每所学校的文体建设，发展连贯统一的艺术和文化课程；发挥教学大纲内容和社会合作伙伴实践行动的协同作用，制定校园文化建设方案。最后，重视“纪念性工作”，以及推动学校重要教学事件召集者参与学校文化建设。在学校的纪念活动和重要比赛中，让师生了解并向其解释学校具有纪念意义的事件；发展跨学科与合作交流能力，记录学校具有纪念意义的工作事件，发展学校重要事件召集者参与学校文化建设；加强不同教育层面的行动联系，在纪念牌匾、雕塑、校训碑等学生容易接触的地方

开展文化教育工作。

3. 让对外开放成为学生成功的法宝

首先，巩固和提升语言政策。促进从小学到初中再到高中，特别是教育优先区学校语言课程的一致性和连续性；培训和帮助教师加强对语言教学中的跨文化理解与整合；加强教师掌握外语及其教授法方面的能力，非语言学专业教师可与语言学家共同开展合作教学。其次，促进最有需要的学生的流动。继续在教育优先等地区推进“伊拉斯谟+”培训计划；提升相关学校、预备小组和企业网络支持学生赴海外进行职业培训的力度。支持因班级或个人需求提出的学生流动。最后，加强国际伙伴关系与合作。通过数字化丰富教学的多样性，并在欧洲发展和建立伙伴关系；保持和发展欧盟以外的伙伴关系，特别是与地中海地区国家的合作关系；与法语研究机构或教师培训机构建立长期伙伴关系；发挥学校与地方当局、企业及其代表的协同合作效应。[1]

除上述学校教育系统领域的改善举措外，巴黎学区也十分注重家校合作，并开展了多种多样的家校合作项目。如巴黎学区积极鼓励开设“促进儿童成功，面向家长开放学校”的工作坊，专门面向外国学生或移民学生家长，旨在帮助他们学习法语，并更好地了解和陪伴子女，同时加深对法语知识、法国教育系统、共和国价值观的认识及其在法国社会的践行，加课对学校的运作以及学校对学生和家长的期望等方面问题的认识。组织工作坊的学校每周举办4小时（每次2小时）的免费培训。工作坊将法语作为第二语言进行教学，安排了不同的内

[1] Projet académique de l’académie de Paris 2017–2020［EB/OL］(2019–04–14)［2019–04–14］. https: // www.ac-paris.fr/portail/upload/docs/application/pdf/2018–09/projet-academique.pdf.

容模块。有的模块旨在帮助学生家长掌握法语知识（识字、学习或提升），使其获得语言认证（特别是法语语言的初级文凭），促进职业融入；有的模块旨在向家长介绍共和国及其价值观，使其更好地融入法国社会；还有的模块帮助家长了解学校、学生和家长的权利和义务，助其更好地行使养育子女的权利，支持子女上学。学区根据对家长需求，由教师或培训人员向家长提供上述辅导。巴黎学区专门安排了学区协调人，负责咨询和指导等事宜。[1]

第五节

法国巴黎基础教育质量发展的特点

巴黎政府以中央政府的教育总体规划和要求为蓝本，在响应国家要求和落实中央政策的过程中，融入地方教育特色资源。纵览法国巴黎的基础教育质量情况、质量保障机制和质量提升举措，可以发现巴黎基础教育质量发展的四大特点。

一、追求基础教育的公平与卓越

在法国公众的价值共识中，学校不仅是学习知识和培养技能的场

［1］ Ouvrir l'École aux Parents pour la réussite des enfants［EB/OL］(2019-03-22)［2019-03-22］. https://www.ac-paris.fr/portail/jcms/p2_1668200/ouvrir-l-ecole-aux-parents-pour-la-reussite-des-enfants.

所，也是社会整合的重要推动力量，是实现国家理念的有力工具，是把所有人联系在一起从而保持社会统一和公民团结的熔炉。学校应当是公平的承载之地，每一个青年都有权利在其中获得学识、教养和未来能够自由融入社会的机会。[1]巴黎也尊崇这一理念，积极支持优先教育区和教育资源相对薄弱的中小学，帮助学生突破家庭背景、地域和教育资源等要素所引发的不公平；推出“作业帮扶”计划，重视对母语为非法语的新移民学生的职业教育；缩减年轻教师在教育欠发达和落后地区中小学的比例，通过教师流动促进教育公平。

巴黎政府同样致力于打造卓越的基础教育，引领全国基础教育不断创新与发展。如加强不同年级学生的学业衔接，引导学生定向发展，率先响应国家“初中三年级后分流”系统改革，帮助中考生选择合适的高中就读。再如，在法国2019年推出的“国家创新日”项目申报中，巴黎有2项计划从全国375个申报项目中脱颖而出，入选全国前30项支持计划。这两项获批计划分别是“为了发现服务于学习的职业世界”和“以艺术和文化实验课重塑高中”，它们均围绕中等教育阶段展开，反映出巴黎政府对中等教育的重视。[2]此外，巴黎还鼓励社会民间机构为基础教育阶段学生提供多样化的艺术和文化活动，并促进学校、家庭和社会三方协作，实现资源的有效调配，共建“信任学校”。

二、注重学生知识能力的掌握与学业成功

一方面，巴黎关注学生的能力发展，促进学生的学业成功。巴

[1] 王晓宁，张梦琦.法国基础教育［M］.上海：同济大学出版社，2015：241.
[2] Journée nationale de l’innovation 2019: deux projets parisiens dans le TOP 30［EB/OL］(2019-04-13)［2019-04-13］. https: //www.ac-paris.fr/portail/jcms/p2_1876006/journee-nationale-de-l-innovation-2019-deux-projets-parisiens-dans-le-top-30.

黎在发展基础教育的过程中始终将学生《知识、能力和文化的共同基础》作为保障学生学业的核心标准。在此基础上，巴黎还根据国民教育部的呼吁提出加强小学生基础知识的四大教学优先事项，即培养学生成为良好的阅读者，向学生清楚地教授语法和词汇，让学生掌握计算的自主性，使学生学会解决数学问题。[1]

另一方面，政府调动各界资源，关注学业失败现象。巴黎政府十分重视本学区学生的学业失败问题。在机构层面，巴黎学区提出要加强对学生学业失败的预防工作。如学校要为学生读书学习营造良好的校园环境，学区应参与和协助学校工作，以营造更加有利的学校氛围，并为学生提供个性化的陪伴。在行动层面，主要开展帮助青年人辍学复校的再培训项目。辍学生可通过与巴黎信息与指导中心，或与学校相关部门进行谈话、咨询，确定参与辍学复校再培训项目的具体课业和时间安排。同时，学区也重视提高合作伙伴和巴黎地方团体参与学区教育工作的长期性和发展性，号召各类人员共同对抗学业失败现象。

三、强调教师的专业陪伴与团队合作

教师是保障基础教育质量的重要力量。巴黎学区在发展基础教育的过程中，致力于对教师的专业陪伴，并倡导将支撑工作贯穿于教师的职业生涯中。当前，巴黎学区的中小学教师在入职时大多感觉准备不充分，且入职初期通常在条件较差的学校任教。部分教师既缺乏自信，也缺少认可。为此，巴黎学区通过巴黎高等师资与教

[1] 4 priorités pour renforcer la maîtrise des fondamentaux [EB/OL]. (2019-04-10) [2019-04-10]. http://www.education.gouv.fr/cid129644/4-priorites-pour-renforcer-la-maitrise-des-fondamentaux.html.

育学校为学生提供初级和继续教育培训。同时，教师专业标准进一步引导教师在恪守职业伦理、培养学生的社会性和公民性、以学生需求为核心、开展自我学习与创新、更新课程和教学法知识等方面提升自己的专业能力。

巴黎学区注重教师的团队合作。教师可以参与教学团队工作，与其他教师共同探讨各类议题，例如如何编写教学大纲，适时分配教学内容，如何组织班级教学，保证学生在集体环境下开展有效学习，如何让一个班级的所有学生都能在追求知识、能力和尊重社会生活规则的态度中不断进步，如何掌握信息与通信技术并将数字化工具运用到教学实践中等。总之，教师不仅可以与同班级的其他教师合作，也可以与学校教授同一门课程的教师合作。再如，巴黎学区在学区研发、创新和实验室活动框架下成立专业发展小组，并围绕研究神经科学与教育学、批判性思维（哲学）发展、轻松愉悦与学校氛围、自治与治理等主题，对在职教师进行培训或开展经验分享。[1] 此外，小学的教师委员会、初中或高中的教学委员会均属于学校团队合作的重要工具，同时教师也可以与家长和社会人士合作，以更好地帮助学生规划学习方向。

四、注重基础教育的质量评估与改进

随着法国教育评估体系逐渐从单一主体向多元化过渡，巴黎学区一方面借助国际评价工具了解基础教育阶段学生的知识水平和能力，另一方面在国家基础教育评价体系下，对巴黎学区学生、教师、学校

[1] Groupes de développement professionnel à la CARDIE de Paris［EB/OL］(2019-04-17)［2019-04-17］. https: //www.ac-paris.fr/portail/jcms/p1_1631651/groupes-de-developpement-professionnel-a-la-cardie-de-paris.

三个层面进行评估。在教育评估中，人们通常关注教学结果，如升学率、学生考取名牌学校的比例等，但由于学生来源存在差异，这种以结果为导向的教育评估并不能准确地把握教学过程中的实际情况。将一所接收较多学习成绩较差的学生的中学同一所学生来源极佳的中学相比，不仅不科学，也不公平。如何建立公正的评价体系，正确评价各个学校的真实情况，激发各学校自身的动力机制，促进学校之间的合理竞争，是教育宏观管理的一个难题。法国在这方面最具代表性的措施是在高中设置学校“增加值”，其目的是尽可能排除社会环境因素带来的教育质量差异。例如，一所高中接收的新生总是有不同的家庭背景、不同的学习经历，学生的学习成绩也有所不同。只有承认这些差异，并基于这些差异建立新的出发点，测量学生至毕业时所获得的成绩，才是这所高中教学工作的实际结果。[1]

在此评估系统下，巴黎学区不仅可以对当地基础教育质量进行全面监测、诊断和分析，还可以依托系统改进基础教育质量。如中小学可以根据评估或监测结果，为学生提供更有针对性的和个性化的教育，进而为学生的学业成功提供必要的保障；[2] 教师可以此为参照，根据学生的学习能力和需求因材施教；教师还可以利用评估结果，结合自身经历，不断完善教学实践。同时，法国正在通过建立更加科学、客观和完善的教育评价体系，发现自身基础教育的不足。可以说，注重基础教育的评估与改进不仅是法国基础教育改革的重要方向，也是巴黎作为法国教育质量的“排头兵”提升其基础教育质量的关键所在。

[1] 王晓辉.法国教育评估初探 [J].外国教育研究，2009，36（5）：73-77.
[2] 中国驻法国大使馆教育处，旅法教育研究者协会.马克龙时代的教育公平：政策与改革 [J].法国教育通讯，2018（10）：32-46.

第九章

俄罗斯莫斯科的基础教育质量分析

根据俄罗斯现行教育法，教育体系包含普通教育、职业教育和补充教育。尽管俄罗斯现在已经不再广泛使用“基础教育”这一概念，但从概念内涵来讲，俄罗斯的基础教育即为普通教育阶段。该阶段旨在促进个人发展，以及通过学习基础的普通教育大纲掌握一定的知识、能力和技能，并形成社会生活所必需的素养，能够有意识地选择职业和获得职业教育。俄罗斯基础教育阶段包含初等普通教育、基础普通教育和中等普通教育。

俄罗斯的基础教育也是义务教育阶段。《俄罗斯教育法》第66条第5款规定，初等教育、基础教育和中等普通教育均属于义务教育。未完成初等教育和基础普通教育阶段教育大纲的学生，不得进入下一个普通教育阶段学习。对中等普通教育义务性的要求则因具体学生而异，效力保持到18岁。《俄罗斯教育法》指明，教育质量是揭示教育活动和学生培养与联邦国家教育标准、其他教育标准、联邦国家要求以及教育消费者、实施教育活动的利益相关者需求的相符程度的综合特征描述，其中包括教育大纲预期结果的达成程度。

俄罗斯各地区的教育质量评估是在全俄教育质量评估体系的框架内进行的。俄罗斯实施全俄基础教育质量评估体系。对基础教育质量的评估主要包括对学校、学生和教育大纲的评估三个方面。2007年，俄罗斯出台了《全俄教育质量评估体系方案（草案）》，为俄罗斯全国范围内创建和发展教育质量评估体系提供了法律基础。2013年颁布的《2014—2016年全俄普通教育质量评估体系方案及措施计划》中提出，建立以第二代普通教育国家标准为基础的基础教育质量评估体系。《2013—2020年俄罗斯联邦教育发展国家纲要》的子纲要之一就是提高教育质量评估体系和教育体系的信息透明度，提出通过建立全俄教育质量评估体系，为教育工作者和管理者、教育服务的需求者提供可靠和及时的信息，达成高质量的教育。

当前，俄罗斯正在重点关注并致力于提高本国中小学生学业成就的国际排名。2019年，OECD最新公布的PISA2018的结果中，俄罗斯学生的阅读、科学、数学素养的三科测试成绩均有所下滑。其中，下降最多的是阅读成绩，平均分从2015年的495分降至479分，在国际排名中从26名降至31名；其次是数学成绩，平均分由494分降至488分，排名也从23名降至30名。俄罗斯基础教育部部长瓦西里耶娃·奥莉加·尤里耶夫娜认为，俄罗斯学生PISA成绩下滑是由于本国学生利用计算机搜索信息的能力差。[1] 因此，必须进一步完善以培养学生通用能力为目标的新一代普通教育国家标准的实施与评估。

第一节

莫斯科的基础教育质量水平

莫斯科作为俄罗斯的首都和国际化大都市，拥有1 251万人口，占俄罗斯总人口的8.5%（2017年）。[2] 莫斯科居民的受教育水平居全俄罗斯之首，15岁以上人口中具有高等教育学历的人数比例为

[1] ТАСС. Васильева прокомментировала результаты российских школьников в исследовании PISA.［2019-12-10］.［EB/OL］.https: //tass.ru/obschestvo/7311547.

[2] Российский статистический ежегодник. 2018［M］. Стат.сб./Росстат.., 2018：85.

42.1%，高于全俄平均水平（33.4%）。莫斯科聚集了多所全俄知名大学和超过三分之一的研究型大学。

莫斯科市是俄罗斯联邦最发达的教育市场。据2018年统计，莫斯科共有587个普通教育机构，其中562所学校有学前教育班级。[1] 俄罗斯基础教育阶段共有1 571万名在校学生，莫斯科的在校学生有142万人，占全俄基础教育领域学生总数的9%。[2] 但私立教育服务增长缓慢，目前在基础教育领域，超过96%的服务由公共部门提供。

莫斯科市在基础教育领域具有一系列竞争优势资源：高水平的家庭教育，家长对儿童教育水平的高度期望以及与教育机构合作的意愿；拥有经验丰富的优秀教师和普通教育机构；发达的针对儿童和青少年的商品和休闲产业；丰富的文化环境；市民对儿童补充教育和成人职业教育的高度需求；有多所作为全球科学和教育市场的参与者的俄罗斯一流大学。因此，莫斯科的基础教育居俄罗斯乃至世界的领先水平，具有高普及率、高质量和良好的人才保障等基本特征。

下面从学生、学校和教师三个方面分析莫斯科的基础教育质量水平。

一、学生

莫斯科的基础教育质量在俄罗斯居领先地位，体现在下列几个重要指标上：中学生国家统一考试的平均分，奥林匹克竞赛的获胜者数量，全国性教育评估项目的结果。

在2017年国家统一考试中，莫斯科学生的平均分约为全俄平均

---

［1］ Отчет о ходе реализации Государственной программы «Столичное образование»: Итоги 2017 года и задачи на 2018 год［2019-01-23］.［EB/OL］. https: //www.mos.ru/upload/documents/files/1751/otchet_za_2017.pdf

［2］ Российский статистический ежегодник. 2018［M］. Стат.сб./Росстат., 2018：118.

分的2倍。[1] 莫斯科学生的俄语、数学和外语三科总分达150分及以上的毕业生比例为89.9%，排在各联邦的第12位。2016年，国家统一考试单科百分的十一年级莫斯科市学生达958人，比2010年增加2倍，占全俄百分学生总数的19%（莫斯科的毕业生数量占全俄毕业生的7.2%）。莫斯科市学生三科总分达220分以上的人数比2010年增加2倍，占全俄220分及以上学生总数的32%。[2]

莫斯科中学生在全俄奥林匹克竞赛中获奖者的人数一直在各联邦主体中居于首位，且数量逐年增加。如图9–1、图9–2所示，2018年，莫斯科共有906名全俄奥利林匹克竞赛决赛获奖者，占全俄罗斯获奖者总数的39.7%，比2010年的275名增加2倍多。2017年，莫斯科共有817名全俄奥利林匹克竞赛决赛获奖者，而排在第二名的圣彼得堡只有204人。2017年，在参与的8个国际学科奥林匹克竞赛中，莫斯科学生获得7枚金牌、8枚银牌和4枚铜牌。

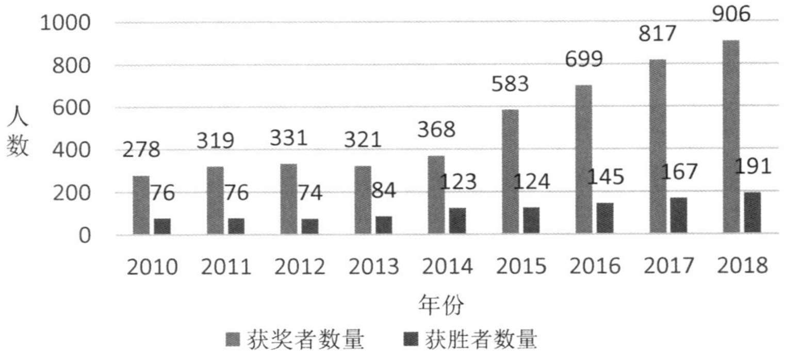

图9–1　全俄奥林匹竞赛决赛中莫斯科获胜者及获奖者数量

[1] Московские школьники сдали ЕГЭ лучше [2019-04-03]. [EB/OL]. https: //www.mos.ru/mayor/themes/1299/4166050/.

[2] По итогам ЕГЭ в Москве выросло число стобальников [2019-04-06]. [EB/OL]. https: //www.mos.ru/mayor/themes/15299/3427050/.

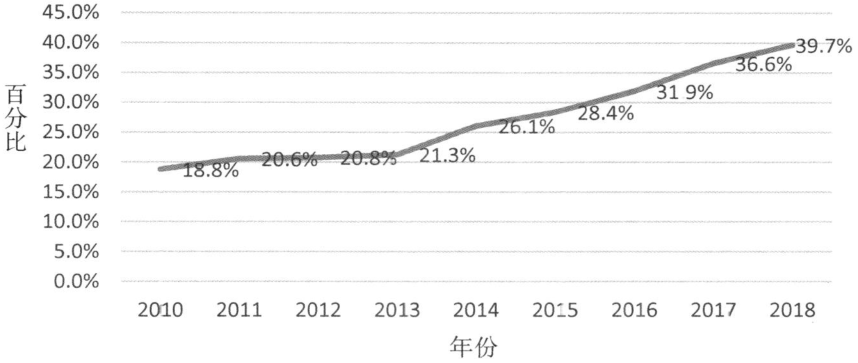

图9-2　全俄奥林匹竞赛决赛中莫斯科获奖者占全俄获奖者的百分比

在2018年4月进行的小学各科全俄教育检查工作中，全俄共有144.2万所学校参与测试，莫斯科共有7.4万所学校参与测试。其中，俄语考试成绩，全俄平均水平为23.3%的5分，46.8%的4分，25.1%的3分，4.6%的2分；莫斯科市学生中，32.3%获5分，47.2%获4分，17.3%获3分，3.2%获2分。在数学科目上，有62.8%的莫斯科学生获得5分，远高于全俄平均水平（48%）。在环境科目上，有33.2%的莫斯科学生获得5分，亦高于全俄平均水平（22.4%）。[1]

二、学校

2016—2017年，在俄罗斯“500所最好的学校”中，有156所是莫斯科的学校，比2013年增加56所（2013年83所，2014年126所，2015年139所，2016年150所）。其中，莫斯科有13所学校进入前25

[1] Результаты ВПР в 4х классах (апрель 2018) [2019-03-10]. [EB/OL]. https: //sch480c.mskobr.ru/info_edu/results/external_independent_diagnostics/rezul_taty_vpr/.

名。[1] 2017年，有94%的莫斯科学校（592所）培养了至少1名国家考试单科成绩超过90分的学生。35%的莫斯科学校（222所）培养出全俄中学生奥林匹克竞赛决赛的获胜者。

近年来，莫斯科基础教育的学校系统出现了两个主要的发展趋势：出现综合性大型学校；侧重专业的特科学校增多。

2011年，莫斯科拥有1 515个公立普通教育机构和146个私立普通教育机构。然而，基础教育领域的一个严重问题是，莫斯科地区的教育机构分布不均，如公立的补充教育机构，在莫斯科东部区有11个，中央区仅有1所，有44个市区没有公立的补充教育机构。为解决这一问题，同时确保教育大纲的连续性，以及儿童在各个教育阶段的顺利过渡，莫斯科实施了将单个普通教育机构合并为大型教育机构的措施，大型教育机构在学前教育、基础教育、补充教育，甚至中等职业教育领域提供教育服务。2013年，莫斯科共有学校1 666所，占俄罗斯学校总数的3.6%。[2] 至2016年初，共合并成立632所综合性大型学校。其中，89.6%的教育机构都有学前教育班级。[3]

实施侧重专业式教学是莫斯科的中小学尤其是高年级的特色。目前，许多中小学开设了专门的侧重专业教学的班级。侧重专业式教学有利于学生初步的未来职业定向，保障中等和高等教育的衔接，同时有助于提高国家统一考试的相应科目的成绩，提高学

---

［1］ Основные показатели качества школьного образования в Москве выросли вдвое［2019-01-21］.［EB/OL］. https: //www.mos.ru/mayor/themes/20299/3199050/.

［2］ Статистика образования в Российской Федерации в цифрах: 2013［M］. Москва: ФГБНУ НИИ РИ НКЦЭ, 2013：10，17.

［3］ Калина И.И., О результатах реализации государственной программы «столичное образование» в 2015 году［2019-03-12］.［EB/OL］. https: //www.mos.ru/upload/documents/files/8634/o_rezultatakh_realizatsii_gosudarstvennoy_programmy_stolichnoe_obrazovanie_v_2015_godu.pdf.

生进入知名高校的几率。在2010年，莫斯科有不超过1.7%的侧重某一专业的学校。到2015/2016学年，超过90%的莫斯科学校在通识教育的基础上实施了三个或更多专业的侧重式教学。除了常见的数学、外语等科目的侧重学校外，在莫斯科还开办了一系列新型特科学校，包括91所武备学校、50多所医学学校、50多所工程学校。[1]

三、教师

莫斯科市的教育系统共有大约12.3万名教师。其中，大约90%的教师在学前教育和普通教育系统工作，大约10%在莫斯科市的国立职业教育和高等教育机构工作。据国家分析中心统计，2015年，莫斯科有11.05万名中小学教师，这个数量是圣彼得堡的3倍，占全俄教师总数的1/11。[2]在基础教育领域，具有高资质的教师占公立学校教师队伍的很大一部分。从2012/2013学年开始，莫斯科市教育系统的人员短缺情况完全得到改善，教师数量得到满足。中学毕业生对教育专业和培训领域的兴趣有所增加。因此，参加莫斯科市师范大学入学竞争的比例已经从2010年每个公费名额5.3人增加到2015年每个公费名额12.3人。

莫斯科基础教育领域具有高质量的教师队伍。2015年，莫斯科有35名教师获得莫斯科市功勋教师奖章，42名教师获得莫斯科荣誉教师

[1] Правительства Москвы. Постановление 28 марта 2017 г. N 134-ПП О внесении изменений в постановление от 27 сентября 2011 г. N 450-ПП Государственной программы города Москвы «Развитие образования города Москвы («Столичное образование»)» [S]. 2017-03-28.

[2] Российское образование федеральный портал. В Москве насчитывается 110, 5 тыс школьных учителей [2015-11-30]. [2019-03-25]. [EB/OL]. http://www.edu.ru/app.php/news/education/v-moskve-naschityvaetsya-1105-tys-shkolnyh-uchitel/.

奖章，还有11名教师获得莫斯科市教育领域奖金。[1]

然而，教育工作者的年龄结构不甚合理：25—35岁的教师只占总数的18.2%，低于临退休年龄教师的比例（21.6%）。在莫斯科市普通教育机构工作超过20年的教师数量是工作时间为5—10年教师的4倍多。与此同时，和整个俄罗斯联邦一样，教师的性别不平衡：超过85%的教师和超过73%的州教育管理人员是女性。同时，中小学领导者急需补充年轻力量。如，以校长的教育理念为基础的实验学校是俄罗斯基础教育领域非常重要的传统，该类学校以校长本人或团体的教育理念为基础进行教育创新实验。在2011年，近40%的实验学校管理人员处于退休年龄。

如今，数字化和信息社会的迅速发展导致课程超越了班级的范围，学校失去了对儿童教育的垄断地位。为了适应新的社会现实和面对未来的挑战，保持莫斯科基础教育在世界上的领先地位，莫斯科政府出台了《2025年前莫斯科教育发展战略》，以寻找未来七年首都学校工作的基本方向。相关民意调查显示，在莫斯科市，市民对教育质量不满的比例（43%）高于俄罗斯联邦的平均值（30%）。在一定程度上，这反映了莫斯科市民对教育的要求越来越高，但也表明教育的内容和技术落后于学生及其父母的期望。[2] 当前莫斯科仍然需要更加客观有效的基础教育质量评估体系，以对不同基础教育水平的情况进行更准确和详细的评估，从而满足学生和家长的要求和社会对人才的需要。

---

[1] Калина И.И., О результатах реализации государственной программы «столичное образование» в 2015 году [2019-03-12]. [EB/OL]. https: //www.mos.ru/upload/documents/files/8634/o_rezultatakh_realizatsii_gosudarstvennoy_programmy_stolichnoe_obrazovanie_v_2015_godu.pdf.

[2] Государственная программа города Москвы на 2012–2016 гг. «Развитие образования города Москвы (“Столичное образование”)» [S/OL]. http://mosmetod.ru/metodicheskoe-prostranstvo/documenti/gosudarstvennaya-programma-goroda-moskvy-na-2012-2016-gg-razvitie-obrazovaniya-goroda-moskvy-stolichnoe-obrazovanie.html#_Toc304442631.

第二节

莫斯科基础教育质量监测体系

一、全俄普通教育质量评估体系

2007年，俄罗斯出台了《全俄教育质量评估体系方案（草案）》，为创建和发展全俄教育质量评估体系提供了法律基础。全俄教育质量评估体系包含一系列独立的客观评价和监控方式，旨在完善教育质量管理体系，保障教育过程的所有参与者乃至全社会能够获得关于各级各类教育体系状况的客观信息及其发展趋势。

当前，俄罗斯正在重点关注并致力于提高本国中小学生学业成就的国际排名，于2013年出台了《2014—2016年全俄普通教育质量评估体系方案及措施计划》，力图建立以第二代联邦普通教育国家标准为基础的普通教育质量评估体系。

从联邦到地方，俄罗斯普通教育质量评估体系包含全俄普通教育质量评估系统、地区普通教育质量评估系统、市区普通教育质量评估模型（见图9–3）。目前已有50多个州等联邦主体制定了本地区的教育质量评估系统。

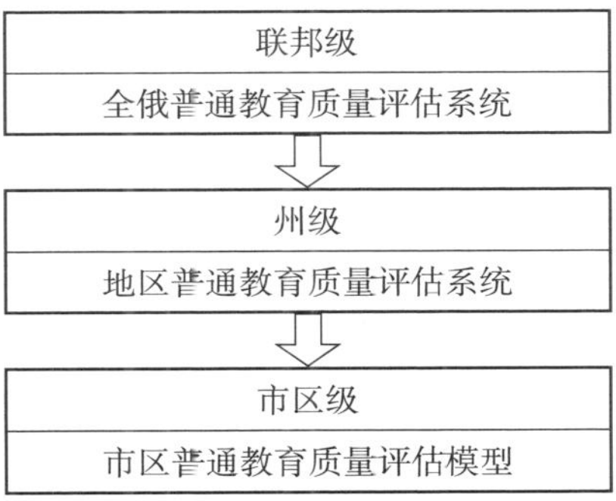

图9–3　俄罗斯普通教育质量评估体系构成

全俄普通教育质量评估系统包括外部教育质量评估和教育系统内部的教育质量评估。外部教育质量评估主体包括国家机构、企业部门、社会组织和个人等。内部教育质量评估主体由教育过程的三个基本要素构成：学生、教师和资源保障（组织保障，包含学校等教育机构；物质-技术保障；教学-方法保障；信息保障；资金保障）。

全俄普通教育质量评估系统主要包括对四类对象的评估：学校质量的评估、学生个人成就的评估、教师的评估、教育大纲的评估（见表9-1）。

表9-1　全俄普通教育质量评估系统的主要对象及方式

评估对象	评估方式和项目
学校质量	国家认证
	国家、地区教育质量研究项目和学校排名
	社会性评估
	自我评价
学生个人成就	国家考试（九年级国家总结性考试，国家统一考试）
	国家教育质量研究项目
	地区教育质量研究项目
	全俄教育检查
	阶段性教育监测（入学准备情况监测，一、四、六、八年级集中监测教育成就，九年级选择职业和教育路径的学生准备程度监测，16岁学生的社会性程度监测）
教师	教师考核
	教师自评
教育大纲	各市区教育大纲评估
	学校自评

联邦层面负责教育质量评估的机构为教育与科学部。联邦教育与科学检察署负责具体实施全俄各地区教育领域的监督和检查，并负责教育机构的许可和认证、国家统一考试的组织工作、中学毕业生国

家总结性测试的方法论保障。联邦教育发展学院负责进行研究和鉴定工作，为教育政策战略方向的制定与实施提供科学方法论支持。联邦教育测量学院负责制定标准化测量材料，以及实施教育测量和教育质量评估领域的专家培训。联邦测试中心负责为国家统一考试的组织和进行提供技术性和信息保障。俄罗斯教育科学院为全俄教育质量评估提供科研保障，其内部负责相关工作的主要机构为教育质量评估中心和教育管理学院。教育管理学院的功能在于利用学生学业成绩、教育机构质量、教育质量管理体系的测量结果进行应用型研究。各地区教育领域监察局和教育质量评估中心负责开展本地区的教育质量评估工作。

二、莫斯科基础教育质量评估体系

莫斯科基础教育质量评估是在全俄普通教育质量评估体系的框架内实施的，对教育质量的评估在国家和社会综合评估体系中进行。教育质量的评估体系包含对学生学业成绩的评估、对学校的认证评估、对教师的考核三个重要部分。其中，学生学业成绩的评估体系是最重要的部分。

目前，莫斯科评估学生学业成绩主要实施以下几个项目：(1)全国性毕业考试，如九年级和十一年级的国家总结性考试。(2)国际的比较性测试项目，如PISA、PIRLS、TIMSS等。(3)阶段性测试，包括全国性的和莫斯科市的阶段性测试。全国性的阶段性测试主要有全俄教育检查和国家教育质量研究项目，莫斯科市的阶段性测试主要包括四年级和七年级的独立性教育测试。(4)全国性的学业成绩监测，主要包含：入学准备情况监测，一、四、六、八年级教育成就集中监测，九年级选择职业和教育路径准备程度监测，16岁学生社会性程度监测，等等。（5）独立的科学团体和组织进行的研究项目。（6）学校水平的测试，即学校对各年级学生进行的内部评估，包括标准化评价、积累性评价和个人进步评价。

1. 国家统一考试

俄罗斯国家统一考试是国家总结性考试的重要组成部分。国家总结性考试包含九年级国家总结性考试和十一年级国家总结性考试。国家统一考试是十一（十二）年级国家总结考试的一般考试形式。残疾学生、在特殊的封闭型教养机构和惩教机构学习的学生、在境外学习的学生等，可以用国家毕业考试的形式通过国家总结性考试。国家毕业考试可以笔试和口试的形式进行。

国家统一考试是由俄罗斯联邦教育部为十一或十二年级的学生统一举办的兼具中等教育阶段毕业考试和高校入学考试两个功能的国家总结性考试。考试合格者发给中等普通教育毕业证书，成绩优秀者可获金质或银质奖章。毕业生通过考试升入高等学校，或进入各种中等职业技术学校相应年级，亦可直接就业。国家统一考试从2001年起开始试点，从第一批试点的5个州到2003年47个、2004年65个联邦主体，至2009年已在全国范围内全面实行。考试在每年春季和秋季举行两次，科目包括俄语、数学、外语（英语、德语、法语、西班牙语）、物理、化学、生物、地理、文学、历史、社会、信息技术等。其中，俄语、数学为必考科目。中学应届毕业生须从14门可选科目中确定4门（某些专业是3门）参考。大多数科目的考试试题包括选择题、填空题、解答或叙述题三个部分。考试成绩是高校录取新生的重要依据，高校不同专业对不同科目的成绩有最低分数要求。2013年起，国家统一考试成绩的有效期限为4年，即非应届毕业生也可以用往年的考试成绩进入高校。

2. 九年级国家总结性考试

一般情况下，九年级国家总结性考试以基础国家考试形式进行。基础国家考试包括俄语、数学两个必考科目和另外两门选考科目，考试形式为标准化测试材料。考试不及格者不予发放毕业证，不能升入十年级。同样，残疾学生、在特殊的封闭型教养机构和惩教机构学习的学生、在境外学习的学生等，可以用国家毕业考试的形式通过国家总结性考试。国家毕业考试可以笔试和口试的形式进行。

基础国家考试是俄罗斯九年级基础中学毕业生的基本考试形式，于2014年开始全面实施。基础国家考试在各联邦主体水平上进行，由联邦主体教育领域国家管理部门负责。它既是九年级毕业生的知识考查形式，也是中等职业学校的招生考试形式，考试合格获基础普通教育毕业证书。考试的科目和形式与国家统一考试类似，共包括俄语、数学、物理、化学、生物、地理、社会、俄国史、文学、信息技术、外语等科目。其中，俄语和数学为必考科目，其他科目由学生自主选择，在少数民族地区还可以加入母语及民族文学等科目。国家总结考试的组织实施机构是俄罗斯联邦各主体的执政机构，不同的州和地区可以选择采用标准化测验或笔试和口试的形式进行考试。从2017年起，俄罗斯实施关于国家总结性考试的新规定，如果毕业生有一至两门考试不及格，允许重考；如果两科以上不及格不准许重考，并不予颁发毕业证书。

3. 国家教育质量研究项目

国家教育质量研究项目是俄罗斯联邦教育与科学检察署于2014年发起的一项评估中等教育质量的全俄项目。国家教育质量研究项目计划定期在特定的普通教育水平对个别科目的教育质量进行评估，每年至少2次，每次评估都是整个计划的一个单独项目。国家教育质量研究项目是俄罗斯本国推出的与TIMSS、PIRLS、PISA等国际评估项目相对应的项目，旨在对特定学科学生知识水平进行评估。

每次研究项目都有与普通教育体系发展迫切问题相关的特定的目标和任务。研究项目除了包含学生各科测试外，还包括对学生、教师和学校组织者的问卷调查等，以对州和市区教育体系现状进行最广泛的资料收集与分析。

从2014年至今共实施了9次国家教育质量研究项目的评估。如，2014年10月进行的五、六、七年级数学评估，2015年4月进行的四年级俄语、数学和环境评估，2017年10月进行的十年级化学和生物评估，2019年进行的六年级和十年级的体育评估，以及五、七、十年级的数学评估。俄罗斯大部分联邦主体都参与了国家教育质量研究项目。研究组织者从每个联邦主体中按照专门的抽样方法选取5—15所学校进行评估。每次研究项目的参与者约有5万名学生。

4. 全俄教育检查

全俄教育检查是俄罗斯教育体系内规模最大的评估项目，是一种旨在定期检查学龄儿童是否符合联邦州教育标准的知识水平的评估方式，包含对各个年级学生各个学科的测试。第一批教育检查工作开始于2015年。自2016年以来，全俄教育检查已经成为一项常规工作。2017年4—5月就有来自4万所学校的300万名学生参与了该测试。全俄教育检查采用根据联邦国家教育标准制定的统一测试，利用统一的评价标准，在学年前和学年结束时对某一年级学生进行测试，以追踪学生知识水平的动态变化。

全俄教育检查不同于国家总结性考试，它由各学校自主进行。联邦与教育科学部不建议学校对参加全俄教育检查的学生成绩进行排名，或根据全俄教育检查的结果做出任何对于学生未来学习或发展道路非常重要的强制性决定。全俄教育检查的结果不会影响学生获得毕业证书以及升学。

三、莫斯科学生学业成就评价依据

《联邦普通教育国家标准》是莫斯科学生学业成就评估的基础和依据。《联邦普通教育国家标准》是俄罗斯用于调整基础教育阶段教育内容的纲领性规范文件。它既是制定示范性基本教育大纲、学科教学大纲和教学过程组织的基础和依据，也是进行学生学业成就评估的基础和标准。按照教育层次不同，《联邦普通教育国家标准》分为初等普通教育、基础普通教育、中等普通教育三个系列。从1992年提出国家教育标准开始至今，联邦国家教育标准处于不断更新中，普通教育标准从2004年的第一代发展到2009—2012年陆续出台的第二代。

《联邦普通教育国家标准》包括以下要求：对普通教育大纲掌握情况（学习结果）的要求；对普通教育大纲结构的要求，包括各部分内容的比例及其数量、国家强制的部分和教学过程参与者自主形成部分的比例等；对普通教育大纲实施条件的要求，包括人才、经费、技术资料等条件。

《联邦普通教育国家标准》还规定，对普通教育大纲的学习结果、结构、条件的要求需考虑到本阶段学生的年龄和个性特征，以及作为所有后续教育的基础的本阶段教育的自身特征。

对普通教育大纲学习结果的要求是制定学生学业成就评价指标的基本依据。第一代普通教育国家标准以确定最低限度学习内容为主要目标，学生学业成就评估的标准指向知识的全面性掌握；第二代普通教育国家标准则以发展通用学习能力为核心目标，对学习结果的要求包含个人发展、跨学科、学科能力三个方面。如表9–2所示，以《联邦普通教育国家标准（初等普通教育）》为例，第二代普通教育国家标准对个人发展能力的要求主要包括：培养学生自我发展的意识和能力，形成学习和认知的动机，形成反映在学生个人观点中的价值取向、社会专长、个人素质，形成公民身份认同感的基础等；跨学科能力主要包括：使学生掌握一般学习能力（调控、认知、沟通能力），掌握构成学习能力基础的各种关键能力，掌握跨学科知识；学科能力主要包括：使学生在各学科学习过程中掌握本学科独特的知识和技能、获取新知识的能力，并学会迁移和应用它们，掌握基本科学知识要素系统。

表 9-2 《联邦普通教育国家标准（初等普通教育）》对学生学习结果的要求

要　素	具　体　要　求
个人发展方面	1）形成俄罗斯公民的自我认同感，对祖国、俄罗斯民族、俄罗斯历史的自豪感，形成自己的道德和民族归属感；形成俄罗斯多民族社会的价值观；形成人道主义、民主化的价值取向。 2）对世界所固有的统一性和自然、民族、文化和宗教的多样性形成完整的社会认识。 3）形成对于他人意见、其他民族历史和文化的尊重态度。 4）掌握在动态发展和变化的世界中自我适应的基本能力。 5）接受和掌握学生的社会角色和作用，发展学习动机，形成学习的个人目的。 6）培养行为的独立性和对自己行为的责任感，其中包括在认识道德标准、社会公正和自由的基础上进行信息活动的行为。 7）形成美学需求、美学价值和美学情感。 8）培养道德情感、善意和情感道德敏感，理解和同情他人的感觉。 9）发展和成年人、同龄人在不同社会情境中合作的能力，学会避免冲突和从争论状况中寻找出路。 10）形成对安全健康生活方式的选择能力，形成创造性劳动、目标活动的动机，爱护物质和精神宝藏。
跨学科方面	1）掌握明确和坚持学习目的和任务，寻找实现它的途径的能力。 2）掌握解决创造性和搜索性问题的能力。 3）形成根据指定的任务和实施条件，计划、监督、评估学习活动的能力；学会确定达成结果的有效方式。

（续表）

要　素	具　体　要　求
跨学科方面	4）形成寻找学习活动成功或不成功的原因，以及在不成功的情况下建设性行动的能力。 5）掌握认知和个人反思的基本形式。 6）学会利用符号手段表达信息，以创建研究客体和过程的模型、解决学习和实践问题的图示。 7）积极利用语言和信息交互技术完成交流和认知任务。 8）学会利用不同的搜索方式（在参考资料和开放的教学信息网络空间中），根据交流和认知任务、学科课程技术，搜集、加工、分析、组织、传递和解释信息；学会利用键盘录入文本，借助数字工具记录、测量文本大小，分析图形、声音，利用图表和视频技术准备自己的发言和表演；遵守信息选择、道德和礼仪的规范。 9）掌握根据目的和任务理解性阅读不同类型和风格的文章的技巧；学会根据交流任务自觉建立语言沟通，学会口头与书面作文。 10）掌握比较、分析、综合、概括、按属性分类、建立类比和因果联系、推论，归纳等逻辑思维形式。 11）学会倾听和进行对话，认识到不同观点存在的可能性，每个人都有表达自己观点的权利；学会说明自己的意见，论证自己的观点，对事件进行评价。 12）学会确立目标及其实现途径；学会在合作活动中协商角色和功能的分配；在合作过程中进行相互监督，恰当地评价个人行为和他人行为。 13）学会借助考虑兴趣方向和合作的方式来解决冲突；根据具体学科内容掌握对于事物、过程及现象（自然的、社会的、文化的、技术的等）的本质和特征的基本认识。 14）掌握反映物体和过程之间存在联系和关系的学科和跨学科的基本概念；掌握在基础普通教育的物质和信息环境（其中包括利用教学模型）中根据具体学科内容进行学习的能力。
学科方面	以语文为例： 俄语，母语： 1）形成对俄罗斯语言文化空间的唯一性和多样性以及语言作为民族自我意识基础的初步认识。 2）理解语言是民族文化现象和人类交流的基本方式，认识到俄语作为俄罗斯联邦的国家官方语言和民族交流语言的重要性。 3）认同将规范口语和书面语作为人们共同文化和公民意识的指标。

（续表）

要　素	具 体 要 求
学科方面	4）形成对俄语和本族文学语言规范(正音、词汇、语法）以及语体规范的初步认识；学会确定交流的目的、任务、方法和条件，选择与之相符的语言表达方式以顺利完成交流任务。 5）掌握利用词语进行学习活动和利用语言知识解决认识、实践和交流任务的能力。 文学阅读，母语阅读： 1）认识到文学是一种民族和世界文化现象，是保留和传承精神财富和传统的一种工具。 2）认识到阅读对于个人发展的重要性；形成世界观、俄罗斯历史文化观、原始伦理观、善恶观、道德观；保证能够有效学习所有学科；培养对系统化阅读的需要。 3）认识到阅读的作用，学会运用不同的阅读方式(认知型阅读、研究型阅读、选择型阅读、搜索型阅读）；学会自觉理解和评析各类文章的内容和特点并参与讨论，能够对主人公的行为做出道德评价并说明理由。 4）达到继续接受教育所必需的阅读能力水平，达到一般语言发展水平，掌握朗读和默读的技巧，学会利用基本的文学概念来解读、分析和改写艺术、科普、教学类文章。 5）学会自主选择感兴趣的文学作品；利用参考资料获得额外信息。

第三节

莫斯科基础教育质量保障运行机制

一、莫斯科基础教育质量评估机构

莫斯科基础教育质量的评估和监测由莫斯科市教育局全权负责。

2015年1月莫斯科政府第17号决议提出，为在莫斯科境内的教育机构进行独立的教育质量评估体系创造条件。莫斯科教育局的一系列下属组织和机构负责保障莫斯科基础教育质量的评估和监测，以实现莫斯科教育质量评估体系的如下作用：为用户提供关于教育成就的动态信息；揭示影响教育质量的因素，并保障通过有根据的管理决定；为国家—社会教育质量评估创造条件。

莫斯科教育局设国家教育监督和监测管理处，负责保障区域教育质量评估体系的运行。其功能主要包括实施对教育机构的国家监督和监测、对教育机构的许可要求的监督、对教育质量的国家监测。

根据2004年莫斯科市政府决议，莫斯科教育局成立莫斯教育质量中心，独立制定并开展莫斯科学生教育成就的预测和监测性研究；为莫斯科教育质量登记册的各类用户编写统计和分析信息、分析报告以及关于教育质量评估问题的方法建议；担任国际和国家教育质量比较研究测试的区域协调员；为在莫斯科市开展九年级和十一年级国家考试提供组织和技术支持，组织进行独立的教育测试，等等。

二、莫斯科基础教育质量评估要素

除了国家考试和国家性的教育评估项目，莫斯科基础教育评估体系的要素主要包括教育机构排名和莫斯科独立性教育测试两个部分。

1. 教育机构排名

为了提高学校办学质量，莫斯科实施了市长奖金制度。选拔获奖者的方法和标准是基于莫斯科学校的排名，该排名是根据包含在莫斯科教育局信息系统中的学校活动成果资料编制的。

莫斯科学校排名从2011年开始实施。学校排名基于以下原则进行：以莫斯科教育体系发展为定向；结果性导向，不考虑过程和条件；充分利用莫斯科教育质量信息系统中的结果，不给学校增加额外负担；采用内部评估和外部评估相结合的方式，在考虑学生成绩的同时，结合不依赖于教育机构的外部测量的客观参数；评价指标的年度连续性；排名程序的透明度和公开性；每个学生都可以提高学校的排名分数，不因一个学生降低学校的排名分数。

学校排名依据9项标准：优质的大众化教育；发展大多数学生的才能；学前班组的工作情况；预防犯罪；特殊学生教育；在学习中利用城市社会文化资源的情况；发展职业能力和技能；发展大众业余体育运动；家庭对教育组织的满意度。

每项标准都有具体的指标和核算方式。例如，优质的大众化教育标准包含三个指标：国家总结性考试成绩，莫斯科教育质量中心进行的四、五、七、八、十年级学生的独立性测试成绩，高质量教育的普及性保障。发展大多数学生的才能这一标准的评价指标：学生参与全俄中学生奥林匹克竞赛决赛和州级比赛的情况，参与莫斯科中学生奥林匹克竞赛决赛的情况等。具体评分方式：全俄奥林匹克竞赛决赛冠军加10分，全俄奥林匹克竞赛决赛获胜者加5分，莫斯科奥林匹克竞赛或全俄奥林匹克竞赛州级比赛阶段冠军加3分，莫斯科奥林匹克竞赛或全俄奥林匹克竞赛州级比赛阶段获胜者加1.5分。对全俄奥林匹克竞赛市区级各年级各科比赛，学校有学生获奖的，一次加0.25分，并规定每个学生每科根据最好成绩计算，每个学生不得计算超过两科比赛的成绩。

2. 独立性教育测试

莫斯科独立性教育测试覆盖各级基础教育（小学、初中和中学），包含对各学科学习成果的测评。它以联邦国家教育标准作为测试材料的设计依据，分为教育机构自愿参与的测试和强制性测试两种。其中，强制性测试包含对四年级和七年级学生进行的教育测试，要求城市的所有教育机构的所有学生必须参加。测试的科目在测试进行的两周前通过会议公开确定。2015—2016年的四年级测试共有81 156名学生参加，七年级两科测试共有143 958人参加。四年级、七年级、九年级基础国家考试和十一年级的国家统一考试成绩都会发布在莫斯科教育质量登记系统中。除了四年级和七年级强制性测试外，莫斯科还对某些教育机构进行矫正性强制测试，如对九年级和十年级学生在基础国家考试的俄语和数学科目表现不佳的教育机构进行强制性测试。

自愿参与的独立测试多种多样。一般来讲，大约有30种评估项目。根据测试内容可以划分为两类：根据2004年国家教育标准的联邦部分进行测试；根据2009年联邦国家教育标准进行测试。按照学习结果划分，包括对各科学习成果的测试和对跨学科学习成果的测试。除此之外，还会进行主题式测试，如对俄罗斯国家历史、健康生活方式等主题进行的测试。

莫斯科教育质量评估中心负责独立性教育测试的实施，2015年9月专门成立了独立诊断中心，为国家外部性测试和莫斯科独立性测试提供保障。学生可以在整个一年中对主要科目的知识质量接受独立评估，在尽可能接近国家统一考试和国家总结性考试的条件下参加考试。该中心配备齐全，包括一个测试区（一次可测试多达450名学生）、学科委员会办公室、纠纷委员会办公室、扫描和验证区以及观察员的休息室，还配备了视频监控和集成安全系统（门禁控制和金属探测器）、个人存储摄像头、计算机设备。该中心负责准备、实施国家总结性考试，处理测试结果，监督教育质量，开展信息和分析活动，培训参加测试工作的员工，为开展市奥林匹克竞赛提供组织和技术支持。中心还有专门的部门负责题库的创建和对考试成绩的处理，准备测试材料，指导和培训测试组织者、观察员，与工具开发人员对测试材料进行合作检查，对测试结果进行诊断性分析。

三、莫斯科基础教育质量评估信息系统

莫斯科基础教育质量评估最重要的两个信息系统是信息分析系统“莫斯科教育质量登记系统”和教育机构活动的外部监测系统。

1. 莫斯科教育质量登记系统

莫斯科教育质量登记系统是一个囊括教育质量评估体系中各种独立的评估项目的多功能信息分析系统，它是实施地区水平教育管理的有效机制。该信息分析系统能够自动监测和收集统计数据，构建一套指标体系来评估教育体系的现状和发展。

莫斯科教育质量登记系统包含各教育机构的活动信息。该系统具有可接入性、开放性、客观性、透明性、系统化和模块化等特征。系统信息来源于下列信息资料库：教育机构登记册；人员登记册；教师编制和考核登记册；职业竞赛；国家统一考试和基础国家考试的结果；独立诊断资料；国家和地方教育监测；学校和学生的电子杂志和日记。

该系统针对教育机构、教师、学生、跨区域校长委员会等对用户进行分类，为每类用户提供不同的信息：

在学生的个人账户中可以查询学校参与地区评估项目的信息，以及学生参加各种测试的成绩（初试分数，完成测试百分比，描述测试内容和能力，成绩水平，九年级国家总结性考试和国家统一考试信息）。

教育机构的个人账户可以用于填报关于参与评估项目的申请，学校可以获得进行测试的材料，按照测验结果可以获得统计表格及其说

明，扫描学生的作品。学校可以保存或不保存测试的结果。在保存的情况下，资料可以用于教师的考核等其他用途。

跨区域校长会员的账户可以查看地区各教育机构的总体比较性资料，可以用于学校排名。

同时，系统会汇总所有测试项目的结果进入教育机构、学生、教师的档案袋，保障对测试项目资料的统计性分析与处理。在系统中，有各种各样的工具和服务项目，为莫斯科教育机构的负责人提供与信息系统合作的各种机会。例如，在教育活动的外部监测框架内，可以进行在线的问卷调查，调查父母对教育过程和结果的满意度，自动生成报告。

2. 教育机构活动的外部监测系统

基础教育机构活动质量的监测系统是对教育机构官方网站上公布的文件和材料的审查系统。该系统也对教育质量登记系统中的可用信息进行分析。进行这种监测可以减少教育机构的违法违规现象和不符合国家联邦教育标准要求的情况，提高教育机构制定和提交文件和材料的质量，以确保教育组织活动信息的公开性和准确性。

该系统根据莫斯科教育局的命令，对以下领域进行监测：系统分析教育组织网站的资料；监控教育机构实施联邦国家教育标准的情况；监督教育机构内部教育质量评估体系的运行（包括国家总结性测试和国家统一考试的备考体系）；监督教育机构在保障各类学生（包括天才儿童和残疾儿童）的教育需求和社会化方面的工作；监督教育系统中人力资源的储备与开发；监督侧重专业式教育的发展；监督教育机构内补充教育系统的发展。

该系统还通过教育质量登记系统，对公众舆论和父母关于教育过程的质量和结果的意见进行在线调查，自动生成和发送专家意见和基于教育组织监测研究结果的建议清单，迅速回应教育机构的问题，根据监测结果自动进行教育机构排名。

第四节

莫斯科基础教育质量改善举措

莫斯科发展基础教育和改善基础教育质量的主要措施集中体现在一系列《首都教育纲要》中：1994年出台的《首都教育纲要-1》，1999年出台的《首都教育纲要-2》，2001年出台的《莫斯科教育现代化（首都教育纲要-3）》，2005年出台的《首都教育纲要-4》，2011年出台的《首都教育纲要-5》。所有的《首都教育纲要》目标都是建立和完善莫斯科市教育体系，维持教育体系的正常功能，确保普通教育的持续发展，以保证在首都不断发展的社会环境条件下满足人们现代生活的要求。综合各《首都教育纲要》，可总结莫斯科基础教育质量改善的如下举措。

一、采取综合性措施保障教育经费

首先，莫斯科通过实施新的教育拨款原则，保障教育经费充足和公平——引入生均教育拨款机制，拨款对象是学生，而不再区分学校的地位。2010年以前，许多无特殊地位的非文科中学、理科中学、教育中心、健康学校的一般学校，只得到生均6.31万卢布的拨款。如今，所有学校的生均拨款按照统一标准实施。2017年，莫斯科公立小学的拨款标准为每名学生每年12.5万卢布，中学为每名学生每年14万卢布，高中为每名学生每年16万卢布。[1]实施新的生均标准及其最高金额的均等化，能够克服学校间的资金的差异性，消除学校领导者因教育经费不足而无法达成工作目标的“自我辩解”。

其次，提高学校的财政自治水平。莫斯科通过实施新的教育经费拨款原则，在一次性拨款中几乎包括了所有确保教育机构正常工作的费用。该举措提高了学校使用财政资源的可操作性和灵活性，但也对学校有效合理利用教育经费提出了更高的要求。当前，莫斯科的学校有权独立管理自己的预算，决定收入和支出。对教育机构的拨款金额增加与教育机构的财政和经济自治相结合，有利于更合理地分配和利用资源，确保教师工资的增长和教育质量的提升。同时，由捐助者资助的莫斯科市教育经费部分有所增加，进一步保障了教育机构的财政支持。

再次，不断增加莫斯科市教育预算。2015年，莫斯科教育经费支出共2 475亿卢布，占莫斯科市预算支出的16%，比2010年增加了近50%。[2] 2018年，基础教育领域的教育预算为2 878亿卢布。同时，莫斯科政府的财务部门、前瞻性发展部门、经济政策部门共同为首都教育发展的补充性资金问题提供解决方案。而且，莫斯科市教育预算的大部分拨款都用于基础教育领域。2012—2018年，莫斯科市预算拨款共1.8万亿卢布，其中1.4万亿卢布用于基础教育和学前教育领域，占拨款总额的80%；职业教育领域占9.1%；补充教育领域占5.5%；

［1］ Финансирование московских школ: как обеспечить высокое качество образования［N］. Учительская газета. 4 (10709) 23 января 2018.

［2］ Основные показатели качества школьного образования в Москве выросли вдвое［2019-01-21］.［EB/OL］. https://www.mos.ru/mayor/themes/20299/3199050/.

教育体系发展领域占5.3%。

二、改善物质技术基础，促进教育信息化

莫斯科逐年增加用于完善学校物质技术基础的教育经费，2010年投入55亿卢布，2011年投入249亿卢布，2012年投入27亿卢布。在实施《首都教育纲要-5》的四年间（2012—2016年），成功达成提高教育领域物质技术基础的目标，使其达到国际标准。四年间，莫斯科对超过1 200座教育大楼进行了大修，对超过4 000个教育机构进行维护。仅2015年一年，就为中小学新建19所教学楼，增加8 800个学额，其中依靠市教育预算新建15所大楼和5 600个学额，依靠投资经费新建4所大楼和3 200个学额。2011—2015年，莫斯科共购买22.4万台计算机、12.9万台笔记本电脑和平板电脑、2.8万台投影仪和1.7万块交互式黑板。莫斯科所有的中小学都拥有新的计算机设备，具备高速的互联网，应用电子杂志，装备摄像头，为每位教师都配备了个人笔记本电脑。[1]

莫斯科实施了“莫斯科电子学校”项目，[2]以提高基础教育信息化水平。莫斯科电子学校是一个互联网云平台，包含所有必要的教育材料、进行创建和编辑的工具以及基础教育大纲的数字化结构。在成功测试后，从2017年9月起，该项目在首都的所有教育机构实施。该项目为在现代学校中实现教学方法、教学任务的信息化、自动化提供了保障条件，使教育内容更易于访问，允许使用现代教学技术和方

[1] Постановление Правительства Москвы от 27.09.2011 N 450-ПП (ред. от 07.10.2016) “Об утверждении Государственной программы города Москвы ”Развитие образования города Москвы (“Столичное образование”)“ на 2012-2018 годы ”[S]. 2011-09-27.

[2] Что такое МЭШ? [2019-03-31]. [EB/OL]. http://mes.mosedu.ru/?post_type=mes_about.

法，如混合学习、远程和电子教育等。

莫斯科电子学校主要包含两个部分：电子杂志和日记，电子资料图书馆。其中，电子杂志和日记是建立起学校和家庭教育环境统一的信息空间的基础。电子杂志和日记中包含以下信息：学生学校生活的开展情况（教学日历、学习模式、课程安排、课外活动、补充教育课程安排、饮食、体育活动、集体游玩）；教育活动的内容（每个学科的工作计划、课外活动的课程、补充教育框架内的课程、科目考试的时间表）；教育活动的进展和结果（学科成绩及其评估形式、主体，特定评估对于总体结果的贡献，教师评语等），阶段性测试的结果，对学生各科成绩的动态分析；自学的可能性（自学的习题和工作任务，电子教科书的链接，莫斯科电子学校平台的任务和课程）。电子杂志还包括学生缺勤和缺席情况的记录和电子通知，并提供家长与其他家长和学校教师的沟通方式，通知莫斯科市教育系统的最新消息等。电子资料图书馆是独特的电子教育资料库，莫斯科的每位教师、学生和家长都可以访问。建立电子教育资料库的目的在于创造条件，保障广泛地接入和利用教育资料，从而提高教育质量。

三、提高教师工资水平

莫斯科教师的平均工资水平是全俄罗斯最高的，但莫斯科政府仍然不断致力于提高教师工资水平。

第一，采用新的激励性教师工资制度。2007年，俄罗斯中小学工资制度开始进行改革，从统一工资制向新教师工资制过渡。莫斯科积极推行新教师工资制度，将教师工资区分为基本工资和激励性工资两大部分，并规定学校的激励性工资占教师工资的20%—40%。而且，教师的激励性工资根据教师的工作成果和效率确定，具体指标包括学生发展方面的，如学生的考试成绩、心理测评成绩、德育状况等，培养天才儿童和发展缓慢儿童，培养统一考试高分者和奥林匹克竞赛获奖者等，还包括教师自我提高方面的，如参加教学法实验，参加创新活动项目等。激励性工资的发放可以由学校根据想要激励教师达成的目标而自主设定，并且将教师所有课外教育活动形式都纳入工作量的计算范围。这些措施都是为了提高教师的工资额及工作积极性，保障教师工资水平不低于本地区经济部门的平均工资水平。根据工作质量来确定激励性工资水平，有利于促进教师提高自身技能和工作质量，促进创造性教育活动的发展。[1]

第二，将教育支出的大部分用于提高教师工资。2017年，基础教育领域共获得2 717亿卢布预算资金，而用于所有教师工资的经费为1 863亿卢布，占经费总数的68.6%。[2]莫斯科已经达到2012年5月第597号总统令《关于实施教育和科学领域国家政策的措施》（简称“五月法令”）中提出的到2018年将中小学、职业教育机构的教师工资水平提升到地区经济部门平均工资水平的目标。过去几年内，教师的平均工资增加了两倍以上：从2010年的每月3.92万卢布到2017年的8.59万卢布。[3]2016年，莫斯科中小学教师平均月工资为7.75万卢布，是全俄罗斯平均水平的两倍多。公立中小学教师平均月工资约为6万卢布，私立中学教师平均月工资达10万卢布，优秀教师的工资最高金额可达到每月30万卢布。而哈卡斯地区学校教师的收入为2.5万—3.5万卢布，弗拉基米尔地区的教师甚至更少，只有1.7万—2.5万

---

［1］ Ирина Абанкина. Новая система оплаты труда первые результаты в регионах［J］. народное образование，2008（2）：122.

［2］［3］ Финансирование московских школ: как обеспечить высокое качество образования［N］. Учительская газета. 4 (10709). 23 января 2018.

卢布。[1]

第三，增加教师津贴和奖金。莫斯科教师工资水平高还因为有大量的津贴和奖金。莫斯科为优秀教师设立莫斯科政府奖金，每年奖励200名最优秀的教师、教学科研工作者每人10万卢布。从2017年10月起，1 000名最优秀的莫斯科教师能够参加“莫斯科电子学校”项目，并获得相应项目津贴。从2018年9月起，在课堂上使用莫斯科电子学校项目的教师会获得额外报酬。按平均班额25人计，教师每月有1.25万卢布的额外报酬，加薪幅度可达22%。[2] 此外，莫斯科儿童艺术学校拨出特别津贴，以增加教师工资。莫斯科共有143所音乐、艺术、合唱、戏剧、舞蹈类城市艺术学校，共有5 850名教师，每个艺术学院的教师每年将获14万卢布的特别津贴，从2018年开始按季度发放。

四、持续完善基础教育质量评估体系

质量评估是教育质量提升的重要环节，为保障基础教育质量的提升，莫斯科持续不断地完善基础教育质量评估体系。2005—2010年，莫斯科教育质量登记系统走过了从论证、创建到每个学校投入使用的历程；2011年开始进行学校排名，并不断更新学校排名的指标体系。《2012—2018首都教育发展纲要》的主要任务之一是采用现代化的、独立的、公开的教育质量评估工具。

基础教育质量的评估体系不仅包括国家考试，还包括教育机构的自我评估、监测研究和独立评估，将来还会增加对毕业生的劳动和

---

[1] Зарплата учителя в Москве [2019-02-15]. [EB/OL]. http://www.proprof.ru/stati/careera/pro-zarplatu/zarplata-uchitelya-v-moskve.

[2] Зарплаты учителей в Москве выросли благодаря надбавкам и премиям [2019-03-09]. [EB/OL]. https: //pronedra.ru/zarplaty-uchitelej-v-moskve-vyrosli-blagodarya-nadbavkam-i-premiyam-309972.html.

教育轨迹的监测，以及他们的学校和教师对毕业生的评估，等等。同时，莫斯科教育质量中心联合莫斯科教师学会、各师范高校专家共同创建了教育测量材料库，并根据教育实践的变化不断更新材料库。2015年，莫斯科教育中心根据新的检查学生学习成就水平的要求再次调整和更新测量材料库。该材料库中的大部分题目具有可靠的统计性特征，广泛使用客观、独立、透明的教育质量控制工具，并积极扩大公众对质量管理的参与度。这不仅有助于显著提高莫斯科基础教育质量，而且使得教育质量的提升除了依靠行政监督措施，还有可能依靠教育系统的自我监管机制。

莫斯科教育质量评估体系的主要发展方向还包括：综合性的评估方式，综合利用各种总结性评估的项目和考核方式；动态性评估；外部评估和内部评估相结合；利用积累性评估体系，对个性化的教育成就的动态监测；除利用标准化的笔试和口试外，采用项目、实践作业、创作作品、自我分析自我评价、观察等多样化评价方式；在解释测量结果时充分考虑实施教育大纲的条件和特征等背景信息。

第五节

俄罗斯莫斯科基础教育质量发展的特点

从第一代《首都教育纲要》实施至今，特别是2010年以来，莫斯科的基础教育质量不断提高，呈现如下主要特点。

一、以法律和政策为依托

莫斯科基础教育质量的发展建立在从联邦到市级再到学校的一系列教育法律和政策基础之上。近十年来，俄罗斯为了促进高质量普通学校教育的普及以及实现普通学校教育的现代化，颁布并实施了一系列联邦层面的纲要和项目。如，2010 年 2月出台的俄罗斯国家教育计划《我们的新学校》，2011年4月颁布的《区域普通教育体系现代化项目》，2014年4月，俄罗斯联邦政府第295号决议批准的《2013—2020年俄罗斯联邦国家教育发展纲要》之子纲要《学前教育、普通教育和儿童补充教育发展》，2017年12月俄罗斯联邦政府1642号决议批准的《2018—2025年俄罗斯联邦教育发展国家纲要》，等等。

除了联邦层面的教育法律和教育发展规划纲要，莫斯科具有完善的地方层级的教育法律和政策基础。如，莫斯科市《普通教育法》（2004年）、莫斯科市《教育发展法》（2001年）。法律规定了基础教育的义务性，厘清了莫斯科市在保障基础教育发展上的地位、作用和职能，为基础教育质量发展提供了基础和保障。还有前文提到的莫斯科发展基础教育质量的主要政策依据——从1994年的第一代至2011年的第五代《首都教育纲要》。该系列文件提出包含基础教育在内的莫斯科各级各类教育的发展目标、方向和举措。莫斯科的各学校也都有相应的发展基础教育的法规和政策。法规内容涉及教学法保障、组织管理、人才保障、信息化保障、经费保障、物质技术基础保障、教育质量评估等多个方面。

二、注重优质教育的公平性

近几十年来，俄罗斯一直把高质量教育的普及作为教育发展和教育现代化的主要目标。莫斯科作为俄罗斯教育的领先者，已经拥有较高的教育质量水平。因而，莫斯科在实施发展基础教育质量的措施时，通常采用教育质量提升和教育公平相结合的原则。为在基础教育拨款方面注重公平性，莫斯科将基础教育领域过去按学校地位划拨经费的做法改为按人均统一标准划拨。

莫斯科注重发展天才儿童和残疾儿童的教育。天才儿童和残疾儿童都是特殊儿童，莫斯科的基础教育除了以促进大多数儿童的发展为目标外，还注重为特殊儿童的教育提供机会。2010年9月，莫斯科政府通过了第843号决议《发展莫斯科市天才儿童工作体系》，[1]提出了发展天才儿童的培养和心理支持体系，在基础教育领域开展各类奥林匹克竞赛、创造性的论坛和会议、科研作品比赛等，完善支持天才儿童的信息化教育环境，并发展补充教育体系等一系列促进天才儿童的发现和培养的措施。学校也举行各种竞赛以发现儿童的才能，把为天才儿童的父母提供相应的教育咨询和建议列入工作日程。

2008年，莫斯科政府出台《莫斯科儿童“2008—2017年”》项目，将为残疾儿童提供优质的基础教育服务作为重要目标之一。莫斯科有专门的特殊教育机构，但同时更注重在基础教育阶段实施全纳教育。近年来，莫斯科市在为残疾儿童教育创造条件方面取得了重大成果。目前，有20.5万名残疾儿童在公立学校，包括在大型教育机构中的特殊教育班级学习。自2010年以来，莫斯科市在全纳教育框架内实施适应性教育大纲的学校数量增加了两倍，达到300

---

[1] Правительство Москвы. Постановление 843-ПП от 28 сентября 2010 года. Электронная москва.［S/OL］. http://mosopen.ru/document/843_pp_2010-09-28.

所。与此同时，莫斯科市还积极为残疾儿童的全纳教育创造无障碍环境。2011年，59%的学校建筑为残疾人提供无障碍通道，至2014—2015学年，莫斯科市学校的建筑入口和一层都配备了无障碍通道。[1]

三、硬件和软件条件发展相结合

莫斯科基础教育质量的发展依赖于硬件条件（物质资源）和软件条件（人力资源）的发展。如前文所述，莫斯科改善基础教育的两个重要举措就是不断改善物质技术基础，不断提高教师工资水平。

莫斯科学校的物质技术基础总体已经达到良好水平，但各区存在较大差异。如新近加入莫斯科市的新莫斯科区和特罗伊茨克区，许多学校建筑处于需要维修状态，物质技术基础仍较落后，这极大降低了学校的活动效率，阻碍了基础教育整体质量水平的进一步提升。因此，莫斯科每年都提供相当数量的资金用于教学楼的修葺和学校基础设施的建设。

尽管莫斯科已经从师资短缺的状况中走出，基础领域师资队伍得到改善，但仍然存在教师队伍年龄、性别结构失衡，教师质量需进一步提升等问题。因而，为保障基础教育的优质师资队伍，莫斯科依然在下列方面积极采取措施：在教师培养过程中更多地关注学生的教学实践，有学者提议实施强制性的实习期；在培训与再培训系统中更广泛地运用实践导向；不断提高教师的工资、社会声望和地位，保障教育机构对年轻专家的吸引力。

---

[1] Правительства Москвы. Постановление 28 марта 2017 г. N 134-ПП О внесении изменений в постановление от 27 сентября 2011 г. N 450-ПП Государственной программы города Москвы «Развитие образования города Москвы («Столичное образование»)»［S］. 2017-03-28.

四、关注学生的个性化发展

与此前将学生的知识量和成绩作为衡量基础教育是否成功的唯一标准不同，学生的个性化发展已在莫斯科基础教育质量发展中占据重要地位。

第一，从《联邦国家基础教育标准》的变化中看出，2009年开始实施的第二代普通教育标准与第一代标准的知识、能力、技能三维目标不同，开始以发展通用学习能力为核心目标，对学生学业结果的要求包含个性化发展、跨学科能力、学科能力三个方面。

第二，莫斯科在对学生成就乃至教育质量的评价中，力图发现每个学生的独特才能，而不是仅停留在考试成绩上。莫斯科学校排名的原则之一是，每个学生都可以提高学校的排名分数，不因一个学生降低学校的排名分数。也就是说，成绩不好的学生可以通过体育运动、德育水平等其他个性发展的成就来帮助学校提高评分，这充分体现了对学生个性化发展的关注。

第三，莫斯科注重发展中小学的侧重专业式教学，90%的学校在通识教育的基础上实施了三个或更多专业的侧重式教学充分说明了这一点。侧重专业式教学由深化学习某科目或某职业领域的班级和学校提供，其基本目标在于为实现高年级学生教学内容的个性化创造条件，同时加大和拓展建立个性化教育大纲的可能性；在保证受教育机会平等的情况下，尽可能满足学生不同的个性需求；使中学毕业生对高等职业教育大纲的内容有更多的了解；保证普通教育和职业教育之间的衔接性，促进学生的个性化和社会化发展。

第十章

中国上海的基础教育质量分析

上海地处长江入海口，是国际经济、金融、贸易、航运、科技创新中心和综合交通枢纽。2017学年末，上海市共有普通中等学校900所，普通小学741所，特殊教育学校30所，其中，民办普通中学129所，在校学生8.05万人；民办小学139所，在校学生11.23万人。[1]

上海具有悠久的历史传统，上海的学校教育可以追溯到洋务运动时期广方言馆的建立。改革开放以后，尤其是20世纪80年代，上海的教育事业发展进入“快车道”。1983年，上海市政府率先就社会和经济发展对人才的需求及其变化进行了预测，并且根据预测结果展开行动：一方面以地方人大立法形式颁布《上海市普及义务教育条例》，另一方面从1985年起，上海市教卫办牵头建立20个课题组，开展跨系统、跨学科为期三年的教育发展战略研究。在普及义务教育之余，上海围绕提高教育质量开展一系列改革。为了尽快提高教育质量，上海通过加强教学常规管理，先行探索课程改革，并且推动以第一线学校及教师为主体的群众性科研。[2] 1988年3月，上海市接受国家教委委托，编制一套九年义务教育教材，供全国经济发达地区使用。由此，上海启动了中小学课程改革。[3] 课程改革至今近三十年。《2018年上海市基础教育工作要点》中明确提出，深化中小学课程改革是上海基础教育工作的重点。

进入21世纪，上海加快了教育发展的步伐，成为中国基础教育改革的窗口，在基础教育领域担负着改革创新的任务，在国家教育事

[1] 上海市2017年国民经济和社会发展统计公报［EB/OL］(2018-03-12)［2018-03-12］.http://www.tjcn.org/tjgb/09sh/35333_4.html.

[2] 傅禄建.回顾与展望：上海基础教育发展分析［J］.教育发展研究，2007（9）：46-55.

[3] 王月芬.课程改革：让上海教育从量变到质变［J］.人民教育，2016（8）：44-47.

业发展过程中扮演改革者、先行者的角色。2014年，作为国家试点，上海市与北京大学、清华大学合作开展“一市两校”教育综合改革。根据国家部署，上海于2014年率先制定面向2020年的上海市教育综合改革方案《上海市教育综合改革方案（2014—2020年）》，实施从学前教育到老年教育全覆盖的综合改革，着眼到2020年率先实现教育现代化。同年，上海市与浙江省作为改革试点参与“一市一省”高考综合改革，着眼到2020年率先实现教育现代化，担当全国教育综合改革探路者。

第一节

上海的基础教育质量水平

2009年，上海第一次参加PISA测试，这也是中国内地城市首次参加PISA测试。2012年，上海第二次参加PISA测试。2015年，上海与北京、江苏和广州组成团队，代表中国内地参加PISA2015测试。2018年，上海与北京、江苏和浙江组成中国部分地区联合体，代表中国内地参加PISA2018测试。

除了关于学生的国际测试，部分上海初中教师参加了经济合作与发展组织（OECD）2013年组织的TALIS测试。由此，本研究根据学生和教师参加测试的成绩来探究上海的基础教育质量水平。

一、上海学生在PISA中的表现

1. 上海学生在PISA2009中的表现

2009年，上海第一次参加PISA测试，这是中国内地第一个参加PISA测试的地区。根据OECD技术标准要求，上海152所学校的5 115名学生代表全市各类中学约10万名15岁在校生参加测试，参与率达97.8%，覆盖率为98.6%。[1]

根据官方公布的结果，在参加测试的全部65个国家和地区中，上海在阅读素养、数学素养和科学素养三个领域均位列第一。在阅读素养方面，OECD国家的平均成绩为493分，上海得分为556分；在数学素养和科学素养方面，上海学生平均成绩分别为600分和575分，高于OECD平均成绩。

2. 上海学生在PISA2012中的表现

2012年，上海第二次参加PISA测试，上海155所学校的6 374名学生代表全市各类中学约9万名15岁在校生参加测试。根据OECD的官方数据，上海继2009年之后，再次获得数学、阅读和科学三个领域的第一名，平均成绩分别为613分、570分和580分。

在数学素养得分方面，除了新加坡以外，上海学生的成绩显著高于其他国家和地区。上海不仅在整体方面保持领先，在不同熟练度水平方面也占据优势。55.4%的上海学生达到5级和6级[2]，被定义为高表现者（top performers），而OECD国家中仅有12.6%的学生达到高表现者水平[3]。未达到熟练度2级的学生被界定为低表现者（low

[1] 上海2009年国际学生评估项目（PISA）结果情况介绍［EB/OL］.（2010-12-10）［2018-12-10］http://www.cnsaes.org/homepage/html/researchnews/3677.html.
[2] 上海学生数学素养高表现者中，达到6级水平的比例为30.8%　达到5级水平的比例为24.6%。
[3] OECD国家学生数学素养高表现者中达到6级水平的比例为3.3%，达到5级水平的比例为9.3%。

performers）[1]，上海学生90%以上达到2级水平，OECD国家77%的学生达到2级标准。在不同性别学生的得分上，虽然上海学生中男生得分比女生高，但差距在10分以内，不存在显著差异；OECD国家中男生平均比女生高11分。

上海学生在PISA2012中的阅读素养得分是570分，显著高于OECD国家的平均分（496分）。上海不仅在整体上保持领先，在不同熟练度水平方面也占据优势。25.1%的上海学生达到5级和6级，被界定为高表现者[2]，在所有参加测试的国家和地区中表现最好，而OECD国家中仅有8.4%的学生达到这个水平[3]。未达到熟练度2级的学生被定义为低表现者[4]，上海学生97%以上达到2级水平，OECD国家82%的学生达到2级标准。在不同性别学生的得分上，虽然上海学生中女生得分比男生高，差距为24分，但性别得分差异小于OECD国家的性别得分差异（38分）。

上海学生在PISA2012中的科学素养得分是580分，显著高于OECD国家的平均分（501分）。上海不仅在整体方面保持领先，在不同熟练度水平方面也占据优势。27.2%的上海学生达到5级、6级，被定义为高表现者[5]，在所有国家和地区中表现最好，而OECD国家中仅有8.4%的学生达到这个水平[6]。未达到熟练度2级的学生被定义为低表现者[7]，97%的上海学生达到2级水平，而OECD国家82%的学生达到2级标准。在不同性别学生的得分上，

[1] 熟练度2级被认为是现代社会所必需的基本数学素养。
[2] 上海学生阅读素养高表现者中，达到6级水平的比例为3.8%，达到5级水平的比例为21.3%。
[3] OECD国家学生阅读素养高表现者中，达到6级水平的比例为1.1%，达到5级水平的比例为7.3%。
[4] 熟练度2级被认为是现代社会所必需的基本阅读素养。
[5] 上海学生科学素养高表现者中，达到6级水平的比例为4.2%，达到5级水平的比例为23%。
[6] OECD国家学生科学素养高表现者中，达到6级水平的比例为1.1%，达到5级水平的比例为7.3%。
[7] 熟练度2级被认为是现代社会所必需的基本科学素养。

上海男生和女生的科学成绩无显著差异，OECD国家不同性别学生在科学素养得分上的差异比数学素养和阅读素养上的得分差异小。

表10-1　上海15岁学生在PISA2009、PISA2012测试中的表现

	数　　学		科　　学		阅　　读	
	成绩	排名	成绩	排名	成绩	排名
2009年	600分	1	575分	1	556分	1
2012年	613分	1	580分	1	570分	1

资料来源：PISA官方网站。

表10-2　中国上海和OECD国家学生在PISA2009、PISA2012测试中的表现

	数　　学		科　　学		阅　　读	
	上海	OECD	上海	OECD	上海	OECD
2009年	600分	496分	575分	501分	556分	493分
2012年	613分	494分	580分	501分	570分	496分

资料来源：PISA官方网站。

3. 上海学生在PISA2015中的表现

2015年，北京、上海、江苏、广东四省（市）参加PISA测试，这是上海第三次参加PISA测试。通过科学抽样，来自四省（市）268所学校的1万多名15岁学生代表总共9 178所学校的145万名学生参加了PISA 2015正式测试和调查问卷。根据官方数据，中国内地四省市位居总分第十，科学、数学和阅读分列第十、第六和第二十七位，平均成绩分别为518分、531分和494分。

在科学素养方面，新加坡学生以556分位列第一，中国内地四省市的学生得分为518分，显著高于OECD平均得分（493分）。在不同熟练度水平方面，达到熟练度水平5级、6级的学生被定义为

高表现者。中国内地四省市学生中，有10%—15%达到5级、6级水平，OECD国家，有7.7%的学生达到5级、6级水平。未达到熟练度2级的学生被定义为低表现者，中国内地四省市的学生中，八成以上达到2级以上，OECD国家有79%的学生达到2级以上水平。在不同性别得分差异方面，中国内地四省市的学生中，低表现者的性别得分差异不显著，而高表现者的性别得分存在显著差异，男生得分高于女生。OECD国家学生在低表现者和高表现者性别得分差异方面均呈现显著差异。

在阅读素养方面，新加坡学生以535分位列首位，显著高于其他国家和地区。中国内地四省市的学生得分为494分，与OECD国家平均得分（493分）基本一致。在不同熟练度水平方面，达到熟练度水平5级、6级的学生被定义为高表现者，中国内地四省市达到5级、6级水平的学生比例未超过10%，略低于OECD国家达到5级、6级水平的学生比例（8.3%）。未达到熟练度2级的学生被定义为低表现者，中国内地四省市的学生中，78%达到2级以上，OECD国家有80%的学生达到2级以上水平，二者差距不大。在不同性别得分差异方面，中国内地四省市学生中，低表现者和高表现者的性别得分差异均存在显著差异，且男生平均比女生得分低20分左右。而OECD国家学生的性别得分差异同样存在显著差异，且男生平均比女生得分低27分左右。

在数学素养方面，新加坡以564分排名第一，显著高于其他国家和地区。中国内地四省市的学生得分为531分，与第四、五位的中国台北和日本之间没有显著差异，OECD国家的平均得分为490分。在不同熟练度水平方面，达到熟练度水平5级、6级的学生被定义为高表现者，中国内地四省市达到5级、6级水平的学生比例超过20%，显著高于OECD国家的平均比例（10.7%）。未达到熟练度2级的学生被定义为低表现者，中国内地四省市的学生中，超过80%达到2级以上，高于OECD国家学生达到2级以上水平的比例（77%）。

表10-3　中国内地四省市学生在PISA2015测试中的表现

	数　学		科　学		阅　读	
	成绩	排名	成绩	排名	成绩	排名
2015年	531分	6	518分	10	494分	27

资料来源：PISA官方网站。

表10-4　中国内地四省市和OECD国家学生在PISA2015测试中的表现

	数　学		科　学		阅　读	
	B-S-J-G, China	OECD	B-S-J-G, China	OECD	B-S-J-G, China	OECD
2015年	531分	490分	518分	493分	494分	493分

资料来源：PISA官方网站。

4. 上海学生在PISA2018中的表现

2018年，北京、上海、江苏、浙江四省（市）参加PISA测试，这是上海第四次参加PISA测试。根据官方数据，中国内地四省市位居总分第一，阅读、数学和科学均列全球第一，平均成绩分别为555分、591分和590分。

在阅读素养方面，我国学生以555分位列首位，除新加坡（549分）外，显著高于其他国家和地区。中国内地四省市的学生得分显著高于OECD国家平均得分（487分）。在不同熟练度水平方面，达到熟练度水平5级、6级的学生被定义为高表现者，中国内地四省市达到5级、6级水平的学生比例为21.7%，而OECD国家达到5级、6级水平的学生比例为8.7%。未达到熟练度2级的学生被定义为低表现者，中国内地四省市的学生中，未达到2级的学生占比5.2%，在所有参加测试的国家和地区中，低表现者的比例最低。OECD国家中，有77%的学生达到2级以上水平，中国内地四省市超过85%的学生达到2级以上水平。

在科学素养方面，我国学生以590分位列第一，新加坡学生得分为551分，显著高于OECD国家的平均得分（489分）。在不同熟练度水平方面，达到熟练度水平5级、6级的学生被定义为高表现者。未达到熟练度2级的学生被定义为低表现者，中国内地四省市的学生中，97.9%达到2级以上，OECD国家中有78%的学生达到2级以上水平。

在数学素养方面，我国内地四省市学生以591分排名第一，新加坡学生569分位列第二，显著高于其他国家和地区，OECD国家的平均得分为489分。在不同熟练度水平方面，达到熟练度水平5级、6级的学生被定义为高表现者，中国内地四省市达到6级水平的学生比例达到16.5%，显著高于OECD国家的平均比例（2.4%）。

表10-5　中国内地四省市学生在PISA2018测试中的表现

	数　学		科　学		阅　读	
	成绩	排名	成绩	排名	成绩	排名
2018年	591分	1	590分	1	555分	1

表10-6　中国内地四省市、OECD国家学生在PISA2018测试中的表现

	数　学		科　学		阅　读	
	B-S-J-Z, China	OECD	B-S-J-Z, China	OECD	B-S-J-Z, China	OECD
2018年	591分	489分	590分	489分	555分	487分

资料来源：PISA官方网站。

二、上海教师在TALIS测试中的表现

TALIS（Teaching and Learning International Survey） 是OECD研发的国际教师教学调查。OECD于2008年、2013年举行了两轮TALIS调查。这项调查力图通过问卷方式，了解各国、各地区的校长和教师，特别是初中教师的专业准备、入职培训、专业发展、教学理念与实践、教师评价、校长领导力、学校氛围与支持等方面的情况，从而发现有益经验，促进各国对教师的重视。总体上看，TALIS测试的维度包括个人背景信息、教师专业发展、教师教学信念和实践、教师评价、学校氛围和校长领导能力等。

上海作为中国内地首个地区参加了TALIS 2013调研。从上海的调查样本来看，共有199所学校参与调查，3 925名教师和193名校长参与问卷的填写。根据调查结果，上海初中教师队伍整体比较年轻，平均年龄为38岁，比国际均值低5岁；学历水平较高，接受过本科及以上教育的教师占98.5%，高于国际均值（92.7%）。

1. 教师专业准备充分

教师专业准备是教师从教所需具备的专业知识、能力和素养，涉及教育知识与能力、学科知识与能力、综合素质等。除了专业知识和能力，教师专业准备还包括教师职业道德、教育政策法规、教育教学方法等。在教师专业准备方面，上海教师认为在所教科目学科内容方面准备比较充分和非常充分的占97.9%，认为在所教科目教育教学方法方面准备比较充分和非常充分的占96%。这两项数据分别高于国际均值（93.9%和89.7%）。

2. 教师专业发展覆盖广，参与度高，内容全面

教师专业发展在一定程度上是环境的产物，环境的差异会导致教

师专业发展呈现出不同的层次和水平。[1]教师专业发展情况主要体现在教师覆盖范围、教师参与度、培训内容和教学方法等方面。

在教师覆盖范围方面，上海学校为教师提供全覆盖的入职培训和带教活动。99.2%的上海学校为教师提供正式入职培训，高于国际均值（80%）；100%的学校提供带教活动，并且带教教师的主要学科领域与被带教教师的完全一致，远高于国际均值（69.5%）。

在教师参与度方面，97.7%的上海初中教师在过去一年参加过某种形式的专业发展活动；上海教师一年中用于各项专业发展活动的天数达62.8天。在这两项数据上，国际均值分别为88.7%和27.6天。

在培训内容方面，上海教师的专业发展活动重视课程与教学。调查数据显示，上海教师近一年参加的各种教师专业发展活动中，涉及“所教学科领域的知识和理解”“所教学科的教学能力”和“课程的知识”的比例最高，分别为95.9%、95.2%和88.9%，均高于国际均值20%以上。

在教学方法方面，上海教师重视个性化学习的教学方法。在调研前一年，上海教师参与个性化教学方法培训活动的比例达70.9%，在所有国家和地区中位列首位。同时，75.1%的上海教师认为自己需要个性化学习教学方法方面的培训。

3. 教学理念与实践紧密结合

教学理念与实践主要体现在教学理念认同度、教学方法的选择和运用等方面。

教学理念认同涉及教师对教学理念的理解，并且影响教师教学方式的选择。在教学理念认同度层面，上海教师普遍认同学生主动学习

---

[1] 朱旭东.论教师专业发展的理论模型建构［J］.教育研究，2014（6）：81-90.

的理念，96%的上海教师认同“思维与推理过程比具体的课程内容更重要”，98.7%的上海教师认为，“在教室向学生展示某个实际问题如何解决之前，应该先给学生思考解决方式的机会”，二者均高于国际平均认同度。

教学方法的选择和运用涉及教师对教育教学方法的掌握、教学理念的认同、教学情境的感知以及对学生情况的了解。在教学方法选择和运用层面，“内容总结”（90.2%）、“作业检查”（89.8%）、“学生个别回答问题”（86.8%）是上海教师运用最频繁的教学方法。另外，69.0%的上海教师经常使用小组合作学习，高于国际平均水平（48.8%）。

4. 教学评价认可度高

教学评价是对教师课堂教学过程的评价，包括对教师教学设计、实施以及教学成果的评价。在教学评价方面，上海学校普遍重视教师评价以及评价跟进工作。98.4%的上海教师接受学校评价，并且九成上海教师反映学校会与教师讨论改进教学不足的措施，这项比例在所有参加调查的国家和地区中位居首位。

5. 学校氛围重视合作交流

学校氛围对教师工作具有潜在影响，良好的学校氛围对教师教学和发展具有积极作用，教师可以在和谐的氛围中获得他人的支持，向他人提供帮助。在学校氛围方面，TALIS 2013主要从课堂纪律、课堂效率、工作时间、教科研活动、专业合作等方面进行测试。

在课堂纪律方面，九成上海教师认为课堂纪律良好。在课堂效率方面，上海教师的课堂时间利用效率最高。上海教师把平均86.1%的课堂时间用于实际教学，用于维持课堂纪律和管理任务的时间分别仅为7.9%和6.0%。

在工作时间方面，不同于国际平均时间，上海教师的时间分布比较均衡。上海初中教师每周平均工作时间39.7小时，与38.5小时的国际均值差别不大。在所有工作时间中，上海教师的教学时间为13.8小时，教师备课时间为8.1小时，批阅作业时间为7.9小时，辅导学生时间为5.1小时。另外，与本校同事合作交流时间为4.1小时。

在教科研活动方面，上海学校普遍重视教师的教科研活动参与度。九成上海教师认同教科研活动能提高教学水平。76.3%的教师表示两周至少有一次教研组活动、一次备课组活动，47.9%的教师表示两周至少有一次年级组活动。听评课和集体备课是教师经常参与的教研组活动。

在专业合作方面，上海学校鼓励教师相互合作，而且初中教师也非常重视专业合作。99.0%的教师参与教学观摩（最高），每月观摩1次或以上的占45.7%，领先于其他国家和地区。

第二节

上海基础教育质量监测体系

上海基础教育质量监测体系的建立过程是一步一个脚印走出来的过程。在“引进来”和“走出去”观念的指引下，近年来上海积极参与国际性基础教育测试，积累教育质量评价经验，同时在教育质量监测方面着手实践。2009年，上海成立基础教育质量监测中心，建立了具有高水平研究素养的专业队伍，研究如何以课程标准为基础制定评价标准，如何设计学科评价基本框架，如何针对学业质量评价结果进行统计分析。[1] 2016年，上海市浦东新区、长宁区、虹口区、普陀区、闵行区、奉贤区及金山区等7个区共140所中小学参加了参加国家义务教育质量监测。[2] 2017年11月，上海市教育督导研究中心成立。

基于高标准、高质量和多样化的目标取向，参照国际有关教育质量评价的研究，上海通过中小学学业质量绿色指标综合评价、普通高中学业水平考试和中小学生综合素质评价等方式，对基础教育质量进行监测，并通过对评价结果的分析和研究，督促学校进行改革，提高教育质量。

一、上海市中小学学业质量绿色指标综合评价

1. 上海市绿色指标综合评价的实施背景

上海市实施中小学学业质量绿色指标是教育内涵发展转变的需要。上海市在推行课程改革过程中发现，仅仅提高教学效果，并不能彻底改变学生负担过重的局面，原因之一在于原有的评价体系依然在发挥作用，束缚着课程与教学改革的深入推进。[3] 因此，转变单一的以考试成绩为标准的评价体系是促进教育内涵发展的突破口。2012年3月召开的上海市基础教育工作会议提出教育内涵发展的“五个转变”[4],其中要求进行教育质量评价改革，即从过度注重学科知识成绩的评价转向全

---

[1] 尹后庆.上海“绿色指标”：教育质量综合评价改革的思考与实践［J］.基础教育课程，2014（7）：6–21.

[2] 上海市顺利完成2016年国家义务教育质量监测任务［EB/OL］.（2016–05–30）［2018–05–30］http://www.shmec.gov.cn/web/xxgk/rows_content_view.html?article_code=410062016002.

[3] 尹后庆.“绿色指标”评价：引领教育转向内涵发展——上海市“绿色指标”的背景与内涵［J］.中小学管理，2013（7）：4–6.

[4] 基础教育内涵的“五个转变”，一是在教育价值取向上，从过度追求现实功利转向更加追求教育对“人”本身发展的价值；二是在教育质量评价上，从过度注重学科知识成绩转向全面发展的评价；三是在学生培养模式上，从高度统一的标准化模式转向更加注重基于需求导向的培养模式；四是在教师专业成长上，从注重学科知识和教学技能转向更加注重专业能力和教育境界的提升；五是在教育管理方式上，从单纯依靠行政手段转向更加注重思想领导和专业引领。

面发展的评价。

上海市中小学学业质量绿色指标是上海教育经验积累的成果，反映了上海参与学业质量测评，开展基础教育质量评价研究的历程。2003年，上海开始参与教育部基础教育课程教材发展中心的“建立中小学生学业质量分析反馈与指导系统”项目，获得影响学生学业质量的关键因素，初步建立了上海中小学生学业质量数据库；2006年至2010年，上海市每年都有部分区县参加中小学生学业测试。在不断的测试、反馈、总结中，上海市积累了开展大样本学业测试的经验。2009年，上海参加PISA测试，PISA测试的理念、框架、方式给上海基础教育评价改革以积极启示。2010年，上海市教委申报的“改革义务教育教学质量综合评价办法”项目被批准为国家教育体制改革试点项目，有力推动了教育质量评价改革进程，至2011年9月，上海形成了以关注学生健康成长为核心价值追求的系统指标——学业质量绿色指标。[1]

2. 上海市绿色指标综合评价的实施现状

2011年，上海市教育委员会发布关于《上海市中小学生学业质量绿色指标（试行）》（以下简称《绿色指标》）的实施意见，明确了《绿色指标》的指标内容、测试对象、测评手段等要求。其中，指标内容包括学生学业水平指数、学生学习动力指数、学生学业负担指数、师生关系指数、教师教学方式指数、校长课程领导力指数、学生社会经济背景对学业成绩的影响指数、学生品德行为指数、身心健康指数以及上述各项指标的跨年度进步指数等十项内容（见表10-7）。2014年，绿色指标综合评价工作进入全面自主化的新阶段，当年对上海四年级和九年级学生进行了抽样测评。

[1] 上海推行绿色指标引领中小学生学业质量评价改革［EB/OL］.（2011-11-22）［2018-11-22］http://www.shmec.gov.cn/web/xwzx/show_article.html?article_id=63486.

表 10–7　上海绿色指标内容结构

主要指数	分 项 指 数	获得途径	呈现方式
学生学业水平指数	学业成绩标准达成度、高层次思维能力指数、学业成绩均衡度（总体、区县、学校）	分析学生学业测试成绩	各分项指数通过星数、统计图等呈现
学生学习动力指数	学习自信心、学习动机、学习压力、学生对学校的认同度	采集学生问卷数据	各分项指数通过星数、统计图等呈现，以图表方式分析与学业成绩关系
学生学业负担指数	综合指数、分项指数（睡眠时间、作业时间、补课时间）		
师生关系指数	是否尊重学生、公正对待学生、信任学生		
教师教学方式指数	教师对教学方式自评、学生对教师教学方式评价	采集学生、教师问卷数据	
校长课程领导力指数	课程决策与计划、课程组织与实施、课程管理与评价	采集教师、校长问卷数据	
学生社会经济背景对学业成绩的影响指数	父母受教育程度、父母职业、家庭文化资源等对学生学业成绩的影响	采集学生问卷数据	
学生品德行为指数	理想信念、公民素质、健全人格等方面		通过星数、统计图等呈现
身心健康指数	学生生理、心理和情感等方面	采集学生问卷数据和教育部门监测数据	
跨年度进步指数	学习动力进步指数、师生关系进步指数、学业负担进步指数	纵向分析部分数据	

2011年度和2012年度绿色指标测试均针对四年级和九年级中小学生。总体上看，学生的学业成绩达标情况较好，学业成绩保持稳定。在高层次思维能力方面，具有高层次思维能力的四、九年级学生的比例与2011年相比略有下降，说明教学中学生在思维能力发展上的收获少于知识传授。在体质健康方面，学生2012年的体质健康

综合评价达标率与2011年基本相当。学习自信心较强的学生比例与2011年基本持平。四、九年级内部学习动机较强的学生比例和学校认同度较高的学生比例均略好于2011年。学生对师生关系、教师教学方式的评价均好于2011年。另外，教师对校长课程领导力的评价也有好转，对校长课程领导力评价较高的小学教师占比72%（2011年为67%），初中教师占比52%（2011年为45%）（见图10-1）。

在第四轮绿色指标综合评价中，上海改变原来的“两年连测、

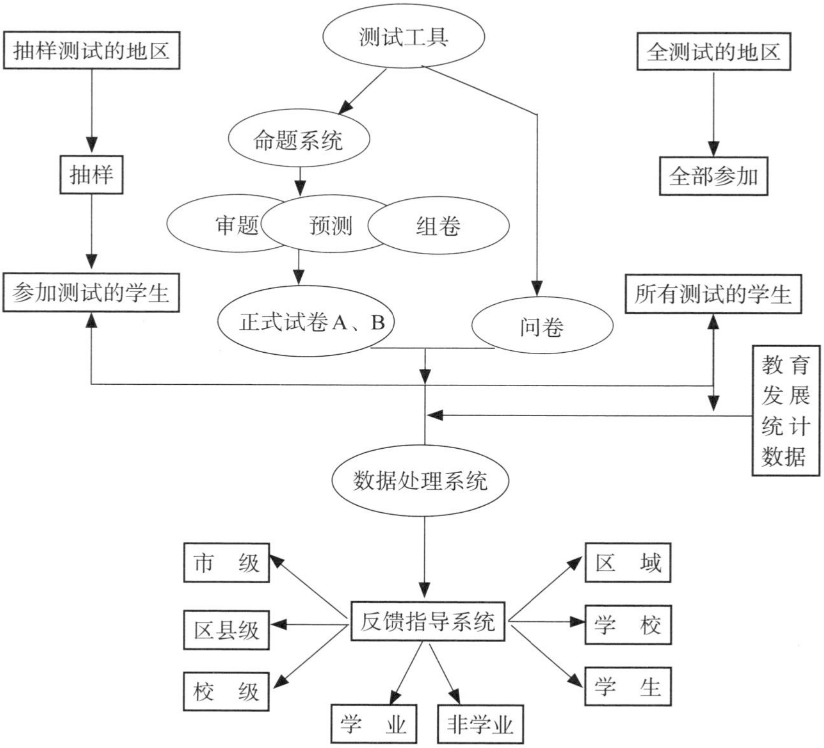

图10-1 上海绿色指标评价基本流程图

资料来源：刘中正.上海义务教育阶段学生学习质量评价体系研究——基于教育管理的视角[D].上海：华东政法大学，2012.

一年休整”周期，变为“三年一轮”，即实施“一年测评，两年改进”的评价周期。具体而言，初中和小学分开评价，2015年绿色指标评价对象为上海市所有初中学校，2016年绿色指标评价对象为上海市所有小学，2017年根据评价结果对学校进行完善和提升，2018年再重新开始评测初中学校。2015年绿色指标测试不仅评价周期发生变化，在样本数量、信息采集对象以及信息采集手段等方面均发生变化。[1]

首先，样本数量增加。在第四轮绿色指标评价中，上海市共有566所初中（其中包括所有公办学校521所，自愿参加的民办学校45所）[2]总共51 159名九年级学生参加初中语文、数学、英语、科学学科测试与问卷调查。同时，上海市1 035名校长、8 827名教师分别参加了校长和教师问卷。其次，信息采集对象范围扩大。第四轮绿色指标评价首次将学生家长纳入数据收集对象，上海市49 968名学生家长参与家长问卷调查。再者，信息采集手段网络化。第四轮绿色指标评价在信息采集手段方面进一步完善，通过采用互联网方式开展问卷调查，既提高收据收集的便捷性，又节省了经济成本。

2016年，上海针对全市小学开展绿色指标综合评价工作，指导各区开展基于反馈结果的教学改进行动。2016年度小学阶段绿色指标评价涉及上海全部公办小学共905所，自愿参加的民办小学33所，共6.8万余名四年级学生参加了语文、数学两门学科测试和问卷调查。

[1] 2015年度上海市初中学业质量绿色指标综合评价报告发布［EB/OL］.（2016-10-25）［2018-10-25］http://www.shmec.gov.cn/web/xwzx/show_article.html?article_id=89887.

[2] 样本学校抽样，按公办学校全部参加、民办学校自愿参加的原则确定样本学校并对参测学生进行抽样。

统计数据显示，全市小学生语文和数学学科达标率连续几年均在99%左右。[1]

二、上海市普通高中学业水平考试

1. 上海市普通高中学业水平考试的背景

2003年，教育部颁发《普通高中课程方案（实验）》，对高中课程目标、课程结构、课程内容及课程实施与评价作了全新的阐述。从2004年开始，广东、海南、山东和宁夏四省开始了高中新课程改革实验，随后高中新课程改革在全国逐渐推广。2008年，教育部颁发了《关于普通高中新课程省份深化高校招生考试改革的指导意见》，提出“高等学校招生录取要在高考成绩基础上逐步增加对学生学业水平考试及综合素质的考察”[2]，强调各省市要积极实行普通高中学业水平考试和学生综合素质评价制度，以利于对高中学生学业水平和综合素质进行全面客观评价，为高校招生选拔提供参考依据。此后，高中学业水平考试在各省市陆续开始实施。[3]

2014年9月，国务院印发《关于深化考试招生制度改革的实施意见》，文件中提及“启动高考综合改革试点”，上海、浙江成为首批高考改革的试点地。新一轮高考改革目标在于改革招生录取机制，探索基于统一高考和高中学业水平考试成绩、参考综合素质评价的多元录取机制，形成以分类考试、综合评价、多元录取相结合的考试招生

---

[1] 上海发布2016年度小学学业质量绿色指标综合评价报告［EB/OL］.（2017-12-22）［2018-12-22］http://www.gov.cn/xinwen/2017-12/22/content_5249295.htm.

[2] 教育部关于普通高中新课程省份深化高校招生考试改革的指导意见［EB/OL］.（2008-01-10）［2018-01-10］http://old.moe.gov.cn/publicfiles/business/htmlfiles/moe/s3258/201001/xxgk_79887.html.

[3] 董凌波，冯增俊.高中学业水平考试实施背景下的高考改革探析［J］.教育科学，2012（6）：28-32.

模式，建立中国特色现代教育考试招生制度。[1]而且，2014年教育部颁布《关于普通高中学业水平考试的实施意见》，提出在实行高考综合改革的省（区、市），学业水平考试中三门自选科目的成绩将计入高校招生录取总成绩。[2]作为高考改革试点之一，上海市坚持全面考核和分类考查相结合，在保证学生全面发展的同时，增加学生的选择性，以系统的观点，对高中学业水平考试与高校考试招生、高中学生综合素质评价等改革一并进行整体设计，从而促进基础教育质量进一步提升。

2. 上海市普通高中学业水平考试的实施现状

上海市高中学业水平考试包括合格性考试和等级性考试，两类考试在考试内容、考试方式以及考试成绩呈现方式等方面存在差异。

在考试科目方面，合格性考试包括语文、数学、外语、信息科技（信息技术）、体育与健身（体育与健康）、劳动技术（通用技术）和艺术（音乐、美术）科目，另外思想政治、历史、地理、物理、化学、生命科学（生物学）科目分设合格性考试和等级性考试。

在考试方式方面，合格性考试以笔试为主，辅以其他形式考核。具体而言，语文、数学、外语科目合格性考试采用笔试方式，外语科目另设听说测试；思想政治、历史、地理、物理、化学、生命科学（生物学）科目合格性考试采用笔试方式，其中物理、化学和生命科学（生物学）科目合格性考试另设技能操作测试；信息科技（信息技术）科目合格性考试采用上机考试方式；体育与健身（体育与健康）、劳动技术（通用技术）和艺术（音乐、美术）科目不统一

[1] 章全武，王润. 高中学业水平考试述评［J］. 教学与管理，2015（9）：118-120
[2] 教育部关于普通高中学业水平考试的实施意见［EB/OL］.（2014-12-10）［2018-12-10］http://old.moe.gov.cn//publicfiles/business/htmlfiles/moe/s4559/201412/181664.html.

组织合格性考试，由学校依据相关学科课程标准要求，以学生平时表现为依据，综合评定合格性考试成绩。[1]等级性考试均采用笔试方式，在合格性考试基础上加入一些拓展性内容，在全面考核学生基础知识和基本技能的基础上，注重加强对综合能力的考查。

在考试安排方面，各科目高中学业水平考试分散在高中三年中，在相应课程结束后进行，随教随考随清。考生可根据各高中学校课程安排选择报考。

在成绩呈现方面，合格性考试成绩分合格、不合格两类。语文、数学、外语、思想政治、历史、地理、物理、化学、生命科学（生物学）和信息科技（信息技术）科目合格分数线以考试分数的标准分值划定。等级性考试成绩以等级呈现，按获得该次考试有效成绩的考生总数的相应比例划分等级，位次由高到低分为A+、A、B+、B、B−、C+、C、C−、D+、D、E共五等11级。其中A+约占5%，A、B+、B、B−、C+、C、C−、D+各约占10%，D、E共约15%，E为考试有效成绩低于标准分值或约占5%。

高中学业水平考试对于学生和学校都非常重要。对学生而言，合格性考试各科目成绩合格，是上海市普通高中学生毕业的必要条件，同时是学生参加高考报名的依据，而且高校招生录取时也将学生的高中学业水平考试成绩作为参考依据之一。上海市应届高三学生通过物理、化学、生命科学（生物学）、地理、历史、思想政治、信息科技（信息技术）科目合格性考试，才能按要求报名参加普通高等学校春季招生考试；考生通过物理、化学、生命科学（生物学）、地理、历史、思想政治6门科目中至少3门科目的合格性考试，

[1] 关于印发《上海市普通高中学业水平考试实施办法》的通知［EB/OL］.（2018-10-12）［2018-10-12］http://www.shmec.gov.cn/html/xxgk/201810/424042018006.html.

才能按要求报名参加普通高等学校招生秋季统一考试。等级性考试成绩折算成相应分数计入秋季高考总成绩，作为高校招生录取的依据之一。对学校而言，高中学业水平考试成绩将作为高中学校课程管理和高中教学质量监测的重要参考依据。市级和区级教育行政部门需要加强对高中学业水平考试结果的研究和分析，督促学校改进教学方式，提高教育教学质量。

表10-8　上海市高中学业水平考试安排

年级	开考科目	考试类别	考试时间
高一	地理、生命科学（生物学）、信息科技（信息技术）	合格性考试	第二学期末
高二	地理、生命科学（生物学）	合格性考试（仅供高一已报名参加考试但尚未取得合格成绩的考生参加）	第一学期末
	思想政治、历史、物理、化学、地理、生命科学（生物学）、信息科技（信息技术）	合格性考试	第二学期末
	地理、生命科学（生物学）	等级性考试	5月
高三	语文、数学、外语	合格性考试	第一学期末
	思想政治、历史、物理、化学、地理、生命科学（生物学）	合格性考试（仅供还未取得合格成绩的考生参加）	第一学期末
	思想政治、历史、物理、化学、地理、生命科学（生物学）	等级性考试	5月
	思想政治、历史、物理、化学、地理、生命科学（生物学）、信息科技（信息技术）	合格性考试（仅供尚未取得合格成绩的考生参加）	第二学期末

三、上海学生综合素质评价体系

1. 上海实施学生综合素质评价的背景

1999年，上海编制了《上海市学生评价手册》，较系统地探索了中小学生的素质评价方式方法。2004年，上海市在吸取各区县对学生综合素质评价实践经验的基础上，将《上海市学生评价手册》进一步修订为《上海市中小学生成长记录册》，在上海市中小学校全面推广施行。

2005年1月，《国家基础教育课程改革实验区2004年初中毕业考试与普通高中招生制度改革的指导意见》颁布，第一次提出“综合素质评价”概念。[1]上海市在推进综合素质评价中，坚持对学生进行多维评价，在体现学生综合素质的同时，突出学生的关键素质。2006年，上海市又将其完善为《上海市中小学生综合素质评价方案》，并设置了《上海市中小学生综合素质评价》暨《上海市学生成长记录册》数字化操作平台等，逐步形成了上海市中小学生综合素质评价体系。

2014年，上海市发布新的中小学生综合素质评价方案，综合素质评价内容主要包括学生思想品德发展状况、中华优秀传统文化素养、修习课程及其学业成绩、创新精神与实践能力、身心健康信息、兴趣爱好与个人特长等。2018年，上海市教育委员会在《上海市普通高中学生综合素质评价实施办法（试行）》的基础上，研究制定了《上海市普通高中学生综合素质评价实施办法》，旨在全面评价高中

---

[1] 王小明，丁念金.历史与嬗变：普通高中学生综合素质评价改革十年［J].现代教育管理，2015（11）：74-79.

学生的发展情况，共同推进素质教育，同时为高校科学选拔人才提供参考。

2. 上海学生综合素质评价的实施现状

根据《教育部关于加强和改善普通高中学生综合素质评价的意见》，上海市教委颁布的《上海市普通高中学生综合素质评价实施办法》从三个方面进行了细化落实。[1]

在组织管理方面，上海构建多级管理、领导协调制度。（1）多级管理，上海市、区县和学校实行三级管理，共同参与学生综合素质评价的组织和管理；（2）领导协调，上海成立市中小学生综合素质评价工作领导小组，同时委托上海市青少年学生校外活动联席会议办公室协调各个部门，共同为学生志愿服务（公益劳动）、体育艺术科技活动、研究性学习等活动提供支持。

在信息记录方面，上海主要采取电子信息平台方式进行信息记录和管理，具体包括“上海市普通高中学生综合素质评价信息管理系统”和“上海市学生社会实践信息记录电子平台”。综合素质评价信息管理系统以数字化方式记录评价过程和呈现评价结果；社会实践信息记录电子平台的作用是方便社会实践活动信息的个别录入和整体汇总。学生可以通过刷学籍卡，记录参加社会实践活动的情况，最终所有结果将统一导入信息管理系统。

在结果反馈方面，上海市教委统一了学生综合素质评价的档案格式。通过统一设计的《上海市普通高中学生综合素质评价纪实报告》（以下简称《纪实报告》），所有学生的评价结果都以统一的表格呈现，便于规范使用和比较。根据上海“二期课改”的课程类型

[1] 陆璟.普通高中学生综合素质评价的“上海设计”[J].中小学管理，2015（6）：7-11.

划分，《纪实报告》体现出学业水平和学习兴趣的结合。报告对不同类型的课程要求不同的记录内容：基础型课程需要记录学生的学期成绩，拓展型课程只要求记录学习科目和总学时，研究型课程只要求记录课程或课题项目的名称和学生修习该课程的起讫时间。这样做的目的是鼓励学生积极探索自己感兴趣和认为有价值的课程，通过高中三年的选课过程，发现和培养自己的专业兴趣。上海学校一直注重研究型学习，力图通过对研究型学习传统的发扬，实现创新精神与实践能力的结合。用研究性学习专题报告代表作、科技活动、创造发明情况来反映学生的调查研究能力、动手操作能力和实践体验经历，将进一步推进学习方式和评价方式的转变；通过对学生和学校的关注，体现学生个性和学校特色的结合。《上海市普通高中学生综合素质评价实施办法》将“学生自我介绍”和“学校特色指标”纳入《纪实报告》，以体现学生的个性发展和学校在培养学生素养上的特色。

表10–9　上海市关于高中学生综合素质的政策文本

政策文本	发布时间	发布机构	相关内容要点
《上海市深化高等学校考试招生综合改革实施方案》[1]	2014年9月	上海市人民政府	二、主要任务和措施 （二）建立高中学生综合素质评价制度 1. 构建高中学生综合素质评价体系 2. 积极稳妥推进高中学生综合素质评价信息的使用

［1］市政府关于印发《上海市深化高等学校考试招生综合改革实施方案》的通知［EB/OL］.（2014-09-19）［2018-09-19］http://www.shanghai.gov.cn/nw2/nw2314/nw2319/nw10800/nw11407/nw31810/u26aw40261.html.

（续表）

政策文本	发布时间	发布机构	相关内容要点
《上海市普通高中学生综合素质评价实施办法（试行）》[1]	2015年4月	上海市教育委员会	三、记录和评价内容 1. 品德发展与公民素养 2. 修习课程与学业成绩 3. 身心健康与艺术素养 4. 创新精神与实践能力 四、记录方法与程序 1. 写实记录 2. 整理遴选 3. 公示审核 4. 导入系统 5. 形成档案 五、评价结果应用 1. 引导学生积极主动发展 2. 促进普通高中学校积极开展素质教育 3. 作为高校人才选拔的参考
《上海市人民政府印发〈关于进一步深化本市高考综合改革试点工作的若干意见〉的通知》[2]	2018年4月	上海市人民政府	三、完善育人模式，着力培养德智体美全面发展的社会主义建设者和接班人 （二）深化高中学生综合素质评价机制改革
《上海市普通高中学生综合素质评价实施办法》[3]	2018年11月	上海市教育委员会	三、记录和评价内容 1. 品德发展与公民素养 2. 修习课程与学业成绩 3. 身心健康与艺术素养 4. 创新精神与实践能力 四、记录方法与程序 1. 写实记录

[1] 上海市教育委员会关于印发《上海市普通高中学生综合素质评价实施办法（试行）》的通知［EB/OL］.（2015-04-30）［2018-04-30］http://www.xhedu.sh.cn/cms/data/html/doc/2015-04/30/325150/index.html.

[2] 上海市人民政府印发《关于进一步深化本市高考综合改革试点工作的若干意见》的通知［EB/OL］.（2018-04-04）［2018-04-04］http://www.shanghai.gov.cn/nw2/nw2314/nw2319/nw12344/u26aw55501.html.

[3] 关于印发《上海市普通高中学生综合素质评价实施办法》的通知［EB/OL］.（2018-11-22）［2018-11-22］http://www.shmec.gov.cn/html/xxgk/201811/424042018007.php.

（续表）

政策文本	发布时间	发布机构	相关内容要点
《上海市普通高中学生综合素质评价实施办法》	2018年11月	上海市教育委员会	2. 整理遴选 3. 公示审核 4. 导入系统 5. 形成档案 五、评价结果应用 1. 引导学生积极主动发展 2. 促进普通高中学校积极开展素质教育 3. 作为高校人才选拔的参考

第三节

上海基础教育质量保障运行机制

经过多年的发展，上海基础教育经历了管理体制改革、课程改革、教学改革、学校变革等，逐步建立并形成了较为完善的专注基础教育质量保障的组织体系。目前基础教育质量保障体系中的组织机构主要包括上海市教育评估院、上海市教育督导事务中心、上海市基础教育质量监测中心等。这三家机构共同构成了上海市基础教育质量保障的“三驾马车”，在教育评估与认证、依法督政和督学、基础教育质量监测等方面发挥着重要作用，其组织框架如图10-2所示。

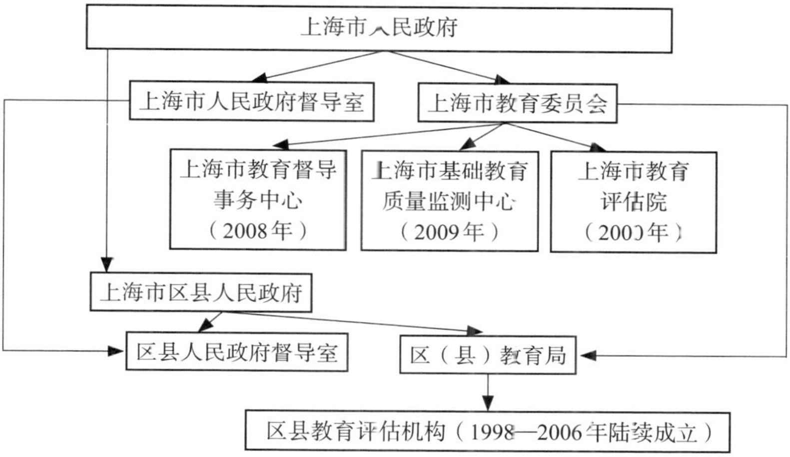

图10-2　上海市基础教育质量保障组织体系图示

资料来源：郭朝红.上海基础教育质量保障的实践管窥［J］上海教育科研，2015(1)：64-67.

一、上海市教育评估院

上海市教育评估院隶属于上海市教育委员会，创建于2000年9月，是目前我国成立最早、规模最大、业务范围最广的专业性教育评估机构。上海市教育评估院下设基础教育评估所，主要负责基础教育的评估与认证。

上海市教育评估院基础教育评估所的主要职能是接受上海市教委的委托与授权，负责上海市基础教育的教育评估和认证；受理对中小学教师的教学能力的评价委托；开展教育评估专题培训，为区、县教育评估机构和学校提供业务指导和服务，同时承接国家或其他省市相关单位委托的评估项目。

在上海基础教育质量监测保障体系中，上海市教育评估院的主要作用在于：致力于上海市从学前教育到高中教育全程各阶段的教育评估和认证；对基础教育学科、专业、师资队伍的水平质量进行检查与评估，对学校办学质量进行评估；受理对中小学教师的教学能力与学

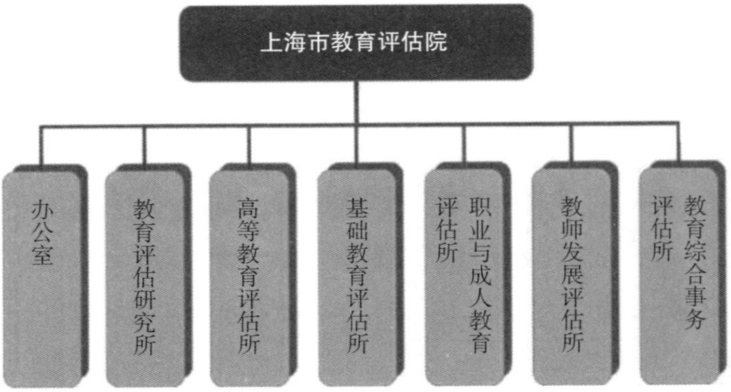

图10-3　上海市教育评估院组织框架

资料来源：上海市教育评估院-本院概况［EB/OL］.（2018-12-10）［2018-12-10］http://www.seei.edu.sh.cn/Default.aspx?tabid=143.

术水平的评价委托；组织教育评估科研与学术交流，为教育行政部门提供决策咨询；开展教育评估专题培训，为区（县）教育评估机构和学校等提供业务指导和服务等。此外，上海市教育评估院通过加入地区性和国际性教育质量保障组织、定期举办教育评估论坛、积极参与教育评估活动、机构人员互访等方式，加强与国内外教育评估机构的理解与沟通，为上海市基础教育质量监测保障积累经验。

二、上海市教育督导事务中心

2008年3月，上海市教委、市政府教育督导室召开上海市建立教育督导制度20周年座谈会，并正式成立“上海市教育督导事务中心”。2008年4月，上海市教委决定该中心同时增挂“上海市教育行政执法事务中心”牌子，并依据《中华人民共和国行政处罚法》《中华人民共和国教育法》等法律法规，委托其承担市教委有关行政执法事务，依法对本行政区域内涉及教育工作的法律事务进行监督、检查，办理教育行政处罚、行政强制等执法事务工作。

在组织关系方面，上海市教育督导事务中心是上海市教委设立的全额拨款事业单位，是享有独立人事权、财务权的实体单位。在组织职能方面，上海市教育督导事务中心主要具有加强教育督导与行政执法两项行政职能，并负责落实督查职责。在督查范围方面，上海市教育督导事务中心的督查工作涉及中小学规范办学督查、非学历教育培训督查以及涉外教育督查，其中与基础教育领域对应的主要是义务教育学校的办学规范方面。[1]

上海市教育督导事务中心的职能界定决定了其在上海基础教育质量监测保障体系中的作用：在教育督导方面，上海市教育督导事务中心致力于：（1）承担本市行政区域内教育依法督导的具体事务工作，确保教育方针、政策及教育法律法规在各级各类学校、办学机构中的贯彻落实；（2）协助市督导室，做好依法督政和督学整改措施的跟踪落实检查工作，并做好年度教育督导项目、督导计划等的实施工作；（3）协助市督导室研究制定各类督政和督学工作的指标体系，具体负责教育督学资格的认定、聘任、培训和教育督导资格制度的规范管理工作。

在行政执法方面，上海市教育督导事务中心致力于：（1）协助市教委有关职能部门研究制定本市教育行政执法的制度及规范管理办法，研究并提出维护本市教育秩序，促进本市教育健康发展的政策措施与建议；（2）依据《中华人民共和国行政处罚法》《中华人民共和国教育法》等法律法规，受市教委委托，承担有关行政执法事务，依法对本行政区域内涉及教育工作的法律事务进行监督、检查，办理教育

[1] 徐晶晶，计琳，李立基.加强教育督查，提高教育行政执行力，努力实现教育改革创新——专访上海市教育督导事务中心主任朱坚［J］.上海教育，2012（7）：24.

行政处罚、行政强制等执法事务工作。[1]

三、上海市基础教育质量监测中心

2009年9月，上海市基础教育质量监测中心成立。该中心致力于研究科学的教育质量监测技术与方法，对区域基础教育质量进行监测、分析，旨在通过对基础教育质量现状的分析，为教育管理部门科学决策提供依据，为中小学校改善教学方式、提高教学质量提供指导、改进建议，从而引导政府部门、学校和社会形成全面、科学的质量观。[2]

教育评估和教育督导需要教育监测提供的数据和信息，因此上海市基础教育质量监测中心在整个基础教育质量监测保障体系中居于非常重要的地位。上海市基础教育质量监测中心的作用在于：（1）根据区域基础教育质量发展情况，拟定基础教育质量监测标准；（2）借鉴国际基础教育质量监测经验，研究开发基础教育质量监测工具；（3）接受政府相关部门委托和授权，具体实施全国范围或区域内基础教育质量监测工作；（4）加强国内外教育机构之间的联系，为各地开展基础教育质量监测工作提供技术支持和业务指导。

四、上海市教育评估协会

上海市教育评估协会是一个民间成立、官方批准的教育评估专业组织。经上海市教育委员会和上海市民政局批准，上海市教育评估协

[1] 市教委直属单位简介——上海市教育督导（行政执法）事务中心［EB/OL］.（2018-12-10）［2018-12-10］http://www.shmec.gov.cn/web/jyzt/zsdw/jyzt_show.php?id=13.

[2] 上海市教育决策咨询委员会秘书处，上海市教育科学研究院.2011年上海教育发展报告：迈向现代化的上海教育（摘要）［J］.教育发展研究，2011（Z1）：1-45.

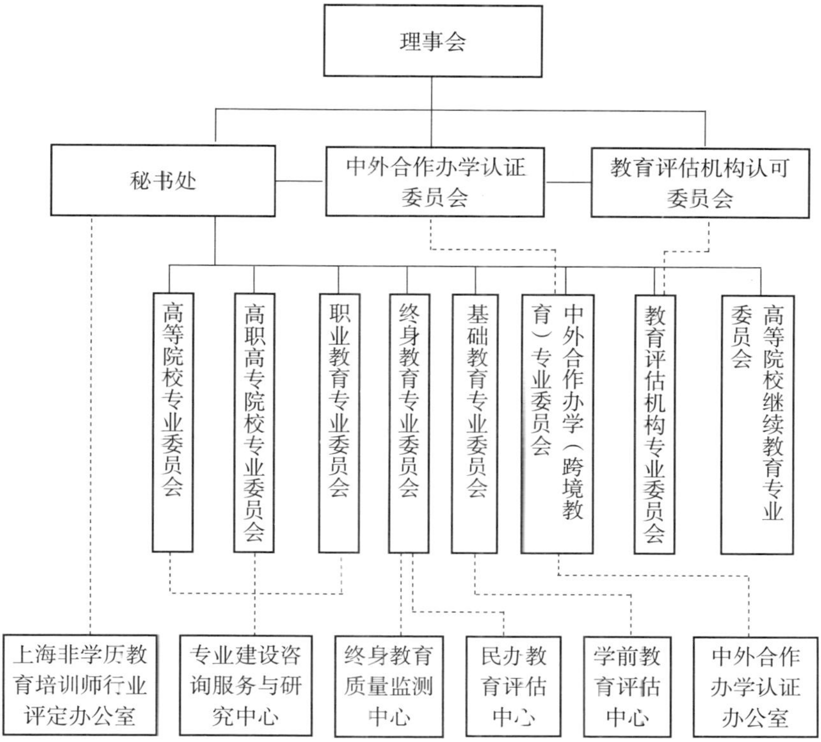

图10-4　上海市教育评估协会组织架构

会于2004年4月正式成立。它是国内最早成立的教育评估专业组织。

上海市教育评估协会是一个具有独立法人资格的专业性社会团体组织，目前由160多家团体会员和200多名个人会员组成。在组织结构上，协会设教育评估机构专业委员会、跨境教育专业委员会、终身教育专业委员会、高等院校专业委员会、职业教育和成人教育专业委员会等分支机构；常设机构为协会秘书处。协会的创办旨在规范上海市各类教育评估活动，实行教育评估行业自律。[1]

[1] 上海市教育评估协会-协会概况［EB/OL］.（2018-12-10）［2018-12-10］http://www.seeash.org.cn/xhgk.

协会的组织性质和框架结构反映了其在上海市基础教育质量保障方面发挥的作用。一方面，树立行业规范，保证评估质量：（1）根据有关法规授权或政府委托，负责机构准入资质与专兼职评估人员资格认定；（2）组织制定教育评估工作规程、服务质量标准等自律准则及操作规范；（3）开展评估人员职业道德教育及业务培训。另一方面，开展评估研究，致力评估实务：（1）组织研制教育评估质量标准，提供教育评估专业服务；（2）组织教育评估业务合作与学术交流，开展教育评估研究；（3）发布教育评估信息，编辑出版教育评估科研成果和相关资料；（4）为政府制定教育评估方面的法律法规提供建议，并及时收集、反映意见。

第四节

上海基础教育质量改善举措

虽然上海市在基础教育质量方面取得了一定的成绩，并且在组织保障运行方面形成了专业机构和长效机制，但是上海市仍然采取了一些措施改善基础教育质量。比如，通过改进教育质量评价标准，促进基础教育评价指标升级；鼓励发展新优质学校，缩小区域、校际基础教育质量差距；加强校长、教师队伍建设，提升学校自我领导、主动发展的意识和能力。

一、升级基础教育学业质量绿色指标——绿色指标2.0

1. 绿色指标1.0的实施成效

自2011年上海市政府发布绿色指标以来，围绕绿色指标的实践取得了良好的成效，引起了国内外的关注。总结绿色指标1.0的特点，绿色指标本质上是基于学科测试与相关背景问卷调查的学校学业质量综合评价，其关键之一是基于标准的学科测试。这种学科测试是对传统考核方式的继承，但是它不仅包含结果性指标，还包含过程性指标和影响性因素指标。这些过程性指标和影响性因素指标的加入，是上海参加PISA等国际性测试积累的经验。继承传统考核方式，同时引入新的创新因素，经过几年的测试和调整，绿色指标已经获得社会各界的一致认可。

绿色指标体现了上海市教育管理部门对学校基础教育质量提出的标准化要求，但是在标准之外并未有过多的约束，避免了“千校一面”的情况，保证了不同的学校有各自的特色，实现了标准化和多样性的统一。绿色指标强调对所有学校办学的价值引领，但是并不强求同质发展，因此给学校留下了自由发展的空间，鼓励学校个性化的需求，这也是绿色指标将价值引领和自由发展结合的体现。绿色指标是传统和创新的承接，是标准化和多样性的统一，是价值引领和自由发展的结合。

2. 绿色指标1.0的实践问题

虽然绿色指标1.0在实施中取得良好效果，但总结其实践经验，便可发现仍有需要完善之处。上海市目前已经开始从1.0版迈向2.0版本。在反思绿色指标1.0实践问题时，上海市教委教研室副主任纪明泽提出了四个方面的问题。[1]

[1] 资料来源：上海市教委教研室副主任纪明泽在2017年上海市中小幼校（园）长暑期培训的发言《绿色指标：从1.0到2.0的思考》。

（1）评价指标之间的从属关系需要进一步梳理

指标间的从属关系不明将导致问题的归属无法界定清晰，在实践中就难以确定问题出现的原因，并采取相应的对策。比如，“学业负担”是十个一级指标之一，而“学生学习动力指标”中的二级指标“学习压力”与其内涵比较相近。实践中也发现，中小学校长在处理学生的负担与压力时是进行统合考虑的。

（2）评价指标的分解需要进一步完善

对指标的进一步分解是为了提高指标的可操作性，既便于理解指标的内涵，也便于检验指标的落实情况。比如，绿色指标1.0将教师教学方式指数分为教师自评和学生评价两个部分，这是考虑到教师和学生对教学方式的不同观点。绿色指标2.0在此基础上作进一步细分：教师对教学方式的自评可以分为因材施教、互动教学和探究与发展能力三个指标；学生对教师教学方式的评价，可以通过在问卷中加入“教师是否进行情境教学”“教师是否鼓励学生动手实践”等问题从而实现指标的细分。

（3）评价指标要易于理解与传播

指标的作用在于评价和反馈，其内涵是否清晰、是否易于理解和表述，决定着测试过程的科学性以及结果呈现的准确性。比如，绿色指标1.0涉及学生的家庭社会经济背景对学业成绩的影响，这个指标反映的是学校教育追求教育公平的作为，体现的是学校教育公平的程度。因此，这个指标修改为“教育公平指数”会更加妥当。

（4）评价系统要将“自上而下”与“自下而上”相结合

这是评价观念的转变，将长期处于客位的评价对象转向主位。评价目的和评价结果最终都落位于评价对象，将“自上而下”与“自下而上”结合，既符合评价观念转变的合理性，也满足了评价对象对评价系统具有更多话语权的需求。

3. 学业质量绿色指标2.0的框架结构

根据各所学校的实践反馈意见，绿色指标项目的研究队伍坚持导向性、科学性、操作性的深化原则，在分析各项关于基础教育质量监测政策文件的基础上，提出了绿色指标2.0的框架结构，具体见表10–10。

表10–10　绿色指标2.0框架结构（讨论稿）

绿色指标1.0	绿色指标2.0	
一、学生学业水平指数 （一）学业成绩标准达成度 （二）高层次思维能力指数 （三）学业成绩均衡度 二、学生学习动力指数 （一）学习自信心 （二）学习动机 （三）学习压力 （四）学生对学校的认同度 三、学生学业负担指数 （一）学生负担综合指数 （二）学生负担分项指数 四、师生关系指数 五、教师教学方式指数 （一）教师对教学方式自评 （二）学生对教师教学方式评价 六、校长课程领导力指数 七、学生社会经济背景对学业成绩的影响指数 八、学生品德行为指数 九、身心健康指数 十、跨年度进步指数	一、学生学业水平指数 （一）学业成绩标准达成度 （二）高层次思维能力指数 （三）学业成绩均衡度 二、学生身心健康指数 （一）学生体质健康指数 （二）学生心理健康指数 三、学生品德和社会化行为指数 （一）个人礼仪规范指数 （二）亲社会行为指数 （三）公民行为指数 （四）国际视野指数 四、学生学习动力指数 （一）学习自信心指数 （二）学习动机指数 五、学业负担和压力指数 （一）学业负担指数 （二）学业压力指数	六、学生学校认同度指数 （一）师生关系指数 （二）同伴关系指数 （三）对学校的归属感指数 七、教师课程领导力指数 （一）教师教学理念指数 （二）教师教学方式指数 （三）教师学业评价力指数 八、校长课程领导力指数 （一）课程规划指数 （二）课程实施指数 （三）课程评价指数 （四）课程管理指数 九、教育公平指数 （一）机会公平指数 （二）过程公平指数 （三）实质公平指数 十、跨时间的发展变化指数

资料来源：上海市教委教研室副主任纪明泽在2017年上海市中小幼校（园）长暑期培训上的发言《绿色指标：从1.0到2.0的思考》。

可以看出，绿色指标2.0版本与1.0在结构上存在一定的变动：

（1）将原有的部分二级指标重新调整，归入其他一级指标

比如“学生对学校的认同度”原是绿色指标1.0中“学习动力指数”的二级指标，现在提升为一级指标“学生学校认同度指数”，并且将1.0版本中的一级指标“师生关系指数”纳入该指标项目。这个变动并非单纯的指标变动，将同伴关系纳入学生学校认同度，表明研究队伍对学生校园关系理解的进一步深入，而且也考虑到原有的“师生关系指数”难以继续细化为二级指标。

（2）将原有的部分一级指标进一步细化，形成新的二级指标

比如“校长课程领导力指数”原本只是一级指标，并没有细化，只能通过问卷进行调查，难以通过量化手段进一步分析。在绿色指标2.0（讨论稿）中，这个指标逐渐细化，分为课程规划指数、课程实施指数、课程评价指数、课程管理指数四部分，贯彻课程设计到课程实施、管理的全过程，更易于量化和评价。

（3）对原有的部分指标作重新表述，赋予新的内涵

比如绿色指标1.0中涉及“学生社会经济背景对学业成绩的影响指数”，对这个指标的测量是为了了解家庭条件对学生学业成绩的影响，从而采取措施保证教育公平。但是，这个指标如果直观表述，更容易被理解、测量，所以绿色指标2.0将该指标改为“教育公平指数”，并且从机会公平、过程公平和实质公平三个维度描述教育公平的现状。

二、推进新优质学校建设工程

1. 新优质学校建设工程的背景

一直以来，关于“优质校”的评价标准呈现倾向性的误解，许多人认为学校的考试成绩是学校质量的主要标准，因而出现过于强化

"主科"测试分数的"质量监控"。在相当一部分区县、学校，应试教育、按分数排名等现象愈演愈烈，并形成了一种"文化"，全面渗透在教育价值观、思维方式、管理制度和行为模式上。在热衷于分数排名的大环境下，相当一部分"优质校"受到追捧，被择校情况严重。虽然不少"优质校"一直作为区域的"窗口"学校，但实际并不具备在全面实施素质教育上的带动效能。[1]

基于这种情况，上海市教育管理部门为了促进上海基础教育的转型发展，将树立新的教育价值观和评价标准作为亟待解决的问题。2011年4月，上海市教委以新优质教育为着力点，推出"新优质学校推进项目"，首批共有23所义务教育阶段公办学校参加，引起社会的广泛关注。项目校后来扩大到43所，覆盖全上海17个区县。截至2015年，上海市已汇聚近100所项目学校参与"新优质教育"实践，区县层面的新优质项目学校也扩大至120余所。

上海市教委希望通过"新优质学校推进项目"，能够带动众多的中小学校形成新的发展思路：不挑生源，负责任地接纳就近、对口入学的全体儿童；不追求分数排名，而要尽可能适应学生差异，满足学生的发展需求，促进每个孩子的健康快乐成长；从校情、学情出发，开展课程教学改革，主动探索提升学校办学水平的有效策略；在政府均衡配置教育资源的前提下，办学水平明显提高，成为周边百姓满意的好学校。

表10-11 "新优质教育"的基本理念

领　域	内　　涵
育人观念	回归教育本原，关注每一个学生的差异发展
课程建设	根据学生发展需求建立丰富、可选择的课程体系

[1] 胡兴宏."新优质学校"新在哪里［J］.上海教育科研，2013（1）：1.

（续表）

领　域	内　　　涵
课堂教学	满足每一个学生的学习需求，特别关注学有困难学生的成长支持
质量评价	突破单一的分数指标，实施以学业质量绿色指标为基础的教育质量综合评价

资料来源：关于印发《上海市新优质学校集群发展三年行动计划（2015—2017年）》的通知［EB/OL］.（2015-11-18）［2018-11-18］http://www.shmec.gov.cn/web/xxgk/rows_content_view.html?article_code=3022015002.

2. 新优质学校建设工程的目标

在PISA测试中取得的优异成绩，证明了上海在基础教育质量方面已经达到高水平、高质量的要求，具体表现为具有高水平表现的学生的比例较高。目前，上海基础教育发展的目标除了维持基础教育的高位发展，还要使区域义务教育阶段学校发展更为均衡，学校办学水平更加优质，教育发展活力更加充分，人民群众对义务教育的满意度不断提高。

新优质学校建设工程坚持以集群创新为途径，即依靠一批积极探索实践“新优质教育”、有不断变革发展内生动力的公办学校，组成不同形式的实践团队，针对内涵发展的瓶颈问题，深入开展项目研究和实践，不断提升学校的办学水平。而这批新优质学校并非传统意义上的具有良好人力、财力、物力支持的“重点学校”，仅仅依靠外来支持造就的好学校很难成为引领广大中小学走向均衡优质的榜样。[1] 因此，目前这些项目学校组成的新优质学校，具体的“新”体现在三个方面：一是起点新，不选生源，不聚资源，没有历史积淀，区别于过去政策扶持学校；二是目标新，把公平与均衡融入学校发展理念；三是发展途径新，从课程教学改革、教学评价方法等各方面入手。[2]

［1］ 胡兴宏.把学校带向何方［J].上海教育，2012（10）：66-67.
［2］ 张民生.学习“新优质”，创新“新优质”［J].上海教育，2012（10）：65.

通过集群发展，这类学校达到上海市义务教育阶段学校办学基本标准，绿色指标综合评价结果处于全市优良水平，有鲜明的办学特色，家长及社区居民满意度达到90%以上，成为“家门口的好学校”。

3. 新优质学校建设工程发展举措

根据上海市新优质学校集群发展三年行动计划（2015—2017年），上海市教委采取一系列举措推动新优质学校建设工程发展，具体有六个方面的举措。

（1）按需集群发展

上海市教委通过在市级层面将100所新优质学校集群发展项目学校结成实践研究共同体，由上海市新优质学校研究所进行详细指导，按照新优质教育理念，对项目学校进行设计，形成符合学校实际的发展方案。

（2）培育范例学校

上海市教委和区县教育行政部门组织专家人员对项目学校逐一进行深度调研，通过对学校开展个案研究，诊断分析学校的问题，并且通过专家跟踪指导，构建问题解决的行动模型，收集与提炼符合新优质教育理念的示范案例和学校样本经验。

（3）多维经验分享

上海市、区县合力构建多渠道的新优质教育交流、展示平台。根据学校变革经验的呈现方式，将传统媒体和新媒体相结合，通过多种宣传推广途径，提升新优质教育及项目学校在社会中的影响力。

（4）培养校长队伍

上海市教委以培养践行新优质教育的校长队伍为重要任务，采取高级研修、岗位锻炼、展示辐射等方式，打造一支具有新优质教育理念的高素质校长队伍。区县教育行政部门要为项目学校的校长和教师提供充分的培训、锻炼、扶持、交流展示等机会和渠道，转变广大教育工作者的教育理念和教学行为，形成一大批认同和践行新优质教育理念的师资队伍。

（5）市区联动发展

市项目学校要在转型发展方面发挥示范、引领作用，上海市新优质学校研究所着手将项目学校的发展经验辐射到区县。区县教育行政部门要鼓励学校积极参与到市区两级研究项目中，充分激发学校的自主性和主动性，引导学校将新优质项目实践整合于日常教学、管理工作，推动学校教育教学的整体设计与优化。

（6）打造教育品牌

项目学校将实践经验向上海市新优质学校研究所反馈，在总结经验的基础上，深入研究新优质学校的内涵、特征、实现途径、评价指标，构建新优质学校的理论体系。在理论研究和实践探索的基础上，打造新优质学校品牌，发挥优质教育的品牌效应，引领更多学校向新优质学校发展。

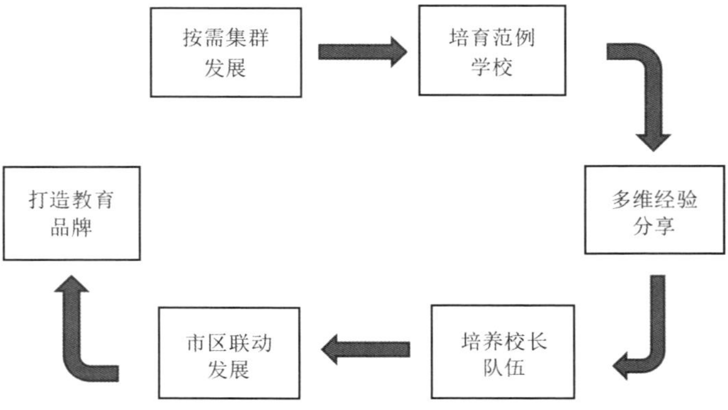

图10-5　新优质学校建设工程发展举措

三、实施“基础教育系统名校长名师培养工程”（“双名工程”）

1. “双名工程”的实施背景

上海市普教系统名校长名师培养工程又称“双名工程”，实施已有十多年。追溯“双名工程”的实施背景，可以发现这个项目是国际因素、国内因素以及专业因素相互作用的结果，具体体现在以下三个方面。

（1）我国教师发展的成就赢得世界关注

近年来，随着PISA、TALIS等国际性教育测试的引入，上海学生学业成就和教师素养成为世界关注的焦点。然而，我国教师发展的成就在更早之前就曾得到世界的关注。例如，美国斯蒂文森小组曾对中、日、美800节小学数学课作系统抽样的叙事研究，并且于1995年发表结果：中国（还有日本）学生数学思考的质量依赖于学生对问题的反应和教师如何提出问题，而美国教师不太会采用什么技巧去激发学生的建设性思考和对数学的概念性理解。与此类似，不少国家的专家都在寻找中国教师工作的合理成分，结果明显改变了往常那些片面看法。[1] 为了保证教师发展始终走在国际前列，推行以“双名工程”项目为代表的师资队伍建设成为重要的教育战略选择。

（2）学生学业成就差距与教师工作差距之间具有相关性

一直以来，关于学生学业成就的影响因素研究是各国教育研究者的研究热点。虽然不同的国家研究的结果不甚相同，但其中的共

[1] 顾泠沅.“双名工程”的背景、经验与深化［J］.上海教育，2016（34）：24.

同点在于：各个国家的比较研究表明，学生学业成就的差距是学习的差距，而学习差距体现出的是教学的差距，换言之，这就是教师工作的差距。围绕学生学业成就差距的各项研究，推动了教师研究的发展。各国教育研究者将教师及教师队伍作为研究重点，研究教师的个体特征、专业发展、角色意识、教学方式等因素对学生学业成就的影响，产生了丰富的研究成果。继2009年、2012年连续获得PISA测试总分第一之后，上海教师队伍成为全球各国研究的对象，包括从教师的教学方式到教师专业发展模式等各个方面，都吸引了世界的目光。由此可见，上海推进“双名工程”项目具有专业因素方面的考量。

（3）师资队伍建设符合上海基础教育发展的需要

在学校硬件设施不断完善的情况下，教师资源尤其是优质教师资源将成为基础教育均衡发展的重要障碍。2006年，上海基础教育教师队伍建设的“十一五”规划纲要提出14项行动计划，“双名工程”是其中十分重要的一项。虽然上海教师在教师教学国际调查项目（TALIS）中领先全球其他国家（地区），但是上海教师队伍建设仍存在一些不足，主要表现在：一是教师队伍建设的顶层设计有待强化，各学段教师资源的整合共享机制有待完善；二是各学段教师队伍建设存在一些薄弱环节，如学前教育教师数量紧缺，保教质量有待提高，义务教育阶段教师队伍年轻化趋势与专业发展水平提高之间的矛盾依然突出，城乡教师队建设均衡发展需要实质性推进，高中阶段教师队伍的学科结构有待优化等；三是师德素养整体向好，仍需与时俱进；四是教师专业发展水平有较快提升，但核心竞争力仍需持续增强；五是高层次人才集聚效应有较大改观，但以名师、名校长和教育家等为代表的高水平教师规模仍显不足；六是教师管理制度有了突破性进展，但人事制度的灵活性和开放性仍待加强。因此，“双名工程”项目的推进符合上海基础教育发展的需要。

2. “双名工程”项目的发展情况

“双名工程”从2005年启动以来，已经实施了三期，取得了良好的发展成果。

第一期“双名工程”项目从2005年开始实行，在项目推行过程中建立了8个校长培养基地、23个教师培养基地以及4个校长高级研修班和23个教师高级研修班。在此基础上，以各基地和研修班为单位对学员进行共性和个性相结合的培养。通过专家指导、教学研讨、名著研读、案例分析、课题研究、学术考察等培养形式，在促进学员的专业发展上取得了明显的成效，同时创设了独特的培养模式，为上海市教育人才培养和学科高地建设提供了很好的经验。[1]

第二期“双名工程”于2008年启动，历时3年，辐射全市18个区县，建立培养基地56个，培养名师563人，学段、学科基本做到全覆盖。目前，普教系统“人才链”基本形成，“双名工程”学员正在成为本市各级各类学校的领军人物、各学段的学科带头人和中坚力量。“双名工程”共开设讲座1 674人次，教学展示课1 511人次，开展科研课题663项，发表论文1 688篇，出版专著143本。[2]

第三期上海“双名工程”于2012年3月启动，为期5年，共建设了13个名校长基地、50个名师基地，有112位主持人、818名学员。

---

[1] 关于做好上海市普教系统名校长名师培养工程阶段性总结工作的通知［EB/OL］.（2007-10-08）［2018-10-08］http://www.shmec.gov.cn/web/xxgk/rows_content_view.html?article_code=406102007006.

[2] 本市普教系统第二期名校长名师培养工程结业［EB/OL］.（2011-11-17）［2018-11-17］http://www.shmec.gov.cn/web/xwzx/show_article.html?article_id=63396.

2018年7月，上海市教育委员会发布通知，开展第四期“双名工程”。

表10-12 “双名工程”项目发展情况

项　　目	发　展　成　果
第一期“双名工程”	建立8个校长培养基地、23个教师培养基地以及4个校长高级研修班和23个教师高级研修班，各基地和研修班对学员进行共性和个性相结合的培养
第二期“双名工程”	建立培养基地56个，培养名师563人，实现学段、学科基本全覆盖。开设讲座1 674人次，教学展示课1 511人次，开展科研课题663项，发表论文1 688篇，出版专著143本
第三期“双名工程”	建立13个名校长基地、50个名师基地，有112位主持人，818名学员

资料来源：
关于做好上海市普教系统名校长名师培养工程阶段性总结工作的通知［EB/OL］.(2007-10-08)［2018-10-08］http://www.shmec.gov.cn/web/xxgk/rows_content_view.html?article_code=406102007006, 2007-10-08.
本市普教系统第二期名校长名师培养工程结业［EB/OL］.(2011-11-17)［2018-11-17］http://www.shmec.gov.cn/web/xwzx/show_article.html?article_id=63396, 2011-11-17.

3. 新一期“双名工程”项目的设计和实施

（1）基本原则方面的价值引领

坚持人才高峰建设和梯队培养储备相结合。人才高峰建设瞄准高端人才的培养和扩充，因为高端人才是教育事业发展的高端储备；梯队培养储备注重不同层次人才的分层培养，因为不同层次的人才是教育事业发展的坚实基础。实施人才分层培养的策略，有利于实现不同层次人才的精准培养，制定个性化培养目标，为人才培养提供优质、合适的发展平台。

坚持综合素养培育与教育现代化助推相结合。着眼综合素养培育，既兼顾教育教学实践，又强调厚实的理论素养。校长和教师不仅需要具备先进的课堂教学理念，还应能够运用信息化手段将教学理念落实到育人实践。

坚持任务引领和团队发展相结合。任务引领是以问题意识为导向，将视角聚焦基础教育实践的重点和难点问题，以课题研究和项目实践为基本，坚持教师个人学习、研究和实践与团队成员共同学习、共同进步和共同发展结合，在实践中加强研究，在任务中接受挑战，在团队中实现发展。

坚持教师专业能力提高与社会责任担当相结合。注重教师学科教学能力和教育管理能力的提升，同时注重教师社会责任意识的培养，坚持“学高为师，身正为范”，关注校长和教师的理想追求和社会使命，扩大教育领军人才在全社会的影响力，引领社会风尚。

（2）建设体系方面的梯度设计

针对不同梯队的培养对象，第四期“双名工程”设置三项培养计划，分别是上海市普教系统名校长名师培养工程“高峰计划”、上海市普教系统名校长名师培养工程“攻关计划”和上海市普教系统名校长名师培养工程“种子计划”。

“高峰计划”旨在培养师德高尚、品格优良，具有厚实的专业素养、先进教育理念的教育家型校长和教师。其具有扎实的教书育人能力，在教育教学、学校管理中勇于改革创新、解决重大问题；在教育教学和教育管理的创新中发挥先锋带头作用，能够总结自身教育教学经验并形成教育教学思想体系，在全国教育教学改革实践领域发挥示范、引领作用。

“攻关计划”培养师德高尚，品格优良，具有较强的育德能力，具备扎实学科理论知识和先进管理理念的校长和教师。其在教育教学实践中解决具体问题，形成成熟先进的教育教学经验和理念，积极突

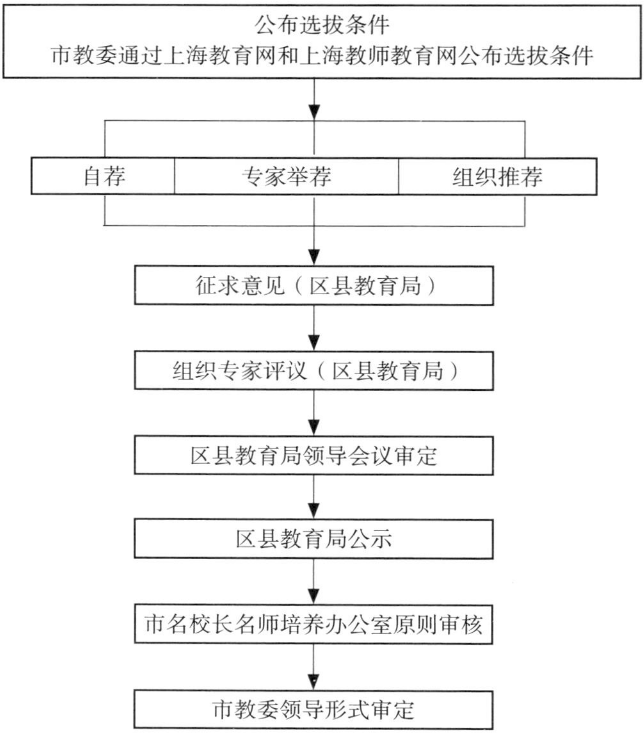

图10-6 “上海市普教系统名校长名师培养工程”后备人选选拔流程图

破、勇于创新，在上海市教育教学改革中发挥示范、引领作用，并有志、有潜力发展成为全国教育教学改革引领者。

“种子计划”培养师德高尚，品格优良，具有扎实的学科素养、善于学科教学的教师。其能够自觉地反思自身教育教学实践，具备一定的研究能力，教学实践初见成效，在区域教育教学改革中发挥示范、引领作用，并有志、有潜力成为市级学科带头人。[1]

[1] 关于开展第四期“上海市普教系统名校长名师培养工程”的通知［EB/OL］（2018-07-02）［2018-07-02］http://www.shmec.gov.cn/web/xxgk/rows_content_view.html?article_code=406102018001.

（3）组织保障方面的制度建设

其一，建立专家资源库。专家资源在基础教育发展和改革中具有引领和指导的重要作用，同时专家资源也是稀缺的人力资本。由于区域社会经济发展的差距，专家资源存在区域配置不均、校际分布不均的现状，这种情况阻碍了基础教育优质均衡发展。即便学校具有专家队伍，但是专家数量有限，仍然难以支撑学校的长期发展。建立专家资源库，便于整体上统筹协调专家资源，专家资源由卓有成效的中小学特级教师、特级校长、学科教育专家、学校管理专家、高校或科研机构等为主体的教育研究和实践专家等组成。

其二，建立课程资源库。课程资源的开发需要学校教师队伍长期的投入，包括高昂的经济成本、时间成本和人力成本。单独开发课程资源不仅成本高昂，在课程评价方面也难以获得专业支持。建立课程资源库，有利于完善已有课程结构和体系，课程专家将根据学校现有的课程结构，诊断课程建设的方向；有利于建设和完善符合学员实际需求和发展现实的课程，同时有利于根据需求开发新的培养课程，制定个性化培训方案、开发符合需要的课程；有利于实现区域课程资源共享，建立开放的课程资源管理系统，做到各培养基地资源共享。

其三，建立“学术假期”制度。提高教师的科研能力，需要使教师从日常教学活动中抽身出来，具有更多的空闲时间思考专业发展方向，接受专业发展培训。针对培养对象开设“学术假期”，旨在保证其开展课题攻坚，参加国际学术会议和其他相关学术活动的时间和精力，使他们充分利用现有的培训途径和专业发展平台，提升理论研究水平。

第五节

中国上海基础教育质量发展特点

上海基础教育发展始终走在我国各省市的前列，近年来在国际测试中取得的优异成绩是基础教育质量的证明，也体现出上海在基础教育领域的实践探索和经验积累。这些探索和经验从实践中来，逐渐形成具有高识别度的“上海特色”。虽然很多政策和措施并非上海首创，但是上海把这些政策和实践紧密结合，建立组织机构和保障制度，使其长效化，并且将各项措施统筹结合，做到点、线、面全方位发展，形成教育合力助推基础教育质量发展。总结上海基础教育质量发展的特点，有利于其他省市借鉴和学习，提高基础教育质量。

上海基础教育质量发展的特点体现在质量保证、兼顾公平、育人为本等方面的政策设计和教育实践。

在质量保证方面，上海坚持“办人民满意的教育”。《2018年上海市基础教育工作要点》提出要牢牢把握“公平、科学、优质”的发展主题，深化教育综合改革，加快推进教育现代化，努力办好人民满意的教育。人民满意的教育是人民需要的教育，目前人们不满意的就是优质教育不均衡，难以满足教育需求。为了促进基础教育均衡发展，上海市组建教育集团，开展集团化办学，促进学校发展；为了加强教师队伍建设，上海市颁布《上海市教师队伍建设“十三五”规划》，提出上海教师队伍建设既肩负着“为了每一个学生的终身发展”的重托，又要回应“办人民满意的教育”的期盼，教师队伍建设应该坚持教师终身发展，因为教师终身发展是学生终身发展的前提。

在兼顾公平方面，上海坚持建设“家门口的好学校”。这是上海市教育委员会在学校建设方面的目标，同时也是对“办人民满意的教育”的落实。因此，上海注重区域、城乡基础教育的均衡发展，分别颁布《上海市新优质学校集群发展三年行动计划（2015—2017年）》和《城乡学校携手共进计划》。在保持基础教育质量高位发展的同时，缩小区域、城乡之间的教育差距，坚持“回归教育本原”“育人为本”和“促进公平”的价值追求，积极回应社会与时代对教育需求的挑战，扩大优质教育资源辐射面，让越来越多的义务教育阶段公办学校成为“家门口的好学校”，努力办人民满意的教育。

在育人为本方面，上海坚持“为了每一个学生的终身发展”。关注学生发展，是上海基础教育的核心理念，具体表现为学生评价方式的转变。上海高中学生综合素质评价着力促进每一个学生的终身发展，希望通过综合素质测评反映学生全面发展情况和个性特长，并且关注学生成长过程，发掘学生潜能，促进学生个性化发展与健康成长；高中学业水平考试坚持素质教育导向，实行全面考核、分类考查，促进学生实现全面发展，同时增加学生的选择性，促进学生发展学科兴趣和个性特长。

第十一章

中国北京的基础教育质量分析

北京的各级各类教育走在国内乃至国际前列。北京市教育实现了“六个率先”和“七个超过”，即率先实现了普及九年义务教育，率先实现了扫除青壮年文盲，率先实现了普及高中阶段教育，率先实现了区域高等教育大众化，率先实现了区域高等教育普及化，率先实现了新增劳动力平均受教育年限达到14年；25—64岁人口受过高等教育的比例超过发达国家平均水平，学前教育毛入学率超过发达国家的平均水平，小学净入学率超过发达国家的平均水平，中学净入学率超过发达国家的平均水平，高等教育毛入学率超过发达国家的平均水平，基础教育师生比超过发达国家平均水平，公共教育经费占政府总支出的比例超过发达国家平均水平。[1]北京市基础教育包括义务教育阶段和高中教育阶段两个阶段，有普通教育、特殊教育和中等职业教育等不同类型。北京市按照各级政府的决策部署，结合首都城市功能战略定位，深化教育领域供给侧结构改革，全面推进依法治教，着力促进教育公平，着力提高教育质量，着力调整教育结构，加快推进教育现代化，教育改革发展迈上了新台阶。

[1] 方中雄，高兵.京津冀协同发展战略下首都基础教育地位、作用与变革趋势研究[J].中国教育学刊，2017（12）：6-13.

第一节

北京的基础教育质量水平

由于国家政策规定，除国家组织的大型考试外，北京市基础教育取消了学业方面的统测统评，受限于区域数据的可获得性，现从两个角度分析北京市基础教育质量水平，一是北京市基础教育发展概况，二是北京市教育工作满意度调查情况，以整体反映北京市基础教育发展实际情况和利益相关者群体的感知情况。

一、北京市基础教育概况

据《2016年北京市教育事业发展统计公报》[1],北京市小学教育阶段、初中教育阶段、特殊教育阶段、高中教育阶段基本情况如下。

1. 小学教育阶段情况

北京市共有小学984所，招生145 274人，在校生868 417人，小学教职工（不含九年一贯制学校、十二年一贯制学校小学段）59 716人，比上年增加1 408人，专任教师51 787人，比上年增加1 734人，专任教师学历合格率99.97%，生师比14.0 ：1。校舍建筑面积7 007 770平方米，比上年增加204 975平方米。设施设备配备达标的学校比例情况分别为：体育运动场（馆）面积达标学校比例85.8%，

[1] 北京市教育委员会.2016年北京市教育事业发展统计公报［EB/OL].（2017-04-07）［2018-11-14].
http://jw.beijing.gov.cn/xxgk/zxxxgk/201704/t20170407_18440.html.

体育器械配备达标学校比例96.1%，音乐器材配备达标学校比例96.1%，美术器材配备达标学校比例95.8%，数学自然（科学）实验仪器达标学校比例95.3%。

2. 初中教育阶段情况

北京市共有初中学校341所，招生91 854人，在校生268 273人，毕业生86 443人。教职工（含九年一贯制学校，不含完全中学、十二年一贯制学校初中段）28 489人，比上年减少167人，专任教师21 691人，比上年增加220人，初中专任教师学历合格率99.96%，生师比8.0 ∶ 1。校舍建筑面积4 056 765平方米，比上年增加90 382平方米。初中设施设备配备达标的学校比例情况分别为：体育运动场（馆）面积达标学校比例93.5%，体育器械配备达标学校比例95.0%，音乐器材配备达标学校比例94.4%，美术器材配备达标学校比例95.3%，理科实验仪器达标学校比例94.1%。

3. 特殊教育阶段情况

北京市共有特殊教育学校22所，与上年持平；特殊教育学校共有教职工1 334人，比上年增加58人，专任教师1 036人，比上年增加57人。全市共招收特殊教育学生916人，比上年减少14人，在校生6 927人，比上年减少209人。其中，视力残疾学生237人，听力残疾学生640人，智力残疾学生5 215人，其他残疾学生835人。特殊教育毕业生1 588人，比上年减少198人。普通小学、初中随班就读和附设特教班招收学生591人，在校生4 284人，分别占特殊教育招生总数和在校生总数的64.52%和61.84%。

4. 高中教育阶段情况

北京市高中教育阶段共有学校426所，比上年减少2所；招生89 027人，比上年减少8 338人，在校学生284 195人，比上年减少

19 551人。

（1）普通高中

全市共有普通高中305所，招生53 544人，在校学生163 130人，毕业生52 841人。普通高中教职工（含完全中学、十二年一贯制学校）56 863人，比上年增加1 549人，专任教师42 858人，比上年增加938人，专任教师学历合格率99.75%，生师比7.7 ：1。

普通高中校舍建筑面积9 714 216平方米，比上年增长377 046平方米。普通高中设施设备配备达标的学校比例情况分别为：体育运动场（馆）面积达标学校比例86.9%，体育器械配备达标学校比例97.0%，音乐器材配备达标学校比例95.1%，美术器材配备达标学校比例95.7%，理科实验仪器达标学校比例94.4%。

（2）中等职业教育

全市中等职业教育共有学校121所。其中，普通中等专业学校31所，与上年持平；成人中等专业学校11所，与上年持平；职业高中50所，比上年减少1所；技工学校29所，与上年持平。中等职业教育招生35 483人，占高中阶段教育招生总数的39.86%。其中，普通中专招生11 486人，成人中专招生8 550人，职业高中招生3 373人，技工学校招生12 074人。中等职业教育在校生121 065人，占高中阶段教育在校生总数的42.60%。其中，普通中专在校生43 895人，成人中专在校生27 042人，职业高中在校生14 843人，比上年减少3 557人，技工学校在校生35 285人。中等职业教育学校共有教职工13 765人。其中，普通中等专业学校教职工3 401人，成人中等专业学校教职工596人，职业高中教职工6 455人，技工学校教职工3 313人，比上年增加34人。中等职业教育学校共有专任教师8 235人。其中，普通中等专业学校专任教师1 940人，成人中等专业学校专任教师328人，职业高中专任教师4 413人，技工学校专任教师1 554人。

对以上数据进行初步分析，可以得出以下基本观点：

第一，北京市基础教育阶段学校数量较为乐观。全市共有基础教育阶段学校1 652所，其中小学984所，初中341所，特殊教育学校22所，高中426所，且各级各类学校分布较为合理，基本上能满足学生就读需求，这是学生“有学上”的重要保障。

第二，北京市基础教育阶段教师数量与质量理想。从生师比来看，小学阶段生师比为14.0 ∶ 1，初中阶段生师比为8.0 ∶ 1，特殊教育阶段生师比为6.7 ∶ 1，普通高中生师比为7.7 ∶ 1，职业高中生师比为2.6 ∶ 1，即北京市基础教育阶段生师比较低，教师数量较为理想。从教师学历合格率来看，合格率都接近100%，即教师质量总体上已达到规定要求。此外，由于北京高校云集，高学历人才众多，北京市基础教育阶段不乏高学历人才，这也有利于教师队伍的发展。同时，在得天独厚的环境中，学校可利用的校外兼职教师、志愿者教师、实习教师等数量和质量都令人满意，壮大了基础教育阶段教师队伍。

第三，北京市基础教育阶段学校办学条件相对较好。除了教师队伍建设状况较理想外，北京市基础教育阶段学校的设施条件也比较好，包括体育运动场、体育器材、音乐器材、美术器材、学科实验室等的建设状况都比较令人满意，为学生的发展提供了必要的支持和保证。

第四，北京市基础教育阶段全纳教育比较到位。主要表现在：一方面，随着优生优育观念的深入，需要接受特殊教育的学生在不断减少，但教师队伍在不断壮大，每个学生能够更好地被教师关爱；另一方面，特殊学生也能够通过随班就读等方式接受普通教育，学生的可选择性更大，学生的发展潜力更乐观。

第五，北京市基础教育阶段职业教育发展出现转折。这突出地表现为北京市中等职业教育学校减少，中等职业教育教职工减少（包括专任教师减少），而与之相比，普通高中教师和学生的数量在增加，也即北京市高中普及率在增加，选择接受职业教育的学生却越来越少。这与我国教育观念有关系，也体现了教育发展的布局在调整。不过，值得注意的是，合理的职业教育发展是区域经济发展和国家经济发展的必要举措。

根据国务院相关调研，北京市基础教育质量在2006年已达到全国领先水平。经综合评价，北京基础教育的基准分数连续 5 年排名第一，绩效等级为 A，是全国唯一达 A 类等级的城市。[1]

二、北京市教育工作的公众满意状况

为深入了解公众对北京市教育工作的意见和建议，2017 年北京市人民政府教育督导室委托北京市教育督导与教育质量评价研究中心及相关社会机构开展北京市教育工作满意度调查[2]，以期通过全面分析公众对教育工作的舆情评价，了解公众对教育公共服务的获得感。调查内容主要包括公众对政府职责、学校管理、师资队伍、教育效果四个方面工作的满意度。同时，结合北京市近年来深化教育领域综合改革的新举措及当前教育领域的热点难点问题，单列四类专项指标，共计26个二级指标和60个评价要素。

此调查共涉及11.6万名学生及家长，793名人大代表、政协委员，

[1] 赖仁琼.北京基础教育全国最好［N］.人民日报，2007-04-17（11）.
[2] 北京市人民政府督导室.北京市2017年教育工作满意度调查报告［EB/OL］.（2018-06-04）［2018-11-20］.http://jydd.beijing.gov.cn/zwgk/ddbg/201806/P020180604626994653096.pdf.

6 504名学校干部、教职员，992名督学，750名社区工作者，56名媒体工作者，分别采用入户（学生及家长、社区工作者）和网络调查（人大代表、政协委员，学校干部、教职员，督学、媒体工作者）方式。调查主要结果如下。

1. 公众对北京市教育工作总体满意度较高

全市教育工作满意度综合得分为84.1分，较2016年提高0.3分。各区教育工作的满意度综合得分在80.4分至88.3分之间，均达到“比较满意”（75分）以上水平，说明公众对教育工作的满意度整体水平较高。其中“比较满意”的主要方面有：教育重点改革项目实施情况，校风满意度，校园安全满意度，教育收费规范满意度，学生对学校的喜欢程度，师生关系等。

总体而言，从安全角度而言，北京市积极建设安全校园，保证师生在安全的环境中工作学习；从氛围角度来说，北京市学校氛围较好，校风比较纯正，师生关系比较融洽，学生对学校比较喜欢；从教育发展角度来看，北京市积极推进教育改革，且积极治理教育乱象，因此受到了公众的认可与支持。

2. 公众对北京市教育工作的个别现象提出意见

公众对北京市教育工作的意见包括教育工作内部建设意见和教育工作外部建设意见两个方面。

教育工作内部建设意见主要集中在学生学业负担有所加重，义务教育均衡发展可进一步加强等方面。教育工作外部建设意见主要是学校周边环境问题，包括学校周边交通拥堵，存在交通安全隐患以及学校周边环境较差等方面问题。

针对这些问题，公众也提出了建议，如进一步提升教师队伍水平、调整优化学校布局、促进学生全面发展等。这需要教育工作狠抓不懈，持续推动北京教育发展。

总体而言，北京市公众认为北京的教育工作和学校表现较好，教师水平尚佳，学生发展不错，但是仍有努力提升的空间。由于这是一次满意度调查，且调查对象以利益相关群体为主，所以他们会对教育工作提出更高的要求。即便在这种情况下，北京的教育工作依然能够保持较高的满意度。北京市的基础教育正在不断推进质量提升工作，全方位、多举措促进基础教育质量发展，后文将详细阐述。

第二节

北京基础教育质量监测体系

北京市基础教育质量监测主要包括国家、市、区三级监测体系。市区级基础教育质量监测具有一体化的特征，是北京市基础教育发展的保障。

一、国家级基础教育质量监测体系

国家级的基础教育质量监测主要包括三个方面的工作，其一是中华人民共和国教育督导局（国务院教育督导委员会办公室）开展的各项教育督导工作，其二是教育部基础教育质量监测中心开展的教育质量监测，其三是国家级人才选拔考试，即普通高等学校招生全国统一考试。

1. 中华人民共和国教育督导

中华人民共和国教育督导工作主要由教育督导局负责，主要职责在于拟定教育督导的规章制度和标准，指导全国教育督导工作；依法组织实施对各级各类教育的督导评估、检查验收、质量监测等工作；起草国家教育督导报告；承办国务院教育督导委员会的具体工作。其督导工作主要有两个特点。

第一，类别督导与专项督导相结合。基础教育阶段的类别督导主要包括对中小学教育督导评估和对职业教育督导评估。对小学、中学、中等职业学校的办学硬件、办学软件和办学环境的督导评估，对基础教育阶段各项工作进行全面监测，以促进基础教育的发展。专项督导则是针对基础教育发展过程中的某项任务进行专门督导，如对全国中小学生每天一小时校园体育活动进行专项督导，以全面了解学校贯彻落实中小学生每天一小时校园体育活动工作，督促学校进一步促进中小学生每天一小时校园体育活动有效开展，切实保证中小学生健康成长，提高中小学生体质健康水平。

第二，督学队伍建设与管理相结合。成立国家级督学和特约督学队伍，由教育部聘任依法执行教育督导公务。国家级督学要求较高，必须由从事教育管理或教学研究工作满10年，且在教育界具有一定的声誉度的人士担任，以确保督学队伍的业务能力和权威性。此外，要加强对督学队伍的管理，保证督学队伍能够坚持原则、办事公道、品行端正、廉洁自律，出色地完成各项督导评估工作。

2. 教育部基础教育质量监测

为把握义务教育质量发展状况，教育部基础教育质量监测中心和中国基础教育质量监测协同创新中心依靠北京师范大学在全国教育领域的资源优势，组织和协调全国各相关单位、各相关领域科研力量，建设一支专兼结合的专家队伍，在实施全国基础教育质量监测工作的同时，指导各地开展基础教育质量监测工作，推动国家基础教育质量监测网络的逐步建立。

中心的主要工作职责是：拟定基础教育质量监测标准；研究开发基础教育质量监测工具；受教育部委托具体实施全国基础教育质量监测工作；为各地开展基础教育质量监测工作提供技术支持和业务指导。

中心的主要工作内容是，根据我国基础教育的实际状况和基本国情，借鉴国际基础教育质量监测的经验，现阶段对我国基础教育质量的六个方面进行监测：第一，学生的思想品德和公民素养。对基础教育阶段学生在自尊、自强、遵纪守法、诚实守信、保护环境、积极参加公益活动、具有社会责任感等思想品德和公民素质方面进行监测。第二，学生的身体和心理健康水平。对基础教育阶段学生的身体形态、机能、素质、体育锻炼和个人健康习惯等身体健康方面进行监测，同时也对学生的情绪、意志品质、个人行为习惯、与他人交流合作等心理健康方面进行监测。第三，学生的学业水平和学习素养。对基础教育阶段学生各学科的学业水平进行监测，同时也对学生的学习兴趣、学习习惯、学习方法等方面进行监测。第四，学生的艺术素养。对基础教育阶段学生参与艺术活动的兴趣、审美情趣、艺术欣赏与表现能力等方面进行监测。第五，学生的实践能力和创新意识。对基础教育阶段学生的动手操作能力、在实践中运用所学知识的能力以及创新意识和创新能力等方面进行监测。第六，影响学生发展的教育环境与社会环境。对学生的家庭环境，教师、学校、课程等学校环境，以及与基础教育有关的宏观社会、经济环境等影响学生发展的相关因素进行监测。

中心的主要特色与创新是：立足中国国情，依据课程标准研发指标和工具；倡导全面发展的教育理念，突出能力导向；注重对教育质量关键相关因素的监测，找准质量提升的着力点；汇聚多学科、多领域的高水平人才参与监测工作；采用先进测量技术方法和信息手段，结合监测实际加以创新；构建严格规范的数据采集流程，加强对实施过程的监督与管理；创新结果应用方式，助力教育决策与教育教学改进。

中心已发布我国首份《中国义务教育质量监测报告》[1]，助力质量监测成为我国义务教育健康发展的“体检仪”和“指挥棒”。一方面，对学生德智体美等全面发展状况的监测有利于扭转部分地区以升学率作为评价学校和学生主要标准的做法，在落实义务教育应当“培养什么人”和“如何培养人”方面发挥积极导向作用；另一方面，通过收集学生发展及其影响因素的客观数据，对国家和地方义务教育质量发展状况进行全面“体检”，为诊断问题、分析原因、调整政策提供科学依据，从而推动义务教育质量的不断提升。

3. 普通高等学校招生全国统一考试

由于基础教育阶段全国性的统一考试只有普通高等学校招生全国统一考试，且考试起到承接中小学教育与高等教育的重要桥梁作用，是我国人才选拔和培养的重要举措，因此对基础教育质量监测和发展也具有相当重要的意义。北京市普通高等学校招生全国统一考试由北京教育考试院组织实施，并且针对普通高等学校招生考试采取了系列

[1] 教育部基础教育质量监测中心.中国义务教育质量监测报告［EB/OL］.（2018-07-24）［2018-11-12］.http://www.moe.gov.cn/s78/A11/ddb_left/s8389/201807/t20180724_343663.html.

改革，如打破传统文理综考试办法，实行选考制，增加学生的选择权和自由裁量权等。这对基础教育发展具有重要影响，基础教育阶段的教育教学内容、教育教学组织形式、班级管理形式等都产生了相应的变化。

二、市区级基础教育质量监测体系

北京市市区级基础教育质量监测围绕“办人民满意的教育”宗旨和教育改革发展的重点任务，按照“规划引领、统筹实施、问题导向、务实高效、提升水平”的工作思路，有效履行督政、督学、评估监测各项职责，有力推动首都教育事业改革发展。根据《北京市2017年教育督导工作报告》[1]和《北京市教育督导改革与发展三年行动计划(2018—2020)》[2]，可以看到北京市基础教育质量监测体系的特征。

1. 完善市区级教育督导组织建设

北京市人民政府教育督导室是北京市人民政府设立，由北京市教育委员会代管的机构，主要职责是：负责全市各级各类教育发展状况和质量的监测以及各级各类学校办学状况和教育教学水平的督导评估。统筹规划、组织实施全市教育督导工作，制定有关教育督导与评估的规章制度和实施方案；组织教育法律法规贯彻执行情况的督导检查；对区政府的教育工作进行督导和评估；对教育工作中的重大问题进行调查研究，对全市教育政策的施行效果进行评价，提出报告和

[1] 北京市人民政府教育督导委员会.北京市2017年教育督导工作报告［EB/OL］.（2018-05-30）［2018-11-20］http://jydd.beijing.gov.cn/tzgg/201805/P020180530644559774074.pdf.

[2] 北京市人民政府教育督导委员会.《北京市教育督导改革与发展三年行动计划（2018—2020）》［EB/OL］.（2018-04-20）［20-11-20］.http://jydd.beijing.gov.cn/tzgg/201804/P020180420466852077829.pdf.

建议；指导区及市属有关单位开展教育督导工作；负责发布教育督导评估、评价、监测报告。市政府教育督导室内设综合处、督政处、学校督导处、专项督导处、督学管理与信息化处、评估与监测处等处室。

近年来，北京市推动各区按照“两科一中心”（督学科、督政科、督评中心）或“三科一中心”（督学科、督政科、办公室、督评中心）架构和健全机构，成立区政府教育督导委员会，教育督导机构和职能建设全面推进。全市教育督导的职能体系、工作体系、政策标准体系、支持保障体系日臻完善。同时，积极培育教育督导社会组织，完成北京市教育督导学会报批工作。

2. 运行第三方教育评估监测机制

公开遴选高层次评估专家和高水平第三方机构。经公开报名、资格审查、专家评审等程序，39家社会第三方机构、69名高水平专家入库，成为实现高水平教育评估监测工作的重要社会支撑力量。编制印发《教育督导评估监测项目委托实施评审工作方案》，按照公开招标、专家评审等程序，发布本级委托项目33个、政府采购和委托实施教育督导评估监测项目16个，第三方教育评估监测机制运转良好。

3. 建设各级各类学校内部监测

建立健全学校内部督导工作体系。建立学校视导员（督导员）制度，健全学校内部检查、巡视、指导的相关制度规定。根据不同学段特点，重点加强对学校管理、教育教学、学生学习、条件保障等领域的督导。统筹运用校内外督导评估与质量监测的结果，深入分析学生培养和学校管理中的问题，找准原因，积极改进，建立学校内部督导长效机制，切实发挥学校内部督导作用。

由此可见，国家、省（市）、区县各级教育质量监测以教育督导部门为主干力量，不断完善组织建设，积极加强队伍建设，健全完善规章制度，采取全面督导与专项督导相结合的督导办法，结合国家期望和地区实际，高效、有序地开展各项教育质量监测工作，帮助基础教育健康发展。此外，还有重点地部署了国家级基础教育质量监测工作，从学生的思想品德、身心健康等六个方面把握全国义务教育阶段学生的发展状况，并加强普通高等学校全国统一招生考试改革，促进基础教育阶段教育教学改革与发展。北京市在完成国家对基础教育质量监测的规定工作的同时，不断创新模式方法手段，积极探索适合北京的教育质量监测体系和办法，全面提升基础教育质量监测效能，其中诸多理念和做法走在了国内外前列，也取得了令相关利益方较为满意的成果。

第三节

北京基础教育质量保障运行机制

北京基础教育质量保障运行机制除了上文所述的组织建设外，还集中表现为研制教育督导政策和标准，明确质量保障重点任务，对质量监测队伍进行整体建设，深入开展质量监测重点工作等运行策略，以确保北京基础教育质量健康稳定发展。

一、研制完成督导政策和督导标准

根据体制机制、履职能力、政策保障等重点任务，分类制定政策标准。印发实施《学校督导规程（试行）》《关于进一步加强中小学校经常性督导工作的意见（试行）》《关于进一步加强学校内部督导工作的指导意见（试行）》《北京市中小学校培育和践行社会主义核心价值观督导评估方案（试行）》等系列制度文件，研制完成《北京市各区政府和市政府有关部门履行教育职责督导评价工作方案》《北京市义务教育优质均衡发展督导评价工作方案》《北京教育现代化督导评价工作方案》《北京市中小学全面实施素质教育督导评价方案》《北京市基础教育学科教学督导评估方案》《北京市职业技能人才培养督导评估标准》，以及中小学德育、体育、美育、实践育人、民族教育等20余项各级各类教育督导评估与质量的实施意见、实施办法，科学谋划、全面完成各项政策、标准、工具和规程的研制，为规范督导履职奠定基础。

二、明确基础教育质量监测重点

为办好“优质、公平、创新、开放”的首都教育保驾护航，全力做好以下几方面的工作。一是坚持立德树人根本任务，围绕习近平总书记关于教育“培养什么样的人、如何培养人以及为谁培养人”的方向指引，将立德树人根本任务落到实处；二是坚持公平与质量两大主题，努力满足人民群众多层次、多样化、个性化、高质量的教育需求，让每个孩子都能享有公平而有质量的教育；三是坚持强化职能职责履行，充分发挥监督监管、指导服务和保障支持等功能，有力促进办学水平和教育教学质量提升；四是坚持夯实基层基础，加强市级统筹，强化区、校责任，尊重基层首创精神，充分调动区、校教育督导改革的积极性、主动性和创造性，及时总结推广成功经验并固化成果，切实夯实区、校基础；五是坚持推进现代教育治理体系建设，建立起充满活力、富有效率、开放和谐、科学发展的体制机制，形成政府依法宏观管理、学校依法自主办学、社会有序参与、多元共同治理的良好格局。

三、加强整体教育监测队伍建设

主要措施包括：建设高素质教育督导管理队伍、专业化督学队伍、高水平教育督导专家队伍、专业化社会支持机构与队伍、多元化教育督导社会监督队伍等五支教育督导队伍，科学规划市、区两级教育督导部门的人员配备，配齐配强教育督导专职队伍；不断强化教育督导队伍培训，切实提升教育督导队伍的专业水平和履职能力，聘请人大代表、政协委员、民主党派等各方人士为政府特约教育督导员，通过多种途径参与教育重大事项和热点问题的督导与监督工作；充分吸纳新闻媒体、企业、社区和相关单位等社会公众力量，共同参与教育监督评价工作。

四、深入开展基础教育质量监测

工作重点包括：开展中小学校发展素质教育情况、社会主义核心价值观培育践行等情况的综合督导，开展德育、体育、美育、实践育人及特殊教育、民族教育、语言文字工作等重点领域的专项督导，同时对考试招生政策实施、减轻学生过重课外负担等重点问题开展督导检查，促进基础教育各项改革任务落实；切实加强职业院校教育督导工作，围绕职业院校办学模式改革、职业人才培养模式创新、职业技能人才培养教育教学改革等重点，加强对中高等职业院校的综合督导，推动健全德技并修、产教融合的育人机制；组织开展对中高职院校贯通培养、产学结合、教育教学质量等情况的专项督导，畅通学生成才通道。

五、多部门协同提升基础教育质量

除了北京市基础教育质量监测的有关机构外，还有几个核心部门有重点地开展工作，确保北京市基础教育质量。

一是北京教育学院。北京教育学院根据首都教育改革发展要求和干部教师发展需求，坚持“以促进学生发展为目的，以解决实践问题为导向，以服务学员需求为中心，以科研引领支持为根基”，实施北京市中小学名师名校长名园长发展工程、协同创新学校计划、卓越教育工作者研修项目、紧缺急需学科（领域）干部教师研修项目、定制合作培训项目等一批优质品牌项目，为首都中小学师资水平与教育质量的提高提供了有力支持。教育学院同时还承担“国培计划”项目、援助培训、委托（合作）培训等各类培训任务，培训学员遍及全国各地以及海外，辐射带动作用和社会影响力显著提升。

二是北京教育科学研究院。为建立健全教育行政决策和管理的支持机构，充分发挥直属事业单位和研究机构的作用，根据北京教育发展的需要，中共北京市委员会、北京市人民政府决定，在成立北京市教育委员会的同时，组建北京教育科学研究院。研究院旨在加强对教育科学、教学研究的领导和管理，提高北京教育综合研究的能力和北京教育科学研究的总体水平，为北京市教育决策和管理提供依据。

三是北京教育考试院。北京教育考试院成立于1996年2月，隶属于北京市教育委员会。主要负责北京地区的高级中等学校招生考试、普通高等学校招生考试、研究生统一入学考试、成人高等学校招生考试、高等教育自学考试以及面向社会的非学历证书考试的管理和研究工作，并承办中外合作教育考试。北京教育考试院正积极向专业化、多功能、服务型的方向迈进，以成为体现首都特色的考试招生管理中心和国内一流的考试评价研究中心。

以上三个部门分别针对教师专业发展、教育科学研究、教育考试管理等工作，有重点、有特色地履行职责，这也保障了北京基础教育发展能够在教师队伍建设、教育教学研究和科学考试开展等方面得到有力的支持。这是北京市级层面的专门职责部门的建设，具体到各个区级层面，也有相应的组织负责本区的相关工作。北京基础教育质量运行机制在北京市党委、市政府领导下，在北京市教育委员会带领下，以教育督导部门为主体责任部门，教育学院、教育科学研究院、教育考试院相互配合，各司其职，共同协作，保障北京基础教育工作不断向前推进。

第四节

北京基础教育质量改善举措

北京基础教育质量改善举措具有“北京特色”，形成了值得述说的“北京经验”，具体措施主要有几个方面。

一、项目推进深化改革

北京市积极推进基础教育质量发展，其中以项目推进学校发展是基础教育发展攻坚克难的关键举措，尤其以初中学校建设工程、学校文化建设项目、义务教育学校管理标准化建设的实施力度最大。

1. 初中建设工程

我国初中教育相对小学和高中而言是相对薄弱环节，各地陆续提出“建设初中”“办好百所初中”等措施，北京市于2001年正式启动初中建设工程。

（1）初中建设工程项目背景

随着高中阶段教育的普及，北京市初中教育发展中存在的问题日益突出，主要表现为：在首都基础教育体系中，初中教育相对薄弱，发展极不均衡，城乡之间、区域之间、校际之间存在明显差异，由此引发的教育选择和教育公平等问题已成为人民群众反映强烈的社会问题。初中教育是义务教育阶段的重要组成部分，在基础教育体系中处于承上启下的重要地位。如何整体提高质量，满足人民群众对高质量教育的需求成为一件十分紧迫的事情。提高质量必然成为初中发展的目的和中心任务，同时这也是教育政策合理的选择。

（2）初中建设工程项目措施

北京初中建设从理论、方法以及技术层面分析，可简要概括为“一个中心，三个方法”。“一个中心”指初中建设以提高质量为中心，“三个方法”指基线调查、合理规划和增值评价。[1]

基线调查又叫基础性调查，是通过线索收集、问卷调配等具体方

[1] 张熙.北京市初中建设的目的与方法设计［J].教育科学研究，2007（05）：39-42.

法进行的干预前调查。围绕初中学校发展的现状进行基线调查对了解当前北京市初中学校的发展现状，发现初中优势和问题，找准初中建设和发展的起点具有十分重要的意义。

合理规划是初中建设重要的基础性方法。在初中建设中，所谓区县（学校）发展规划是指区县（学校）根据市（学校）教育发展战略的要求，结合自身条件，对区县（学校）未来三年至五年内要达到的主要目标、发展方式和发展途径等方面所做的安排及其实现过程。

增值评价是有别于以往的一种方法。在初中教育领域的“增值”是指学校在一段时间的起始时期和结束时期的各方面水平差异，尽管有些差异很难客观描述和测量。

（3）初中建设工程项目效果

初中建设工程项目基本形成了“一个目标、两支队伍建设、三个标准研制、四个方案支撑、五个阶段深化、六项机制保障”的工程推进机制和效果。一个目标，即“以学生发展为目标”。两支队伍建设，即“教师队伍和干部队伍建设”。三个标准研制是指初步拿出了基于首都实际的三个标准（试行稿），即办学条件标准、教师基本功展示标准、学科学业质量标准，力求在实践中回答什么样的学校是合格的初中学校，什么样的教师是合格的初中教师，什么样的学生是合格的初中毕业生的问题。四个方案支撑指面向学校、学生、教师出台了四个完整的实施方案，即《北京市初中建设工程实施方案》《北京市初中生综合素质发展评价方案》《初中学校诊断性发展评价方案》《初中教师基本功培训和展示工作方案》。五个阶段深化中的五个阶段分别指重点项目学校建设阶段（2005年）、全面启动规划阶段（2006年）、集中力量硬件达标阶段（2007年）、软件队伍建设内涵突破阶段（2008年）、学校特色建设阶段（2009年）。六项机制保障是指在工程启动初期就确立了组织保障机制、统筹协调机制、教学视导机制、发展性评价机制、专项督导评估机制和追踪宣传机制这六大保障机制，且不断进行加强和完善。

初中建设工程取得了可喜成效：学校建设的总体布局得到科学规划和调整；学校建设的经费投入力度大大加强；新的办学条件标准、教师基本功标准得到切实执行，均衡度大大提高；学校干部教师队伍建设得到有效加强；抓住课改契机，素质教育得到全面深化；学校发展特色不断彰显。

初中建设工程也取得了积极经验：坚持政府主导、形成工作合力是初中建设富有成效的基本保证；坚持内涵发展、提高教育质量是初中建设富有成效的工作导向；坚持科研先行、项目推进是初中建设富有成效的工作方法；坚持广泛参与、注重资源整合是初中建设富有成效的工作策略。[1]

2. 学校文化建设

中小学学校文化建设是社会主义先进文化建设与发展的重要组成部分，是建设社会主义和谐社会的重要内容，也是学校内涵发展的重要环节。北京市将学校文化建设作为学校内涵发展的重要举措，主要内容如下。

（1）基本思路

北京市教育委员会出台相关意见，作出决策部署，积极推进学校文化建设工作，主要思路有如下四点。[2]

其一是高度重视。切实提高对学校文化建设重要性的认识，广泛动员各中小学积极参与，明确学校文化建设示范校创建活动的重点。

[1] 罗洁.初中建设工程：促进北京市初中教育可持续发展［J］.中小学管理，2009（12）：27-29.
[2] 北京市教育委员会.关于在我市中小学开展学校文化建设示范校创建活动的通知［EB/OL］.（2016-02-25）［2018-11-25］.http://jw.beijing.gov.cn/xxgk/zxxxgk/201602/t20160225_7536.html.

各级教委要对学校创建活动给予分类指导和必要的经费支持。

其二是以建促改。各级教委做好区域内学校文化建设示范校创建工作的整体规划，引导学校对照创建标准查找学校文化建设过程中存在的问题和薄弱环节，并制定出有针对性的改进措施，切实推动学校文化建设持续发展。

其三是推广经验。在创建活动中，认真总结、梳理和提炼已有的好做法、好经验，通过多种形式加以推广，充分发挥示范校的辐射作用，推动学校文化建设整体发展和水平的提高。

其四是严格推优。北京市教委在2013年至2015年培育和推出500所中小学学校文化建设示范校。各学校根据北京市中小学学校文化建设示范校验收标准进行自评，根据自评结果向所在区县教委自荐。各区县要对自荐学校进行初审，并在推荐名额内择优向市教委推荐名单，市教委将适时组织验收。

（2）项目成果

学校文化建设的北京经验可以概括为以下几点。[1]

第一，理论创新。理论创新主要包括定义创新、标准创新和成果创新。其中定义创新是指将学校文化界定为：学校文化是学校全体成员共同创造经营的文明、和谐、美好的生活方式，是学校核心价值观及其主导下的行为方式和物质形态总和，包括学校精神文化（又称学校办学理念体系）、制度文化、行为文化和物质文化（后三者称为学校办学实践体系）。标准创新指制定了《北京市中小学校文化示范校建设与评估指标体系》及其标准。成果创新包括形成了系列专著和系列论文成果。

[1] 张东娇.研讨式评建：学校文化建设北京经验［M].北京：北京师范大学出版社，2016：8-14.

第二，模型创新。主要包括三方合作模型、学校文化驱动模型和四步程序模型。三方合作模型指大学、政府和学校三个主体联合，各司其职，共同参与学校文化建设和评估过程的工作方式。学校文化驱动模型是以学校文化为抓手，全面驱动学校整体改进与发展，具有一套思想和操作体系。四步程序模型包括学校文化发展状态评估、学校文化管理方案策划、学校文化管理实践推进或方案实施、学校文化管理结果评估四个步骤。

第三，实践创新。包括阶段创新、制度创新和环节创新。阶段创新指工作准备阶段、集中培训阶段、现场评估阶段、学校文化展示阶段、评估方案阶段、项目总结阶段等阶段步步紧凑，点点落实。制度创新指应用了核心工作站制度、片区联合展示制度、联系人制度、专家小组工作日等七项制度。环节创新指学校文化建设专家小组半天工作日的五个环节，包括课堂观察、校园观察、校长汇报、访谈、头脑风暴等。

3. 义务教育学校管理标准化建设

北京市为认真贯彻党的十九大精神，全面贯彻党的教育方针，结合北京教育实际，推进落实教育部《义务教育学校管理标准》，进一步加强义务教育学校管理标准化建设，开展义务教育学校管理标准化建设，以期坚持依法治校，全面规范义务教育办学行为，明确学校主要管理职责，提高义务教育学校管理标准化、科学化、精细化水平，促进学校治理体系和治理能力现代化。通过高质量、高水平推进义务教育学校管理标准化建设工作，力图到2020年全市义务教育学校全面达到教育部《义务教育学校管理标准》，以标准促规范、强内涵、提质量。完善义务教育学校管理标准体系，构建“政府依法履责、学校依法办学、社会有序参与”的义务教育治理体系，促进义务教育优质均衡发展，全面提升育人质量和办学品质，努力让每个孩子都能享有公平而有质量的教育，不断增强学生的实际获得感和群众对教育的满意度。

（1）基本原则

坚持标准引领与实践探索相结合。以教育部《义务教育学校管理标准》为建设依据，组织全市义务教育学校进行对标自评和工作改进。同时，鼓励各区和学校结合实际探索新方式新途径，丰富工作载体，扎实有序推进学校管理标准落地见效，形成生动实践。

坚持目标导向与问题导向相结合。落实立德树人根本任务，以学生发展为本，以促进治理体系和治理能力现代化、全面提升学校育人质量和办学品质为目标，健全完善学校管理标准体系。坚持问题导向，针对义务教育学校发展不平衡不充分的矛盾，找准薄弱环节，狠抓依标整改，补齐发展短板。

坚持全面推进与重点突破相结合。面向全市义务教育学校全面推进管理标准化建设，做到义务教育学校管理标准化建设全覆盖。结合首都城市战略功能定位和深化基础教育综合改革目标任务，突出重点领域和关键环节开展专项建设工作，着力推动若干重要问题的解决，提升学校内涵发展质量和水平。

坚持统一规范与特色创新相结合。依据教育部《义务教育学校管理标准》，构建北京市义务教育学校管理指标体系，统一标准，规范管理。在推行管理标准化的基础上，注重引导义务教育学校深化管理体制机制改革，激发依法自主办学的动力和活力，创新发展，彰显特色，提升品质。

（2）重点任务

规范学校办学行为。坚持依法治教、依法治校。坚持实行免试就近入学原则，进一步完善义务教育入学规则。严格执行国家、本市学籍管理规定。落实义务教育学校均衡编班，班额数符合国家标准。落实国家和北京市义务教育课程方案和课程标准，确保国家课程全面实施，开好地方课程和校本课程。严格遵守国家、本市有关于教材教辅管理的相关规定。

促进学生全面发展。推动习近平新时代中国特色社会主义思想进教材、进课堂、进头脑。分阶段有序推进中华优秀传统文化教育，增强学生民族文化自信和价值观自信。帮助学生掌握科学的学习方法，培养良好学习习惯，提升学生自主学习和终身学习能力。提高学生每天一小时体育锻炼实效，引导学生养成体育锻炼习惯，提高学生体质健康水平。丰富以艺术课程为主的美育课程体系，培养学生艺术爱好，发展艺术特长。切实加强劳动教育，培养学生的劳动意识、习惯和能力。强化学生认知、合作、创新等关键能力和职业意识培养。

加强教师管理和专业化建设。坚持用习近平新时代中国特色社会主义思想武装教师头脑，加强教师思想政治教育，建立健全师德建设长效机制。完善教师培训制度，加强校本教研，增强学科教学能力。推动教师阅读工作长效机制建设。提升教师信息素养，促进现代科技与教育教学的深度融合。健全教师管理制度，完善岗位设置、年度考核和待遇保障机制，激发教师积极性和创造性。

优化学校育人方式。建立党组织主导、校长负责、群团组织参与、家庭社会联动的育人工作机制，深化培养模式和育人方式改革。落实学生主体地位，尊重学生个体差异，实施以学生发展为本的教学，创新各学科课程实施方式和作业方式。实施中小学生综合素质评价，真实反映学生发展状况。加强顶层设计和统筹规划，完善实践育人体系。

健全师生发展支持保障体系。建立健全残疾儿童少年就近入学优先保障机制和学习困难学生学习帮扶制度。建立健全学校心理辅导工作制度，完善心理健康教育服务体系，提高心理辅导专业水平。加强中小学生欺凌综合治理，切实防止学生欺凌和暴力事件发生。完善师生权利申诉机制、救助机制和问题协商机制。健全教育装备安全管理制度和质量管理体系，完善学校安全、卫生、后勤管理制度，确保师生人身安全、食品饮水安全、设施安全和活动安全。探索智慧校园建设，全面提升学校信息化水平。

促进学校治理体系和治理能力现代化。全面落实《义务教育学校管理标准》，构建北京市义务教育学校管理指标体系。依法制定和修订学校章程，提升依法治教、依法治校能力。持续推进学校文化建设，为师生成长发展创设良好氛围。建立健全民主管理制度，明确教职工和学生参与学校民主管理、监督的形式和途径。密切学校与家庭、社区联系，促进形成家校社协同育人的工作体系。

（3）阶段推进

① 动员发动阶段（2018年1月—2018年4月）

制定方案，注重顶层设计。依据教育部要求，研究制定我市推进义务教育学校管理标准化建设实施方案，明确工作要求和操作办法，统筹谋划推进工作。

分层培训，明确目标任务。在全市范围开展培训动员工作，对《义务教育学校管理标准》进行解读宣传，推动“两微一覆盖”，即开展“我与《管理标准》”干部教师微论坛、微征文活动，做到培训宣传全覆盖。统一思想，增强共识，使广大干部教师充分了解基本要求，掌握精神实质。

② 全面实施阶段（2018年5月—2020年3月）

第一阶段（2018年5月—2018年8月）。指导学校对照教育部《义务教育学校管理标准》开展自评，结合自身实际认真找出差距和不足。市区组成专家团队入区入校开展工作指导，帮助学校科学诊断，研究制定改进方案，做到“一校一案”。

第二阶段（2018年9月—2018年12月）。依据教育部《〈义务教育学校管理标准〉达标评估实施办法》和评估细则，开展首批达标验收工作。在学校申报、各区推荐基础上，由市、区教育行政部门组织评估认定第一批达标学校（比例为全市义务教育学校的30%）。开展北京市义务教育学校管理现状调研，形成调研报告。依据教育部《义务教育学校管理标准》，结合我市义务教育学校管理工作实际，构建北京市义务教育学校管理指标体系。

第三阶段（2019年1月—2020年3月）。联合专家团队对义务教育学校管理标准化建设工作进行视导，找准共性问题，重点攻坚突破，帮助学校解决实际问题，切实提高治理水平和办学质量。梯次推进，开展验收评选。

依据教育部标准，开展第二批学校达标验收工作（比例为全市义务教育学校的40%）。以实施管理标准为抓手，全面推进北京市义务教育学校管理标准体系建设。在达标验收基础上，依据北京市义务教育学校管理指标体系，结合依法治校示范校评选工作，选树一批北京市义务教育学校管理标准化建设先进校。

③ 总结提升阶段（2020年4月—2020年12月）

以评促改，以评促建，督促学校规范办学、科学管理。依据教育部标准认定第三批达标学校（比例为全市义务教育学校的30%），实现全面达标。认真总结凝练全市义务教育学校管理标准化建设的成果和经验，深入推进北京市义务教育学校管理标准体系建设。依据北京市义务教育学校管理指标体系，选树第二批义务教育学校管理标准化建设先进校。开展典型案例研究与宣传推广，有效推动全市义务教育学校内涵发展和品质提升。固化义务教育学校管理标准化建设成果，指导各区建立复审整改机制，实现动态管理，完善和提升义务教育治理体系和治理能力，努力管好办好每一所义务教育学校。[1]

目前这项工作正在积极推进，以促进学校内涵建设为主，着重发展学校软实力为本，已取得并将继续取得更大的突破。

二、师生发展各有侧重

北京基础教育发展针对人的发展主要采取“两条腿走路”的办学，既关注教师的发展，又关注学生的成长，最终目的在于促进师生的教学相长，其中比较有特点的举措如下。

1. 全面发展理念引导下的学生发展

北京市学生发展既要追求教育教学效果，又不以智育成绩作为唯一评价标准，主要采取了如下主要措施。

一是加强教育教学质量监测。2003年，为促进义务教育新课程改革后教学质量的稳步提高，受北京市教育委员会委托，北京教育科学研究院开始实施义务教育教学质量分析与评价反馈系统项目（简称“质评系统”）。随着对教育教学质量监测认识角度的变化与程度的加深，为了更好地发挥其对于一线教学的诊断促进作用，2009年质评系统从原有的“北京市义务教育教学质量监控与评价体系”正式更名为

[1] 北京市教育委员会.推进义务教育学校管理标准化建设实施方案［EB/OL］.（2018-05-22）［2018-11-29］.http://jw.beijing.gov.cn/xxgk/zxxxgk/201805/t20180522_49055.html.

“北京市义务教育教学质量分析与评价反馈系统”。名称的变换，体现了质评系统从宏观教育政策依据定位向中微观教育教学质量改进定位的转变，更强调了其与课程实施、课堂教学的关系。[1] 这也为北京市教委作出相关改革提供了较为科学的研究支持。

二是注重学生多能力发展。如北京市中小学必须有10%以上的课时需要在社会大课堂中进行。《北京市教育委员会关于印发北京市基础教育部分学科教学改进意见的通知》中明确表示：“学校要组织学生走出校门，中小学校各学科平均应有不低于10%的课时用于开展校内外综合实践活动课程。”并且，实践成绩都以一定的形式计入中考评价体系。小学阶段禁止统考、统测，只记录学习习惯的养成以及参与社会活动、文体活动等学生成长情况。初中阶段开始完整记录学业成绩，开展学生学业评价。中小学学科改进意见强调构建多元化、发展性的评价体系，要求基于课程标准进行学业评价，防止不正确的评价引导教学超课标“抢跑”。[2]

2. 分类培养理念的教师专业发展

除了常规的在北京教育学院和北京教育科学研究院帮助指导下开展教育教学研究外，北京市针对不同教师特点，开展了名师发展工程、名班主任发展工程和名校长发展工程三类工程，培养不同类别的教师。

从2011—2015年的统计结果显示，北京市名师、名校长培养成果显著。5年间，北京市基础教育学校“名校长工作室”数量快速增长，参与“名校长工作室”的校长规模增加近一倍。2015年，全市共有市

---

[1] 张咏梅，郝懿，田一，李美娟.北京市义务教育教学质量分析与评价反馈系统十年回顾与展望［J］.教育科学研究，2014（6）：56-63.

[2] 施建松.实践成绩纳入中考评价小学阶段禁止统考统测［N］.中国教育报，2014-11-15（001）.

级“名校长工作室”93个，2011年仅有49个，增长89.80%；2015年全市参与“名校长工作室”的校长有853 人，与 2011年的435人相比增长了96.09%。2015年，市、区两级共有“名教师工作室”264个，与2011年的155个相比，增长了70.32%；共有4 815名教师参与了“名教师工作室”，比2011年增长了近两倍。市、区两级共设立“名班主任工作室”117个。2011年仅有8个，5年间增长近14倍。 其中，2015年共有4234名班主任参与了“名班主任工作室”，与2011年的206名相比增长了近20倍。2015年，共有603名教师被评为特级教师，与2011年相比增长了80.54%。北京市农村学校拥有特级教师36名，比2011年增加13.05%。[1] 当然，这些工程仍在继续，仍将帮助更多教师走向优秀。

经过多年的教育实践，北京市逐渐探索出了以“政府主导、部门联动联系会制度”为内涵的课程改革领导机制，以“翱翔计划”及“雏鹰计划”为主线的基础教育创新人才培养机制、以“社会大课堂”为代表的教育资源建设机制、以电子学籍管理系统（CIMS）及“虚拟课堂”为平台的教育信息化服务机制和以“教师分类培训模式”与“区域教育研修网”为主要形式的教师专业成长机制。五大机制的建立和健全，体现了北京市推进基础教育创新发展的决心和实践探索，为首都基础教育的发展注入了活力。[2]

3. 学校联动促进师生发展

这主要体现为大学对中小学的支持和中小学优质教育均衡发展两个方面。

一方面是大学对基础教育的支持。北京市高校资源丰富，名校众

---

[1] 杨志成.为成就中国好教师而努力——兼论首都基础教育人才科学研究院的发展方向［J].北京教育学院学报，2016，30（1）：1-5.

[2] 五大机制助推首都基础教育创新——访北京市教委副主任罗洁［N].北京日报，2010-09-08（015）.

多，这是北京市基础教育发展得天独厚的优势。北京市积极利用这一优势，开展了多种联动活动，推进基础教育质量发展。如自 2014 年开始，北京市教委正式启动了“高校、社会力量参与中小学体育美育特色发展”项目（以下简称“高参小”），通过政府购买服务的方式向包括高校在内的社会力量购买青少年体育服务，借此深化素质教育改革，促进义务教育均衡发展，推进政府体育职能转变，实现青少年身心健康、体魄强健。这项极具创新型、探索性和开创性的项目在全国基础教育改革领域受到了广泛的好评。[1] 此外，还开展了学科群建设工程。如“首都教育（基础教育）学科群”是北京市教育委员会确定的“北京地区普通高等学校学科群建设项目”内的十大学科群之一。学科群项目合作单位（首都师范大学、北京教育科学研究院、北京教育学院、北京师范大学教育学部、北京市教育学会、北京市教育委员会基础教育处等六个主体）针对关涉北京市基础教育质量提升的热点、难点与重大问题，在平等自愿的基础上，充分发挥各自在基础教育学科队伍、资源、人才、组织和研究等方面的优势，相互间开放共享，最大限度地整合协同创新要素，确定了四个协同创新领域：基础教育政策与质量监控、教师教育与合作共同体、校长专业发展研究、基础教育课程改革与发展，并通过进一步创新体制机制，搭建协同创新平台，逐渐形成了首都教育（基础教育）学科群这一协同创新战略联盟。[2]

另一方面是推进基础教育优质均衡发展。“十二五”期间，北京市进一步深入推进“城乡手拉手”“名校办分校”“学区化”等改革，

---

[1] 舒宗礼，夏贵霞，王华倬.高校承接政府购买青少年体育服务：行动逻辑、问题透视与策略跟进——以北京“高参小”实践为例 [J].北京体育大学学报，2016，39（11）：97-103.

[2] 刘新成，孟繁华，陈正华.构建协同创新体制机制，提升基础教育质量——首都教育（基础教育）学科群二期建设回顾与发展展望 [J].教育科学研究，2012（12）：5-10+23

积极推进并实施“校区制”“集群化”“集团化”和学校联盟等优质资源辐射的学校“组团化”发展模式，鼓励区县扩大优质资源辐射范围。[1] 主要措施有：

一是名校集团化。北京积极推进城乡一体化学校建设，鼓励名校输出优质资源，在郊区县办学，实行“一个法人、一体化管理”改革试点，提高学校办学水平；建设北京数字学校，转变教育供给方式，形成覆盖小学、初中、高中的数字化名师课程资源。积极推动区域内教师资源共享和合理流动，在工资待遇、教师补充、市级骨干教师评定等方面向农村学校倾斜。从今年开始统一组织实施农村中小学音乐、体育、美术等学科教师公开招聘三年行动计划，切实加强农村中小学素质教育能力的整体提升。[2]

二是教育集群化。如北京市丰台方庄教育集群经过5年的摸爬滚打，逐步建立起了在地缘性关系基础上的生态治理新机制。为防止集群机制对集群校的负面作用，方庄教育集群构建的是一种既自主又合作的“1+N”区域教育共同体，龙头校起的是引导、示范、号召、建议作用，与其他学校是平等的战略伙伴关系。集群是靠满足各校的内在需求、激发内生动力来实现发展的，是一种“生态”关系。[3]

三是打好“组合拳”。要实现教师的实质性流动、校际间生源的相对均衡、学校间社会机会与社会资源配置的相对均衡，推进区域教育一体化、品牌化和均衡化发展，要打“组合拳”：以市级统筹为主，继续推进首都义务教育硬件达标和均衡建设；深化教育管理体制

[1] 杜戈鹏，张景华.北京承诺：2015年实现县域义务教育基本均衡［N］.光明日报，2011-03-16（006）.

[2] 宗河.北京着力完善义务教育入学规则［N］.中国教育报，2013-05-04（002）.

[3] 余慧娟，赖配根，任国平.首善之治，引领教育未来——北京基础教育综合改革独家观察［J］.人民教育，2016（16）：21-26.

改革，推进首都区域教育一体化和品牌化（推行学区化管理，迈出打破“校际壁垒”的步伐；实施“学校联盟”，实现区域内教育资源的互动；探索“集团办学”，推进区域教育一体化建设；实施“名校办分校”，推进区域教育品牌化建设）；加强办学机制创新，推进首都区域教育优质化和均衡化（规范学校的办学行为；有序推进区域内强弱学校实质性的联合；建立“双单位”共建制度；给予学校促进均衡与流动的“特许政策”）。[1]

通过系列举措，北京市继1993年在全国率先实现“两基”攻坚任务后，2010年又率先基本实现了教育现代化。2015年，北京市16个区一次性通过全国义务教育均衡发展督导评估验收，全市义务教育发展由此进入了一个新阶段。目前北京教育正朝着全面实现教育现代化、建成“公平、优质、创新、开放”的首都教育体系的目标扎实迈进。[2]

第五节

中国北京基础教育质量发展的特点

如张新平教授所言，回望40年来的我国教育发展推进历程，其

[1] 李永生.深化管理改革：推进首都义务教育均衡发展策略的探讨［J].中小学管理，2010（5）：34-37.
[2] 北京市教育委员会.基础教育综合改革的“北京理念”［J].人民教育，2016（16）：12-16.

中有三个较为重要的阶段，它们构成了我国义务教育改革波澜壮阔的发展图景。第一阶段：从“没学上”走向“有学上”，主旨是要回应“没学上”和全面解决“有学上”难题。第二阶段：从“不均衡”走向“基本均衡”，主旨是要积极回应义务教育改革发展的“不均衡”和有效解决其“基本均衡”的问题。第三阶段：从“基本均衡”走向“优质均衡”，主旨是回应和解决义务教育如何实现从基本均衡向优质均衡的转型性发展问题。[1]这是对全国的教育发展的总体描述，也可谓北京市基础教育发展的真实写照。根据上文所述，可总结出北京市基础教育质量发展的重要特点。

第一，不断追求教育均衡优质发展。北京义务教育均衡发展之路可以分为两个主要阶段：其一是标准化阶段，其二是共享化阶段。所谓标准化，就是以标准带动发展，追求区域层面的均衡；所谓共享化，就是在前一阶段的基础上，提升公共服务的标准，扩大公共服务的范围，用均衡的方式促进发展。标准化阶段的三个特征是：标准引领、区县均衡、特色发展。共享化阶段的三大特征是：公共服务、集团发展、保障支持。[2]北京市各级各类政府敢想敢做，有想法、有措施、有行动，关注人民的满意度和获得感，关注师生共同发展，以项目重点促进基础教育质量提升，取得了可喜的成绩，逐步形成了机会均等、过程透明，向特权说“不”的就近入学政策；不仅要近，还要实现让孩子在家门口上好学校的高位均衡，形成突破利益固化的藩篱，一切以学生的利益为中心的局面，值得称赞。[3]

---

[1] 张新平，黄胜.波浪式推进：我国义务教育改革发展40年［J].中小学管理，2018（11)：5-7.

[2] 张熙，拱雪，左慧.义务教育均衡发展的“北京模式”研究［J].课程教学研究，2012（12)：11-15.

[3] 赵婀娜.增加优质资源共享教育公平［N].人民日报，2015-04-28（016）.

第二，面临更加艰巨的挑战。从未来趋势来看，2022年将是基础教育规模扩张的跃进期，由于“全面二孩”政策的影响，新增人口将首先对北京小学教育形成冲击，保守估计北京市小学生规模将增加50%。[1]面对新一轮“婴儿潮”的来临，北京市如何继续发挥优势，保证学生有学上的同时又能够上好学，并且不断消除大班额，形成小班化、特色化教学，这将是一个压力不小的挑战。此外，义务教育制度是现代教育制度的重要组成部分，义务教育年限是衡量一个地区社会经济文化发展水平的重要标志。随着社会经济的发展，逐步延长义务教育年限也是世界教育发展的主要趋势之一。北京市根据经济社会发展的要求，在全国首次提出了要“分期分批逐步实现十二年义务教育”。实施十二年义务教育是一个对首都教育发展具有全局性、长远性和根本性影响的战略决策。[2]但如何稳健达成这一目标，促进北京基础教育质量深入发展，也是北京市教育所面临的艰巨挑战。

第三，有待形成反映北京教育特色的“北京学”。教育学的理论体系始于两个基本的问题，即教育与社会发展的关系问题和教育与个人发展的关系问题，这两个基本问题又可以逻辑地分解为教育与政治、教育与经济、教育与科学技术、教育与文化、教育与个人的社会化、教育与个人的身心发展、教育与个人的遗传及成熟、教育与个人所处环境的关系等一系列更为具体的问题。[3]北京教育发展极具北京经验，展示了北京风采，理应通过教育学的视角提出“北京学”的核心观点：并不只有通过城市的文化经济的研究，才能揭示城市发展

---

[1] 唐一鹏.我国特大城市基础教育规模变动及其趋势预测——以北京、上海为例［J］.上海教育科研，2018（3）：10-14+19.

[2] 吴岩，刘永武，桑锦龙.逐步实施十二年义务教育：新世纪北京教育发展的战略选择［J］.教育科学研究，2002（8）：5-9.

[3] 劳凯声，李孔珍.教育政策研究：在教育学学科建设中发展［J］.教育科学研究，2012（1）：5-11.

的规律性的东西，也并不只是文学想象与文化记忆，才可以帮助我们进入北京。教育想象、教育记忆和教育实践，同样可以推动我们把北京从“文化北京”变成“教育北京”，把“北京教育”变成“教育北京”。[1]

总之，北京市基础教育能够紧跟国家政策方针，结合区域教育实际状况，关注师生共同发展，促进学校硬件达标和内涵提升，走出了一条多部门联合、多主体参与、多措施并进、多项目实施的促规范、强内涵、提质量的立足首都城市发展定位和加快推进教育现代化，以学生发展为本，体现公平教育观和正确质量观的高标准、精细化、有特色、极具北京经验的基础教育质量提升之路。

[1] 文娟，李政涛.北京城市发展中的教育问题、教育空间与教育基础——兼论“北京学”研究的教育学视角［J］.首都师范大学学报（社会科学版），2013（1）：126-133.

结束语

必须认识到，正是由于各个国家对基础教育及其质量的概念内涵和囊括范围各有不同，尤其是各国的历史文化、社会经济发展不同，与之相适应的教育体系往往各具特色，所以对国际大都市基础教育质量水平进行量化分析和比较的意义十分有限。有鉴于此，本书从学生、教师和学校等角度，通过使用和挖掘有关的学业测评数据，分析11个国际大都市（地区）的基础教育质量，并进一步讨论了这些国际大都市的基础教育质量监测体系、保障机制以及改善举措。

一、国际大都市基础教育质量水平的国际比较

各个国际大都市（地区）的基础教育质量水平可以从国际大规模测试以及所在国家或地区的学业测试中窥见。

（一）各大都市在大型国际测试中的表现

从20世纪中后期开始，世界各国日益关注对学生学业成就的国际测评与比较，各种国际大规模测试逐渐兴起，比如阅读素养进展研究（Progress in International Reading Literacy Study），PISA测试、TIMSS等。尤其是PISA测试，OECD宣称PISA测试能够测量“年轻人为成人生活做准备的程度”；通过PISA测试得出的国际比较数据，能够帮助参与国找到教育系统的最佳实践，还可以对参与国的教育状况进行描述，以便为各国的教育改革提供具有针对性的政策建议。这里仅以PISA测试为例，对11个国际大都市及其所在国家的基础教育质量水平进行比较。

表12-1　11个国际大都市所在国家在PISA2018中各个素养的得分和排名

国　家	阅读素养		科学素养		数学素养	
	成绩	排名	成绩	排名	成绩	排名
中国（内地四省市）	555分	1	590分	1	591分	1
新加坡	549分	1	551分	2	569分	2
芬兰	520分	4	522分	5	507分	12
美国	505分	10	502分	12	478分	32
英国	504分	11	505分	11	502分	15
日本	504分	11	529分	4	527分	5
德国	498分	14	503分	12	500分	16
法国	493分	20	493分	21	495分	20
俄罗斯	479分	26	478分	30	488分	27
墨西哥	420分	49	419分	55	409分	60

资料来源：根据PISA2018的结果报告整理而成。

从表12-1可以发现，由北京、上海、江苏和浙江组成的中国内地四省市的学生在PISA2018的阅读素养、科学素养、数学素养中均取得了非常好的成绩，均排名全球第一。紧随中国之后的是新加坡。新加坡作为城市国家，在PISA2018中也取得了非常好的成绩，其阅读素养的成绩虽略低于中国内地四省市，但在OECD看来，二者并没有显著性差异。新加坡学生的科学素养和数学均排名世界第二。在PISA的前几轮测试中，赫尔辛基所属的芬兰被OECD塑造为教育成功的标杆，然而，其在PISA2018中的表现并没有那么耀眼夺目，虽然芬兰学生的阅读素养、科学素养依然保持在世界前五，但数学素养仅排在第十二。马萨诸塞所在的美国在PISA2018阅读素养、科学素养和数学素养中的排名分别为第十、第十二和第三十二。伦敦所在的英国在PISA2018阅读素养和科学素养中均排名第十一，数学素养排名第十五。东京所在的日本，其学生的阅读素养与英国排名一致，但其科学素养和数学素养明显优于阅读素养的排名，均位列前五。柏林所在的德国在PISA2018三个素养上的表现比较平均，成绩均在500分左右，三个素养领域的排名分别是第十四、第十二和第十六。巴黎所在的法国在PISA2018三个素养领域的表现也比较平均，成绩均在493分左右，排名分别是第二十、第二十一和第二十。相较于前几个国家和地区，莫斯科所在的俄罗斯在PISA2018中的表现较差，在阅读素养、科学素养和数学素养的排名分别是第二十六、第三十和第二十七。墨西哥城所在的墨西哥的表现最差，在阅读素养、科学素养和数学素养的排名分别是第四十九、第五十五和第六十。

（二）各大都市在本国测试中的表现

除了以上国际大规模测试的表现外，从各国的测试中也可以窥见各大都市的基础教育质量水平状态。

柏林在德国教育趋势研究中达到能力规范标准的学生比例是全德国最低的，这意味着未达到最低标准的学生比例也是最多的，并且柏林学生在德语拼写领域及数学领域也低于全国平均水平。此外，柏林小学四年级学生的成绩低于全国平均水平，在全德国16个州中排在倒数的位置。

马萨诸塞州在2017年一共有194所学校的四年级学生和168所八年级学生参与了美国“国家教育进展评估”（NEAP）的数学和阅读测试，其四年级和八年级学生在数学和阅读上的成绩均排名全美第一；并且在数学和阅读等学科中达到熟练水平的四年级和八年级学生也处于全美前列。可见，马萨诸塞州的基础教育质量水平在美国50个州中属于佼佼者。

墨西哥城在校园基础设施建设以及教师人员配备方面优于墨西哥全国平均水平，但是，在接受义务高中阶段教育方面却远低于全国平均值。墨西哥城的小学三年级、六年级学生参加了2013—2014年度的Excale测评，其中三年级学生在西班牙语、数学、公民教育和自然科学中的排名分别是第一、第二、第一和第一；六年级学生在上述四项排名均为第一。此外，墨西哥城在2006—2013年还参与了ENLACE测试，其学生在数学方面的提升十分显著，表现不足的学生比例从13.6%下降到9.2%，合格者比例从64.6%下降到37.4%，表现良好的比例从19.8%上升到30.9%，表现优秀者从2.1%增加至2.2%。[1]墨西哥城小学阶段西班牙语测评水平的表现要远好于全国的平均值，并且学业成绩提升幅度也远高于全国平均值。墨西哥城初中学生在数学测评中的表现与全国平均水平持平，表现不足者从49.5%下降到48.2%，合格者从42.7%下降到31.8%，良好者从7%上升至14.3%，优秀者从0.7%上升至5.7%。[2]但墨西哥城学生的西班牙语测评表现则令人担忧。总体来看，墨西哥城在整个墨西哥的所有州中的表现仍位居前列。

在日本全国学力测试中，东京的小学六年级学生在国语A中排名第十到第二十之间，在国语B中排名全日本第四到第七之间，在算术A中排名第七到第十三之间，在算术B中排名第五；其初中三年级学生在国语A中排名第五到第十一之间，在国语B中排名第六到第十一之间，在算术A中排名第十到第十六之间，在算术B中排名第五到第十一之间。从全国学力测试来看，东京小学六年级学生和初中三年级

[1][2] SEP. Resultados Históricos 2006-2013. Distrito Federal [EB/OL].(2019-01-27) [2019-01-27]. http://www.enlace.sep.gob.mx/content/gr/docs/2013/historico/09_EB_2013.pdf.

学生在全日本各个都、县中处于中游的地位。从日本东京都举行的学力测试来看，其学生在算术和理科等方面获得了较高的正确率，却在阅读理解方面存在一定的障碍。

巴黎学生在国家层面的各级各类升学考试中一直处于全国较高水平。在法国共同基础能力测试中，巴黎学生在语言科目上达到掌握水平的人数比例居全法第一，在数学与科学测试方面则取得了全法的最高分。在“国防与公民日”阅读测试中，巴黎学区存在读写障碍的青少年人数全国最少，巴黎17岁以上青少年的法语阅读和书写能力表现在全国遥遥领先，均优于其他学区的同龄人。

二、国际大都市基础教育质量监测体系的国际比较

通常情况下，国际大都市基础教育质量监测体系包括国家层面、地方层面和学校层面对学生学业、教师质量和学校的评估。

（一）国家层面

研究国际大都市的基础教育质量监测体系，必须将大都市置于其所在的大环境或者背景中。因此，国家层面的质量监测是国际大都市基础教育质量监测体系不可或缺的一环。比如，德国文化教育部长联席会议制定和引入了全国教育标准，既为各州的教育测试提供机会，又具有发展学生各个学科知识和能力的作用。此外，德国在全国教育标准的基础上颁布了能力水平模型，其中包括最低标准、规范标准、规范标准+和最佳标准。

芬兰国家教育部开发的基础教育质量标准框架为赫尔辛基市教育决策者在评价政策对学校教育质量产生的短期影响和长期影响方面提供了非常有力的工具，包括管理、人员、办学经费和评估等四个外围

维度，以及课程实施、学习支持、学生成长与健康、家校合作、学习环境的安全性等六个与学生关联的要素。此外，芬兰国家教育委员会还开展了全国学习成果评估，包括对基础教育学习成果的纵向评估、基础教育最后阶段的母语学习成果评估和文学学习成果评估、基础教育七年级实施的英语教学大纲学习成果评估等。

美国全美州长协会和全美各州教育长官理事会正式发布了各州共同核心标准，包括英语语言艺术和数学两大主要学科，其中英语语言艺术标准从阅读、写作、口语和听力、语言使用、媒体和技术等五个方面分别设定了K–12年级的目标；而数学学科标准从数量、代数、方程、模型、几何和概率论等方面设定了具体目标。

英国政府近年来推行围绕国家课程的质量监测体系改革：小学阶段的质量监测实行国家测试、抽样测试以及教师评价三种形式，中学阶段的质量监测主要通过普通中等教育证书考试展开。无论是监测方式、监测内容，还是监测结果的呈现，都不仅旨在客观评价学生的学业成就及进步水平，同时体现了英国政府对提升基础教育质量的决心。

墨西哥国家教育质量评估委员会设立了Excale测评项目，并开发了一系列测评试题以及相配套的调查问卷，希望通过长时间对学生学业表现的定量和定性的研究与观察，提供国家和州层面的学生学业表现的基本情况，为国家课程内容的改进提供实证性数据支持。另外，从2000年墨西哥参加经合组织举办的PISA测试以来，学生成绩表现一直不佳。墨西哥公共教育部希望开发一套更具有针对性的监测体系，以便更加准确地了解和发现墨西哥基础教育阶段存在的问题，因此，墨西哥在经合组织的帮助下开发了ENLACE测评项目，该项目是墨西哥教育评估面向信息化、透明化和问责制发展的一个重要标志。

日本文部科学省自1947年起便颁布了全国统一课程基准（教学

大纲），对国语、数学、中小学道德课、小学外语活动、中小学综合学习、高中综合探索以及其他特别活动做出学业标准规定，分别在1951年、1956年、1961年、1971年、1980年、1992年、2002（2003）年、2011年、2018年做出修订，形成大约每十年修订一次的惯例。新版《学习指导要领》引进“主体型·对话型的深层次学习”和计算机编程教育，规定小学从2018年开始，初中从2019年开始，将“道德”改为“特殊教科道德”。在特别支援学校中，除上述内容以外，还包括自立活动的开展。新版《学习指导要领》基本沿袭2006年提出的“告别宽松教育”的基本路线，强调教育的社会性与主体性，围绕“学生如何学”“需要培养学生何种素质和能力”的主题，提出“积极学习”（Active Learning）的口号。在此基础之上，文部科学省在2007年重新恢复全国性的学力测试，2012年前全国学力只测试了语文、算术（数学）两个科目，在此之后进一步增加了理科测试。

（二）地方层面

除了国家层面的监测外，国际大都市层面还有其相应的监测内容。比如，德国柏林发布的《柏林学校质量实施框架》，不仅确定了柏林市“好学校”的标准，同时也成为对所有学校都有效的质量标准，在学校的教学与学习过程、学校文化、学校管理、教职人员专业化、质量发展和结果与影响等六个关键的质量领域发挥重要作用。

美国马萨诸塞州中小学教育委员会在2010年决定采用共同核心标准，在其基础上颁布了英语语言艺术和数学课程标准，以及科学、历史和艺术等课程标准。除了制定标准之外，马萨诸塞州从1998年起便开始实施独具特色的学生学业评估，对全州三到八年级和十年级的英语阅读理解、数学，四、七、十年级的英语作文，五、八年级和高中的科学和工程技术进行了测评。2018年马萨诸塞州对综合测评体系进行改革，进一步开展“下一代测试”，即主要采用电脑测试的方式，运用全新的设计方式和测试题目对学生进行测试。

日本东京从1956年开始进行独立的基础教育学力测试，后因诸多原因中止。2004年东京教育委员会决定重新恢复学力测试，其内容涵盖国语、社会、算术、理科等课目，具体分为按年度进行比较的“历年比较型”测试、能够发现小学生学习障碍的“问题分析型”测试、能够提出更好授课方式的“授课提案型”测试。

中国上海2011年9月正式形成了以关注学生健康成长为核心价值追求的系统指标——学业质量绿色指标，明确了“绿色指标”的内容、测试对象、测评手段等。其中，指标内容包括学生学业水平指数、学生学习动力指数、学生学业负担指数、师生关系指数、教师教学方式指数、校长课程领导力指数、学生社会经济背景对学业成绩的影响指数、学生品德行为指数、身心健康指数以及上述各项指标的跨年度进步指数等十项内容。此外，上海从1999年便开始探索中小学生的素质评价方式，经过多年的修订和改革，2018年上海市教育委员会颁布了《上海市普通高中学生综合素质评价实施办法》，旨在全面评价高中学生的发展情况，共同推进素质教育。

除了中央和地方的分类方式外，各大都市的基础教育质量监测体系还可以根据对象的不同而有所区分。首先是对教师质量的监测，如美国马萨诸塞州的基础教育教师质量认证体系、法国巴黎的基础教育教师质量认证体系；其次是对学校质量的监测，如德国柏林的学校质量实施框架、柏林学校评估项目，法国巴黎的基础教育学校发展评估体系；最后是对学生学业水平的监测，如德国柏林的学业成绩测试、学习状态分析测试，墨西哥墨西哥城的基础教育学生学业的监测体系，日本东京的学业评估体系，法国巴黎的基础教育学生学业质量评估体系等。

三、国际大都市基础教育质量保障运行机制的国际比较

各国际大都市基础教育质量保障机制基本上都是多方协同模式，主要包括政府部门和相关研究机构等。

（一）国家—地方—学校的相关行政机构

在行政机构中，各个大都市逐渐建立起了从国家到地方再到学校的多级保障机制，各个层级的相关部门各司其职，为促进和提升基础教育质量扮演着不同的角色。比如英国伦敦市，在联邦层面，资格与考试监督办公室主要实现了考试评价制度的统一标准，教育、儿童服务及技能标准局实现了对中小学的监督和评估；在地方层面，大伦敦政府及各行政区政府当局通过推动与联邦政府、学校及其他利益相关者间的合作，为学校及教师提供针对性资源和指导，以及促进学校间的实践经验共享等方式，来保障伦敦的基础教育质量；在学校层面，伦敦中小学充分发挥主动性，积极致力于自我评价和自我改进。除了像伦敦这样完整的三级保障机制外，有的国际大都市形成了国家—地方的两级层次，比如芬兰赫尔辛基，在国家层面，芬兰教育评价中心负责芬兰自学前教育至高等教育的全国性教育评价；在地方层面，赫尔辛基市教育委员会负责审批课程和语言教学项目，赫尔辛基市教育部则为学龄儿童和学生提供教育服务。有的国际大都市则形成了地方—学校的两级层次，如美国马萨诸塞州，在州层面有州法院、中小学教育局和教育专员、中小学教育委员会。州法院的主要职责是制定马萨诸塞州与教育相关的规定，规范马萨诸塞州中小学教育局、教育

专员以及教育委员会等各个机构的职责；中小学教育局的主要职责包括审核教师资格证，分配州政府和联邦政府的教育经费，帮助各学区实施学习标准，监督全州范围内的标准化测试，管理学校和学区，召集学区和个人分享教育最佳实践，以及收集教育数据，帮助州政府和各学区进行教育决策，而教育专员则是州公立学校系统的最高管理者；中小学教育委员会是州政府的一个部分，其主要职责是通过学习标准，审核特许学校的申请，决定何时干预州内的低表现学区，聘任中小学教育委员会的委员长等。在学校层面，各个学区有相应的学校委员会，负责定义各自学区的愿景、使命和目标，制定和监督年度预算，选聘、管理和评估学区的学监，制定和评估学区的教育政策和实践以促进学生学业成绩的提高。

（二）研究机构

由于基础教育质量的评价涉及很多专业知识和内容，因此也有相关的研究机构和咨询机构参与其中。比如，德国教育质量发展研究所是德国在促进教育质量发展与质量保障方面的一个科学研究机构，该机构的出发点和立脚点是德国各州文化教育部长联席会议确定的全国教育标准，其任务主要在于定期检查学校达到教育标准的程度。除了在全德层面的研究机构外，柏林市也有专门的研究机构——柏林和勃兰登堡州的教育质量研究所，负责教育质量研究，其目标主要是在科学合理的基础上保障和提高教育质量，并为柏林的教师、学校行政人员、教育政策提供者提供基础教育质量评价的工具和数据支持。又如，莫斯科教育质量中心是莫斯科专门负责制定并开展莫斯科学生教育成就的预测和监测的独立研究，为莫斯科教育质量登记在册的各类用户编写统计和分析信息，提供教育质量评估问题的方法建议，担任国际和国家教育质量比较研究程序的区域协调员，为在莫斯科市开展九年级和十一年级国家考试提供组织和技术支持，甚至独立组织教育测试等。

四、国际大都市基础教育质量改善举措的国际比较

各个国际大都市改善基础教育质量的措施往往涉及多个方面，主要包括教育系统、学生学业评估制度、教师和校长制度、学校制度以及提高教育经费等。但由于各个国际大都市的教育体制和政治经济社会背景等有所不同，因此具体采用的策略各有侧重。

（一）改革教育体系

改革教育体系是国际大都市甚至是所在国家进行的重大教育改革，也是改善基础教育质量的重要举措。比如，墨西哥在2017年颁布《教育新模式》，涉及义务教育的各个方面，分为核心课程改革、加强师范学校建设、国家英语战略计划、促进教育公平以及社会包容性发展、促进学校文化艺术教育以及加强学校健康教育意识等六个方面，旨在为墨西哥少年儿童提供一个公平、高质量的教育环境，为国家培养适应21世纪社会发展的人才。

（二）改革学生学业评估制度

改革现有的学生学业评估制度是各个国际大都市改善基础教育质量的主要举措。比如，美国马萨诸塞州从1998年便开始实施综合测评体系，评估学生的学业成就表现以及学校和学区的绩效，不仅呈现学生学业成就的全景，还与其他教育改革一起增强马萨诸塞州的公共教育，以确保所有学生接受富有挑战性的课程。由于传统的综合测评体系需要配

合最新的课程框架和时代发展而进行更新换代，以及州政府试图借此捍卫和保障其教育评估权，马萨诸塞州中小学教育委员会在2015年底表决通过了下一代综合测评体系，基于未来导向的学科框架和标准而设计测评内容，以帮助学生为未来的大学学习、职业生涯和公民社会参与做好准备；采用基于电脑的测试方式，以还原高度信息化的生活环境，促进学生适应当前的数字化时代，提升学生的电脑操作能力和增加学生的人机交互体验；实施着眼于“未来”的期望达成模式测评标准，以更好地对学生的学业表现进行评价；在测评结果的使用方面，重视对学生的作答记录进行分析，为家长提供完整的学生学业表现，重视高需求学生的学业成绩进步，从而改善全体学生未来的学业成就。[1]

墨西哥国家教育评估委员会从2013年开始对现有的ENLACE和Excale两个测评项目进行评估，并综合上述两个项目的优缺点，进一步开发和实施了国家学生评估计划，不但对墨西哥义务教育阶段教育体系的质量进行测评，还对义务教育阶段的学生学业表现进行测评。

中国上海在总结绿色指标1.0的基础上进一步开发和提出绿色指标2.0版，将原有的二级指标重新调整、归入其他一级指标，将原有的一级指标进一步细化形成新的二级指标，对原有的指标重新表述，赋予新的内涵等。

（三）改革学校制度

学校结构的改革是各个国际大都市改善基础教育质量的重要举措。德国柏林于2010—2011学年进行了学校结构改革，主要是将主体

[1] 蔡娟.为未来做好准备——美国马萨诸塞州下一代综合测评体系的新特点［J］.比较教育研究，2019，41（11）：59-65.

中学、实科中学和综合中学合并为一体化中学，还提供了全面的全日制学校课程和更多的职业定向机会，调整了从小学到中学的过渡程序。

英国伦敦从2017年开始实施学校项目，其关注点并不在于探索及实施新举措，而在于归纳和总结行之有效的改进经验，并将其分享给其他薄弱学校。在宏观层面，在校内构建一种成功文化，相信并支持所有学生都能实现个人潜能；在中观层面，有效利用教育数据，指导一切教学和管理工作；在微观层面，充分分析学生的各项需求，围绕其认知、心理及视野上的困难和不足采取有针对性的措施。三个层面的举措相互依托、环环相扣，共同改善了薄弱学生的学业表现，提升了学校教育的质量。

法国的国民教育部在2013年和2019年相继推出《重建学校法》和《建立信任学校法》，巴黎学区在国家改革方案的基础上，提出了2017—2020年巴黎学区提升学校质量的改革计划，其内容包括为学生建立平等且雄心勃勃的学校、让教育组织和运行模式适应公众需求、加强和提升学校的开放性等。

中国上海于2011年推出“新优质学校推进项目”，试图带动众多的中小学校形成新的发展思路，即：不挑生源，负责任地接纳就近、对口入学的全体儿童；不追求分数排名，而要追求尽可能适应学生差异，满足学生的发展需求，促进每个孩子的健康快乐成长；从校情、学情出发，开展课程教学改革，主动探索提升学校办学水平的有效策略；在政府均衡配置教育资源的前提下，办学水平明显提高，成为周边百姓满意的好学校等。

（四）改革教师和校长制度

校长和教师是学校的重要组成部分。因此，在对学校进行改革之外，国际大都市在改善基础教育质量的过程中十分重视教师和校长制度的改革。比如，墨西哥在2013年颁布了《教师职业一般服务法》，建立了针对墨西哥义务教育阶段教师、教育管理者的全国统一考核制度，旨在希望通过正规的教育工作者选拔、晋升制度完善教师队伍的建设，提高教育工作者素质，确保学生获得高质量、公平教育的机会尽早得以实现。东京都教育委员会在1999年3月提出教师人才培养建议，同年7月成立“教员人事考核制度研讨委员会”，讨论引入新的人事考核制度。在该制度中，教师设定自己的目标，同时对目标成果进行自我评价；根据自我申报、业绩评价结果，由校长、教务主任给予指导或建议，通过研修、自我反省等进行自我提升。

日本东京在1998年发表报告书《确立校长领导能力》，提出要确立校长领导能力，确立职员会议作为校长辅助机构的地位，改革人事考核制度，引进主干制，自律经营预算，实施新的教员研修制度等建议；2003年修改了《教员定期调动实施纲要》，进一步强化了校长在人事变动方面的相关权力。

中国上海从2005年开始实施“基础教育系统名校长名师培养工程”，以基地和研修班为单位对学员进行共性和个性相结合的培养。通过专家指导、教学研讨、名著研读、案例分析、课题研究、学术考察等培养形式，在促进学员的专业发展上卓有成效，同时创设了独特的培养模式，为上海市教育人才培养和学科高地建设提供了很好的经验。

（五）增加教育经费

增加教育经费是很多国际大都市采取的举措。芬兰各级教育经费支出占GDP的6.5%，赫尔辛基基础教育经费来源于公共资金，并在不同公共领域对资金进行民主分配，保证每个学生都拥有接受教育的机会。俄罗斯莫斯科采取了综合性措施来保障教育经费水平，具体而言，通过实施新的教育拨款原则以保障教育经费充足和公平，引入生均教育拨款机制；提高学校的财政自治水平；不断增加莫斯科市教育预算等。

五、反思

PISA、TIMSS、TALIS等大型国际测试为开展各国基础教育质量比较提供了非常好的数据来源和支持，各个国际大都市也逐渐参与其中，但是这些测试引发的一些问题也值得注意。这里仅以PISA测试为例。

（一）全球基础教育质量发展的趋同性

国际大型测试影响了各国的基础教育改革走向，极大地损害了各国教育的多样性。PISA之所以成为一种影响全球教育治理的新方式，主要是因为PISA逐渐为各个国家和地区所重视，这使得各个国家和地区在不同程度上根据国际测试的标准来理解教育质量，并且基于这种理解来改革公共教育，从而使得这些国家或大都市的教育出现趋同化发展态势，[1]影响和破坏了世界教育体系的多样性和丰富性。PISA测试推崇的一些教育标准、人才标准和评估标准主要是基于经济社会发达国家及其资本与技术对人才的需求，它在世界的传播和受到推崇

[1] Meyer H D, Benavot A. PISA, power and policy: the emergence of global educational governance [M]. Symposium Books, Didcot, 2013: 11.

认可，会压制、排斥甚至湮灭“落后”地区的教育文化、传统、信仰和实践的多样性。[1] 此外，PISA测试本身有着非常明确的政策导向，即通过测量来提高学校的绩效，这使得各个国家迫于其他国家的压力和OECD软治理的压力而让渡了其部分教育改革的权力，使得各个国家的教育改革日益受到PISA测试的影响。[2] PISA项目之所以扩展到越来越多欠发达的非洲国家，并且主导这些国家的教育政策，是因为这些国家的教育精英认为，参加国际组织的大型国际测试可以引领本国的教育改革和社会改革，也就是说，他们与国际组织有着同样的利益，那就是参与测试的国家或地区在制度化扩张的过程中不断强化评价的能力。[3] 由于各参与国或地区会按照PISA测试的内容、结果以及OECD为参与国（地区）提供的具有针对性的意见进行教育改革，而PISA测试本身是固定的，并且提供给各国（地区）的建议有诸多相似之处，这会导致各国（地区）基础教育发展甚至教育改革的趋同性，损害教育的多样性。

（二）基础教育发展要与当地的政治经济历史相协调

教育是一国或地区社会系统中不可或缺的一部分，极大地受到所在地区政治、经济以及历史传统等多方面的影响。正如顾明远先生所言，“社会的变革，特别是科学技术的革新，正在改变着教育的生态环境，改变着教育观念和教育方式”。[4] 事实上，不仅是科学技术，

[1] Meyer H D, Benavot A. PISA, power and policy: the emergence of global educational governance [M]. Symposium Books, Didcot, 2013: 11.
[2] Figazzolo L. “PISA: Is testing dangerous?” [J]. EI Worlds of Education, 2009(03) no. 29, 12.
[3] Meyer H D, Benavot A. PISA, power and policy: the emergence of global educational governance [M]. Symposium Books, Didcot, 2013: 17.
[4] 顾明远. 未来教育的变与不变 [N]. 中国教育报（社会科学版），2016-8-11（3）.

社会的诸多方面都会对教育改革产生极其重要的影响。比如教育改革离不开整个国家发展与改革的形势，教育改革要适应时代发展的特征和背景，其中最主要的是必须符合国家的大政方针政策。除此之外，如市场经济、文化传统、宗教信仰等社会领域的其他方面，都会影响教育改革。因此，教育领域的综合改革必须密切关注社会各项改革，并与之相配合和相适应。[1]

不仅如此，教育内部也是一个复杂系统。教育包含诸多要素，这些要素并非完全独立，而是相互影响，牵一发而动全身。正如顾明远先生所指出的："教育是系统工程，不只是教育部门的事，需要全社会的共同努力、通力协作。"[2]从教育改革的主体来说，包括校长、教师、学生、家长、教育管理人员等；从教育改革的层级来说，包括国家宏观层面、区域中观层面和学校基层的微观层面；从教育改革的内容来说，包括课程改革、教学改革、学校制度改革、思想观念改革、考核制度改革等多个方面；从教育改革的层次来说，包括学前教育领域的改革、基础教育领域的改革、高等教育领域的改革以及职业教育领域的改革，等等。[3]所以，教育改革既需要借鉴他国或国际经验，也要注意借鉴中的自主性和独立性，超越泛国际化和西方化，注重保存和发展自身的文化传统和教育传统，提高能够满足当地人民发展需求的教育质量，促进地方社会经济发展，提升人民的生活福祉。

---

[1][3] 马健生，蔡娟.教育改革是一项社会系统工程——顾明远教育改革观探析［J］.教育学报，2018，14（4）：16-21.

[2] 顾明远.教育领域综合改革的宏观视野［J］.教育研究，2014，35（6）：4-9.

参考文献

一、中文参考文献

（一）专著类

顾明远.教育大辞典［M］.上海：上海教育出版社，1990.
库姆斯.世界教育危机：八十年代的观点［M］.李宝恒，译.北京：人民教育出版社，1990.
曼弗雷德·B.斯蒂格.牛津通识读本全球化面面观［M］.丁兆国，译.南京：译林出版社.
王晓宁，张梦琦.法国基础教育［M］.上海：同济大学出版社，2015.
王学风主编.新加坡基础教育［M］.广州：广东教育出版社，2002.
杨明.北仑机制区域基础教育质量评价研究［M］.杭州：杭州大学出版社，2013.
杨启光.全球教育政策转移比较研究［M］.杭州：浙江大学出版社，2013.
张东娇.研讨式评建：学校文化建设北京经验［M］.北京：北京师范大学出版社，2016.
张祥明.福建省基础教育质量评价［M］.厦门：厦门大学出版社，2010.
祝新宇.基础教育质量保障：区域研究的视角［M］.北京：教育科学出版社，2016.

（二）期刊论文类

北京市教育委员会.基础教育综合改革的“北京理念”［J］.人民教育，2016（16）：12-16.
蔡连玉，苏鑫.南非基础教育质量提升的路径［J］.比较教育研究，2014（12）：92-97.
陈法宝，郭婧.教育变革，政府何为？——伦敦基础教育改革中的政府角色［J］.基础教育，2015（6）：93-101.
崔允漷，张雨强.督教分离 教考合一——英国三级课程管理的经验及启示［J］.全球教育展望，2005（10）：56-60.

董凌波，冯增俊.高中学业水平考试实施背景下的高考改革探析［J］.教育科学，2012（6）：28-32.
方蒸蒸.西方新自由主义教育思潮及其意识形态批判［J］.南京政治学院学报，2012，28（6）：37-40.
方中雄，高兵.京津冀协同发展战略下首都基础教育地位、作用与变革趋势研究［J］.中国教育学刊，2017（12）：6-13.
冯典.区域·国家·学校：赞比亚基础教育质量评价的三重维度［J］.比较教育研究，2016（2）：34-40.
傅禄建.回顾与展望：上海基础教育发展分析［J］.教育发展研究，2007（9）：46-55.
高原.冷静对待“PISA二连冠”——基于新自由主义视角的思考［J］.外国中小学教育，2014（4）：9-14.
顾泠沅.“双名工程”的背景、经验与深化［J］.上海教育，2016（34）：24.
郭朝红.上海基础教育质量保障的实践管窥［J］.上海教育科研，2015（1）：64-67.
贺慧敏.芬兰在PISA中成功的原因分析［J］.现代中小学教育，2009（1）：72-75.
贺佳欣.全球胜任力的四大维度［J］.海教育，2018（8）：8-10.
胡兴宏.“新优质学校”新在哪里［J］.上海教育科研，2013（1）：1.
胡兴宏.把学校带向何方［J］.上海教育，2012（10）：66-67.
黄建辉.基于专业标准导向的教师质量保障体系构建——美国马萨诸塞州教师专业标准解析［J］.当代教育科学，2017（8）：70-74，80.
姜英敏.从“学业水平测试”制度管窥韩国的基础教育质量保障体系［J］.比较教育研究，2011（10）：82-85.
金蕊.英国中小学教育督导等级评估标准研究［D］.沈阳师范大学，2017.
劳凯声，李孔珍.教育政策研究：在教育学学科建设中发展［J］.教育科学研究，2012（1）：5-11.
李凌艳，蔡静，郑巧.美国国家基础教育质量监测制度设计及启示［J］.比较教育研究，2016（5）：43-49.
李凌艳，郭思文.我国基础教育质量环境系统监测的若干思考［J］.教育研究，2014（11）：119-125.
李凌艳，张平平，李勉.美国基础教育质量的学校影响因素监测研究［J］.比较教育研究，2015，（11）：101-106.
李永生.深化管理改革：推进首都义务教育均衡发展策略的探讨［J］.中小学管理，2010（5）：34-37.
李志涛.PISA测试推动下的德国教育政策改革：措施、经验、借鉴［J］.外国中小学教育，2017（6）：1-8.
刘静.基础教育质量监测：世界的趋势与中国的路径［J］.当代教育论坛，2014（5）：9-16.

刘新成，孟繁华，陈正华.构建协同创新体制机制，提升基础教育质量——首都教育（基础教育）学科群二期建设回顾与发展展望［J］.教育科学研究，2012（12）：5-10+23.
刘学智，栾慧敏，乞佳.美国政府提高基础教育质量的最新举措——PARCC评价体系的构建与启示［J］.比较教育研究，2013（10）：80-84.
柳海民，娜仁高娃，王澍.布局调整：全面提高农村基础教育质量的有效路径［J］.东北师大学报（哲学社会科学版），2008（1）：5-12.
柳海民，王澍.合理发展：提升中国基础教育质量的新思路［J］.东北师大学报（哲学社会科学版），2014（6）：188-192.
陆璟.普通高中学生综合素质评价的“上海设计”［J］.中小学管理，2015（6）：7-11.
罗洁.初中建设工程：促进北京市初中教育可持续发展［J］.中小学管理，2009（12）：27-29.
苗学杰.英国基础教育第三方评价公信力建构的保障机制探析［J］.中国教育学刊，2017（4）：22-27，61.
上海市教育决策咨询委员会秘书处，上海市教育科学研究院.2011年上海教育发展报告：迈向现代化的上海教育（摘要）［J］.教育发展研究，2011（Z1）：1-45.
舒宗礼，夏贵霞，王华倬.高校承接政府购买青少年体育服务：行动逻辑、问题透视与策略跟进——以北京“高参小”实践为例［J］.北京体育大学学报，2016，39（11）：97-103.
孙珂.教育问责背景下的美国国家教育进展评估［J］.教育探索，2011（7）：147-149.
唐一鹏.我国特大城市基础教育规模变动及其趋势预测——以北京、上海为例［J］.上海教育科研，2018（3）：10-14+19.
田腾飞.芬兰基础教育的质量标准及其评估机制探析［J］.比较教育研究，2013，（4）：54-59.
王定华.德国基础教育质量提高问题的考察与分析［J］.中国教育学刊，2008（1）：10-16.
王小明，丁念金.历史与嬗变：普通高中学生综合素质评价改革十年［J］.现代教育管理，2015（11）：74-79.
王晓辉.法国教育评估初探［J］.外国教育研究，2009，36（5）：73-77.
王晓辉.全球教育治理——鸟瞰国际组织在世界教育发展中的作用［J］.北京大学教育评论，2008（3）：152-165，192.
王月芬.课程改革：让上海教育从量变到质变［J］.人民教育，2016（8）：44-47.
温明丽.教化：建构诗意教育学之基础［J］.教育学报，2013，9（6）：10-20.
文娟，李政涛.北京城市发展中的教育问题、教育空间与教育基础——兼论“北京学”研究的教育学视角［J］.首都师范大学学报（社会科学版），2013（1）：126-133.

吴岩，刘永武，桑锦龙.逐步实施十二年义务教育：新世纪北京教育发展的战略选择［J］.教育科学研究，2002（8）：5-9.
谢春风.英国教育督导目标、准则、标准的新特点及其影响［J］.重庆高教研究，2016（3）：108-114.
辛涛，李峰，李凌艳.基础教育质量监测的国际比较［J］.北京师范大学学报（社会科学版），2007（6）：5-10.
辛涛，李峰.基础教育质量检测的国际视野［J］.人民教育，2007（13）：4-5.
徐晶晶，计琳，李立基.加强教育督查，提高教育行政执行力，努力实现教育改革创新——专访上海市教育督导事务中心主任朱坚［J］.上海教育，2012（7）：24.
徐晶晶，徐星，方兆玉，邱旻玮.专访PISA之父Andreas Schleicher上海：从标准化和服从到创造力和引领［J］.上海教育，2013（35）：18-19.
徐平.芬兰基础教育的成就、挑战与改革——基于PISA2015的分析［J］.世界教育信息，2017，30（7）：41-44.
闫温乐.自信与自省：谈上海PISA再夺冠——PISA项目负责人、上海师范大学校长张民选教授专访［J］.外国中小学教育，2014（1）：2-7.
杨光富.英国普通中等教育证书考试改革蓝图［J］.外国教育研究，2014（8）：101-108.
杨国顺.欧洲三国教育质量监测评估考察报告［J］.教育发展研究，2008.09.011：68-70.
杨明.教育发展的本质探索［J］.教育评论，1996（1）：14.
杨涛，辛涛，董奇.法国基础教育质量测评体系探析［J］.比较教育研究，2013，35（4）：60-65.
杨铁，沈安平.美国马萨诸塞州综合评估体系探讨［J］.外国中小学教育，2012（1）：51-55，12.
杨志成.为成就中国好教师而努力——兼论首都基础教育人才科学研究院的发展方向［J］.北京教育学院学报，2016，30（1）：1-5.
易兰，陈恩伦.中国基础教育质量研究：现状与启示——基于1949年至2015年的文献计量分析［J］.教育科学研究，2017（4）：5-10.
尹后庆."绿色指标"评价：引领教育转向内涵发展——上海市"绿色指标"的背景与内涵［J］.中小学管理，2013（7）：4-6.
尹后庆.上海"绿色指标"：教育质量综合评价改革的思考与实践［J］.基础教育课程，2014（7）：6-21.
余慧娟，赖配根，任国平.首善之治，引领教育未来——北京基础教育综合改革独家观察［J］.人民教育，2016（16）：21-26.
余胜泉，胡翔. STEM教育理念与跨学科整合模式［J］.开放教育研究，2015，21（4）：13-22.
苑大勇.英国基础教育质量保障政策研究：以"国家挑战"项目为例［J］.比较教

育研究，2010（5）：33-37.
张建珍，郭婧.英国课程改革的“知识转向”[J].教育研究，2017（8）：152-158.
张民生.学习“新优质”，创新“新优质”[J].上海教育，2012（10）：65.
张熙，拱雪，左慧.义务教育均衡发展的“北京模式”研究[J].课程教学研究，2012（12）：11-15.
张熙.北京市初中建设的目的与方法设计[J].教育科学研究，2007（5）：39-42.
张晓蕾.英国基础教育质量标准《国家课程》及监控系统[J].全球教育展望，2012（5）：42-48.
张新平，黄胜.波浪式推进：我国义务教育改革发展40年[J].中小学管理，2018（11）：5-7.
张咏梅，郝懿，田一，李美娟.北京市义务教育教学质量分析与评价反馈系统十年回顾与展望[J].教育科学研究，2014（6）：56-63.
章全武，王润.高中学业水平考试述评[J].教学与管理，2015（9）：118-120.
赵岚，田晓苗.英国地方教育行政部门服务于学校改进的实践、特点及启示——基于英国“伦敦挑战”项目的分析[J].外国教育研究，2012（7）：67-73.
中国驻法国大使馆教育处、旅法教育研究者协会.马克龙时代的教育公平：政策与改革[J].法国教育通讯，2018（10）：32-46.
周红.美国国家教育进展评估（NAEP）体系的产生与发展[J].外国教育研究，2005（2）：78-81.
周文叶.共同的核心明确的高期望——美国CCSS对我国基础教育质量标准研制的启示[J].教育发展研究，2012（24）：19-24.
周兴国.新自由主义、市场化与教育改革[J].外国教育研究，2006（3）：7-11.
朱春芳，高益民.英格兰基础教育治理模式评析[J].外国中小学教育，2015（1）：28-33.
朱春芳.英国基础教育问责制评析[J].外国中小学教育，2016（8）：6-11.
朱旭东.论教师专业发展的理论模型建构[J].教育研究，2014（6）：81-90.
祝新宇.构建多元融合的区域基础教育质量保障机制[J].教育发展研究，2012（11）：47-50+55.
祝新宇.区域基础教育质量保障机制的主体关系分析[J].教育发展研究，2016（4）：53-56.

（三）学位论文类

丁丽丽.我国基础教育质量监测政策的价值分析[D].哈尔滨：哈尔滨师范大学，2011.
黄雪娜.英、德、法三国基础教育质量评估机制的比较研究[D].福州：福建师范大学，2003.
刘磊明.国际教育评价的价值问题——以PISA为例[D].北京：北京师范大学，2017.
刘中正.上海义务教育阶段学生学习质量评价体系研究——基于教育管理的视角

[D].上海：华东政法大学，2012.
陆璟.基于log数据的国际学生评估项目（PISA）问题解决能力研究[D].上海：华东师范大学，2017.
罗凯.基础教育质量评价数据处理软件的设计[D].天津：天津大学，2015.
沈雪霞.提高基础教育质量：世界银行的立场[D].上海：华东师范大学，2011.
徐晓.区县基础教育质量监控研究[D].长沙：湖南师范大学，2012.
杨睿智.基础教育质量评价指标的研制[D].长春：东北师范大学，2014.

（四）其他

2015年度上海市初中学业质量绿色指标综合评价报告发布[EB/OL].（2016-10-25）[2018-10-25] http://www.shmec.gov.cn/web/xwzx/show_article.html?article_id=89887.
北京市教育委员会.2016年北京市教育事业发展统计公报[EB/OL].（2017-04-07）[2018-11-14].http://jw.beijing.gov.cn/xxgk/zxxxgk/201704/t20170407_18440.html.
北京市人民政府督导室.北京市2017年教育工作满意度调查报告[EB/OL].（2018-06-04）[2018-11-20].http://jydd.beijing.gov.cn/zwgk/ddbg/201806/P020180604626994653096.pdf.
北京市人民政府教育督导委员会.北京市2017年教育督导工作报告[EB/OL].（2018-05-30）[2018-11-20] http://jydd.beijing.gov.cn/tzgg/201805/P020180530644559774074.pdf.
北京市人民政府教育督导委员会.《北京市教育督导改革与发展三年行动计划（2018—2020）》[EB/OL].（2018-04-20）[20-11-20].http://jydd.beijing.gov.cn/tzgg/201804/P020180420466852077829.pdf.
北京市教育委员会.关于在我市中小学开展学校文化建设示范校创建活动的通知[EB/OL].（2016-02-25）[2018-11-25].http://jw.beijing.gov.cn/xxgk/zxxxgk/201602/t20160225_7536.html.
北京市教育委员会.推进义务教育学校管理标准化建设实施方案[EB/OL].（2018-05-22）[2018-11-29].http://jw.beijing.gov.cn/xxgk/zxxxgk/201805/t20180522_49055.html.
本市普教系统第二期名校长名师培养工程结业[EB/OL].（2011-11-17）[2018-11-17] http://www.shmec.gov.cn/web/xwzx/show_article.html?article_id=63396.
杜戈鹏，张景华.北京承诺：2015年实现县域义务教育基本均衡[N].光明日报，2011-03-16（006）.
关于开展第四期“上海市普教系统名校长名师培养工程”的通知[EB/OL]（2018-07-02）[2018-07-02] http://www.shmec.gov.cn/web/xxgk/rows_

content_view.html?article_code=406102018001.

关于做好上海市普教系统名校长名师培养工程阶段性总结工作的通知［EB/OL］.（2007-10-08）［2018-10-08］http://www.shmec.gov.cn/web/xxgk/rows_content_view.html?article_code=406102007006.

关于印发《上海市普通高中学生综合素质评价实施办法》的通知［EB/OL］.（2018-11-22）［2018-11-22］http://www.shmec.gov.cn/html/xxgk/201811/424042018007.php.

关于印发《上海市普通高中学业水平考试实施办法》的通知［EB/OL］.（2018-10-12）［2018-10-12］http://www.shmec.gov.cn/html/xxgk/201810/424042018006.html.

教育部关于普通高中新课程省份深化高校招生考试改革的指导意见［EB/OL］.（2008-01-10）［2018-01-10］http://old.moe.gov.cn/publicfiles/business/htmlfiles/moe/s3258/201001/xxgk_79887.html.

教育部基础教育质量监测中心.中国义务教育质量监测报告［EB/OL］.（2018-07-24）［2018-11-12］.http://www.moe.gov.cn/s78/A11/ddb_left/s8389/201807/t20180724_343663.html.

教育部关于普通高中学业水平考试的实施意见［EB/OL］.（2014-12-10）［2018-12-10］http://old.moe.gov.cn//publicfiles/business/htmlfiles/moe/s4559/201412/181664.html.

赖仁琼.北京基础教育全国最好［N］.人民日报，2007-04-17（011）.

平成29年度全国学力・学習状況調査の調査問題・正答例・解説資料について［EB/OL］.（2017-5-20）［2017-5-20］.http://www.nier.go.jp/17chousa/17chousa.htm.

平成28年度「児童・生徒の学力向上を図るための調査」の結果について［EB/OL］.（2017-5-20）［2017-5-20］.http://www.kyoiku.metro.tokyo.jp/buka/shidou/chosa/pr161110b.html.

上海市2017年国民经济和社会发展统计公报［EB/OL］（2018-03-12）［2018-03-12］.http://www.tjcn.org/tjgb/09sh/35333_4.html.

上海2009年国际学生评估项目（PISA）结果情况介绍［EB/OL］.（2010-12-10）［2018-12-10］http://www.cnsaes.org/homepage/html/researchnews/3677.html.

上海市顺利完成2016年国家义务教育质量监测任务［EB/OL］.（2016-05-30）［2018-05-30］http://www.shmec.gov.cn/web/xxgk/rows_content_view.html?article_code=410062016002.

上海推行绿色指标引领中小学生学业质量评价改革［EB/OL］.（2011-11-22）［2018-11-22］http://www.shmec.gov.cn/web/xwzx/show_article.html?article_id=63486.

上海发布2016年度小学学业质量绿色指标综合评价报告［EB/OL］.（2017-12-

22）［2018-12-22］http://www.gov.cn/xinwen/2017-12/22/content_5249295.htm.
上海市教育委员会关于印发《上海市普通高中学生综合素质评价实施办法（试行）》的通知［EB/OL］.（2015-04-30）［2018-04-30］http://www.xhedu.sh.cn/cms/data/html/doc/2015-04/30/325150/index.html.
上海市人民政府印发《关于进一步深化本市高考综合改革试点工作的若干意见》的通知［EB/OL］.（2018-04-04）［2018-04-04］http://www.shanghai.gov.cn/nw2/nw2314/nw2319/nw12344/u26aw55501.html.
市政府关于印发《上海市深化高等学校考试招生综合改革实施方案》的通知［EB/OL］.（2014-09-19）［2018-09-19］http://www.shanghai.gov.cn/nw2/nw2314/nw2319/nw10800/nw11407/nw31810/u26aw40261.html.
市教委直属单位简介——上海市教育督导（行政执法）事务中心［EB/OL］.（2018-12-10）［2018-12-10］http://www.shmec.gov.cn/web/jyzt/zsdw/jyzt_show.php?id=13.
上海市教育评估院-本院概况［EB/OL］.（2018-12-10）［2018-12-10］http://www.seei.edu.sh.cn/Default.aspx?tabid=143.
上海市教育评估协会-协会概况［EB/OL］.（2018-12-10）［2018-12-10］http://www.seeash.org.cn/xhgk.
施建松.实践成绩纳入中考评价小学阶段禁止统考统测［N］.中国教育报，2014-11-15（001）.
五大机制助推首都基础教育创新——访北京市教委副主任罗洁［N］.北京日报，2010-09-08（015）.
宗河.北京着力完善义务教育入学规则［N］.中国教育报，2013-05-04（002）.
中华人民共和国教育部.国家中长期教育改革和发展规划纲要（2010-2020）［EB/OL］.（2017-05-17）［2017-05-17］.http://www.moe.edu.cn/srcsite/A01/s7048/201007/t20100729_171904.html.
赵婀娜.增加优质资源共享教育公平［N］.人民日报，2015-04-28（016）.

二、外文参考文献

（一）专著类

Lee, H. L., Our Future of Opportunity and Promise［M］. Singapore: Government Press, 2004.
May T. Social Research: Issues, method and process［M］. 3rd ed. Buckingham: Open University Press, 2001: 200-219.
Meyer H, Benavot A. PISA, power and policy: the emergence of global educational

governance [M]. 2nd ed.Oxford: Symposium Books, 2013: 11−17.

Michel L. A quoi sert l'école? [M]. Paris : Armand Colin, 1992: 11.

Parish, N., Baxter, A. and Sandals, L. 2012. Action research into the evolving role of the local authority in education [M]. London: DfE and LGA, 2014, 5.

Petra Stanat, Stefan Schipolowski, Camilla Rjosk, Sebastian Weirich, Nicole Haag. Bildungstrend 2016. Kompetenzen in den Faechern Deutsch und Mathematik am Ende der 4.Jahrgangsstufe im zweiten Laendervergleich [M]. Muenster, New York : Waxmann, 2017.

Simon J, Szymankiewicz C, Lesage G. etc. Organisation et gestion de l'Education nationale De la maternelle à l'enseignement supérieur [M]. 11e éd.Boulogne : Berger-Levrault, 2014.201−208.

Teo, C.H. , Towards Ability-driven Education: Making Every Singaporean Matter [M], Singapore: Government Press, 1999.

Tharman, S. , The Next Phase in Education: Innovation and Enterprise [M], Singapore: Government Press, 2003.

Yip, J. and Sim, W. K., Evolution of Educational Excellence: 25 Years of Education in the Republic of Singapore [M], Singapore: Longman, 1990: 31−58.

Россий скийстатистическийеж егодник. 2018 [M]. Стат.сб./Росстат.., 2018: 85.

Статистика образованиявР оссийской Федерациив цифрах: 2013 [M]. Москва: ФГБНУНИИРИНКЦЭ, 2013: 10, 17.

（二）论文类

Feyfant A. Réussite éducative, réussite scolaire? [J]. Note de Veille de l'IFÉ Revue de littérature, 2014(2): 1−24.

Isaac, T. Educational assessment in England [J]. Assessment in Education: Principles, Policy & Practice, 2010, 17(3): 315−334.

Gorur R. ANT on the PISA Trail: Following the statistical pursuit of certainty [J]. Educational Philosophy & Theory, 2011, 43(Supplement s1): 76−93.

Grek S. Governing by numbers: The PISA "effect" in Europe [J]. Journal of Education Policy, 2009, 24(1): 23−37.

Griffin P. Mathematics Achievement of Vietnamese Grade 5 Pupils [J]. Asia Pacific Education Review 2007, 8(2): 233−249.

Murimba S. The Southern and Eastern Africa Consortium for Monitoring Educational Quality(SACMEQ): Mission, Approach and Projects [J]. Prospects, 2005, 35(1): 75−89.

Ng, P. T., "Innovation and enterprise in Singapore schools" [J]. Educational Research for Policy and Practice, 2005: 183−198.

Ng, P. T., "Students' perception of change in the Singapore education system" [J]. Educational Research for Policy and Practice, 2005: 77–92.

Ozga, J. Governing Education through Data in England: from Regulation to Self-evaluation [J]. Journal of Education Policy, 2009, 149–162.

Rautalin M, Alasuutari P. The uses of the national PISA results by Finnish officials in central government [J]. Journal of Education Policy, 2009, 24(5): 539–556.

Response of OECD to Points Raised in Heinz-Dieter Meyer and Katie Zahedi, "Open Letter" [J]. Policy Futures in Education, 2014, 12(7): 878–879.

Sakura F. School monitoring and quality assurance in the New Zealand school system [J]. Educational Research for Policy and Practice, 2007, 6(3): 229–234.

SANDER M. STEM, STEM education, STEM mania [J]. The technology teacher, 2008, 68 (4) : 20–26.

Simmons R. Raising the Age of Compulsory Education in England: A Neet Solution? [J]. British Journal of Education Studies, 2008, 56(4): 420–439.

Zongyi Deng & S. Gopinathan. PISA and high-performing education systems : explaining Singaporeinathan. PISA and hig [J]. Comparative Education, 2016(4): 449–472.

Ирина Абанкина. Новая система оплаты труда первые результатыв регионах [J]. народноеоб разование, 2008(2): 122.

后　记

习近平总书记在党的十九大报告中强调指出，建设教育强国是中华民族伟大复兴的基础工程，必须把教育事业放在优先位置，深化教育改革，加快教育现代化，办好人民满意的教育。也就是说，我国要办优质公平的教育，为每一个学生提供高质量的教育机会。提高基础教育质量是当前教育改革和发展的必然选择，因此，对基础教育质量的相关问题展开研究显得尤为重要。本书选取了国际上认知度较高的11个国际大都市（州和城市国家），主要研究其基础教育质量方面的问题，具体包括基础教育质量的水平、基础教育质量监测体系、基础教育质量保障运行机制、基础教育质量的改进举措等方面。本书所指的国际大都市不仅是各个具体的城市，还包括州以及城市国家，主要包括德国柏林、芬兰赫尔辛基、美国马萨诸塞州、英国伦敦、新加坡、墨西哥的墨西哥城、日本东京、法国巴黎、俄罗斯莫斯科、中国的上海和北京等。本书讨论分析了11个国际大都市基础教育的质量水平、监测体系、质量保障机制以及基础教育质量的改进举措等方面，进而解释了我国大都市与其他国际大都市基础教育质量的差异与优势，有利于我国大都市以及全国进一步深化对自身基础教育改革和发展的认识与理解。

本书的研究工作得到北京市哲学社会科学规划办公室的支持，被列为2017年度北京市社会科学基金重大项目，在此表示感谢。本书能够顺利成稿，得益于我们整个学术共同体的努力。北京师范大学国际与比较教育研究院马健生教授负责全书整体框架设计、分工组织和统稿工作。参与本书研究与撰写工作的有：

北京师范大学国际与比较教育研究院马健生教授：导论。

北京师范大学国际与比较教育研究院硕士生刘云华：第一章。

北京师范大学国际与比较教育研究院博士生冯慧：第二章。

北京师范大学国际与比较教育研究院博士生蔡娟：第三章。

英国格拉斯哥大学教育学院博士生饶舒琪：第四章。

广东省佛山市南海区大沥镇初级中学徐竺蕾：第五章。

北京师范大学国际与比较教育研究院胡昳昀博士：第六章。

洛阳师范学院副教授杨红军博士：第七章。

北京师范大学国际与比较教育研究院张梦琦博士、硕士生高萌：第八章。

西南大学教育学部刘楠博士：第九章。

北京师范大学教育管理学院博士生陈云龙：第十章。

北京师范大学教育管理学院博士生邹维：第十一章。

北京师范大学国际与比较教育研究院马健生教授、博士生蔡娟：结束语。

在研究过程中，我们参考了许多同行的学术著作与论文，对于他们的智慧和启迪表达由衷的敬意和谢意！我们团队还得到北京师范大学国际与比较教育研究院的刘宝存教授、高益民教授、王璐教授、肖甦教授、谷贤林教授、孙进教授、滕珺教授等专家的支持。此外，首都师范大学孟繁华教授、国家教育发展研究中心马陆亭研究员、东北师范大学饶从满教授、北京师范大学辛涛教授和鲍东明教授等专家和学者为课题的顺利开展提供了宝贵的建议和智慧。在此表达我们最真诚的谢意！此外，还要感谢上海教育出版社编辑的认真工作。

最后特别感谢我的导师王英杰教授！他一直以来关心和提携学生，不仅参与课题的指导，而且欣然为本书写序。

希望我们的努力可以得到学界同仁的认可。当然，书中难免存在不足和谬误，请学界同仁多多批评，不吝赐教！

马健生

北京师范大学英东楼

国际与比较教育研究院

2020年1月

图书在版编目（CIP）数据

国际大都市基础教育质量比较研究 / 马健生，蔡娟著.
— 上海：上海教育出版社, 2020.11
（基础教育国际比较研究丛书 / 顾明远主编）
ISBN 978-7-5720-0327-1

Ⅰ. ①国… Ⅱ. ①马… ②蔡… Ⅲ. ①国际性城市 - 基础教育 - 教育质量 - 对比研究 - 世界 Ⅳ. ①G639.1

中国版本图书馆CIP数据核字(2020)第201251号

责任编辑　童　亮
封面设计　陈　芸

基础教育国际比较研究丛书
顾明远　主编
Guoji Dadushi Jichu Jiaoyu Zhiliang Bijiao Yanjiu
国际大都市基础教育质量比较研究
马健生　蔡　娟　著

出版发行	上海教育出版社有限公司
官　　网	www.seph.com.cn
地　　址	上海市永福路123号
邮　　编	200031
印　　刷	上海展强印刷有限公司
开　　本	635 × 965　1/16　印张 38.5　插页 6
字　　数	462 千字
版　　次	2020年12月第1版
印　　次	2020年12月第1次印刷
书　　号	ISBN 978-7-5720-0327-1/G·0242
定　　价	98.00 元

如发现质量问题，读者可向本社调换　电话：021-64377165